Über dieses Buch

Stefan Heyms literarisches Werk ist eine Widerspiegelung der Realität und zugleich eine Auseinandersetzung mit ihr. Sein Werk muß gesehen werden im Zusammenhang mit Zuständen und Ereignissen – dem Naziregime, dem Zweiten Weltkrieg, der Arbeiterbewegung, der McCarthy-Ära in Amerika und dem Leben in der DDR.
Als sein Roman ›Collin‹ erschien, die Geschichte eines erfolgreichen Schriftstellers, der am System der DDR erkrankt, hat man Stefan Heym gefragt, wann er seine eigene Biographie aufarbeiten werde. Die Antwort ist dieses Buch: Essays, Porträts, Leitartikel, Berichte, Reportagen, Flugblätter, Aufrufe, Reden und Interviews aus den Jahren 1931 bis 1979, vom Herausgeber durch biographische und zeitgeschichtliche Daten ergänzt. Es sind Arbeiten, die für die politische Entwicklung Heyms als Schriftsteller und Publizist relevant sind und die das ungebrochene und kontinuierliche Engagement Heyms für seine ästhetischen und politischen Überzeugungen dokumentieren. Es ist eine Bilanz ohne Schlußstrich.

Der Autor

Stefan Heym, geboren am 10. April 1913 in Chemnitz, emigrierte 1933 in die Tschechoslowakei, und ging noch im gleichen Jahr in die USA. Studium in Chicago, 1937–1939 Chefredakteur der Wochenzeitung *Deutsches Volksecho* in New York. Seit 1943 Soldat, nahm er als Offizier, zuständig für psychologische Kriegführung, an der Invasion der Normandie teil. Die ersten Nachkriegsjahre verbrachte er in München. Mitbegründer der *Neuen Zeitung,* wurde dann wegen prokommunistischer Haltung in die USA zurückversetzt und aus der Armee entlassen. Aus Protest gab er Offizierspatent, Kriegsauszeichnungen und US-Staatsbürgerschaft zurück und übersiedelte 1952 in die DDR. Nationalpreisträger. Lebt als freier Schriftsteller in Ost-Berlin.
Im Fischer Taschenbuch Verlag liegt außerdem vor: Collin (Bd. 5024); Der Fall Glasenapp (Bd. 2007); 5 Tage im Juni (Bd. 1813); Der König David Bericht (Bd. 1508); Die richtige Einstellung und andere Erzählungen (Bd. 2127).

Stefan Heym

Wege und Umwege

Streitbare Schriften aus fünf Jahrzehnten

Herausgegeben
von Peter Mallwitz

Fischer
Taschenbuch
Verlag

Fischer Taschenbuch Verlag
Januar 1983
Umschlagentwurf: Jan Buchholz / Reni Hinsch
Foto: Isolde Ohlbaum
Fischer Taschenbuch Verlag GmbH, Frankfurt am Main
Lizenzausgabe mit freundlicher Genehmigung
der C. Bertelsmann Verlag GmbH, München

Gesamtherstellung: Hanseatische Druckanstalt GmbH, Hamburg
Printed in Germany
1480-ISBN-3-596-25612-7

Inhaltsverzeichnis

Vorwort

Als Stefan Heym vor kurzem gefragt wurde, ob er gedenke, seine Autobiographie zu schreiben, erklärte er, dazu verspüre er noch keine Lust. Im übrigen könne, wer wolle, markante Erlebnisse, Begegnungen, Erfahrungen seinem schriftstellerischen Werk entnehmen.

Ohne Zweifel, Biographie findet sich in seinen großen Romanen, auf dem weiten Feld, das von den *Crusaders (Der bittere Lorbeer)* bis zum *Collin* reicht. Ganz eigenes ist verarbeitet, hinter ironischem Augenzwinkern verborgen, im *König David Bericht,* in der *Schmähschrift.* Aber Heymsche Biographie wird deutlicher noch in einem umfangreichen publizistischen Werk, in streitbaren Schriften, Reden, Gesprächen. Da haben wir, typisch für diesen Mann, eine Zurücksicht ohne Vorsicht, eine unfrisierte Art, Auskunft zu geben.

In diesem Buch also steckt Leben, Charakter, aus diesen Seiten tritt das Profil eines wachen Zeitgenossen hervor. Heym ist lebendige Kritik seiner Zeit. Sein Leben ist Polemik im aufklärerischen Sinn sozial-revolutionärer Vorfahren: was als das Bessere erkannt wird, im kleinen wie im großen, soll als Besseres auch etabliert werden, lieber heute als morgen, wenn es geht, sofort.

Stefan Heym war von Beginn an Erzähler und Publizist. *Ich habe mich in das Gewühl des täglichen Kampfes begeben; wenn mir dabei die Krawatte verrutscht ist – nun gut, ich bitte um Entschuldigung.* Was er im Sommer 1954 im knappen Vorspruch für eine erste Sammlung seiner Artikel und Reportagen notierte, gilt für den Chemnitzer Oberprimaner, der wegen eines politischen Gedichts 1931 von der Schule flog, ebenso wie für den Redakteur des New Yorker *Volksecho,* der sich mit den Nazis herumschlug. Kein touristischer Trip, sondern *täglicher Kampf* war der Marsch mit der amerikanischen Armee quer durch Frankreich, über den Rhein, bis an die Elbe. Das Headquarter der 12. Armeegruppe zeichnet den Technical

Sergeant Nr. 32 860 259 mit der Bronze Star Medal aus für seine publizistische Arbeit *unter direkter Feindbedrohung.*
Ungeduld und ein Schuß Hoffnung zuviel auf rasche Entnazifizierung und Demokratisierung ließen ihn früh mit den Realitäten des beginnenden kalten Krieges kollidieren. KZ-Prozesse, über die er 1945 berichtet, finden noch heute statt... Seine *Crusaders* erzählen von einer Mission und markieren zugleich den Abschied von ihr.
Danach kommt der Abschied von McCarthys Amerika und wieder das Gefühl des *täglichen Kampfes,* als er 1952 in der DDR eintrifft. Hier fühlte er sich gebraucht, nützlich, als Geburtshelfer neuen Denkens und Handelns, da sah er sich anerkannt und weitgehend in Übereinstimmung mit den Zielen des Staates, dessen Bürger er wurde. Scharf beobachten, schreiben ohne Schnörkel, sich einen Kopf machen, das hatte er gelernt; eingreifen, sich einmischen, Veränderungen anregen, das war nach seinem Geschmack. Dieser Gesellschaft wollte er Sicherheit geben, Souveränität, mit ihr wollte er sich identifizieren können. Der wechselvolle Alltag diktierte ihm die Themen seiner Aufsätze, Anregungen, Polemiken in die Schreibmaschine, wenig Zeit blieb, die Krawatte geradezuziehen und sich feinzumachen für das offizielle Parkett. Er kümmerte sich ungeniert um die Besoldung von Krankenschwestern und die Mitbestimmung für kleine Angestellte. Im April 1957 schrieb er: *Lieber hätte ich mich in den letzten Jahren ausschließlich jener Literatur gewidmet, die hier in Deutschland als »schöne« bezeichnet wird zum deutlichen Unterschied von der garstigen des garstigen Alltags. Dennoch hat die Alltagsliteratur ihre Vorzüge. Sie zwingt den Autor, sofort und direkt zu denken, um sofort und direkt Stellung zu nehmen; sie ermöglicht es dem Autor, sofort und direkt zu den Menschen zu sprechen, um sofort und direkt in das Geschehen einzugreifen.*
Er schrieb voller Lust und Laune, wie immer eigentlich, wie heute noch, unerschrocken, forsch respektlos, auch Pathos nicht scheuend, kein Blatt vor dem Mund. Heinar Kipphardt sagte ihm zum 65. Geburtstag: *Mich beeindruckte sein enormer Sinn für die Realität, sein Wunsch, eine Identität zwischen Leben und Arbeit zu finden. Die Literatur, verbunden mit einem stark reporterhaften Element, war für ihn ein Mittel zur direkten Einflußnahme auf die Wirklichkeit. Die stärkste Seite seiner*

Arbeit liegt für mich in der Tradition der amerikanischen Schule der Alltagsbeobachtung. Der Versuch eben, Literatur mit politischer Praxis zu verbinden. Es blieb für ihn immer wichtig, als Schriftsteller eine bestimmte Würde zu behalten. Nicht zu taktieren. Sich nicht anzupassen.

Am 12. Mai 1957 veröffentlichte Stefan Heym, angeregt durch einen Leserbrief, in seiner Kolumne OFFEN GESAGT in der *Berliner Zeitung* den Wortlaut des Göttinger Appells. Achtzehn prominente Wissenschaftler rieten zu einem Verzicht der Bundesrepublik auf Atomwaffen und erklärten zugleich: »Wir bekennen uns zur Freiheit, wie sie heute die westliche Welt gegen den Kommunismus vertritt.« Diesen Passus hatte die DDR-Presse unterschlagen. Heym wetterte: »Seit wann scheuen ausgerechnet wir uns vor dem Abdruck langer Texte... Unsere redaktionellen Schönfärber, die uns die westdeutschen Atomwissenschaftler als eine Kollektion waschechter Antifaschisten vorsetzen möchten – sehen sie denn nicht, daß der Göttinger Appell seine riesige Schlagkraft erst dadurch gewinnt, daß sich der Satz von der westlichen Freiheit darin befindet!«
Die redaktionellen Schönfärber fühlten sich gekränkt und nahmen übel. Zwei Tage später erklärte das Redaktionskollegium der *BZ am Abend* unter der Überschrift *Ganz offen gesagt,* Heym habe die Journalisten der DDR *fast in Bausch und Bogen* beleidigt, Gebot für jeden Redakteur sei, das Wesentliche zu popularisieren, Heym aber betreibe *unter dem Vorwand großer Offenheit... Popularitätshascherei,* sein Artikel zeichne sich durch *unmotivierte Überheblichkeit* aus. Am 16. Mai stellte sich der Zentralverband des DDR-Presseverbandes hinter die *BZA*-Redakteure, nannte Heyms Formulierung *einen ungerechtfertigten Angriff gegen die Vertrauenswürdigkeit unserer Presse* und war zugleich der Meinung, *daß es nicht zweckmäßig ist, die Polemik über das Für und Wider in den Spalten der Zeitungen fortzusetzen.* Heyms Entgegnung blieb ungedruckt: *Der wäre ein schlechter Sozialist, der einer Polemik zu entgehen sucht, indem er den Streitpunkt verschweigt und verdeckt. Polemiken, an denen wir nicht teilnehmen, finden ohne uns statt; und der Dreck wird nicht weniger dadurch, daß man ihn unter den Teppich schiebt.*

Leser meldeten sich zu Wort. Heyms Kolumne *OFFEN GESAGT*, entstanden unmittelbar nach dem 17. Juni 1953, war von Beginn an ein Dialog mit ihnen. *Ich habe gelernt, wo sie der Schuh drückt, ein Schriftsteller muß so etwas wissen,* schrieb Heym. – *Bravo Heym,* schrieb ein Berliner, *möge ein gütiges Schicksal Dich noch lange der BZ erhalten.* Heym wehrt sich und will sich nicht den Mund verbieten lassen. Im Juli zieht er noch einmal gegen Bürokraten und Schönfärber vom Leder: *Auch wenn er nur ein kleiner Hahn auf einem kleinen Misthaufen ist, umgibt der Bürokrat sich mit Ja-Sagern, denn jeder Zweifel würde seine Autorität und seinen notdürftig zusammengezimmerten Glauben an sich selbst erschüttern. Instinktiv verbündet er sich mit seinesgleichen zum gegenseitigen Schutze, und wer einem aus dem Verein auf die Füße tritt, »liegt schief« oder »erschüttert das Vertrauen« und was dergleichen Redensarten mehr sind.* Heym zeigte die Zähne, aber es war ein Abgesang. Die Partei wollte sich von ihm nichts mehr sagen lassen, offen schon gar nicht.

Zwei Jahre zuvor, 1956, hatte er sich noch ironisch mit der Westberliner B.Z. angelegt, die meldete *Stefan Heym in Ungnade.* Heym damals: *So ist das Leben. Gestern ritt ich noch auf stolzen Rossen bei Ulbricht vor, und heute bin ich in Ungnade. Ich hatte gar nicht gewußt, daß es bei mir so auf und ab geht.* Am 18. Mai 1958 schrieb er seinem Chefredakteur: *Es tut mir leid, Ihnen mitteilen zu müssen, daß ich OFFEN GESAGT einstelle.*

Die Ausflüge des Schriftstellers Stefan Heym in den Journalismus erscheinen wie Vorstöße. Eingreifen, mitreden, ja, aber er will auch das Feld vorbereiten für eine breite Wirkung seiner Romane. Hartnäckig verteidigt er einmal errungene Positionen. *Alltagsliteratur ist unter den Gattungen der Literatur ungefähr das, was die Infanterie unter den Waffengattungen ist. Ohne Infanterie ist es aber unmöglich, einen Krieg zu gewinnen.*

Die Themen seiner Bücher und die seiner publizistischen Arbeiten laufen vielfach parallel – Antifaschismus, Demokratie und Sozialismus, die Arbeiterbewegung und ihre Geschichte, die Situation eines Autors in dieser Welt. Publizistik, der rasche Gang in die Medien und anschaulich-ausholendes Erzählen durchdringen und beflügeln einander. Aber man wird dem Erzähler nicht gerecht, sieht man ihn, mit dem Blick auf sein

journalistisches Werk, stärker als politische Figur denn als literarischen Kopf. Seine Bücher sind mehr als eine epische Umsetzung aktueller Themen, sind mehr als Verpackung und Vehikel für zeitkritische Befunde und polemisch gemeinte Diagnosen, mag auch der Journalist durchscheinen in der Prosa, der Dichter im Pressebericht.
Er hat sich gewandelt, und er ist zugleich sich und seiner Überzeugung treu geblieben. Aus dem rigorosen Antifaschismus der dreißiger Jahre wächst sein Engagement für eine Demokratie Rooseveltscher Prägung. Er versucht, demokratisches Bewußtsein mit sozialistischem Gedankengut zu verknüpfen, so, wie er später immer wieder Sozialismus mit Demokratie zu vereinen bemüht ist. Nach seinen Erfahrungen ist das eine nicht denkbar ohne das andere. Man könnte diesem Stefan Heym utopisches Denken vorwerfen, vielleicht auch Naivität hin und wieder, ihm ankreiden, daß er Illusionen nachhing, daß er die Macht des Wortes mit der dem Dichter gebührenden Eitelkeit überschätzte, daß er ein komischer Rufer in der Wüste war – er kontert: *Manchmal ist es notwendig zu rufen, auch wenn es scheint, als ob nichts als Wüste um einen herum ist.* So landet er häufig zwischen den Stühlen, aber dieser Schreiber aus Leidenschaft in Berlin-Grünau meint unverdrossen: *In dieser Zeit ist das vielleicht eine ganz ehrenhafte Position.*

Er war nicht frei von Irrtümern, hat lange geglaubt, daß vieles leichter gehen sollte, daß er diesem Nazi und jenem kalten Krieger und den vielen Bürokraten nur den Kopf zu waschen brauchte. Es führt eine direkte Linie von seinen Vorschlägen 1953, eine bessere Presse zu machen, von seiner permanenten Kritik an unbrauchbar gewordenen Kommandotönen und Papiermaßnahmen, seinem vehementen Einsatz für demokratischen Sozialismus und eine bürgernahe Rede- und Arbeitsweise hin zur mutigen Attacke gegen das SED-Politbüromitglied Konrad Naumann, dem er vor versammelten Schriftstellerkollegen im März 1977 sagte: *Unterschiedliche Meinungen, die es geben muß, muß man auch ausdrücken können. Kritik muß man auch bei uns öffentlich äußern können.*
Nur wenige Jahre konnte er in der DDR ausdrücken, was ihn bewegte, dann blieben ihm die Spalten der Zeitungen dort versperrt. Er hat rebelliert und hat andere Wege suchen müs-

sen. Angepaßt hat er sich nicht. Am 23. Januar 1979 zieht er ein Fazit, das Selbstbewußtsein und Unantastbarkeit ausdrückt: *Ich bin über 65 Jahre alt, und ich finde den ewigen Rundlauf um den heißen Brei schon ermüdend.*

Heym ist derselbe geblieben, aber indem er der blieb, der er war, ging er in der DDR zu weit. Er begann links, er steht links man hat vergeblich versucht, ihn links liegenzulassen. Er ist älter geworden und jung geblieben. Er hat sich oft die Finger verbrannt, zeitweise wurde es ruhig um ihn, aber ruhig geworden ist er nicht. Er hat eine Menge ertragen, aus dem Koffer des Emigranten gelebt und aus dem Kochgeschirr des Soldaten; er hat die Länder gewechselt, die Fronten nicht. Ob es unerträglich wird, ob es zum drittenmal einen Emigranten Stefan Heym geben wird, bleibt abzuwarten.
So oder so, dieses Buch gibt vorläufige Auskunft über ihn und seine Zeit. Es ist eine Bilanz ohne Schlußstrich. Der Mann macht weiter. Abschließendes kann noch nicht gesagt werden.

Januar 1980 *Peter Mallwitz*

Anmerkung

Dieses Buch ist eine Auswahl aus dem umfangreichen publizistischen Werk des Schriftstellers Stefan Heym.
Ausgewählt wurde, was für Weg und Zeit, für die Persönlichkeit dieses Mannes relevant erschien. Autobiographisches ist, die Chronologie der Texte durchbrechend, dort plaziert, wo sich die entscheidenden Abschnitte im Leben Heyms markieren lassen.
Vorgestellt werden Essays und Porträts, Leitartikel und Berichte, Reportagen, Flugblätter, Aufrufe, Reden und Interviews. Es sind subjektive Äußerungen zu politischen Ereignissen und zur Geschichte ebenso wie zum Leben und Denken der Leute auf der Straße, Sätze aus viereinhalb Jahrzehnten, die tagesbezogen entstanden, aber über den Tag hinaus ihre Frische bewahrten und die sich dem Leser heute noch selbst erschließen.

3. Juni 1966

Wenn mich einer fragte...

Wenn mich einer fragte: In welcher Zeit hättest du gerne gelebt? – würde ich ihm antworten: In unserer. Denn noch nie, glaube ich, gab es eine Zeit mit so raschen, so tief einschneidenden Veränderungen, mit so enormen Widersprüchen, so fürchterlichen Verstrickungen und Verteufelungen des Menschen; nie aber auch eine Zeit, in der der Mensch so sehr über sich hinauswächst und mit solcher Kühnheit eine neue, kaum erahnte Welt schafft: eine Zeit also, wie ein Schriftsteller für seine Zwecke sie sich nicht schöner wünschen könnte, selbst auf die Gefahr hin, daß er in ihre Strudel gerät.

In meinen Romanen und Erzählungen habe ich versucht, einige Aspekte dieser Zeit und ihrer Menschen zu erfassen. Selbst da, wo ich in die Geschichte griff, tat ich es, um dort die Wurzeln unserer Zeit und unserer Konflikte zu finden und vielleicht auch Antworten auf Fragen von heute.

Durch die Darstellung von Gefühlen und Schicksalen habe ich mich bemüht, den Menschen etwas zu geben, ihnen vielleicht auch ein wenig vorwärtszuhelfen und so zur Veränderung unserer Welt beizutragen. Dabei war mir natürlich klar, daß der Einfluß des Wortes beschränkt ist, daß er sich oft auch nur indirekt auswirkt, und daß der einzelne überhaupt nur wirken kann in Wechselbeziehung zur Gruppe, zum Kollektiv, zum Ganzen. Der Rufer in der Wüste wirkt immer leicht komisch; er muß sich schon dorthin bemühen, wo die anderen sind; aber manchmal ist es auch notwendig zu rufen, wenn es scheint, als ob nichts als Wüste um einen herum ist.

Wie weit es mir gelungen ist, mitzuwirken, mitzuhelfen an der Neugestaltung unserer Zeit, läßt sich schwer sagen. Man könnte da Ziffern anführen, in einzelnen Fällen sogar hohe – Titel, Auflagen, Anzahl von Übersetzungen. Aber das besagt noch nicht viel. Eher wäre hier zu erwähnen, daß es kaum ein Buch von mir gibt, das nicht vor oder nach seinem Erscheinen zu Kontroversen Anlaß gegeben hat. Wenn ich all die Epitheta

aneinanderreihte, die mir dabei verliehen worden sind – die Skala reicht von *Stalin-Agent* bis *Konterrevolutionär*, von *ein neuer Thomas Mann* bis *schwarz-rot-goldener Ganghofer* –, so ergäbe sich ein ganz hübscher Waschzettel.
Habent sua fata libelli – die Schicksale meiner Bücher sind auch das meine, im Westen, im Osten, in unserer Zeit.

Für Redaktion *Jungbuchhandel*,
Düsseldorf

Ich aber ging über die Grenze...

Ich aber ging über die Grenze.
Über die Berge, da noch der Schnee lag,
auf den die Sonne brannte durch die dünne Luft.
Und der Schnee drang ein in meine Schuhe.

Nichts nahm ich mit mir
als meinen Haß.
Den pflege ich nun.
Täglich begieße ich ihn
mit kleinen Zeitungsnotizen
von kleinen Morden,
nebensächlichen Mißhandlungen
und harmlosen Quälereien.

So bin ich nun einmal.
Und ich vergesse nicht.
Und ich komme wieder
über die Berge, ob Schnee liegt,
oder das Grün des Frühlings die Höhen bedeckt,
oder das Gelb des Sommers, oder das dunkle Grau
des Herbstes, der den Winter erwartet.

Dann steh ich im Lande, das sich befreien will,
mit einer Stirn, die zu Eis geworden
in den Jahren, da ich wartete.
Dann sind meine Augen hart, meine Stirn zerfurcht,
aber mein Wort ist noch da, die Kraft meiner Sprache
und meine Hand, die des Revolvers
eiserne Mündung zu führen versteht.

Über die Straßen geh ich der Heimatstadt,
über die Felder, die mir verloren gingen,
auf und ab, auf und ab.

Aus »Verse der Emigration«

1935–1939

Noch in seiner Studentenzeit in Chicago arbeitete der junge Heym an einer antifaschistischen Monatsschrift mit, die dort erschien und den Namen *Volksfront* trug. Das Blatt hatte nur eine geringe Auflage und ging nach einiger Zeit ein. Heyms darin veröffentlichte Beiträge sind nicht greifbar; sie müssen jedoch den in New York um den Wirtschaftswissenschaftler Alfons Goldschmidt und den ehemaligen preußischen Justizminister Kurt Rosenfeld versammelten Kreis so beeindruckt haben, daß der noch nicht Vierundzwanzigjährige von ihnen eingeladen wurde, nach New York zu kommen und Chefredakteur einer neu zu gründenden deutschsprachigen Wochenzeitung zu werden.
Diese Zeitung, an keine Partei gebunden, sollte an alle appellieren, die gegen den Nationalsozialismus waren. Sie sollte für alle sprechen, die bereit waren, sich gegen die Umtriebe der Nazis unter den Deutschamerikanern zu wenden, und sie sollte aufklärend und mobilisierend wirken sowohl unter denen, die vor 1933 aus Deutschland nach Amerika eingewandert waren, als auch unter den Neuankömmlingen, die, deutsche Juden zumeist, vor Hitler flüchten mußten und in Amerika Asyl gefunden hatten.
Das Blatt, getauft auf den Namen *Deutsches Volksecho,* erschien zum erstenmal am 20. Februar 1937. Modern aufgemacht, mit Balkenüberschriften und vielen Fotos, hatte es sechzehn Seiten im Tabloid-Format – einem damals in den USA entwickelten, handlichen Zeitungsformat, das vor allem von den großen Massenblättern verwendet wurde. Die Startauflage war 8000; man hoffte, daß sie sich rasch steigern und jene magische Grenze erreichen würde, die man durchstoßen mußte, um die von den Zigaretten- und Schnapsfirmen routinemäßig vergebenen Großanzeigen zu erhalten; danach würde man soweit gesichert sein, daß man dem von Berlin aus finanzierten *Weckruf und Beobachter,* dem Blatt des mit seinen Schlägertrupps und Trainingslagern in den USA wirkenden Nazi-Bundes, Paroli bieten und eventuell sogar auf die Entwicklung in Deutschland Einfluß nehmen könnte.
Aber die Handicaps waren zu groß. Der Abonnentenstamm, übernommen von der inzwischen eingestellten kommunistischen Wochenzeitung *Der Arbeiter,* vergrößerte sich zwar, aber nicht in genügendem Maß; man war auf Sammlungen in linken Organisationen und auf Beiträge von Sympathisierenden angewiesen. Auf

Unterstützung von seiten der deutschamerikanischen bürgerlichen Presse war nicht zu rechnen; ihre Redaktionen waren durchsetzt von Nazis, und Anzeigengelder flossen für sie aus Berlin; die sozialdemokratische *Neue Volkszeitung* weigerte sich zu kooperieren und erblickte im *Volksecho* nicht den Mitstreiter, sondern nur die Konkurrenz; dazu witterten die amerikanischen Behörden, vor allem J. Edgar Hoovers FBI, hinter jedem fortschrittlichen Wort die Initiative Moskaus – keine leichte Situation für einen jungen Schriftsteller, dessen engste Verwandte sich in den Ghetto-Wohnungen deutscher Städte befanden, der selber noch nicht Bürger der USA und daher von Ausweisung bedroht war, und der dennoch es für notwendig hielt, in seinem Wochenblatt auch in die sozialen Auseinandersetzungen in seinem Asylland einzugreifen.

Aus alldem, und aus der ganzen Zeit, in der Hitler von Erfolg zu Erfolg schritt und das politische Gewölk immer dunkler wurde, erklärt sich die häufige Schärfe der Polemik, die uns heute übertrieben scheinen mag – doch ist es eher verwunderlich, daß diese Polemik nicht noch schriller war: der Gegner, der hinter *Weckruf und Beobachter* stand, hieß schließlich Joseph Goebbels.

Es war ein einsamer Kampf, den Heym und seine wenigen Mitarbeiter zu führen hatten, und der Niedergang des *Volksecho* war nicht aufzuhalten. Es war vergeblich, daß der Chefredakteur sich an den Straßenecken von Yorkville, dem von vielen Deutschen bewohnten Teil von Manhattan, auf eine Holzkiste stellte und, bedroht von den Schlägertrupps der Nazis, für sein Blatt warb; vergeblich, daß die letzte Seite der Zeitung umgestellt wurde und nun in englischer Sprache erschien, um breitere Kreise zu interessieren und eventuell von der amerikanischen Presse nachgedruckt zu werden – *Volksecho* schrumpfte auf zwölf und dann auf acht Seiten zusammen und mußte schließlich ganz eingestellt werden. Die letzte Ausgabe erschien am 10. September 1939 – auf der Frontseite die Überschriften *Göring-Rede bestätigt: das deutsche Volk ist gegen den Nazi-Krieg* und *Heroischer Kampf des polnischen Volkes.*

20. Februar 1937

Deutsches Volksecho stellt sich vor

Zweierlei Aufgaben hat eine Zeitung zu erfüllen: Nachrichten zu bringen und Meinungen zu bilden. Aber man sehe sich an, was heute aus der Rotationsmaschine kommt! Der Zweck der Presse hat sich in sein Gegenteil verkehrt: Nachrichten werden gefälscht, Meinungen unterdrückt. Und das nicht nur in faschistischen Staaten, wo die Praxis des organisierten Volksbetrugs eine Selbstverständlichkeit ist, sondern auch in den Ländern, wo das Volk durch seinen Widerstand ein Restchen Freiheit für sich gerettet hat.

Die deutsche Presse in Amerika – reden wir nicht von den Naziblättern, die dafür bezahlt werden, daß sie das hysterische Gelalle des Propaganda-Goebbels nachbeten. Aber auch die nicht-nationalsozialistischen deutschamerikanischen Tages- und Wochenblätter, verstreut über das Land, sind eingeschüchtert und erpreßt durch den wirtschaftlichen und politischen Druck der Nazis. Sie wagen nicht mehr so zu schreiben, wie es ihre vornehmste Aufgabe wäre, sie wagen nicht, die Stimmführer des deutschen Volkes zu sein, da dem deutschen Volke innerhalb des Machtbereiches des *Führers* und seiner Unterführer die freie Sprache geraubt wurde. Und die wenigen deutschamerikanischen antifaschistischen Zeitungen sind nicht imstande, im Kampf für die Wahrheit die großen Massen der deutschamerikanischen Bevölkerung zu erreichen, da sie durch ihre Tradition als Parteizeitungen eingeengt sind.

Darum ist die Zeitung, die mit diesem Aufruf zum erstenmal vor die Öffentlichkeit tritt, notwendig. Darum wurde sie gegründet.

Jean Jaurès, der, weil er für Frieden und Freiheit kämpfte, an jenem verhängnisvollen Vorabend des Weltkrieges ermordet wurde, sagte einmal: »Dem Volk kann man immer die Wahrheit sagen, es hat kein Bedürfnis nach Lügen.« – Diese Zeitung, die den Namen *Volksecho* tragen wird, weil sie als Echo des Volkes sprechen soll, *wird die Wahrheit sagen.* Die Wahrheit über

Deutschland, unsere in Ketten gelegte Heimat, die Wahrheit über Amerika, unser neues Land, die Wahrheit über die Welt, deren Bürger wir alle sind.
Die Wahrheit zu sagen, aber bedeutet Kampf. Nicht nur, weil die am Volksbetrug Interessierten die Wahrheit als ihren schrecklichsten Feind bekämpfen – sondern weil die Erkenntnis der Wahrheit an sich in jedem anständigen, fühlenden, denkenden Menschen den Willen zum Kampf, zu Verbesserungen und Veränderung wachruft.
Hier steht das *Volksecho* nicht allein. Der große Verbündete jeder Zeitung für das Volk ist das Volk selber, das sich heute in einer großen Front zusammenfindet im *Kampf* um seine Rechte, seine Freiheiten.
Jeder Tag bringt neue Angriffe auf diese Rechte und Freiheiten. Da werden die Menschen in den Zuchthäusern gefoltert, auf den Straßen friedlicher Städte bombardiert; da werden sie von den Arbeitsplätzen gerissen und zu langsamem Hungertod verurteilt; da werden die Kulturgüter des Volkes verbrannt und zerschossen; da werden die Greise zu Bettlern und die Kinder zu Lohnsklaven gemacht; die Bauern von den Feldern gejagt; die Soldaten verkauft und verraten; da zerfallen die Krankenhäuser, damit Panzerkreuzer entstehen; da werden ein paar Gewissenlose steinreich und die Armen immer ärmer – das ist die Wahrheit. Und das Volk beginnt, die Wahrheit zu sehen, in einer Volksfront beginnt es sich zusammenzuschließen!
Diese Zeitung stellt sich in den Dienst der Volksfront. Das bedeutet: Sie nimmt Partei auf der Seite des Volkes. Sie will das Echo und der Ruf des Volkes sein. Sie will alle aufrufen, alle um sich scharen: Arbeiter, Bauern, Handwerker, Mittelständler, Intellektuelle – Deutsche in aller Welt, Deutsche in Amerika.
Denn die Geschichte der letzten Jahre hat dem deutschen Volke eine Mission zugewiesen. Diese Mission ist nicht die der Hitler und Göring, die unser Volk dadurch entehren, daß sie es zum Brandstifter eines neuen Weltbrandes machen wollen.
Die Aufgabe der Deutschen ist es, ihre Freiheit wiederzugewinnen, um gleichberechtigt in der Welt an der Seite der fortschrittlichen Demokraten für soziale Befreiung und für den Frieden zu kämpfen.
Kam nicht ein Steuben nach Amerika, um hier die Demokratie

erkämpfen zu helfen? Trat nicht hier Karl Schurz selbstlos für die Freiheit einer versklavten Rasse ein?

In dieser Zeit, wo die Schicksale von kommenden Generationen geformt werden – in Fabriken und Schützengräben, in Warenhäusern und Wohlfahrtsämtern, auf den Straßen der Städte und den Feldern der Farmer –, in dieser Zeit müssen wir Deutsche unserer Tradition und Aufgabe uns voll bewußt werden:

Einig, einig für Freiheit und Fortschritt, für Frieden, und das Recht auf unser Leben zu kämpfen – eine große Volksfront, in Deutschland, in Amerika – überall!

6. März 1937

Überfall auf die *Weckruf*-Redaktion

Deutsches Volksecho

Nazi-Ordnungsdienst-Leute erschienen am Morgen des 24. Februar in der Geschäftsstelle des *Deutschen Weckruf* in der 85. Straße, um die verantwortlichen Redakteure Walter Kappe und Kurt Klinge sowie den Anzeigen-Manager Alex Guessefeld ihres Amtes zu entheben und sie an die Luft zu setzen.
Walter Kappe versuchte, sich zur Wehr zu setzen, wurde aber von den OD-Leuten überwältigt.
Dazu veröffentlicht der *Weckruf* eine Erklärung, in der der »Bundesführer« Kuhn seinen gefallenen Gegner noch der Unehrenhaftigkeit zeiht, indem er durch ein plump abgefaßtes Dementi: »Wir betonen an dieser Stelle, daß durchaus keine ehrenrührige Handlung der genannten Herren vorliegt«, ihnen gerade diese Handlung – nämlich Unterschlagungen – vorwirft.
Wenn *gerade Herr Kuhn* mit diesen Vorwürfen seine Unterführer vor den Deutschen Amerikas unmöglich machen will, so ist das für uns ein Anlaß mehr, den Vorfällen auf den Grund zu gehen.
Es ist ja ganz klar: Eine Bewegung, die von *ausländischen* Geldern gespeist wird wie die Nazi-Partei hier, muß ihre Beamten dazu erziehen, mit diesem freigebig fließenden Geld leichtsinnig umzugehen. Daß dieses Geld allerdings unsern deutschen Brüdern in der Heimat von der Hitler-Regierung abgepreßt wurde, ist eine Frage, die die Herren Nazi-Führer in Amerika nicht weiter kümmert.
Tatsächlich gehen die Zwistigkeiten zwischen der Kappe-Gruppe und der Bundesführung unter Herrn Kuhn auf ernsthafte politische Differenzen zurück. Kuhn ist der getreue Diener seines Geldgebers Goebbels und des neu zum »Führer aller Auslandsdeutschen« ernannten Pg. Wilhelm Bohle.
Kappe dagegen kennt die amerikanischen Verhältnisse und weiß ungefähr, was die Nazis dem Volke in Amerika zumuten können und was nicht.

Klar kam diese Spaltung bei der Frage der amerikanischen Wahlen zum Ausdruck. Kappe, der damals die Politik der Nazis in Amerika machte, erklärte sich und seinen *Bund* für die Dritte (faschistische) Partei des Herrn Lemke. Als Kuhn vierzehn Tage vor den Wahlen nach Amerika kam – er hatte inzwischen in Deutschland ausführlich mit Hitler und Goebbels und Bohle konferiert –, warf er die gesamte Politik der Nazis um und kündigte an, daß jetzt die Nazis für Landon stimmen würden.
Kuhn führte Hitlers Weisungen aus, der hier wie in Deutschland die gleiche Politik führt: *Immer auf seiten der Mächtigen.* In Deutschland war Hitler der treueste Verbündete und Helfer der Krupp und Thyssen und Oldenburg-Januschau, der Schwerindustrie und des Großgrundbesitzes. Das Bündnis der Nazis mit Landon bedeutete, daß Hitler in Amerika eine, wie Kuhn es zu nennen beliebt, *Schutz- und Trutzfront* mit Hearst, DuPont, Morgan und der gesamten Bankiers- und Schwerindustriegesellschaft geschlossen hat. Herr Kuhn hat jetzt in New York seinen 30. Juni gemacht. Die Opposition in der Partei, die das Bündnis mit der amerikanischen Schwerindustrie nicht guthieß, ist herausgeschmissen, verleumdet und verleugnet und verprügelt worden. Vielleicht werden sie jetzt auch, wie man es mit Paffrath, dem früheren Leiter des Konsumverbandes, tun wollte, nach Nazideutschland verschleppt und dort wie Röhm und Heines umgebracht.
Der *aufrichtige* Dank, den Herr Kuhn seinen ehemaligen Mitarbeitern ausspricht, bestand jedenfalls in Fußtritten und Knüppelhieben.
Kein Deutschamerikaner, der seine Heimat liebt, kann diese Vorgänge ohne tiefstes Bedauern mit ansehen. Denn wir wissen: Nichts schädigt das Ansehen des Deutschtums im Ausland so, wie die widerlichen Macht- und Cliquenkämpfe zwischen Leuten, die sich auf die Autorität der Nazi-Regierung stützen und den Anspruch erheben, Deutschland zu repräsentieren. Was sie vertreten, ist nicht Deutschland, sondern eine Regierung, die sich seit dem Reichstagsbrand und dem 30. Juni in den Augen aller anständig denkenden Menschen selbst das Urteil gesprochen hat.

Bund in Aufruhr gegen Fritz Kuhn

Deutsches Volksecho

Die Enthüllungen in unserer Nummer 3 über die Vorgänge, die sich bei der gewaltsamen Absetzung der bisherigen Redaktionsmitglieder des *Weckruf* abspielten, haben in den Kreisen des Nazi-Volksbundes wie eine Bombe eingeschlagen. Die Tatsache, daß das Nazi-Blatt unter seinem neuen Leiter Kuhn überhaupt die Sprache verloren hat, obwohl oder vielleicht gerade weil unsere Informationen auch von der großen New Yorker Presse, zum Beispiel in der *New York Post* vom Freitag, dem 5. März, ausführlich wiedergegeben wurden, wird von den Mitgliedern des Volksbundes mit Recht als das Schweigen des Ertappten angesehen.

Tatsächlich befindet sich der Nazi-Volksbund in hellem Aufruhr gegen Kuhn. – Wir bringen Beweise:

Alte OD-Leute, deren Mitgliedsbücher Nummern unter 200 tragen, haben sich in ihrer Empörung über die Machenschaften Kuhns an unsere Redaktion gewandt, und ihre Mitteilungen, deren Inhalt wir selbstverständlich nachgeprüft haben und heute dokumentarisch belegen, bestätigen nicht nur unsere politische Einschätzung der Vorgänge vollkommen, sondern ergänzen die von uns gebrachten Tatsachen noch in höchst interessanter Weise.

Der unmittelbare Anlaß für die Amtsenthebung Kappes war nämlich, daß Kappe den Bundesführer Kuhn in sehr energischer Weise zur Rechenschaft zog über den Verbleib der von Deutschen in Amerika für die Nazi-Winterhilfe gesammelten Gelder.

Am 25. Juli fuhr Kuhn mit mehr als 3000 Dollar für die Winterhilfe gesammelter Gelder und einem goldenen Buch für Adolf Hitler nach Berlin. Von diesen mehr als 3000 Dollar wurden nach Meldungen der reichsdeutschen Nazipresse und des deutschen Kurzwellensenders nur 2300 Dollar an Hitler übergeben, der *mit Tränen der Rührung in den Augen in*

bewegten Worten dankte. Der *Weckruf* freilich berichtete am 13. August 1936 in einer Sondermeldung vom 5. August aus Berlin von der Überreichung einer Geldspende von über 3000 Dollar an den Hilfsfonds zur Linderung der Not der aus Spanien geflüchteten deutschen Volksgenossen.
Wo sind die Beweise für diese schwerwiegende Behauptung? Unsere Leser finden sie nebenstehend! Wir veröffentlichen eine fotografische Wiedergabe sowohl der betreffenden Nummer des *Völkischen Beobachters* wie der betreffenden *Weckruf*-Nummer.
Die Differenz ist klar ersichtlich.
Herr Kappe wußte von dieser Differenz. Darum mußte Herr Kappe gehen.
Herr Kappe ist aber nicht der einzige, der um diese *Differenz* weiß. Schon längst hat das anmaßende Auftreten Kuhns bei den Nationalsozialisten in Amerika lebhaftes Mißfallen erregt. Erst in der letzten Woche mobilisierte Herr Kuhn denselben Ordnungsdienst, mit dessen Hilfe er Herrn Kappe an die Luft gesetzt hatte, um ein Nazi-Meeting in Brooklyn, wo er ernste Schwierigkeiten voraussah, nötigenfalls *ausräumen* zu lassen.
In *Chicago,* wohin Herr Kuhn seine Leibgarde nicht mitnehmen konnte, wurde er von dem Leiter der dortigen Ortsgruppe, Herrn Peter Gissibl, mit dem klassischen Zitat aus dem *Götz von Berlichingen* herausgeworfen.
In Bronx und Yorkville ist die Stimmung nicht besser.
Der Mißerfolg der Nazi-Versammlung in Hippodrome am 12. Februar hatte folgende Gründe: In einer Amtswaltersitzung, die am Mittwoch vor der Versammlung stattfand, kam es zu einem offenen Konflikt zwischen Kuhn und einem von dem Leiter der Auslandsdeutschen-Organisation, Herrn Bohle, mit Vollmachten von Hitler nach Amerika geschickten Herrn Grotte.

Herr Grotte hatte die Absicht, die deutschamerikanische Berufsgemeinschaft in den Amerikadeutschen Volksbund zu überführen. Er hat diesen Plan jedoch nicht ausführen können, weil die Verhältnisse im Volksbund bereits derartig untragbar waren, daß die Widerstände in der deutschamerikanischen Berufsgemeinschaft gegen eine Vereinigung unüberwindlich waren.

In der erwähnten Amtswaltersitzung nannte Herr Kuhn den *Beauftragten des Führers* Grotte in schöner Offenheit einen Schweinehund.

Es ist bezeichnend für das Führersystem, daß Herr Grotte trotzdem beruhigt Amerika verließ, nachdem er Herrn Kuhn in seinem Amte bestätigt hatte.

Daß Herr Kuhn, wie wir in unserer letzten Nummer andeuteten, Herrn Kappe das Schicksal Röhms zugedacht hat, beweist weiter die Tatsache, daß er sich nicht scheute zu behaupten, daß ein Botschaftsrat der Deutschen Botschaft in Washington (ein ehemaliger Standartenführer der SS) die Entfernung Kappes aus der Partei und seine Rückbeförderung nach Deutschland verlangt habe. Herr Kuhn hatte freilich nicht damit gerechnet, daß Herr Kappe selber bei der diplomatischen Vertretung des Reiches nachfragen würde. Kappe erhielt nämlich auf dem Konsulat in New York die Versicherung, daß ein derartiger Befehl aus Deutschland überhaupt nicht vorliege.

So interessant diese Einzelheiten für die Mitglieder des Volksbundes sein mögen – uns interessiert weit mehr, welche politischen Hintergründe dieser wenig erbauliche Konkurrenzkampf zwischen Kuhn und Kappe hat. Es bestätigt sich nämlich, daß, wie wir in unserer vorigen Nummer schon sagten, die beiden Herren in ihren Ansichten über die wirkungsvollsten Methoden der Durchsetzung der amerikanischen Demokratie mit Nazi-Propaganda wesentlich auseinandergehen. Herr Kuhn, der, was seinen eigenen Hoheitsbereich betrifft, gar nicht selbstherrlich genug auftreten kann, und keinem seiner Untergebenen ein Wort der Kritik erlaubt, wagt es nicht, in irgendeiner Frage von politischer Bedeutung selbständig zu entscheiden.

Seine Führerqualitäten beschränken sich auf die Mobilisierung seiner Leibgarde gegen seine persönlichen Feinde; im übrigen aber fragt er bei jeder sich bietenden Gelegenheit erst in Berlin an. – Herr Kappe, der über eine etwas längere Erfahrung in Amerika verfügt, hegt Bedenken gegen die Wirksamkeit vieler von Berlin diktierter Propagandamethoden. Die Berliner Stellen aber sehen gerne über gewisse Großzügigkeiten in finanziellen Fragen bei Herrn Kuhn hinweg, wenn sie dafür sicher sind, in ihm ein blind gehorsames Werkzeug für alle ihre Pläne und Anschläge zu haben.

So viel für heute. Wir werden in der nächsten Zeit noch häufiger Gelegenheit haben, auf die Zustände im Volksbund und den ihm nahestehenden Institutionen, wie zum Beispiel dem Deutschen Konsumverband, und über die besonders engen Beziehungen Herrn Kuhns zur Leitung dieser Organisation hinzuweisen. Wir möchten nur noch eine Frage stellen:
Was hat es mit der ominösen Bekanntmachung auf der ersten Seite der zweiten, unter Herrn Kuhns Verantwortung erschienenen Nummer des *Weckruf* vom 11. März auf sich, wonach der Deutsche Konsumverband offiziell bekanntgibt, daß Herr Otto Beingraben *in keinerlei Weise irgendwie mit dem DKV noch weiterhin* verbunden ist?
Wußte vielleicht Herr Beingraben auch zuviel?

27. März 1937

In Sachen Kuhn

Herr Kuhn!
Sie haben in der letzten Nummer des »Weckruf und Beobachter« außer einigen Unfreundlichkeiten an unsere Adresse erklärt, Sie seien gerne bereit, auf sachlicher Basis mit uns zu diskutieren. O. K.

1. Ist es wahr, daß der Amerikadeutsche Volksbund für die deutsche Winterhilfe die runde Summe von $ 3000 gesammelt hat?
2. Ist es wahr, daß Sie beauftragt wurden, diese Spende Herrn Hitler persönlich zu überbringen?
3. Ist es wahr, daß Sie laut »Völkischem Beobachter« vom 4. August 1936 Ihrem Führer nur $ 2300 in die Hand gedrückt haben?
4. Ist es wahr, daß die Differenz zwischen $ 3000 und $ 2300 siebenhundert Dollar beträgt?
5. Wo sind die $ 700?

In der Erwartung Ihrer sachlichen Antwort mit der Ihnen gebührenden Hochachtung.

Die Redaktion.

3. Juni 1939

»Ein gewöhnlicher Dieb!«

Deutsches Volksecho

»Das Anklagematerial wird zeigen, daß Kuhn ein ganz gewöhnlicher Dieb ist«, erklärte der Staatsanwalt, nachdem das Geschworenengericht von New York Hitlers Hauptagenten in Amerika, Fritz Kuhn, endlich unter Anklage gestellt hatte.
Kuhn hatte versucht, aus New York zu fliehen, wurde aber in der Nähe des Dorfes Krumsville in Pennsylvania bei einer Benzintankstelle von New Yorker Detektiven, die ihm im Auto gefolgt waren, verhaftet.
Nachdem auch Staatspolizei von Pennsylvania auf der Szene erschien, ließ sich Kuhn schließlich nach New York zurückbringen.
In New York wurde er auf der Polizei registriert, fotografiert, und seine Fingerabdrücke wurden ihm abgenommen. Dann verschwand er im Tombs-Gefängnis.

Die Anklageschrift bestätigt und übertrifft noch, was das *Volksecho* seit Jahren über den Banditenführer geschrieben und enthüllt hatte. Vor zwei Jahren bereits wies unsere Zeitung nach, daß Kuhn $ 700 von $ 3000 unterschlagen hatte, die er hier von seinen *Angeführten* sammeln ließ, um das Geld Hitler anläßlich der Berliner Olympiade persönlich zu überbringen.
Und erst vor wenigen Wochen enthüllte das *Volksecho* die Tatsache, daß $ 6000, die Kuhn angeblich zum Ankauf des Yorkville Casino aus den Nazi-Geschäftsleuten der sogenannten *German-American Businessmen's League* herausgepreßt hatte, verschwunden sind
Die Anklageschrift, die 12 separate Punkte bringt, besagt, daß Kuhn $ 8907,35 aus den Einnahmen der infamen *Pro-Amerika*-Versammlung der Nazis im Madison Square Garden unterschlagen hat; ferner $ 4424,22, die von den Bunditen als *Verteidigungsfonds* für die in Riverhead, Long Island, im Camp-Siegried-Fall angeklagten Nazis aufgebracht wurden.
Kuhn hatte die Frechheit besessen, als vor zwei Wochen

Detektive das Nazi-Büro besuchten, zu behaupten, daß die Untersuchungsbeamten – während seiner, Kuhns, Abwesenheit in Los Angeles – $ 1380 gestohlen hätten.
Zugleich aber wurde eine Fotografie bekannt, die Kuhn und eine unbekannte Blonde (nicht seine eigene Frau) zeigte. Diese Fotografie wurde an demselben Tage auf der New Yorker Weltausstellung aufgenommen, an dem Kuhn in Los Angeles gewesen zu sein behauptete.
Für diese mysteriöse Blonde – eine Frau Florence Camp – hat Kuhn $ 565,76 aus Bundes-Fonds gestohlen, um ihr verschiedene Umzugskosten zu decken.
Außerdem ließ er sich noch einmal $ 500 in Kassa ausstellen, angeblich, um den Rechtsanwalt James D. C. Murray zu zahlen – auch dieses Geld benutzte Kuhn selber.
Dazu kommen noch verschiedene Fälschungen in den Büchern des Nazi-Bundes, die Hitlers Vertreter in Amerika zu seinem eigenen Vorteil vornahm.

Wenn Kuhn in allen zwölf Anklagepunkten verurteilt wird, stehen ihm ungefähr fünfzig Jahre Gefängnis bevor.
Distriktanwalt Dewey hat, obwohl Kuhn unter so schwerer Anklage steht, nur eine Kaution von $ 5000 verlangt. Wußte Dewey nicht, daß die Nazi-Schiffe die Hitler-Agenten auch ohne Paß mitnehmen? Wußte Dewey nicht, daß Kuhn auf der Flucht verhaftet wurde? Wußte Dewey nicht, daß auf besondere Veranlassung von Bürgermeister LaGuardias dem Antrag Kuhns auf Ausstellung eines Passes nicht stattgegeben worden war?
Sogar Richter Collins, vor dem die Kautionsverhandlungen stattfanden, kommentierte, daß er, wenn er die Kaution festzusetzen gehabt hätte, eine wesentlich höhere Summe gefordert hätte. Die $ 5000 standen den von Berlin mit Geldmitteln versehenen Nazi-Agenten leicht zur Verfügung – und so kommt es, daß Kuhn sich wieder auf freiem Fuß befindet.
Diese milde Behandlung Kuhns durch Dewey ist unverständlich – wenn man nicht annehmen will, daß Dewey, möglicherweise Präsidentschaftskandidat der reaktionären Republikaner für 1940, dem Nazi-Agenten Kuhn gar nicht so unfreundlich gegenübersteht. Schließlich arbeiten die Nazis in Amerika engstens mit denselben reaktionären Kreisen zusammen, die

Dewey als möglichen Kandidaten ausersehen haben. Und wirklich hat Kuhn seine um $ 5000 billig erstandene Freiheit dazu benutzt, um die New-Deal-Regierung Roosevelts auf einer Versammlung in Grafton, Wis., aufs wüsteste anzugreifen und zu beschimpfen.
Die ganze Untersuchung des Falles Kuhn ging auch nicht von Dewey, sondern von Stadtkommissar Herlands in New York aus; Herlands stellte nicht nur fest, daß Kuhn beträchtliche Summen Geldes gestohlen, sondern daß er auch Steuern hinterzogen hat, die der Bund auf den Verkauf von Uniformen und importierten Hakenkreuz-Utensilien zu zahlen gehabt hätte.
Das ist der Mann Kuhn, der sich angemaßt hat, im Namen der Deutschamerikaner aufzutreten. Angeklagt als Dieb, als Betrüger, steht er da, ein Mann, der, wie sich jetzt herausstellt, bereits in Deutschland vorbestraft war – was er bei seiner Einwanderung nach USA wohlweislich verschwieg.
Und so wie er sind auch die anderen *Führer* des Bundes Hitlers Agenten. Da ist Winterscheidt, der wegen sexueller Vergehen im Gefängnis sitzt, da ist Fitting, der sich als Pastor ausgibt, da ist Wheeler-Hill, der endlich mal seinen richtigen Namen angeben sollte, da ist Nicolay, der es vorgezogen hat, zu seinen Auftraggebern nach Deutschland zu flüchten – eine ganze Galerie von Polizeialbum-Gesichtern.
Es ist Zeit, daß diese Leute und ihr Nazi-Bund-Racket aus der Gesellschaft anständiger Deutschamerikaner endgültig ausgeschlossen werden. Denn man soll sich nicht einbilden, daß durch die Anklage und spätere Verurteilung Kuhns die Nazi-Arbeit in Amerika, und besonders unter den Deutschamerikanern, aufhören wird. Berlin wird neue Kuhns schicken.
Die Nazi-Wühlerei wird nur beseitigt werden können, wenn alle anständigen Deutschamerikaner zusammen mit ihren amerikanischen Mitbürgern anderer Abstammung eine feste Front schaffen, an der die Hitler-Agenten sich vergebens die Schädel einrennen werden.

15. Mai 1937

Wer ist schuld am Zeppelin-Unglück?

Deutsches Volksecho

Schreck und Trauer hat alle Deutschen Amerikas erfaßt, alle Menschen, die ein mitfühlendes Herz in der Brust haben. Die *Hindenburg,* das größte Zeppelin-Luftschiff der Welt, in Flammen aufgegangen! Über 35 Tote zu beklagen – und die mit dem Leben davonkamen, liegen schrecklich verbrannt und verwundet in den Hospitälern. Untersuchungskommissionen sind am Werk, um die Ursache der Katastrophe festzustellen. Immer stärker, immer drängender stellt das Publikum die Frage: *Wer ist schuld?*

Die *Hindenburg* machte ihre erste diesjährige Reise über den Ozean. Ein neuer Kapitän kommandierte das Schiff, Pruss ist sein Name. Das Luftschiff hat zwälf Stunden Verspätung – über den Ozean hat es mit bösen Gegenwinden zu kämpfen gehabt. Direkt über New York entlädt sich an dem verhängnisvollen Nachmittag ein Gewitter. Während des Gewittters kann der Zeppelin nicht landen. Aber kaum läßt das Donnern und Blitzen etwas nach – die letzten Regentropfen des Gewitters fallen immer noch –, da nähert sich das Schiff dem Landungsmast auf dem Flughafen in Lakehurst.
Wie Augenzeugen aus der Landungsmannschaft berichten, kam der Zeppelin mit ganz außergewöhnlicher Geschwindigkeit auf den Landungsplatz zu. Plötzlich begannen die Motoren wieder zu heulen – viele dachten, Kapitän Pruss wolle das Schiff noch einmal über den Flughafen zirkeln lassen, um günstiger an den Mast heranzukommen – aber in Wirklichkeit waren die Motoren auf Gegenkraft umgeschaltet worden.

Landungstaue, noch feucht vom Regen – also außerordentlich gute Elektrizitätsleiter – wurden herabgelassen. Das war um 7.20 Uhr. Die Bodenmannschaft fängt zwei Taue und beginnt, das Schiff einzuholen. Aber der Zeppelin ist, wieder nach Zeugenberichten, außerordentlich leicht. Noch zuviel Gas befand sich in der silbern schimmernden Hülle! Das Schiff hebt sich wieder! Pruss gibt das Kommando: *Pay out!* (Loslassen!) Aber nur eine Hälfte der Bodenmannschaft versteht das Kommando, die andere Hälfte hält fest, das Schiff verliert die Balance! Pruss hatte in die falsche Windrichtung gesprochen ...

Und nun, es ist 7.23 Uhr geworden, spielt sich alles in Sekundengeschwindigkeit ab. Vor den Augen der entsetzten Zuschauer – Kameraleute, Journalisten, Landungsmannschaft, Gäste – schießt eine Flamme aus dem Heck des Luftschiffes, Explosionen pflanzen sich fort von Gaszelle zu Gaszelle – das Heck des Schiffes berührt den Boden, dann hebt sich das Schiff, brennend, noch einmal in die Luft und stürzt dann endgültig zur Erde.

Rette sich wer kann! hatte einer von der Bodenmannschaft gerufen. Trotzdem wurden noch ein paar von den Flammen gepackt. Passagiere und Flugmannschaft werden teils durch die Gewalt der Explosionen aus dem Luftschiff geschleudert, teils springen sie ab. Manchen gelingt es, aus dem furchtbaren Flammenbereich herauszukommen, mit brennenden Kleidern und gebrochenen Gliedern schleppen sie sich weg. Auf andere, weniger Glückliche, senkt sich das Wrack des Zeppelins herab. Die Bodenmannschaften haben sich wieder gefaßt, heldenhaft stürzen sie sich in die Flammen, versuchen zu retten, wer zu retten ist, mit bloßen Händen reißen sie die brennenden Kleider von den Leibern der Opfer des Luftschiffs ...

Nach ein paar Stunden ist nichts als das glühende Gerippe des einst so stolzen Zeppelins vorhanden. In den Hangars des Flughafens liegen die unidentifizierten, schrecklich verstümmelten Leichen von Mannschaft und Passagieren.
Und schon jetzt beginnt die große Aktion, die wirklich Verantwortlichen für die Katastrophe zu entlasten. Das erste, was die Vertreter der Zeppelin-Gesellschaft sagen, ist: Sabotage! Phantastische Theorien werden von der Sensationspresse aufgeworfen.
Aber die Verantwortlichen sitzen in Berlin!
Es sind die Hitler-Regierung, ihre Generäle, und ihr Wirtschaftsminister Schacht! – Seit vier Jahren rüsten sie in wahn-

witzigem Tempo auf, alle Devisen werden für Rüstungsmaterial ausgegeben, alle Handelsmöglichkeiten ausgenutzt, um möglichst viel Profit zu machen, um neue Devisen zu bekommen, um weiter aufrüsten zu können.
Der *Hindenburg* war mit Wasserstoffgas gefüllt! Mit dem gefährlichen, leicht brennbaren Wasserstoffgas!

In der amerikanischen Luftschiffahrt ist es selbstverständlich, daß Zeppelinluftschiffe mit nicht brennbarem Helium gefüllt sind. Aus zwei Gründen füllten die Nazis den *Hindenburg* mit Wasserstoffgas: Weil Hitler nicht die Devisen für den Ankauf des notwendigen, aber teuren Heliumgases in Amerika ausgeben wollte; und weil Helium dreiunddreißig Prozent weniger Tragfähigkeit besitzt als Wasserstoff. Das würde bedeutet haben, daß der *Hindenburg* 40000 Pfund weniger Fracht hätte mitnehmen können, daß Hitler für 40000 Pfund Fracht weniger Devisen für seine Aufrüstung bekommen hätte... Und dafür mußten fünfunddreißig Menschen grausam sterben, und dafür mußten die andern, Überlebenden, sich verstümmeln lassen. Profitsucht und Aufrüstung der Nazis sind die Ursache der Katastrophe.

Mit einer Heliumfüllung hätte nichts passieren können.
Es hätte der Nazi-Regierung freigestanden, Helium in Amerika zu kaufen. Sie lehnte das Angebot ab.
Woher kam der Funke, der das Wasserstoffgas entzündete?
Der Zeppelin mußte, um schwerer zu werden und landen zu können, Gas ablassen. Dabei mischte sich, natürlich, das Wasserstoffgas mit dem Oxygen, dem Sauerstoff der Luft, und bildete eine leicht brennbare Mischung. Das Luftschiff war eben durch ein Gewitter geflogen, das heißt durch elektrisch geladene, hochgespannte Luft. Der Zeppelin, wie eine gigantische Leydener Flasche, war dabei selbst mit Elektrizität geladen worden. Jeder Schuljunge mußte das wissen – auch Kapitän Pruss. Warum blieb er nicht noch ein paar Stunden in der Luft und ließ die Elektrizität ausstrahlen?
Weil er um zwölf Uhr in derselben Nacht wieder abfliegen mußte, um seinen Fahrplan einzuhalten. Den Fahrplan mußte er einhalten, weil er Gäste zur Krönung nach London bringen mußte, und weil ein Vertrag bestand, daß die *Hindenburg* die

Krönungsfilme von London sofort nach Amerika zurückbringen sollte. Diese Verträge waren mit den größten amerikanischen Presse- und Filmunternehmungen abgeschlossen worden – und Hitler brauchte die Devisen, die er dafür bekam, um aufzurüsten, um seine Intervention in Spanien zu finanzieren.
Daher die Übereiltheit der Landungsmanöver. Daher konnte, bei der plötzlichen Drosselung der Motoren, über die wir berichteten, leicht der verhängnisvolle Funke entstanden sein. Daher konnte sich aber ebensogut durch die Entladung der statischen Elektrizität des Luftschiffes beim Kontakt mit der Erde der elektrische Funke gebildet haben, der das mit übereilter Schnelligkeit abgeblasene Wasserstoffgas entzündete.

Pruss stand bei den Nazis in Gnaden. So durfte er seine erste Reise als Kommandant der *Hindenburg* machen. Pruss gab der Bodenmannschaft unverständliche Kommandos. Der erfahrene Kapitän Lehmann war nur sein *Berater*. Und der noch erfahrenere Eckener, der sich früher einmal geweigert hatte, Propagandafahrten für die Nazis zu machen, war kaltgestellt worden.
Das sind genug Tatsachen, um eine Anklage zu rechtfertigen. Die Angeklagten sitzen in Berlin. Die verbrannten Opfer sind die Zeugen.

22. Mai 1937

Zuchthaus für *Bremen*-Offiziere

Deutsches Volksecho

Wegen ihrer Haltung beim Flaggen-Zwischenfall im New Yorker Hafen wurden der Erste Offizier Schulz, Sohn des Kaiserlichen Admirals und selber Seeoffizier außer Dienst, der Zweite Offizier und ein Matrose des Lloyd-Schnelldampfers *Bremen,* wie erst jetzt bekannt wird, zu hohen Zuchthausstrafen verurteilt.
Und zwar erhielt der Erste Offizier sechs Jahre Zuchthaus, der Zweite Offizier drei Jahre Gefängnis und der Matrose ein Jahr acht Monate Gefängnis wegen *Hochverrats.*
Am 26. Juli 1935 demonstrierten die New Yorker Antifaschisten an Bord des Dampfers *Bremen* gegen die Verhaftung des amerikanischen Seemanns Simpson in Hamburg. Während dieser Demonstration wurde die Hakenkreuzfahne heruntergerissen; mehrere Demonstranten wurden schwer verletzt.
Richter Brodsky sprach den größten Teil der verhafteten und angeklagten Antifaschisten frei. Die anderen kamen mit gelinden Strafen weg. Bei Gelegenheit dieses allseitig begrüßten Freispruchs machte Brodsky die berühmt gewordene Bemerkung von der *Piratenflagge.* Die Berliner und New Yorker Nazi-Stellen tobten.

Die beleidigte *Ehre* der Nazis – beleidigt durch die Tatsache, daß es möglich war, an Bord eines Nazi-Schiffes die Hitler-Flagge herunterzuholen – mußte, koste es, was es wolle, wiederhergestellt werden. Ein Sündenbock mußte gefunden werden.
Ein gewisser Moses, achtzehn Jahre alt, Schiffsjunge auf der *Bremen* und Mitglied des Marinesturms Hamburg, war berufen, diese nationale Tat zu tun. (Die Nazis beeilten sich übrigens zu versichern, daß der biblische Name Moses bei den rassereinen friesischen Fischerfamilien, aus denen Moses stamme, durchaus gebräuchlich sei.) Der junge Mann begab

sich zum *Landesleiter* der NSDAP und Vorsitzenden der *Freunde des Neuen Deutschland* in New York, Hubert Schnuch, der inzwischen das karge Brot eines abgebauten Nazi-Agenten in Chicago essen muß, und behauptete, daß der Erste Offizier Schulz, der Zweite Offizier und ein Matrose der Demonstration tatenlos und mit sichtlicher Schadenfreude zugesehen hätten. Durch Gesten hätten sie erkennen lassen, daß sie nichts zur Verteidigung der Flagge zu tun gedächten.

Auf der der Demonstration folgenden Rückreise der *Bremen* hatte der Funkoffizier alle Hände voll zu tun, um die Beschwichtigungs-, Treue-, Ergebenheits- und Anklagetelegramme, die zwischen Berlin und dem Kapitän der *Bremen,* Commodore Ziegenbein, gewechselt wurden, zu Papier zu bringen.
Commodore Ziegenbein versicherte den *Reichsführer* seiner Loyalität.

Eine Mitteilung der New Yorker Nazi-Leitung über das von Moses vorgebrachte Material genügte jedoch, um bei der Ankunft des Schiffes in Bremerhaven die drei Beschuldigten zu verhaften.
Commodore Ziegenbein, der erfahrenste Kapitän der deutschen Handelsmarine, versuchte vergeblich, seine Leute zu decken. Und selbst als er, unter Protest, von seinem Kommando zurücktrat, nützte das nichts. Er konnte von Glück reden, daß er nicht selbst unter Anklage gestellt wurde.

Die beiden Schiffsoffiziere und der Matrose wurden zunächst einmal zur *körperlichen und seelischen Vorbereitung* auf ihren Prozeß ins Konzentrationslager Wittmoor gebracht. Dann hörte man lange nichts mehr von ihnen.
Am 22. Januar 1937 fand vor dem berüchtigten Volkgsgerichtshof der Geheimprozeß gegen die drei von der *Bremen* statt. Die Aussagen des Hitler-Jungen Moses galten dabei mehr als die Bekundungen Ziegenbeins.
Ziegenbein wies darauf hin, daß kein Mitglied der Schiffsbesatzung den Ansturm der Demonstranten hätte abwehren können.

Hätten die beiden Offiziere mit ihren Revolvern rücksichtslos in die Menge hineingeschossen, dann wäre nach Meinung der Nazi-Richter alles in Ordnung gewesen. So aber wurde die Ehre des Hakenkreuzes mit Zuchthausstrafen gegen drei deutsche Seeleute als hinreichend repariert betrachtet.

17. Dezember 1938

Leni Riefenstahl in Hollywood

Deutsches Volksecho

Es war einmal ein junges Mädchen, das in einem Berliner Café tanzte. Die Kleine tanzte in diesem Café, weil ein Schriftsteller und Kabarettdirektor glaubte, daß das Mädchen Talent habe. Er änderte sogar den Namen der Tänzerin. Er nannte sie Lora Lei, nach dem Traumbild, das durch das Gedicht eines deutschen Juden, Heinrich Heine, berühmt gemacht wurde. Dieser Mann Heine mußte vor nunmehr fast hundert Jahren aus Deutschland fliehen – mußte fliehen, weil er sich für die Freiheit einsetzte.
Die Kleine hatte Erfolg. Sie wurde für einen Film engagiert von einem Regisseur, der dafür bekannt war, daß er Filme drehte für einen Zweck – nämlich, um die Ungerechtigkeit zu bekämpfen und um die Sache der Demokratie zu popularisieren. Der Name des Regisseurs ist Pabst. Und die Kleine wurde ein Filmstar durch die Tüchtigkeit des Regisseurs.

Das war vor mehreren Jahren. Der Mann, der das Mädchen entdeckte, ist in einem Konzentrationslager in Deutschland.
Der Mann, der für das Mädchen Regie führte und es zu einem Star machte, ist aus Deutschland verbannt, und sein Eigentum wurde kürzlich in Österreich beschlagnahmt.
Und das Mädchen ist nicht nur ein großer Star in Nazi-Deutschland – sie ist auch ein Filmproduzent geworden. Seit drei Jahren war sie so erfolgreich bei den *Führern* des Dritten Reiches, daß sie ihre Wohnung in die Nähe der Reichskanzlei in der Wilhelmstraße verlegte. Sie leitete die Aufnahmen für den Olympiade-Film, der vor zwei Jahren in Deutschland gedreht wurde.

Aber amerikanische Filmleute wurden in Berlin mit allen Mitteln behindert; einige ihrer Aufnahmen wurden beschlagnahmt. Und warum? Weil diese Dame das Monopol für Olympiade-Filme haben wollte, obwohl die Olympiade eine interna-

tionale Angelegenheit ist. Oder vielleicht, weil Jesse Owens, ein Amerikaner, gewann – und Jesse Owens ist ein Neger. Und nur sogenannte Arier können im Nazi-Reich heute gewinnen. Oder vielleicht, weil einige amerikanische Kamaraleute Aufnahmen machten, wie Adolf Hitler sich weigerte, Jesse Owens die Hand zu geben.
Und dann kam dieses Mädchen nach Amerika mit der Absicht, den Film zu verkaufen. Sie kam nach New York und fand, daß niemand den Film kaufen wollte.

So fuhr sie nach Detroit. In Detroit besuchte sie Henry Ford, der vor kurzem von Hitler mit dem Adler-Orden zweiter Klasse dekoriert worden war. Vielleicht wollte sie Henry Ford den Film verkaufen. Oder sie mag nach Detroit gekommen sein, um Pater Coughlin zu sehen, der den Adler-Orden erster Klasse verdient, denn er tut mehr als Henry Ford je getan hat, um in Amerika den Rassenhaß zu propagieren.
In Detroit wurde sie von findigen Reportern entdeckt. So fuhr sie nach Hollywood. Und ein paar aufrechte Männer und Frauen in Hollywood dachten, es wäre doch notwendig, Hollywood auf die junge Dame aufmerksam zu machen. Sie hielten es für ihre Pflicht, Hollywood vor dieser Nazi-Agentin zu warnen.

Zur selben Stunde, wo sie in Hollywood ankam, fand in New York ein Geschworenengericht eine andere Nazi-Spionin schuldig. Eine *unschuldige* Friseuse auf einem Nazi-Dampfer, schuldig der Spionage. Die Friseuse hatte den Fehler gemacht, sich erwischen zu lassen.
Der Nazi-Filmstar wohnte ganz öffentlich in einem Hotel.
Der Mann, der in ihrem ersten Film Regie führte, ist aus seinem Lande verbannt.
Der Mann, der sie entdeckte, ist in einem Konzentrationslager.
Der Name des Mädchens ist Leni Riefenstahl.
Ihr Motto ist: »Ich bin ja gar nicht Hitlers Freundin!«
Hollywoods Antwort war: »Hier ist kein Platz für Nazi-Agenten!«
Vittorio Mussolini, des Duce Mördersohn, erreichte es wenigstens, in die Filmateliers hereingelassen zu werden. Wenn ihn

auch niemand begrüßte und niemand ein Wort mit ihm sprach.
Die Riefenstahl wurde in kein Studio hereingelassen. Das deutsche Konsulat wurde darüber informiert, daß ihre Anwesenheit in Hollywood unerwünscht sei.
In Phil Selznicks Nachtklub, wo die Riefenstahl sich von des Tages Langeweile erholen wollte, wurde ihr der Zutritt verwehrt.
Sylvia Weaver, die Frauenredakteurin der *Los Angeles Times,* die eine Cocktailparty für Hitlers Freundin arrangiert hatte, sah sich gezwungen, die Party abzublasen.
Eine Telefonkampagne wurde unternommen. Das Beverly-Hills-Hotel bekam Hunderte von Beschwerden, weil das Management die Agentin im Hotel wohnen ließ.
In einer Erklärung, die die Riefenstahl der Presse gab, sagte sie, sie hätte die Filmstudios sowieso nicht sehen wollen – sie sei in Amerika auf einer *Vergnügungsreise.*
Aber auf der *Vergnügungsreise* war ihr Sekretär und ihr Manager mit ihr, und der Nazi-Konsul war ständig in ihrer Umgebung.

Nachdem die amerikanische Filmindustrie für Lenis Olympiade-Film nur ein höchst negatives Interesse gezeigt hatte, versuchten es die Nazis auf eine andere Tour.
Sie wollten jetzt die deutschamerikanischen Organisationen benutzen, um die Hitler-Propaganda mit guten amerikanischen Dollars bezahlen zu lassen.
Ein Herr Hofinger (2147 Lincoln Ave., Chicago) wurde bestimmt, diese Sache zu schaukeln.
Er sandte einen Rundbrief an alle deutschamerikanischen Vereine; der Ton allein spricht Bände:
»Jeder Deutschamerikaner oder Amerika-Deutsche begrüßt wie jeder Sportler den alle unterhaltenden, offiziellen Olympiade-Film der Reichssportführung ...
Wie von der obersten deutschen Sportführung bestätigt, handelt es sich bei dem Film um einen für amerikanische Bedürfnisse hergestellten Querschnitt, der vom Botschafter in Amerika, vom Auswärtigen Amt, von der Auslandsorganisation der NSDAP, vom Reichsministerium für Volksaufklärung und vom Reichssportführer gebilligt ist.

Bei dem offiziellen Film der Reichssportführung handelt es sich um keinen Propaganda- oder Werbefilm, der durch deutsche Regierungsvertretungen oder Reisegesellschaften gegen geringe Vergütung zur Verfügung gestellt werden könnte...
Wir ersuchen Sie, die seltene Gelegenheit der Vorführung dieses wertvollen Films in Ihrem Kreise zu besprechen und uns umgehend über die Möglichkeit einer Veranstaltung unter Angabe der ungefähren Besucherzahl und bevorzugten Vorführungszeit zu informieren, damit wir das eventuelle Engagement mit unserem Programm in Einklang bringen können.
Mit deutschem Gruß K. Hofinger

Die Filmschauspieler und Regisseure von Hollywood sind uns Deutschamerikanern mit gutem Beispiel vorangegangen. Wir sind überzeugt, daß auch die Deutschamerikaner diese *Mit deutschem Gruß* verschacherte Nazi-Propaganda ablehnen werden.

31. Dezember 1938

Erinnerungen an Karel Čapek

Deutsches Volksecho

Karel Čapek ist am Verrat von München gestorben. Die Zeitungen schrieben, es sei Influenza gewesen, aber ein 48jähriger Mann, auf der Höhe seiner Schaffenskraft, stark und gesund, stirbt nicht an Influenza, wenn seine Gesundheit und sein Geist nicht vorher untergraben waren von schweren Erschütterungen.

Karel Čapek kommt aus der Schule Masaryks. Er war erfüllt von dem tiefen demokratischen Humanismus des großen ersten Präsidenten der tschechoslowakischen Republik, des Mannes, der das Fundament legte zum Haus dieses Staates.

Lehrer und Schüler waren sich einig, daß die tschechoslowakische Demokratie nur Sinn hatte und so erhalten werden konnte in der Verbindung mit anderen demokratischen Staaten Europas – und während der Lehrer Masaryk den Verrat Chamberlains und Daladiers nicht mehr erlebte, mußte der Schüler den bitteren Kelch auskosten, zusammen mit seiner ganzen geliebten, verlassenen Heimat.

Es ist rührend zu lesen, wie Čapek in den ersten Tagen nach München mit schmerzerfüllten Aufrufen sich an sein Volk wendet: »Wir sind arm geworden«, sagte er. »Der Sturm hat viel von dem vernichtet, was uns gehörte. So wie ein Bauer, der nach einem Gewitter zählt, was ihm geblieben ist, und dann an die Arbeit des Wiederaufbaues geht, so müssen auch wir handeln.«

Čapek war, trotz seiner jungen Jahre, der Nationaldichter der demokratischen Tschechoslowakei geworden. Daß er in den schweren Stunden seiner Nation seine Stimme erhob, zum Mut und zur nationalen Selbsterhaltung aufrief – das wird ihm sein Volk, und das wird ihm die demokratische Welt nicht vergessen.

Ich kannte ihn gut. Er hat mir sehr geholfen. Wie oft, wenn ich die bescheidenen Redaktionsräume der *Lidove Noviny* in Prag besuchte – jener großen demokratischen Zeitung, an der er als Redakteur tätig war, neben all seinen anderen schriftstellerischen Arbeiten –, kam er aus seiner Stube geschossen, immer etwas eilig, mit leicht gebücktem Rücken, immer etwas zu schnell sprechend. »Mein Kompliment!« sagte er auf tschechisch und fuhr dann in perfektem Deutsch fort.

Das war eine sonderbare Redaktion! Eine Redaktion, wo die Redakteure immer Zeit hatten und trotzdem eine gute Zeitung machten. Da war der dicke Chefredakteur Bass, selber ein Satiriker von Format. Er sah aus wie ein gütiges, altes Walroß und trank gut und viel.

Und dann kam Karel Čapeks Bruder– der Zeichner und Schriftsteller Josef Čapek. Die Brüder sahen sich gar nicht ähnlich, aber sie arbeiteten eng zusammen.

In Zeiten, wo es darum ging, gehetzten Flüchtlingen, Opfern des Faschismus, zu helfen; wenn die unglücklichen Amtsscherereien, in denen die tschechischen Behörden so perfekt waren, durchbrochen werden mußten – Čapek sprang ein. Viele Deutsche verdanken ihm ihr Leben; jetzt ist er selbst ein Opfer der Nazis geworden.

Die Nazis haßten ihn, wie sie jeden guten Menschen hassen. Sie verfolgten ihn als einen Kameraden Masaryks und Beneschs, und als einen Dichter, der für das Gewissen seines Volkes sprach.

Andere werden das Werk da aufnehmen, wo es den Händen des Todkranken entglitt. So viel ist klar. Ein befreites tschechisches Volk, nachdem Europa sich von Hitler befreit hat, wird ihm Denkmäler setzen – obwohl er Denkmäler nicht mochte. Das beste Denkmal, dachte er, ist im Herzen des Volkes.

Und da steht es.

Čapek war tief beunruhigt über die wirtschaftlichen Wirren unserer Zeit. Er suchte nach einem Ausweg. Er fand, daß die Maschinen Arbeitslose machen – so schrieb er gegen die Maschinen, gegen die *Roboter.*

Und er schrieb für die Menschen, besonders für die Kinder, die er liebte. Seine Kinderbücher zeigen sein warmes, liebendes Herz vielleicht am besten.

Ich weiß nicht, ob er in seinen letzten Jahren lernte, daß nicht die Maschinen an sich die Menschheit unglücklich machen, sondern die Besitzer der Maschinen.
Aber jedenfalls half er denen, die dies erkannt hatten, als den Vorkämpfern einer neuen Humanität.

26. Juni 1937

Chicago – ein Filmmanuskript

Deutsches Volksecho

Kamera blendet auf. Man sieht eine lange Linie von Polizisten quer über eine ungepflegte Straße gezogen. Diese Straße mündet in eine zweite, bessere Straße ein, die parallel zu der Umzäunung eines großen Stahlwerks läuft. Über dem Eingang des Stahlwerks steht in großen, verrosteten Lettern: *REPUBLIC STEEL.* Die Polizeikette erstreckt sich rechts und links von der ungepflegten Straße ungefähr vierzig oder fünfzig Yards ins offene Feld hinein.
Kamera dreht sich. Hinter der Polizeikette sieht man mehrere Patrouillenwagen der Polizei und, in Bereitschaft, die Reserven der Blauröcke.

Demonstranten
Abblenden. Objektwechsel. Man sieht jetzt, langsam über das Feld herankommend, eine lange, unregelmäßige Reihe von Männern, geführt von zwei Mann mit amerikanischen Flaggen. Es sind Demonstranten. Viele tragen Plakate. Es sind ungefähr dreihundert – annähernd so viel, wie Polizisten da sind –, sehr weit entfernt sieht man im Hintergrund Menschen, offenbar Streiksympathisierende, die die Bewegungen der Marschierenden gespannt verfolgen.

Nahaufnahme
Die Spitze des Zuges hält vor der Polizeikette an. Vorn stehen die Fahnenträger. Hinter ihnen drängen sich die Plakate. Sie tragen Aufschriften wie: *Kommt heraus – Helft uns den Streik gewinnen! – Republic Steel gegen das Volk! – C.I.O.* Zwischen den Fahnenträgern steht der Sprecher der Marschierenden, ein muskulöser junger Mann in Hemdsärmeln, ein CIO-Abzeichen am Hutband.
Er verhandelt ernsthaft mit dem Polizeioffizier, der das Kommando zu führen scheint. Seine energischen Gesten deuten an, daß er darauf besteht, mit seinem Gefolge durch die

Polizeikette durchzumarschieren; aber in dem allgemeinen Stimmengewirr kann man nicht genau verstehen, was er sagt. Sein Gesichtsausdruck ist ernst, aber kein Zug in diesem Gesicht deutet auf Drohung und Gewalttätigkeit.
Der Polizeioffizier, der mit dem Rücken zur Kamera steht, macht eine ungeduldige ablehnende Gebärde und sagt etwas, das unverständlich bleibt.

Achtung, Feuer!
Dann plötzlich, ohne Warnung, das furchtbare Geknatter von Pistolenschüssen.
Die Männer in den vordersten Reihen der Demonstranten fallen um wie Gras vor der Sense. Die Kamera erfaßt ungefähr ein Dutzend von ihnen, die auf einen Haufen zusammenfallen.
Das massive, unaufhörliche Geknatter der Pistolenschüsse dauert ungefähr zwei oder drei Stunden.

Objektwechsel
Die Kamera erfaßt jetzt den sofort anschließenden Angriff der Polizisten auf die Arbeiter. Die langen Knüttel der Polizei werden mit furchtbarer Wucht geschwungen.
Tränengasbomben fliegen durch die Luft, hinein in die dichten Massen der Demonstranten. Gaswolken steigen über ihnen auf.

Flucht
Der größte Teil der Menge ist in voller Flucht. Nahaufnahme: Ein einziger Fall von Widerstand – ein Demonstrant benutzt den Holzstock seines Plakates, um einen Polizisten abzuwehren. Aber nur für einen Augenblick – dann fällt er unter dem Hagel von Hieben.

Einzelszenen
Der Boden ist übersät mit Toten und Verwundeten. Obwohl die Masse der Demonstranten in voller Flucht auf der Straße oder querfeldein ist, sind ein paar einzelne zurückgeblieben, weil sie nicht rennen wollen, oder weil ihnen noch nicht zu Bewußtsein gekommen ist, was hier gespielt wird. Sie sind mitten unter die angreifenden Polizisten geraten.

Ruhig und mit unheimlicher Präzision werden sie von Polizisten umringt. Die Polizei beginnt, diese wehrlosen, einzelnen Menschen mit ihren Knüppeln zu bearbeiten. Die Kamera zeigt Gruppen von zwei bis vier Polizisten, die je einen Arbeiter schlagen.

Großaufnahme
Kopf eines Arbeiters. Ein Polizist schlägt ihm quer übers Gesicht, als wäre der Kopf ein Baseball und der Polizeiknüppel ein Baseballschläger. Zweiter Polizist schlägt ihm mit voller Wucht auf den Schädel. Dritter Polizist knüppelt ihm auf den Rücken.
Die Männer versuchen ihre Köpfe mit den Armen zu schützen, aber es dauert nur Sekunden, bis sie umfallen. Man sieht einen Polizisten, der einem schon auf den Boden liegenden Arbeiter noch eins über den Schädel gibt und sich dann einem neuen Opfer zuwendet.

Zweite Großaufnahme
Während der Verhandlungen mit der Polizei war ein Mädchen, nicht größer als fünf Fuß und nicht schwerer als hundert Pfund, in der vordersten Reihe der Demonstranten, unterm Arm trug sie eine Handtasche und ein paar Zeitungen. Nach den ersten Pistolenschüssen hat sie sich zur Flucht gewandt. Ihr Weg war von fallenden Männern versperrt. Sie stolpert über sie, anscheinend ihrer selbst nicht mächtig.
Plötzlich fällt sie unter einem wuchtigen Polizeihieb, der ihr von hinten versetzt wird. Sie rafft sich wieder auf und wankt umher. – Einen Augenblick später wird sie vor ein Polizeiauto gestoßen, Blut strömt über ihr Gesicht und ihre Kleider herab.

Spießrutenlaufen
Ein starker Mann in mittleren Jahren, ohne Hut, sieht sich plötzlich abgeschnitten von seinen fliehenden Kameraden. Zwischen ihm und den Fliehenden ist die Polizei in dichten Reihen. Aber er versucht durchzubrechen. Erstaunlich beweglich für einen Mann seines Alters und seiner Figur, öffnet er sich eine Lücke zwischen den Polizisten.
Sie bearbeiten ihn hastig mit ihren Knüppeln, als er zwischen

ihnen durchbricht. Manche treffen ihn auf den Rücken, manche auf den Hinterkopf, aber er hält sich auf den Füßen und stolpert weiter. – Wird er durchkommen? Es sieht fast so aus. Aber da! – Die Polizisten vorn haben sich umgedreht und erwarten ihn. Verzweifelt wendet der Fliehende sich nach rechts. Er hält seine Hände hoch. Die Polizisten umzingeln ihn, von allen Seiten fallen die Schläge. Man sieht, wie die Hände des Mannes verschwinden, wie er zu Boden sackt – aber die Polizeihiebe fallen weiter.

Szenenwechsel
Ein Mann ist durch den Unterleib geschossen worden. Seine Beine sind paralysiert. Polizei versucht ihn in ein Polizeiauto hineinzustoßen. Sie lassen ihn fallen. Der Schwerverletzte liegt im Staub der Straße, fast unter den Hinterrädern des Polizeiwagens.

Sterbende
Ein Mann, aus dessen Brust Blut über sein weißes Hemd strömt, wird an die Seite der Straße gelegt. Zwei oder drei Polizisten beugen sich über ihn, betrachten ihn. Einer schüttelt den Kopf und schiebt eine Zeitung unter den Kopf des Verwundeten. Aus seiner Gebärde geht hervor, daß der Mann sterben wird. Ein Zivilist kommt, ergreift die Hand des Sterbenden, fühlt den Puls, läßt die Hand wieder fallen und geht fort. Ein Uniformierter, offenbar ein Werkspolizist, kommt vorbei, zaudert einen Augenblick, sieht auf den Sterbenden und setzt seinen Weg fort.

Polizeiauto
Szenenwechsel. Kamera zeigt die Tür des Gefangenenwagens der Polizei. Männer mit blutigen Köpfen, blutigen Gesichtern, blutigen Hemden werden hineingestoßen. Ein ältlicher Mann, ganz zusammengekrümmt, eine Hand am Hinterkopf, klettert mit schmerzverzogenem Gesicht die Stufen herauf und läßt sich auf den Sitz im Wagen fallen – dann verbirgt er sein Gesicht in den Händen. Die Schultern seines weißen Hemdes sind mit Blut vollgesogen.
Man hört dauernd aufgeregtes Sprechen, aber es ist schwer, etwas zu verstehen. Mit einer Ausnahme – aus dem

Stimmengewirr steigt ein Ausruf, klar und mit anklagender Wucht:
Allmächtiger Gott!

Schlachtfeld-Aufnahme
Hier und da liegt ein Körper auf dem Boden, in den sonderbarsten Verrenkungen, mit der grotesken Indifferenz des Todes. Fern am äußersten Ende des Feldes, woher die Demonstration am Anfang kam, sind noch immer Fliehende, dicht verfolgt von knüppelschwingender Polizei.

Schluß
Die Kamera erfaßt einen Polizisten. Der Mann sieht unordentlich aus, sein Kragen offen, ein Kratzer im Gesicht. Er ist verschwitzt und müde. Plötzlich verzieht sich sein Gesicht zu einem breiten Grinsen, seine Hände bewegen sich, als wüsche er Schmutz ab. Dann trollt er sich langsam.

Während gewöhnlich in Hollywood ein Filmmanuskript zuerst geschrieben und dann der Film nach dem Manuskript gedreht wird, ist es bei diesem Film *Chicago* umgekehrt. Zuerst wurde der Film aufgenommen, und dann das Manuskript geschrieben.
Der Film wurde von Paramount während des *Zusammenstoßes* vor den Republic-Werken in Süd-Chicago aufgenommen. Paramount hat den Film nicht zur Vorführung freigegeben, mit der Begründung, daß es in den Kinos zu Demonstrationen gegen die Polizei kommen würde.
Der Untersuchungsausschuß des Senats unter Senator LaFollette hat diesen Film jedoch als wichtigsten *Zeugen* in seiner Untersuchung der Chicagoer Vorfälle *vorgeladen.* Vor den Senatoren LaFollette von Wisconsin und Thomas von Utah und ein paar mit dem Untersuchungsausschuß zusammenarbeitenden Beamten wurde der Film vorgeführt. Mehrere Male hintereinander. Bei jeder Vorführung entdeckten die Zuschauer neue grausige Einzelheiten.
Einer der Zuschauer hat den Film Szene für Szene einem Reporter des St. Louis Post-Dispatch erzählt. Dieser Erzählung, die von einem absolut zuverlässigen, unparteiischen Mann gegeben wurde, schließt sich das Filmmanuskript genau an.

Wenn in den Kinos die Wahrheit nicht mehr gezeigt werden darf, weil sich die gerechte Empörung des Publikums gegen die Polizei und ihre Hintermänner, die korrupten Politiker von Chicago, und gegen Republic Steel richten würde, hat die Presse die Pflicht, die Wahrheit mit ihren viel beschränkteren Mitteln zu zeigen.

10. Juli 1937

Chicago-Schreckensfilm freigegeben

Deutsches Volksecho

In seiner Nummer vom 26. Juni brachte das *DEUTSCHE VOLKSECHO* eine ausführliche Schilderung des *Mordfilms von Chicago.* Die Brutalität der Polizei, die willkürlich und absichtsvoll in die Massen friedlicher Streiker hineinschoß, die die Gefallenen zusammenknüppelte, die die Verwundeten über den Boden zu den Polizeiwagen schleifte, wurde ausführlich beschrieben.

Gleichzeitig verlangte das VOLKSECHO in seinem Leitartikel, daß dieser Film dem amerikanischen Publikum zugänglich gemacht werden muß. Wir sagten voraus, daß das Publikum keineswegs – wie Paramount, die Besitzerin des Filmes, angab – wilde Demonstrationen veranstalten würde, sondern daß die Leute aus dem Film lernen würden, auf welcher Seite in diesem Stahlstreik das Recht ist.

Jetzt endlich hat sich die Paramount entschlossen, die unberechtigte Filmzensur aufzugeben und den Film allgemein zu zeigen.

Was wir da im Embassy Newsreel Theater am Times Square und in allen Kinos, die Paramount-News-Filme bringen, zu sehen bekommen, übertrifft allerdings die trockene Schilderung in Worten, mit der wir uns vor zwei Wochen begnügen mußten, in grauenhafter Weise. Das Publikum saß atemlos und entsetzt, als es sah, wie die Polizei direkt in die fliehenden Männer, Frauen und Kinder hineinschoß. Frauen suchen ihr Gesicht zu schützen, als die Polizei die sich zurückziehende Menge angreift und gnadenlos auf die schon am Boden Liegenden einschlägt. Das schreckliche Geknatter der Pistolenschüsse erfüllt das Theater. Man sieht Tränengasbomben durch die Luft fliegen. Ein schlankes junges Mädchen wird von einem Polizeiknüppel niedergeschlagen. Ein Sterbender wird am Straßenrand niedergelegt; ein Polizist legt ihm ein Stück Zeitungspapier unter den Kopf.

Vor dem Film wird Senator LaFollette gezeigt, der eine kurze

Ansprache hält. LaFollette, der Vorsitzende des Senatskomitees für bürgerliche Freiheiten, führte aus, daß dieser Film als Beweismittel bei den Untersuchungen des Komitees verwendet wurde, und daß er dem ganzen Lande gezeigt werden müsse.
Leitende Angestellte der Paramount hatten zugeben müssen, daß sie mit Briefen überflutet worden sind, in denen die öffentliche Vorführung des Films verlangt wurde.
Polizeipräsident Allman von Chicago, der neben Girdler von Republic Steel die Hauptverantwortung für den grauenhaften Mord trägt, hat die Vorführung des Films in Chicago verboten. Im Stahlgebiet von East Chicago, das schon zum Staat Indiana gehört und daher der Befehlsgewalt des Herrn Allman nicht untersteht, wird der Film jedoch gezeigt.

7. August 1937

Im Reiche König Henrys I.

Deutsches Volksecho

Am 26. Mai wurden ein paar Funktionäre und Mitglieder der Autoarbeiter-Gewerkschaft, die vor dem Hauptwerk der Ford-Autofabrik in Detroit, dem sogenannten River-Rouge-Werk, Flugblätter für die Gewerkschaft verteilten, von bemerkenswert stark gebauten Männern überfallen und böse zugerichtet. Sympathisierende Frauen, die den Gewerkschaftlern zu Hilfe kamen, wurden gleichfalls geschlagen.
Einer der Arbeiter, Merryweather ist sein Name, wurde schwer verletzt; der Organisator Frankensteen von der Autoarbeiter-Gewerkschaft, der ein ehemaliger Fußballstar ist, versuchte sich zu wehren – aber nach bekanntem Kampfmuster zogen ihm die Rowdys seine Jacke über den Kopf, so daß er vollkommen wehrlos wurde. Ein anderes Opfer war der aus dem General-Motors-Streik bekannte Gewerkschaftsorganisator Reuther.
In der Nähe der Szene stand ein Auto, in dem, ruhig zurückgelehnt, ein Herr saß. Nachdem die Rowdys ihr Werk getan hatten und die blutenden Gewerkschaftler auf dem Boden lagen, kamen sie zu diesem ruhigen Herrn zwecks Berichterstattung. *Gute Arbeit, Boys,* sagte der Herr.

Später stellte sich heraus, daß der Herr, der so ruhig im Rücksitz seines Autos gesessen hatte, Harry H. Bennett hieß. Dieser Harry H. Bennett ist der Chef der Werkspolizei der Ford-Werke, der sogenannten *Service Men.*
Nachdem diese *Service Men* die Gewerkschaftler so grausam zugerichtet hatten, begann der National Labor Relations Board unter dem Vorsitz von Mr. Lindsay die Verhältnisse bei Ford etwas unter die Lupe zu nehmen.
Dabei stellte sich heraus, daß ein großer Teil der Service Men, die in den Presseerklärungen der Ford Company regelmäßig als *Loyal Workers* bezeichnet werden, ehemalige Sträflinge oder ehemalige Preisboxer und Preisringer sind.
Einer der Zeugen vor dem Labor Relations Board, ein Ford-

Arbeiter, sagte aus: »Man erkennt die Service Men meistens schon von weitem an ihren *Blumenkohl-Ohren* und ihren eingeboxten Nasen.« Ein gewisser Charles Goodman, einer der Service Men, war, wie sich vor dem Labor Relations Board herausstellte, bereits einundzwanzigmal verhaftet und viermal vorbestraft. Das ist die Leibgarde des Königs Henry des I.

Aber wer glaubt, daß Henry Ford, der solche Angst davor hat, daß seine Arbeiter sich gewerkschaftlich organisieren, sich nun durch seine *Service Men* gesichert genug fühlte, irrt sich sehr. Die Service Men sind nur ein Teil des gewaltigen Spionagesystems, das Ford und sein Mr. Bennett aufgebaut haben.
Ein anderer Zeuge berichtete vor dem Labor Board, daß es *inside*- und *outside*-Spione bei Ford gibt. Die Spione innerhalb des Werkes, die Service Men, die *nicht arbeiten, sondern nur langsam herumlaufen,* werden ergänzt von den Ford-Spionen außerhalb der Fabrik. »Jeder kann ein solcher Spion sein«, sagte der Zeuge – »vielleicht der Nachbar, der um die Ecke herum wohnt...«

Fünfzehn Jahre, achtzehn Jahre kann einer treu für Ford gearbeitet haben. Am laufenden Band hat er gestanden, Tag für Tag gewissenhaft seine Schrauben eingedreht – aber wenn er sich zusammenfand mit seinen Kollegen in der Gewerkschaft, und wenn der Spionagedienst davon Wind bekam – am nächsten Tag ist er entlassen.
Ford gibt natürlich niemals als Grund für die Entlassungen die Zugehörigkeit des Arbeiters zur Gewerkschaft an. O nein. *Faulheit während der Arbeit, Inkompetenz, Sprechen während der Arbeitszeit* sind die beliebtesten Gründe, die die Ford Company dem Arbeiter erzählt. Dabei tut es nichts zur Sache, daß derselbe Arbeiter vielleicht noch einen Tag vorher von seinem Vormann für gute Leistungen belobigt wurde.

Detroit liegt in Michigan, Michigan in den Vereinigten Staaten. Die Ford-Werke liegen in Detroit.
Aber derart geographische Betrachtungen besagen nun nicht etwa, daß die Gesetze der Vereinigten Staaten auch für Ford gelten müßten.
Der Arbeiter Schipper hatte fälschlich angenommen, daß das

Wagner-Gesetz auch für Ford Gültigkeit habe. Schipper sagte vor dem Labor Board aus, daß er während des ganzen Monats März kein Wort über die Gewerkschaft gesprochen habe. Dann aber, nach der Entscheidung des Supreme Court, daß der Wagner-Akt verfassungsmäßig sei, nahm er sich kein Blatt mehr vor den Mund.
»Besonders bestärkt wurde ich darin«, sagte Schipper, »durch einen Artikel in einer Detroiter Zeitung, in dem ich gelesen hatte, Henry Ford habe gesagt, daß nun, nachdem das Gesetz vom Supreme Court für gültig erklärt wurde, er nichts mehr dagegen einzuwenden habe, wenn seine Arbeiter sich der Gewerkschaft anschlössen.«
»Was taten Sie mit dem Artikel?« wurde der Zeuge Schipper gefragt.
»Ich gab ihn meinem Vormann zu lesen.«
»Und was tat der Vormann?«
»Er sah sich den Artikel an und grinste«, sagte Schipper aus.
»Und was geschah dann?«
»Das war ungefähr neun Uhr fünfzehn früh. Dann schickte der Vormann seinen Assistenten, um mich zum Superintendenten zu bringen.«
Schipper bekam keine Erklärung, warum, weshalb. Am Tisch des Superintendenten wurde er von zwei Service Men in Empfang genommen, die ihn höflich, aber energisch aus der Fabrik herauseskortierten.

Der Fall Schipper ist nur einer unter Hunderten. Fast jeder Zeuge vor dem Labor Board berichtete, daß er entlassen wurde, weil er einmal ein Wort über die Gewerkschaft gesprochen hatte, oder weil irgendein Spitzel verraten hatte, daß er der Gewerkschaft angehöre.
Ein Zeuge erzählte, daß ein ehemaliger Polizist von Dearborn, der ihm früher Arbeit bei Ford verschafft hatte und den er gebeten hatte, ihm doch wieder Arbeit bei Ford nach seiner Entlassung zu verschaffen, entsetzt zu ihm kam und sagte: »Du bist auf der Schwarzen Liste. Hast zuviel über die Gewerkschaft gesprochen. Bei Ford gibt's keine Arbeit mehr für dich.«

Der Arbeiter Cinzori wurde von seinem Vormann gefragt: »Möchtest du noch länger bei Ford arbeiten?«

»Natürlich«, antwortete Cinzori.
»Also dann paß auf. Du hast doch sicher über die vielen Streiks gehört. Also – wenn du jemanden hier im Shop darüber sprechen hörst, mußt du ihn mir melden. Oder wenn du siehst, daß jemand einen Sitzstreik anfangen will, nimm eine Bleiröhre und haue ihn über den Kopf.«
Der Vormann wußte allerdings nicht, daß Cinzori bereits Mitglied der Gewerkschaft war...
Und so hatte die Gewerkschaft einen Mann bei dem Vigilantedienst von Ford. Die Vigilantes hielten Probealarme ab, und die Vigilante-Führer schimpften sie aus, weil sie acht Minuten brauchten, um zusammenzukommen, statt der angesetzten fünf Minuten.

Der Rechtsanwalt Colombo ist einer der bestbezahlten Anwälte in Detroit. Er ist Fords Anwalt, und er hat die unangenehme Aufgabe, Ford vor dem Labor Board reinzuwaschen. Aber die Tatsachen sprechen gegen Ford, und die Zeugen sprechen gegen Ford; und so kann der armselige Rechtsanwalt Colombo nichts anderes tun, als bei jeder Frage, die von den Anwälten des Staates und der Gewerkschaft an die Zeugen gestellt werden, zu rufen: »I object!« Dann muß der Vorsitzende den Prozeß unterbrechen und erst einmal den Widerspruch des Rechtsanwaltes Colombo für *außer Ordnung* erklären.
Colombos und Fords einzige Taktik ist also, das Verhör vor dem Labor Board zu sabotieren. Doch schließlich verbat sich der Vorsitzende diese Sabotage. Woraufhin Colombo den würdigen Anwalt des Rechtes, das Mitglied der Bar Association, herauskehrte – was ihm aber nicht half.
Die Wahrheit kam heraus. Ford hatte gegen alle Bestimmungen des Wagner-Gesetzes verstoßen – Gewerkschaftler entlassen, Arbeiter eingeschüchtert und durch die Vorleute bedrohen lassen.

Die Ford Brotherhood of America ist die Company Union Fords. Die Vormänner Fords mußten – während der Arbeitszeit – herumgehen und Mitgliedschaftsanträge für die Brotherhood von den Arbeitern ausfüllen lassen. Die Arbeiter sahen, was dahintersteckte. Sie weigerten sich vielfach, fünfzig Cents Eintrittsgeld zu zahlen – einzutreten konnten sie sich schlecht

weigern, das hätte Entlassung bedeutet –, und so mußten die Vormänner die fünfzig Cents *auslegen.*
Der Zeuge King berichtete, er habe noch nie so viel Fluchen auf einmal gehört wie damals, als die Vormänner für die Company Union organisierten und gleich auch noch *Loyalty Pledges* für Ford unterzeichnen ließen, damit Ford im Falle eines Streiks gleich von vornherein erklären konnte, daß neunzig oder fünfundneunzig Prozent der Arbeiter der Company ihre *Loyalität* erklärt hätten, und daß infolgedessen nur eine *unverantwortliche Minderheit* im Streik sei.
Die Arbeiter waren so wütend über diesen Werksterror Fords, daß sie direkt nachher zu dem ersten besten Gewerkschaftler gingen, der Antragskarten hatte, diese Karten unterzeichneten und freudig ihren Dollar bezahlten, obwohl sie noch vorher sich fünfzig Cents für die Company Union *borgten.*

Wohl jeder Amerikaner kennt die ölige Stimme des Mr. W. J. Cameron, der jeden Sonntagabend während des Ford-Symphoniekonzerts seinen Unsinn über das amerikanische Publikum losläßt.
Dieser Herr Cameron hat seine Hände in einer Menge schmutziger politischer Geschäfte. Er steht in Verbindung mit der faschistischen Organisation *White Shirt Crusaders* in Tennessee, die von ehemaligen Ku-Klux-Klan-Leuten geleitet wird; er war der Vorgesetzte des jetzigen Obernazis Fritz Kuhn; er war der Mann, der in Wirklichkeit den Radiopriester und Faschisten Coughlin beherrschte – und Herr Cameron gab auch eine große Presseerklärung gegen den National Labor Relations Board ab, der die Taktiken der Werksleitung von Ford enthüllt hatte.
»Jeder Fortschritt in der Arbeitsgesetzgebung wurde bisher vom Management durchgeführt«, sagte Herr Cameron. Und der Labor Board benutze nur die Presse, um die – natürlich vollkommen harmlosen – Werksleitungen in den Schmutz zu ziehen, und um diesem Lewis und seinen unverantwortlichen Gewerkschaften zu helfen ...
Nun, wenn man die Methoden Fords gegenüber seinen Arbeitern als Fortschritt bezeichnen will, wenn das Verprügeln von Arbeiterführern, die Entlassung von Gewerkschaftlern, die Ausrüstung von Vigilantes mit Bleiröhren, die Anstellung von Verbrechern und Preisboxern als *Service Men* Fortschritt ist –

dann hat das Management von Ford sicher sein Bestes getan, um für Fortschritt in der Industrie und in den Beziehungen zwischen Unternehmern und Arbeitern zu sorgen.

Wenn man aber, wie wir es tun, die Organisation der Arbeiter, die Kollektivverhandlungen über Arbeitsbedingungen und Löhne, die Herabsetzung des Speed-up an den laufenden Bändern als Fortschritt bezeichnet – dann hat der National Labor Relations Board eine außerordentlich nützliche Arbeit verrichtet, indem er den Vorhang von den schmutzigen, fortschrittsfeindlichen, halbfaschistischen Aktionen Fords gerissen hat.
Sollte es zum Streik gegen Ford kommen – und Ford wird sicher nicht nachgeben, wenn die Gewerkschaft ihre Anerkennung und Kollektivverhandlungen von ihm fordert –, dann wird Amerika von vornherein darüber unterrichtet sein, wo der Feind des Volkes zu suchen ist. Dann wird es klar sein, wer für Terrorakte verantwortlich ist, wer die Öffentlichkeit mit Lügenpropaganda überschwemmt, wer schuld ist an all den Störungen des öffentlichen Lebens, die ein Streik mit sich bringt: König Henry I.!

7. Mai 1938

Nazis verzichten auf Weltausstellung

Deutsches Volksecho

Nachdem die Nazi-Regierung am letzten Donnerstag durch ihren Konsul Borchers dem Kommissar der Weltausstellung, Grover Whalen, mitteilen ließ, daß das Dritte Reich sich aus *finanziellen* Gründen nicht an der New Yorker Weltausstellung beteiligen könnte, ergriffen Vertreter des Deutschamerikanertums und deutsche Antifaschisten im Exil in Amerika die Gelegenheit zur Bildung eines überparteilichen Volksfront-Ausschusses zur Formung einer wahren deutschen Kulturausstellung bei der World's Fair 1939.

Die Erklärung der Regierung des Dritten Reiches, daß sie finanziell nicht in der Lage sei, an der Weltausstellung teilzunehmen, ist eine Bankrotterklärung. Das ist der Effekt des gerühmten *Vierjahrplans!* Da alles Geld für Kanonen und Tanks und Flugzeuge verbuttert wird, hat das deutsche Volk nicht nur kein Geld für Fett und Fleisch, sondern es wird sogar der Etat des Goebbels-Ministeriums, das sich sonst doch wahrlich keine so großartige Propagandamöglichkeit wie die bei einer Weltausstellung entgehen lassen würde, beschnitten.
Aber noch eine andere Vermutung liegt nahe. Man weiß, wie planmäßig zum Beispiel der Überfall auf Österreich vorbereitet wurde. Planen die Nazis etwa für 1939 jenen großen Weltbrand, den sie schon seit Jahren vorbereiten; und glauben sie daher, daß die Auslagen für gigantische Bauten sich nicht lohnen, wenn man sich 1939 – infolge *höherer* Umstände – nicht an der Ausstellung beteiligen kann?
Sei dem wie auch immer – daß das wahre Deutschland auf der Weltausstellung vertreten ist, ist eine Notwendigkeit. Die wahren Träger der deutschen Kultur und Tradition, die echten Deutschamerikaner und die deutschen fortschrittlichen Vertreter im Exil, werden diese Aufgabe unternehmen, mit der Unterstützung fortschrittlicher antifaschistischer amerikanischer Kreise.

Dr. Kurt Rosenfeld, der frühere Reichstagsabgeordnete und preußische Justizminister, kündigte die Bildung eines provisorischen Komitees der Volksfrontgruppe deutscher Emigranten an, um die ständig wachsende Bewegung einer Ausstellung *Deutschland im Exil* auf der World's Fair zu unterstützen. Mitglieder des Komitees sind: Dr. Kurt Rosenfeld, Tony Sender (frühere sozialdemokratische Reichstagsabgeordnete) und Professor Karl August Wittfogel. Die Bemühungen der Volksfrontgruppe werden von Ernst Toller unterstützt. Dr. Rosenfeld sagte in seiner Presseerklärung:
»Deutschlands Beitrag zur Weltkultur ist zu wertvoll, als daß man bei einer Weltausstellung – besonders bei einer, die unter dem Motto *Die Welt von morgen* stattfindet – darüber hinweggehen könnte. Vielleicht sah die Nazi-Regierung selber ein, daß sie keinen Beitrag für die Welt von morgen zu leisten hat. Deutschlands beste Künstler und Wissenschaftler, vertrieben aus ihrer Heimat, müssen ihre Arbeit in Ländern wie den Vereinigten Staaten fortsetzen, wo der Geist der Freiheit noch in Ehren gehalten wird.«
Toller erklärte u. a.: »Ein Komitee sollte gebildet werden, in dem die Vertreter der großen liberalen Zeitungen und Zeitschriften, Universitäten und Kirchen sowie Männer und Frauen, die prominent im Leben der Nation sind, sich beteiligen. Was für eine Ehre es für Deutschland im Exil wäre, wenn Mrs. Roosevelt eine Förderin dieses Planes würde!
Diese Demonstration darf nicht nur deutsche und österreichische Emigranten, sondern muß auch bekannte freiheitsliebende Amerikaner umfassen.«
Stefan Heym, der Redakteur des Volksecho, sagte in seiner Presseerklärung: »Die einzig richtige Antwort auf die Absage der Nazis hat Bürgermeister LaGuardia bereits gegeben, indem er erklärte, daß die wahre deutsche Kultur bei der Ausstellung vertreten sein wird trotz der Zurückziehung des offiziellen Deutschlands.
Alle Organisationen wie der Kulturverband, wie die Volksfront-Gruppe deutscher Emigranten, wie die Steuben-Gesellschaft und jede Gruppe, die auf ihrem Programm die Verteidigung und Vertretung wahrer deutscher Kultur vorgesehen haben, müssen in einem vorbereitenden Ausschuß vertreten sein und mithelfen.«

Gerhart Seger, der Redakteur der Neuen Volkszeitung, gab bekannt, daß er bereits mit verschiedenen exilierten deutschen Schriftstellern und Gelehrten Verbindung aufgenommen habe, um sie für die Idee einer wahren deutschen Weltausstellung zu interessieren.

Wenn sich aus der Aktion für eine echte deutsche Ausstellung auf der World's Fair eine demokratische Front aller an der deutschen Kultur interessierten deutschen, deutschamerikanischen und amerikanischen Kräfte entwickelt, und wenn die Idee dieser Ausstellung in die Wirklichkeit umgesetzt wird, so ist ein großer, kulturell und politisch unerhört folgenreicher Schritt vorwärts getan.
Denn die Welt wird sich daran gewöhnen, zu sehen, daß die Vertreter des wahren Deutschtums nicht die bankrotte Hitler-Regierung, sondern die Führer des Deutschtums im Ausland, die von Hitler Verdammten und Verbannten sind. Das wird wichtig sein für den Tag, an dem die heute Exilierten auch in Deutschland wieder die Führung übernehmen.

25. Juni 1938

Schlimmer als der Zar

Deutsches Volksecho

Wir Deutschamerikaner beugen uns in Scham wegen der Dinge, die jetzt in Deutschland vorgehen. Jede verfaulende Gesellschaftsordnung hat versucht, sich durch grausame Verfolgung von Minderheiten zu retten – die römischen Imperatoren, die die Christen zum Vergnügen des Mobs im Zirkus den Löwen vorwarfen, die russischen Zaren, die die Pogrome gegen arme Juden in den russisch-polnischen Dörfern und Städten organisierten. Aber die grausamsten Zaren, die wahnsinnigsten römischen Kaiser verblassen neben Streicher, Hitler, Goebbels, Himmler, Göring. So systematisch, so schamlos offen, wurde eine Minderheit nie unterdrückt, gemartert, ausgehungert wie heute die Juden in Deutschland.

Und dennoch läßt uns das Verhalten aufrechter Deutscher im Reich das Haupt wieder in Stolz erheben. Die Korrespondenten amerikanischer Tageszeitungen konnten nicht verschweigen, daß sie zahlreiche Anrufe von Deutschen erhielten, die sie baten, ihren Lesern doch mitzuteilen, daß das deutsche Volk die von oberster Nazi-Stelle organisierten Pogrome nicht billigt. Schweigend stehen in Deutschland die Menschen auf den Straßen und blicken mit Empörung auf die Pogromkolonnen Hitlers. Ja, die amerikanischen Korrespondenten mußten sogar berichten, daß neben den von der Regierung und Gestapo in Auftrag gegebenen Schmierereien wie *Judensau!, Der Jude ist verflucht!* (Letzteres auf einem jüdischen Kindergarten!) in roter Farbe und großen Buchstaben die Inschrift auftaucht: *Und Rot Front lebt dennoch!*

Was sind die Gründe für die plötzliche Verschärfung der Judenverfolgung? Halboffiziell wird gesagt, daß Hitler die *Flüchtlingskonferenz* der dreißig Nationen, die sich anfangs nächsten Monats in Evian, Frankreich, treffen soll, unter Druck setzen will. Das Elend der 700 000 deutschen und österreichischen Juden soll so laut zum Himmel schreien, daß die Diplomaten in Evian nicht nur die verfolgten Juden in ihre Länder aufnehmen, sondern sogar noch Wohltäter veranlassen, Lösegeld an Schacht zu zahlen, damit der auf diese Weise seine Devisenkasse auffüllen und neue Rüstungen vornehmen kann.

Aber das ist es nicht allein. Hitlers Pläne haben versagt. Wirtschaftlich – zwar werden die Deutschen gezwungen zu arbeiten, aber sie bekommen Hungerlöhne, und für die Hungerlöhne gibt es nichts Anständiges zu kaufen; und politisch – nachdem man zwei Monate lang die Eroberung der Tschechoslowakei versprochen hatte und sich mit eingezogenem Schwanz zurückziehen mußte. Dazu kommt, daß die Eroberung Österreichs eine neue Belastung für die wackelige deutsche Wirtschaft darstellt und keineswegs, wie man es dem Volke erzählen wollte, eine wirtschaftliche Erleichterung. Dazu kommt, daß der deutsche Außenhandel derart zurückgegangen ist, daß, zum erstenmal in der jüngeren deutschen Geschichte, in den ersten vier Monaten des Jahres 1938 kein Ausfuhrüberschuß erreicht werden konnte. Das bedeutet eine neue Verschärfung der Lage.

Im ganzen Land herrscht Angst vor dem Krieg, den Hitler machen will und von dem das deutsche Volk weiß, daß der *Führer* ihn verlieren muß – auf Kosten des deutschen Volkes.

Wir haben in der letzten Zeit oft an das Gewissen der Weltöffentlichkeit appellieren müssen. Abessinien, Spanien, China – überall die gleichen Methoden der Angreifer. Aber noch nie war eine überfallene, erwürgte Minderheit so wehrlos und so erbärmlich klein wie die jüdische in Deutschland. Die Abessinier hatten doch wenigstens Gewehre!

Präsident Roosevelt hat von der Quarantäne gegen die Angreifer gesprochen. Errichten wir endlich den Kordon gegen die faschistischen Barbaren! Ein Chamberlain, der von Krediten an Hitler spricht, ist schuldiger noch als der lausigste SA-Mann, der jüdische Kinder aus den Schulbänken reißt. Helfen wir doch dem deutschen Volke, den Nazismus zu stürzen, indem wir den Nazismus isolieren!

Und ein Sofortprogramm der Hilfe muß durchgeführt werden. Die Quäker und jüdische Hilfsorganisationen versuchen die Notleidenden, Hungernden zu speisen. So weit sind wir schon

wieder, daß wir Suppe geben müssen an die Opfer der Barbarei. Verlangen wir von den Diplomaten, die sich in Evian treffen, daß sie die Grenzen ihrer Länder öffnen für die paar hunderttausend Leidende! Unsere amerikanische Regierung hat die Konferenz einberufen. Sie muß mit gutem Beispiel vorangehen. Arme und Reiche – so weit man noch von reichen Juden in Deutschland reden kann – müssen aufgenommen werden; ein Akt der Humanität darf nicht davon abhängig gemacht werden, ob das Opfer wohlhabende Verwandte in USA hat.
Und wir Deutschamerikaner besonders müssen in diesem Sinne wirken.

2. April 1938

Der Flüchtlingsplan

Deutsches Volksecho

Diese Regierung ist so beeindruckt von der Dringlichkeit des Problems der politischen Flüchlinge, daß sie bei einer Anzahl europäischer und amerikanischer Regierungen angefragt hat, ob sie bereit sind, bei der Organisation eines Sonderkomitees mitzuarbeiten, das die Emigration politischer Flüchtlinge von Österreich und von Deutschland erleichtern soll.

Dies ist der Anfang der Regierungsbekanntmachung über den Appell Roosevelts und des Staatssekretärs Hull an die Regierungen der *zivilisierten Nationen.* Der Appell wurde nicht an Hitler-Deutschland gerichtet. Man versuchte zwar, Italien zur Mitarbeit zu gewinnen – aber Mussolini lehnte ab. Er wollte es nicht mit Hitler verderben; außerdem liegt ihm nichts an einer Einwanderung aufrechter Menschen nach Italien.

Die anderen Regierungen haben teilweise bereits offiziell ihre Zustimmung gegeben. Besonders die Regierungen einiger südamerikanischer Staaten wie Peru und Brasilien stehen an der Spitze.

Es handelt sich um ein humanitäres Problem. Göring hat in seiner letzten Wiener Rede erklärt, daß die Juden aus Österreich herausmüssen. In Deutschland werden die Juden ökonomisch erwürgt. Die Welt hat mit Schaudern jenes mitleiderregende Bild gesehen – lange Reihen armer Juden vor dem polnischen Konsulat, um Einlaß nach Polen bettelnd. Wie furchtbar die Lage dieser armen Menschen, daß sie Polen, das halbfaschistische antisemitische Polen als Asyl dem Nazi-Terror vorziehen! – Aber es handelt sich nicht nur um Juden – Zehntausende »arische« Antifaschisten werden mindestens so sehr verfolgt wie die Juden.

Unter diesen Umständen gewinnt Roosevelts Tat eine um so größere Bedeutung. Sie ist eine indirekte Verurteilung der Nazi-Barbarei. Die Adresse des Appells, gerichtet an die *zivilisierten* Nationen, ist deutlich genug.

Ja, die demokratische Welt mußte etwas tun, um den Opfern

der Undemokratie zu helfen. Daß die amerikanische Demokratie den Ruf erließ, gereicht ihr und gereicht der amerikanischen Regierung und dem amerikanischen Volke zur Ehre. Aber es darf nicht bloß bei dem Aufruf bleiben.
Die Regierung hat bereits verlautbaren lassen, daß sie bei dieser Hilfsaktion nicht die gegebenen Gesetze überschreiten kann. Das heißt, das Quotasystem bleibt für deutsche und österreichische Auswanderer bestehen. Nach diesem Quotasystem dürfen jährlich nur 30 000 Deutsche Bürger in die Vereinigten Staaten einwandern.
Aber neben den offiziellen Gesetzen bestehen noch gewisse interne Vorschriften, nach denen die Konsuln in Wirklichkeit handeln. So ist, seit Hitler die Macht in Deutschland erschlich, die deutsche Quote niemals gefüllt worden – trotzdem genügend Verfolgte in Deutschland waren, denen Amerika hätte Asyl gewähren müssen und können.
Wer je versucht hat, ein Einwanderungsvisum nach USA zu bekommen, weiß, wie schwierig das ist. Ohne Geld, ohne reiche Verwandte oder Freunde in Amerika, ist die Einwanderung so gut wie unmöglich. Die Verfolgten in Deutschland und Österreich aber sind arm, blutarm – und das wenige, was sie besaßen, nimmt ihnen die Hitler-Regierung vor der Auswanderung noch in *Reichsfluchtsteuern* und ähnlichen *Abgaben* ab.
Wenn die amerikanischen Einwanderungsvorschriften nicht erleichtert werden, nützt die schönste Roosevelt-Erklärung nichts. Wenn die Konsuln Geheimanweisungen haben, die dem Willen des amerikanischen Volkes und den Bestimmungen des Kongresses widersprechen, sind die wunderbarsten Appelle nur ein demagogischer Trick.
Man muß verlangen, daß den großen Worten große Taten folgen. Heute, wo die Nazi-Soldateska in Wien wütet, mehr denn je.

Der Appell Roosevelts und Hulls an die neunundzwanzig Regierungen ist übrigens bereits eine Widerlegung des Neutralitätsgesetzes und der gesamten faschistenfreundlichen Isolierungsgesetzgebung durch die Tat. In dieser Zeit kann man nicht neutral beiseite stehen – oder man macht sich mitschuldig.

Juden und Nichtjuden, Arbeiter und Bürger sind gleichermaßen unterdrückt, gleichermaßen verfolgt in den Ländern des blutigen Faschistenterrors. Wenn man, um Elend zu mildern, zu Kollektivaktionen schreiten kann – warum kann man es nicht tun, um das Elend zu verhüten? Wie will man es verantworten, auf der einen Seite an Hitler und Mussolini Waffen zu liefern, die dazu verwendet werden, die spanische Demokratie zu vernichten – und auf der anderen Seite dazu aufzurufen, den Opfern des Kampfes für die Demokratie ein Asyl zu gewähren?

Die Flüchtlinge, einmal auf amerikanischem Boden, werden niemandem zur Last fallen, niemandem seinen *Job* wegnehmen. Denn wie sie neue Arbeitskräfte sein werden, so werden sie auch neue Konsumenten sein. Sie werden Kleider, Essen, Wohnung usw. brauchen. Sie werden so viel *Jobs* neu schaffen, wie sie *Jobs* ausfüllen werden.

10. Juni 1939

Immigranten-Selbstmorde

Deutsches Volksecho

Am 26. Mai machte Frau Irene Bieler, eine neu eingewanderte Kindergärtnerin, ihrem Leben durch einen Sprung aus dem Fenster ein Ende.
Am 27. Mai beging die junge Ruth Rundt Selbstmord, indem sie den Gashahn in ihrem Appartement öffnete. Dieser Fall wurde der Öffentlichkeit besonders deshalb bekannt, weil sich das Gas entzündete und eine Explosion das Zimmer der Ruth Rundt im Knickerbocker Village zerstörte.

Selbstmordfälle dieser Art sind nichts Neues. Auch eingesessene Amerikaner begehen mitunter Selbstmord.
Aber in der letzten Zeit kommen die Selbstmorde unter deutschen Einwanderern beängstigend häufig vor. Und der tragische Tod Ernst Tollers mag eine gewisse ansteckende Wirkung gehabt haben.
Gründe für solchen Selbstmord sind nicht schwer zu finden. Sie sind einmal wirtschaftlicher Natur – es fällt dem Neueinwanderer schwer, sich eine Existenz in einem neuen Lande zu schaffen. Alte Freunde gingen ihm verloren, neue finden sich nicht so schnell – Vereinsamung und wirtschaftliche Not können einen Menschen schon zur Verzweiflung treiben. Dazu kommen Gründe familiärer Natur – Eltern, Geschwister, Kinder des Neueinwanderers mußten oft in der Heimat zurückbleiben, ausgesetzt dem Druck und dem Terror des Nazi-Regimes, oft ohne die mindesten Mittel zur Erhaltung ihrer Existenz, und alle mit nur geringen Aussichten, in absehbarer Zeit, die Nazi-Hölle verlassen zu können.
Und schließlich gibt es politische Gründe – auf Ruth Rundt zum Beispiel machte das Erlebnis der faschistischen Zeitungsverteiler des Charles Coughlin, die am Times Square agitierten, einen tief deprimierenden Eindruck. »So fing es auch in Deutschland an«, sagte sie.
Selbstmord ist die Tat schwacher Menschen. Dieses Leben stellt

jeden vor schwere Aufgaben, individuelle und politische. Es erlegt Verpflichtungen auf – vor allem die, der Gemeinschaft zu nutzen, zu seinem kleinen Teil zum Fortschritt der Menschheit, zur Besserung der Welt, zum Kampf gegen Faschismus und Barbarei beizutragen.

Wer sich diesen Verpflichtungen entzieht, stellt sich ein Zeugnis der Schwäche aus – und diese harten Worte müssen gesagt werden, gerade weil die Amerikaner, und mit Recht, nicht viel für Schwäche und schwache Menschen übrig haben. Sie haben Verständnis für die Schwierigkeiten ihres Nachbarn – bei wenigen Völkern ist der *Good Neighbor Spirit* so entwickelt wie in Amerika. Sie sind bereit zu helfen, und sie haben Großes in dieser Hinsicht geleistet. Aber wie soll man einem Menschen helfen, der sich selber aufgibt?

Dieser Selbstaufgabe gilt es entgegenzutreten.

Aber wie? Die Lösung dieser Frage muß im Politischen und Organisatorischen gefunden werden.

Obwohl die Neueinwanderer deutscher Menschen nach Amerika eine politische Erscheinung ist, hervorgerufen durch die Politik brutaler Verfolgung politischer, wirtschaftlicher und nationaler Minderheiten unter dem Nazi-Regime, sind die Neueinwanderer selber zum allergrößten Teil keineswegs politische Menschen. Ja, man kann sogar sagen: Obwohl sie jahrelang unter dem Nazismus gelebt haben, wissen viele von ihnen heute noch nicht richtig, wieso sie eigentlich ihre Heimat verlassen mußten. Das geht so weit, daß Berichte in unsere Redaktion kommen, nach denen manche dieser Neueinwanderer sich ungefähr geäußert haben: »Hitler? – Hitler ist ja nicht so schlecht! Er hat Deutschland erweitert, mächtiger gemacht. Nur ist er eben gegen die Juden ...«

Diese meist aus dem Kleinbürgertum kommenden Menschen haben zum Teil so wenig politische Erfahrung, Klarheit, Einsicht, daß sie, obwohl sie die Opfer des Nazismus sind, auf die Propaganda des Nazismus hereinfallen – sehr zum Erstaunen der Amerikaner, die wenigstens erwarten, daß diejenigen, die einen Tritt bekommen haben, sich gegen den Stiefel wenden, der sie tritt.

Selbstmorde unter solch *unpolitischen,* haltlosen Menschen haben aber politische Folgen, gerade weil die Neueinwanderung eine politische Erscheinung ist.

Infolgedessen muß versucht werden, diese Neueinwanderer politisch und organisatorisch zu erfassen.
Es muß gelingen, sie politisch zu schulen und zu stärken, so daß sie außer ihrem eigenen kleinen Leben einen größeren Horizont sehen, so daß sie sich nicht nur als herumgestoßene Objekte überlegener Mächte fühlen, sondern als aktive Männer und Frauen, die Aufgaben in diesem Leben und in ihrer neuen Heimat zu erfüllen haben. Es muß gelingen, ihnen ein Gefühl der Zusammengehörigkeit einmal untereinander, dann aber auch zu der neuen Heimat, zur Demokratie, zum lebendigen Fortschritt zu geben. Aus solch einer Organisation würde ein Geist gegenseitigen Verständnisses, gegenseitiger Hilfe und moralischer Unterstützung erwachsen. So könnte die Vereinsamung gebrochen, so könnten diese Menschen nützliche Glieder einer Gemeinschaft werden.
Diese große Organisation der Neueinwanderer, die wir vorschlagen, muß so breit wie möglich angelegt sein. Religionszugehörigkeit, soziale Schicht, Geschlecht dürfen keine Rolle spielen. Diese große Organisation müßte kameradschaftlich zusammenarbeiten mit den amerikanischen Hilfsorganisationen für die Neueinwanderer. Sie müßte ein gesellschaftliches Leben entfalten, Schulen aufbauen, Klubs und Heime, Komitees schaffen für die verschiedenen Probleme des Neueinwanderers. Sie müßte sich der Stellenvermittlung widmen und der Einführung der Neueinwanderer in die amerikanische Kultur und in das amerikanische Leben.
Kurz, sie muß es diesen Menschen möglich machen, neue Wurzeln zu fassen – denn die Entwurzelten sind am meisten gefährdet. Und sie müßte eine Organisation der Neueinwanderer selber sein – kein von irgendeinem amerikanischen Hilfskomitee aufgezogener Kindergarten.
Wir hoffen, daß unsere Leser, besonders solche, die erst vor kurzem eingewandert sind, zu diesen Gedanken und Vorschlägen Stellung nehmen.

24. September 1938

Wie kann der Friede erhalten werden?

Deutsches Volksecho

Als Chamberlain unter dem Beifall der von London und Berlin geschickt beeinflußten bürgerlichen Tagespresse nach Berchtesgaden fuhr, war es jedem kaltblütig Denkenden klar, daß der englische Premier und der Nazi-*Führer* eine neue Schurkerei gegen die Demokratie und gegen den Frieden aushecken würden. Die englische Regierung, die schon dreimal – in Äthiopien, in Spanien und in China – die Unabhängigkeit der schwachen Nationen verraten hatte, die sollte ausgerechnet jetzt auf seiten der Demokratie und auf seiten des Friedens Stellung nehmen? Dieser Chamberlain hatte und hat doch nur ein Interesse: den Faschismus zu stützen, bei dessen Zusammenbruch, so fürchten die Herren, sich sämtliche unterdrückten Völker der Welt erheben würden. Und wenn Chamberlain das ohne Unkosten für sein eigenes Empire, durch Opferung der tschechoslowakischen Demokratie, tun könnte – so much the better.

Bedeutet die Aufteilung der Tschechoslowakei die Erhaltung des Friedens? – Jedesmal, bei jeder Konzession an Hitler, hatten die sogenannten demokratischen Regierungen ihre verbrecherisch passive Haltung damit verteidigt, daß sie sagten: Nun hat der Hitler ja, was er will, nun wird er Ruhe geben, nun werden wir Frieden haben. Das wurde nach der Rheinland-Besetzung gesagt, und nach der Auslieferung des Saargebietes – wo die englische Abstimmungspolizei bei einer der gigantischsten Wahlbetrügereien der Geschichte mithalf –, das wurde gesagt bei der Vergewaltigung Österreichs. Es ist ein altes böses Lied, und zu seiner Melodie ist die Welt Schritt für Schritt an den Abgrund des Krieges geführt worden.

Es ist Zeit, Hitler Einhalt zu gebieten. Die Behauptung, daß der deutsche Imperialismus Anrecht habe auf jedes Gebiet, wo jemals ein deutschsprechender Mann gelebt hat, muß endlich als Bluff entlarvt werden. Sonst werden wir morgen erleben, daß der »Führer« die Annexion von Yorkville fordert und eine Kolonie an der Nordseite von Chicago.

Wir sind für das Selbstbestimmungsrecht der Völker. Aber ein Hitler, der mit dem Selbstbestimmungsrecht des österreichischen Volkes Schindluder getrieben hat und einmarschierte, bevor das österreichische Volk eine Abstimmung über sein Schicksal abhalten konnte – Hitler hat kein Recht, im Namen der *Selbstbestimmung* zu verlangen, daß Millionen Sudetendeutsche unter das Terrorregime der Nazis kommen.
Die Herren Daladier und Chamberlein handeln gegen das Interesse ihrer eigenen Völker und deren Demokratie, wenn sie Hitler das Sudetengebiet aushändigen wollen. Die Demonstrationen der Bevölkerung von London und Paris, die eine gemeinsame klare Haltung gegen die Hitler-Ansprüche und die Verteidigung der tschechoslowakischen Bruderdemokratie fordern, beweisen das.
In dieser Situation hat das Volk der Tschechoslowakei gezeigt, daß es nicht gewillt ist, seine hart erkämpfte Demokratie aufzugeben. Es hat lange genug unter dem Stiefel der Habsburger gestöhnt, und es weiß, was nationale Unterdrückung bedeutet. Es weiß, daß die Aufgabe eines einzigen Zentimeters demokratischer Erde das Ende seiner nationalen Selbständigkeit, das Ende seiner Demokratie und eine große Niederlage des demokratischen Gedankens überhaupt bedeutet.
Aber wenn schon die französischen und englischen Regierungen Verrat an der Demokratie geübt und dadurch Hitlers Angriffsabsichten nur noch gefestigt und gesteigert haben – dann sollen doch die Völker jetzt sprechen. Sie müssen sprechen. Die Empörung in England und Frankreich ist groß und echt. Vielleicht gelingt es, Chamberlain und Daladier zum Abtreten zu zwingen und so den Frieden zu wahren.

Vor allem aber sprechen muß das amerikanische Volk. Europa weiß, daß Amerika den vorläufig letzten Weltkrieg entschieden hat. Das Nazi-Regime hat eine heilige Angst vor der Macht der amerikanischen Demokratie und des amerikanischen Volkes. Präsident Roosevelt hat aus seinem Abscheu gegen die faschistischen Angreifer nie ein Hehl gemacht.
Wenn je die Stunde da war, wo Roosevelt im Namen des amerikanischen Volkes für die Demokratie, für den Frieden sprechen müßte, dann jetzt.
Der Präsident hat es in der Hand, durch ein Embargo gegen den

Angreifer Hitler diesen zu zwingen, von dem Überfall auf die Tschechoslowakei und dem daraus folgenden Weltkrieg Abstand zu nehmen. Eine einzige klare Rede des Präsidenten würde, besonders auf England, einen so unerhörten Einfluß haben, daß Chamberlain seine Verräterpolitik einstellen müßte.

Eine Rede Roosevelts würde zweifellos die Oppositionsstimmung gegen den Krieg, die in Deutschland herrscht, steigern und Hitler zwingen, Ruhe zu halten.

Amerika kann die Führung in der kollektiven Friedenspolitik übernehmen. Dann würden England und Frankreich wohl oder übel folgen müssen – die Sowjetunion hilft sowieso.

Aber jetzt muß gehandelt werden. Es ist nicht mehr eine Frage von Wochen und Tagen, es ist eine Frage von Stunden. Amerika kann den Krieg verhindern.

Verhindert es ihn nicht, wird es zweifellos in den Krieg hineingezogen werden.

12. November 1938

Bilanz nach München

Deutsches Volksecho

Es ist Zeit, Bilanz zu ziehen, abzurechnen. Die Entscheidung, die die Herren Ribbentrop und Ciano in Wien getroffen haben, als sie die fruchtbarsten und wichtigsten Teile der ruthenischen Provinz der Tschechoslowakei Ungarn zusprachen, zeigt, daß vorläufig einmal die Verstümmelung der Tschechoslowakei mit all ihren grausamen Folgen zu Ende ist. Vorläufig – das mag eine sehr kurze Frist sein. Aber wir müssen uns daran gewöhnen, mit kurzen Fristen zu rechnen.

Aber daß der italienische und der deutsche Außenminister die Grenzen Europas heute ziehen können, ohne daß in Paris oder London auch nur ein Diplomat mit der Wimper zuckt, zeigt noch mehr: es zeigt, daß die Westmächte in München einen viel höheren Preis für die Erhaltung des Faschismus und für die Erhaltung der Herrschaft der zweihundert Familien in Frankreich und des Cliveden-Set in London gezahlt haben, als sie zunächst selber annahmen.

Der Preis ist: die Auslieferung Mittel- und Südosteuropas an den deutschen Imperialismus. Premierminister Chamberlain hat das bei der Sitzung des britischen Unterhauses vor zwei Wochen auch ganz offen zugegeben und ging sogar soweit zu sagen, daß der englische Handel nun ja wohl eine Konkurrenz in Südosteuropa habe, aber durch solche Konkurrenz sei England groß geworden.

Die alten britischen Piraten und Bankiers und Kolonialräuber, die das britische Imperium groß gemacht haben, werden sich im Grabe umdrehen; aber die Sorgen des britischen Imperialismus und die Profite der Londoner City sind nicht unsere Sorgen. Wir wollen nur konstatieren, daß die Politik Chamberlains und der Clique, die er repräsentiert, es in überraschend kurzer Zeit fertiggebracht hat, das englische Weltreich seinem Zusammenbruch nahezubringen In Palästina, in Ost- und Südafrika, im westlichen Mittelmeer und in Ostasien bekommen die Herren

von London auch schon von ihren faschistischen Protegés die Quittung ausgehändigt: Die Araber meutern, Hongkong ist wertlos gemacht, Singapore gefährdet, der Suez-Kanal und Gibraltar bedroht.
Und was für England gilt, gilt ebenso für Frankreich. Frankreich ist eine Macht zweiter Güte geworden, gefährdet an der Rheingrenze, an der Pyrenäengrenze, in Korsika und Sardinien und in den Kolonien.
Die *Befriedung* der Faschisten, wie Chamberlain das zu nennen pflegt, ähnelt einer Selbstverstümmelung der Westmächte. Dafür reist Hitlers Wirtschaftsminister Funk nach dem Balkan und nach der Türkei und nutzt die neue Machtstellung des Dritten Reiches, eine Machtstellung von Chamberlains Gnaden, dazu aus, den traurigen Balkanregierungen die Pistole auf die Brust zu setzen: »Entweder ihr liefert uns Rohmaterial und nehmt Mundharmonikas und veraltete Maschinengewehre – oder wir drehen euch den Hals um.«

Der deutsche Imperialismus, der, wie viele Politiker sagen, nachträglich den Weltkrieg noch gewonnen hat, verfolgt wieder die alte Linie, die schon der bekannte Professor der Archäologie und des Holzhackens, Kaiser Wilhelm II., durch seine Reisen nach Konstantinopel und Jerusalem so populär gemacht hatte: die Linie Berlin–Bagdad.

Aber wir müssen die unangenehme Zwischenfrage stellen: Wem nutzt es?
Der deutsche Kapitalismus ist so krankhaft aufgebläht, daß er selbst bei den gigantischen Profiten, die den Krupp und Thyssen und Bosch und Mannesmann zweifellos aus den neuen Ausbeutungsgebieten zufließen werden, von diesen Profiten nichts an die ausgebeuteten deutschen Arbeiter abgeben kann. Und verlangen können die Arbeiter ja nichts – dafür bezahlen die Herren ihren Hitler und ihre Gestapo, daß die Arbeiter gefälligst dankbar die jämmerlichen Groschen annehmen, die man ihnen hinwirft.
Und darum dienen die gewaltigen Konzessionen, die Daladier und Chamberlain den Faschisten gemacht haben, keineswegs der Stabilisierung der Faschisten. Im Gegenteil – nun erst recht werden sich die inneren Gegensätze in Deutschland (und

Italien und Japan) verschärfen und zuspitzen. Es ist doch immerhin interessant, daß die großen Zusammenstöße zwischen Katholiken und Nazis in Wien acht Tage nach der Vergewaltigung des Sudetengebietes stattfanden. Ein Volk, das fühlt, daß eine von ihm geliebte Regierung soeben einen Sieg erfochten hat, verprügelt gewöhnlich die Truppen dieser Regierung nicht ...

Aber das deutsche Volk und die Österreicher – sie wissen, daß die Eroberung neuer Gebiete nicht dem Volke zugute kommt, und von Liebe für die Tyrannenregierung kann schon gar nicht die Rede sein.

Äußerlich scheint es, als seien die faschistischen Diktatoren ungeheuer gestärkt worden. Aber dieselbe Ausbeutung geht in diesen Ländern weiter, und dieselben Kräfte des Volkes wehren sich gegen die Diktatur wie vor München – nur daß noch das Nationalitätenproblem zu den übrigen Problemen der Nazis dazugekommen ist. Die Österreicher und die Tschechen innerhalb *Großdeutschlands* sind nicht nur sozial, sondern auch national unterdrückt. Und wer doppelt unterdrückt wird, wird eines Tages doppelt hart zurückschlagen.

Noch einmal sind Hitler und Mussolini vor politischen Niederlagen gerettet worden. Sie wurden gerettet durch eine Selbstschwächung Frankreichs und Englands, die sich nur einige Stücke aus ihrem Pelz gerissen haben, um Hitlers Blöße zu bedecken.

Chamberlain und Daladier werden ihre sich selber absichtlich zugefügte Niederlage zu verdecken suchen, indem sie daheim nur um so härter regieren. Aber die Engländer – wir meinen das englische Volk – sind keine Eunuchen, und auch die schönen Abstimmungen im Unterhaus bedeuten nicht viel – da bei dem undemokratischen Wahlsystem in England Parlamentsabstimmungen nicht die Abstimmungen der Masse repräsentieren.

Und über die Franzosen müssen wir nicht viel sagen. Daladier hat schon einmal erleben müssen, daß die Laternen aus den Pariser Gassen gerissen wurden, weil das Volk eine faschistische Konspiration sich nicht gefallen lassen wollte.

Was das ganze Gerede betrifft, daß nach München der Friede gesichert sei – wir haben Krieg im ganzen Osten, Krieg in

Spanien... Und überall lassen die Regierungen fieberhaft aufrüsten, auch die, die den angeblichen Friedenspakt in München geschlossen haben.
Was sich jedoch gründlich verändert hat seit München, ist: Es gibt kaum noch eine Möglichkeit, das Dritte Reich vor eine überlegene Mächtekombination zu stellen, die es zwingen könnte, Frieden zu halten, und die durch diesen Frieden, einen echten Frieden, letzten Endes den deutschen Faschismus gestürzt hätte.
Diese große Konzeption des ermordeten französischen Außenministers Barthou, die nach diesem Litwinow vertreten hat, ist unmöglich, solange Chamberlain in London und Daladier in Frankreich regieren. Sollten diese beiden Regierungen durch wahrhaft demokratische Regierungen ersetzt werden – dann kann man wieder von dieser für Hitler so gefährlichen außenpolitischen Kombination reden. Daß Hitler Angst davor hat, kam klar in seiner Saarbrückener Rede zum Ausdruck, als er ankündigte, daß die Aufnahme etwa des Mr. Eden in das britische Kabinett als »unfreundlicher Akt« aufgefaßt werden würde.
Die Schlüsselstellung im Kampf für die Erhaltung des Friedens und die Verteidigung der Demokratie hat das deutsche Volk selber. Wie Thomas Mann so richtig sagte: Der Sturz Hitlers ist die Vorbedingung zu einem wirklichen Frieden.
Wir Deutschamerikaner können dem deutschen Volke helfen, sich zu befreien, indem wir Hitler in Amerika eine empfindliche Niederlage bereiten – indem wir die Arbeit der Nazi-Agenten hier unmöglich machen und unsere deutsch-amerikanischen Mitbürger fest auf der Seite des Fortschritts zusammenschließen.

4. Februar 1939

Es ist noch nicht zu spät

Deutsches Volksecho

Die *Jubiläumsrede* des Führers zeigte deutlich seine Spekulation auch in der spanischen Frage. Hitler kennt seine Pappenheimer in Paris und London. An gewissen Stellen legt er die Pauke des *großdeutschen* Imperialismus weg und bedient sich seiner sanften Hirtenschalmei – er weiß, der Cliveden-Set und der französische Außenminister Bonnet werden darüber in einen Begeisterungstaumel verfallen. Und sie werden so für ein neues München, für neue *Befriedungstaten* der Nazis sturmreif gemacht.

Hitler hat sich nicht geirrt. Finanzkapitel und Aristokratie in Frankreich und England danken *ihrem* Führer.

Hat man vergessen, daß in der abgelaufenen Woche Barcelona gefallen ist, daß es das Opfer einer vielfachen Übermacht an Rüstungsmaterial wurde? Daß die Truppen des demokratischen Spanien in Barcelona Schritt um Schritt in einem heldenmütigen Kampf weichen mußten, weil die Demokratien Westeuropas und die amerikanische Demokratie das Feld den Faschisten überließen?

Mussolini hat in den letzten Tagen immer wieder die Tatsache seines spanischen Erfolges unterstrichen. Nie ist vom Sieg Francos, immer vom *italienischen Sieg* die Rede. Wir wissen: Es ist teilweise, die Schwäche, teilweise die Absicht der demokratischen Regierungen, die ihm die Überwältigung Barcelonas und das weitere Vordringen in Katalonien ermöglicht hat. Wir wissen, daß – sollte dieser *run* des Faschismus weitergehen – ein Mussolini-Hitler-Regime im Spanien installiert werden würde. Ganz Spanien würde zu einer einzigen Festung des Faschismus.

Dies darf nicht geschehen. Der faschistische Marsch muß gestoppt, Spanien im letzten Augenblick gerettet werden. Die Vereinigten Staaten müssen das Embargo gegenüber der legalen spanischen Regierung endlich, endlich aufheben. Sie müssen, wie Secretary of State Henry L.Stimson es sagte, auf dem

Pfad ihrer historischen Tradition fortschreiten; sie dürfen das Recht und die Freiheit nicht im Stich lassen.
Ein Umschlag der Stimmung ist bei maßgebenden Kreisen in USA festzustellen. (Dasselbe gilt in einer gewissen Weise auch für Frankreich und England). Ein *Offener Brief an Regierung und Volk der Vereinigten Staaten,* Anfang dieser Woche in der *New York Times* veröffentlicht und von hervorragenden Männern der Politik, Wirtschaft, Kunst und Wissenschaft gezeichnet, verlangt die Aufhebung des Embargos. *Gewinnen Hitler und Mussolini in Spanien, so wird die faschistische Durchdringung der westlichen Halbkugel ungeheuer wachsen. Das darf nicht geschehen! Die Demokratie darf nicht ihrer unaufhörlichen Bedrohung tatenlos zusehen.*
Manche sagen: Es ist zu spät! Sie verwenden dieses Argument als eine bequeme Ausrede.
Aber das Argument ist falsch. Noch ist es nicht zu spät! Die Demokratien der Welt können die spanische Demokratie immer noch retten. Auch als Napoleon in den Jahren 1810/11 den allergrößten Teil Spaniens in Händen hielt, war es nicht zu spät. 1812 bereits sah die spanische Landkarte wieder ganz anders aus; die Spanier hatten ihr Land weithin zurückerobert.
Auch heute könnte das Gesicht Spaniens in kurzer Zeit sich wandeln, würde die legale Regierung die materielle Ausrüstung erhalten, um die Söldlinge Mussolinis und Hitlers zum Teufel zu jagen.
Führen wir den Kampf weiter! Nützen wir jede Minute! Sorgen wir für die Aufhebung des Embargos!

18. März 1939

Tschechoslowakei wird Nazi-Kolonie

Deutsches Volksecho

Der zweite Akt der Tragödie von München, wenigstens soweit das verratene tschechische Volk betroffen ist, hat begonnen.
In wenigen Tagen haben die Nazis eine Krise in dem armseligen tschechoslowakischen Rumpfstaat herbeigeführt. Das alte Rezept, das gegen Österreich und die damals noch demokratische Tschechoslowakei bereits benutzt wurde, ist wieder angewendet worden:
Agenten der Nazis provozieren Unruhen, andere Agenten wenden sich an die Nazis um Hilfe, Hitler sendet ein Ultimatum, England und Frankreich stecken den Kopf in den Sand – und die Nazi-Armee marschiert ein.
Präsident Hacha und Ministerpräsident Beran haben erklärt, daß die Tschechoslowakei aufgelöst ist. Tiso, der abgesetzte slowakische Ministerpräsident, wurde von den Nazis und den Hlinka-Faschisten (slowakischen Sturmtrupplern) zum Präsidenten und Ministerpräsidenten der *selbständigen* Slowakei gemacht. So *selbständig* ist diese Slowakei, daß Tiso sich an Hitler gewandt hat, dieser möchte doch um Gottes willen die Nazi-Armee einmarschieren lassen. – Die Nazis haben Mährisch-Ostrau bereits besetzt.

Nach einem Ultimatum von Budapest sind ungarische Truppen in den tschechoslowakischen Rest der Karpatho-Ukraine einmarschiert, haben das Gebiet fast durchkreuzt und befinden sich in der Nähe der polnischen Grenze.
Aus dem Rest der Tschechoslowakei, wie er nach München bestand, sollen drei kleine Vasallenstaaten gemacht werden: Böhmen und Mähren, die Slowakei und die Karpatho-Ukraine.
Keiner von ihnen kann selbständig bestehen, alle drei sind nichts als Nazi-Kolonien in Mitteleuropa, wie auch Österreich heute eine Nazi-Kolonie ist.
In seinem Ultimatum an die Prager Regierung hatte Hitler

verlangt, daß Böhmen und Mähren eine Zoll- und Währungsunion mit dem Dritten Reich formen (das heißt, daß der Prager Goldvorrat jetzt für die Aufrüstung der Nazis gestohlen wird); daß die tschechoslowakische Armee entwaffnet wird, und daß die Nürnberger Juden-»Gesetze« auf dem Gebiet der früheren Tschechoslowakei eingeführt werden.
Chamberlain und Daladier waschen ihre Hände in Unschuld. Beide haben sich nach München feierlich verpflichtet, die neuen Grenzen der Tschechoslowakei zu garantieren.
Nun erkären beide, dies sei natürlich nur eine *moralische* Verpflichtung gewesen, und daran brauche man sich denn ja nicht zu halten. Außerdem, sagt Chamberlain, *ist die Slowakei ja nicht angegriffen worden* ...
Diese Erklärungen der Herren in der Downing Street und am Quai d'Orsay kommen ironischerweise wie eine Bestätigung zwei Tage nach der Rede Stalins, der die Politik der Regierungen von England und Frankreich mit den Worten gekennzeichnet hatte: *Solange Hitler nach Osten marschiert, ist es London und Paris nur recht.*

Auch die Kolonisierung der Tschechoslowakei wird kein einziges der Probleme der Nazis lösen. Sie haben Österreich geschluckt und das Sudentenland – und trotzdem ist das deutsche Volk nur ärmer und hungriger geworden.
Außenpolitisch richtet sich Hitler nach seinem *Mein Kampf* – und die endgültige Zerfetzung der Tschechoslowakei ist nur die Vorbereitung des Krieges gegen den Westen. Denn auch die Rumpftschechoslowakei, solange sie existierte, war ein Unsicherheitsfaktor in den Berechnungen der Nazis. Jetzt soll dieser Unsicherheitsfaktor gänzlich beseitigt werden, damit man in Berlin um so größerer Frechheit sich gegen den Westen richten, Kolonien fordern und das durchsetzen kann, was Hitler mit größter Offenheit in seiner Reichstagsrede angekündigt hat: die imperialistische Neuaufteilung der Welt.

Äußerlich scheint es, als sei Hitler, der sich straflos alles erlaubt, stark und nun noch stärker geworden. Aber eine Entwicklung, die bereits nach der Annexion Österreichs eingesetzt hat, wird jetzt noch schärfer werden: das Dritte Reich wird eine Art Nationalitätenstaat.

Zur sozialen Unterdrückung, wie sie im *Altreich* üblich ist, kommt noch die nationale Unterdrückung in Österreich und den früher tschechoslowakischen Gebieten. Auch wenn Hitler Satrapenregierungen einsetzt, bleiben diese tschechischen oder slowakischen Gouverneure doch Nazi-Agenten.
Das alte Österreich ist an dieser Nationalitätenfrage zugrunde gegangen – und Völker, die einmal Freiheit und Demokratie gehabt haben, lassen sich nicht stumm machen.
In Prag sagten die Leute schon vor dem endgültigen Zerfall der Tschechoslowakei: *Wir haben 300 Jahre Österreich ausgehalten – wir werden auch die 6 Monate Hitler-Herrschaft überstehen.*
Das Nazi-Regime, obwohl es bei seinen außenpolitischen Beutezügen immer die Linie des schwächsten Widerstandes wählt, treibt zum Kriege. Man kann nur hoffen, daß dieser Krieg vermieden wird, indem das deutsche, das österreichische, das tschechische und slowakische Volk, jetzt unter gemeinsamer Tyrannei gezwungen, gemeinsam das Hitler-Joch abwerfen.

1. April 1939

Der Fall Madrids

Deutsches Volksecho

Madrid ist gefallen.

Die *Junta* der Verräter, die die besten Verteidiger der Demokratie und der spanischen Republik niedergemacht und gefangengesetzt hatte, hat ohne einen Schuß, ohne Widerstand, die 32 Monate lang mit größtem Heroismus verteidigte Stadt Madrid den Faschisten ausgeliefert.

Und nicht Spanier marschierten als erste in die eroberte Hauptstadt des Landes ein – sondern italienische Schwarzhemden, denen die Hitler-Söldlinge folgten.

Neben den Fahnen Francos wurde die italienische Fahne und das Schandbanner, das die Unterdrückung Deutschlands symbolisiert – das Hakenkreuz – geführt.

Aber der Fall Madrids ist nicht der Abschluß einer Entwicklung, sondern eher der Anfang. Und diese Entwicklung bringt neue schwere Komplikationen, neue kriegerische Zusammenstöße, wenn nicht gar einen neuen Weltkrieg.

Denn der Widerstand Madrids hat zweieinhalb Jahre die Pläne der faschistischen Achsenmächte zum großen Teil scheitern lassen; mit dem Fall Madrids ist ein Damm gebrochen, der eine unerhörte Flut sich über die Welt ergießen lassen wird.

Die große Drohrede Mussolinis, in der er bereits seine Forderungen gegen Frankreich anmeldet, kam nicht umsonst zwei Tage vor dem Fall Madrids. Denn jetzt, jetzt ist Frankreich in die Zange genommen. Franco an den Pyrenäen, Mussolini in den Alpen, Hitler am Rhein (und, sollen wir hinzufügen: Daladier in Paris?) – jetzt wird es gegen Frankreich losgehen.

Nicht umsonst hat Hitler in einem Telegramm an Mussolini kurz vor der Rede des Duce diesen noch einmal der Solidarität der Achse versichert. Und tatsächlich spielen die beiden ein großes Spiel zusammen.

Es wird berichtet, daß der Brennerpaß für zivile Reisende gesperrt ist – nur Truppen und Waffentransporte gehen durch. –

Deutsche Instrukteure, deutsche Offiziere und Unteroffiziere, neu eroberte Škoda-Kanonen und Tanks gehen über den Brenner nach Italien, nach Libyen, an die Grenze von Tunis.
Gleichzeitig bereitet Hitler alles für den Angriff nach Westen vor, indem er sich im Osten den Rücken freizumachen sucht.
Nach Rumänien wird jetzt versucht, auch Jugoslawien in direkte Abhängigkeit vom Dritten Reich zu bringen (obwohl Mussolini selber in seiner Rede von den Interessen Italiens am Adriatischen Meer, das heißt an der jugoslawischen Küste, gesprochen hatte).
Außerdem wird Polen unter Druck gesetzt. Truppen werden an den Grenzen von Pommern und Ostpreußen konzentriert, bereit zum Einfall ins Polnische. Die üblichen Forderungen sind präsentiert worden: Fürs erste *Anschluß* Danzigs, Abtretung des wichtigen Eisenbahnknotenpunktes Bohumin an der oberschlesischen Grenze und Bau einer *deutschen* Straße von Pommern nach Ostpreußen, mitten durch den polnischen Korridor.

Dabei geht nicht alles so glatt ab, wie ursprünglich geplant ist. Sobald einmal die vorsichtig errichteten Grenzen von 1918 ins Wackeln kamen und verwischt wurden, kocht der ganze Hexenkessel der Minderheiten und sich überschneidenden politischen Interessen über, von denen der Balkan voll ist.
Ungarische Truppen kämpfen in der Slowakei gegen slowakische Truppen – also gegen Truppen eines Staates, der eigentlich gar nicht oder nur als Protektorat der Nazis existiert. Aber die »Protektoren« haben angeblich den Angreifern ein Stück ihres Protektorates zugesagt – inzwischen werden in Mitteleuropa bereits die Städte aus der Luft bombardiert, die Stadt Iglau in der Slowakei zum Beispiel, wo es fast hundert Tote gab.
In Bromberg im Polnischen hat es wilde Straßendemonstrationen gegeben – erst von polnischen Organisationen, dann von den Nazis.
Die Belgier beschweren sich gegen Hetz-Radiosendungen der Nazis; der dänische Premierminister – man möchte es nicht glauben – erklärt, daß er sich an Hitlers *Ehrenwort* halte, der gesagt habe, die Unabhängigkeit Dänemarks werde respektiert werden. Die Schweizer besetzen ihre Grenzen.

In all diesem politischen Aufruhr, während überall die Armeen mobilisiert werden, erlaubt sich der Mann, der mehr als jeder andere für Europas Unfrieden verantwortlich ist – Chamberlain –, im englischen Parlament weiter seine Komödie zu spielen.
Das englische Volk ist empört. Das englische Volk will Taten sehen. Das englische Volk will, daß endlich den Angreifern ein energisches Halt entgegengerufen wird. Der Durchschnittsengländer sieht, daß das Imperium bedroht ist – aber nicht nur das Imperium, die englische Insel selber! Was ist Gibraltar noch, wenn die Felsen der Nachbarschaft mit Nazi-Kanonen bestückt und mit Franco-Soldaten besetzt sind?
Und Chamberlain erklärt im Parlament, daß *die Nicht-Angriffserklärung, die Großbritannien vorgeschlagen hat, doch etwas mehr in sich schließe als nur einfache Beratung der Signatarmächte.*
Es handelt sich da um den Vorschlag, daß England, Rußland, Frankreich und Polen eine Erklärung unterzeichnen sollten, daß sie sich beraten würden, um vielleicht gemeinsame Schritte zu unternehmen, wenn eines von ihnen von den Faschisten angegriffen würde. (Die Polen aber wollten handfeste Garantien.)
Nein, diese Chamberlain-Manöver, dieses Jonglieren, um Zeit zu gewinnen, nützt nichts mehr. Der Fall Madrids hat die Kriegskrise in Europa verschärft.
Anders ist die Haltung der USA.
Die Macht der Vereinigten Staaten wird auf seiten der demokratischen Völker gegen die faschistischen Angreifer-Regimes stehen, wenn es gelingt, die Quertreibereien der Reaktion und der Isolationisten, die den Zielen der Berliner Herren gute Dienste leisten, erfolgreich abzuwehren.
Die Vereinigten Staaten haben mit Worten und Aktionen auf jede Angriffshandlung der Faschisten geantwortet.
Allein in der vergangenen Woche wurden dem Kongreß die Vorschläge des Senators Pittman zur Abänderung des Neutralitätsgesetzes vorgelegt: das Budget für Rüstung wurde vom Senat auf 513 Millionen Dollar erhöht; die Verordnung, die einen zusätzlichen Strafzoll auf Nazi-Waren vorsieht, wurde durchgeführt – und das sind nur einige Maßnahmen der Bundesbehörden.

Man beginnt in Washington einzusehen, daß es gerade das amerikanische *Neutralitäts*-Gesetz war, das den Angreifern so direkt in die Hände gespielt hat, so daß die spanische Republik überrannt werden konnte und Madrid heute Franco zu Füßen liegt. Das Neutralitätsgesetz war das amerikanische Gegenstück zur *Nicht-Intervention* der Chamberlain und Daladier.
Und man weiß in Washington, daß ein faschistisches Spanien nicht nur eine Bedrohung Frankreichs, sondern auch der Interessen der Vereinigten Staaten ist. Von Madrid nach Buenos Aires ist es näher als von New York nach der Hauptstadt Argentiniens. Zu der propagandistischen Durchdringung Südamerikas durch die Agenten Berlins und Roms werden jetzt noch die Wühlereien der spanischen Falangisten kommen, die ein leichteres Spiel haben als ihre schwarz- und braunbehemdeten Kumpane – denn die Spanier sprechen die Landessprache Südamerikas.
Amerika, seine Regierung und sein Volk, sieht die faschistische Gefahr nur zu klar. Und wenn auch der Nazi-Chargé d'Affaires, Herr Thomsen, in scheinheiligen Presseerklärungen behauptet, die Besetzung der Tschechoslowakei durch Hitler sei keineswegs ein *Willkürakt* (wie Sumner Welles, der stellvertretende US-Staatssekretär, es offiziell nannte), so läßt sich doch niemand von den Ausreden der Nazis täuschen.
Amerika wird immer mehr mit seiner demokratischen Außenpolitik in den Vordergrund treten, und es wird den demokratischen Völkern der ganzen Welt die Energie geben, entweder ihre diversen Regierungen zum Widerstand gegen die Faschisten zu zwingen – oder aber diese Regierungen abzusetzen.

9. September 1939

Der Krieg

Deutsches Volksecho

Der Zweite Weltkrieg hat begonnen.
Hitler hat ihn begonnen. Das Nazi-Regime, im Auftrag des deutschen Monopolkapitalismus handelnd, ist verantwortlich für all das Elend, das jetzt über Europa und die ganze Welt hereinbricht.
Es waren Nazi-Truppen, die den ersten Schuß des Kriegs feuerten. Nazi-Flugzeuge, die die ersten Bomben über polnischen Städten abwarfen. Es war Hitler, der Polen überfiel, obwohl er noch vor wenigen Monaten erklärt hatte, *keinerlei territoriale Forderungen* gegen Polen zu haben. Es war Hitler, der sich weigerte, mit Polen friedlich zu verhandeln. Sein Vorschlag von *16 Punkten,* die als Vorbedingung die unerfüllbare Auslieferung Danzigs hatten, wurde dem polnischen Gesandten in Berlin erst zu einer Zeit bekannt, als die von den Nazis gesetzte Frist bereits abgelaufen war. Die *16 Punkte,* die eine Art Kompromiß darstellten, waren also offensichtlich nur dazu bestimmt, die Verantwortung für das, was die Nazis vorbereiteten, auf die anderen Mächte abzuwälzen.
Es war Hitler, der Roosevelt versprochen hatte, Kinder und Frauen nicht zu bombardieren, und der auch dieses freiwillig gegebene Versprechen, wie so viele andere, sofort brach. Heute werden die polnischen Städte rüchsichtslos bombardiert, Tausende von Frauen und Kinder und Greisen sind der Nazi-Grausamkeit schon zum Opfer gefallen.
Es war Hitler, der versprochen hatte, sich an die internationalen Gesetze des Unterseeboots-Krieges zu halten, und Kauffahrer und Passagierdampfer nicht ohne vorherige Warnung torpedieren zu lassen. Es war Hitler, der nur wenige Tage nach Kriegsausbruch den englischen Passagierdampfer *Athenia* torpedieren ließ.

Unsere Sympathien gehören den leidenden Völkern Europas, insbesondere dem polnischen Volk, das den ersten Ansturm der verbrecherischen Nazi-Brutalität zu erdulden hat.

Aber nicht weniger fühlen wir mit dem deutschen Volk, das von einer Regierung, die von ihrer eigenen Machtgier und der Profitgier ihrer kapitalistischen Hintermänner getrieben ist, blindlings in den Krieg hineingehetzt wurde. Hunger auf Brotkarten, Angst vor Flugzeugangriffen, Granatendrehen in den Sklavenfabriken – das ist das Schicksal der deutschen Frauen und Mütter. Morden und Gemordetwerden, Blut und Schmutz – das ist das Schicksal der deutschen Jugend und Männer. Selten wohl wurde ein Krieg so ohne Begeisterung, so ohne inneren Inhalt, so ohne patriotische Demonstrationen begonnen wie dieser. Die Völker in allen Ländern sind ohne Illusionen. Die Deutschen haben nie Lust gehabt, für Hitlers Ziele Krieg zu führen. Und das französische, englische und polnische Volk fühlen, daß es so nicht weitergehen konnte, daß weitere Übergabe an Hitler nationale Selbstaufgabe für sie bedeutet hätte.

Wir sagten, daß das Hitler-Regime die Schuld an diesem Kriege trägt. Aber die Chamberlain und Daladier sind mitverantwortlich – denn sie ließen es zu, daß Verhältnisse entstanden, in denen Hitler den Krieg vom Zaune brechen konnte.
Hitler, die Kreatur des deutschen Monopolkapitalismus, ist ebenso die Kreatur der britischen und französischen herrschenden Kaste, die ihn immer wieder gestützt und gehalten haben. Sie waren es, die ihm *Sieg um Sieg* zuschanzten, die den Faschisten Spanien, Österreich, die Tschechoslowakei, Memel auslieferten. Sie waren es, die davon träumten, den so gestärkten Hitler gegen die Sowjetunion vorzuschicken. Sie waren es, die Polen darin bestärkten, jede militärische Hilfe von seiten der Sowjetunion abzulehnen. Sie waren es, die auch die letzte Chance eines wirksamen gegenseitigen Unterstützungspaktes gegen die faschistischen Angreifer absichtlich zerstörten. Heute müssen die Völker mit ihrem Blut für diese Politik zahlen.
Man kann kein Mitleid mit Chamberlain haben, der sich im House of Commons auf die Tribüne stellen und erklären mußte: »Meine Politik ist zusammengebrochen.« Denn es war die Politik der Abwürgung der spanischen Demokratie, der Auslieferung der Völker Österreichs und der Tschechoslowakei an die faschistischen Verbrecher von Berlin.

Kein Wunder also, daß es bei keinem Volke Kriegsbegeisterung gibt, sondern nur tiefstes Mißtrauen.

Der Sturz Hitlers ist die Vorbedingung der Beendigung dieses Krieges. Kann Hitler gestürzt werden?
Ja. Ein Regime, das einen Krieg mit der Ausgabe von Rationskarten beginnen muß, und mit der offenen Banknoteninflation, und mit einer fünfzigprozentigen Erhöhung der Einkommensteuer in allen Klassen – ein solches Regime steht auf verzweifelt schwachen Füßen. Ein Regime, das auf einen *Blitzkrieg* gegen Polen gerechnet hatte, und nun auch noch auf einer anderen Front starke Truppen einsetzen muß, hat sich verkalkuliert. Ein Regime, das vom ersten Tage des Krieges an alle Bundesgenossen, auf die es gerechnet hatte, verloren hat – Italien, Japan, Franco-Spanien, Ungarn, Jugoslawien –, ein solches Regime hat vor seinem eigenen Volke nichts vorzuweisen als einen gigantischen Bankrott schon bevor der Krieg richtig angefangen hat. Dies ist die Folge des Nichtangriffspaktes mit der Sowjetunion, der außerdem bewirkte, daß das deutsche Volk schlaglichtartig die ganze Verlogenheit der Nazi-Propaganda erkannte.
Sechs Jahre Anti-Sowjet-Hetze mußten die Nazis selber jetzt desavouieren – nur wenige Menschen in Deutschland glaubten dem Regime jetzt noch die Argumente gegen Polen, Frankreich und England, die Goebbels herausschreit. So stark ist die Angst des Regimes vor der Wahrheit, daß es sämtliche Radioapparate beschlagnahmen ließ, mit denen ausländische Stationen empfangen werden konnten.
Obwohl viele Verbindungen der Untergrundbewegung in Deutschland infolge der Mobilisierung gerissen sein dürften, deuten die hier aufgeführten Tatsachen die Möglichkeit eines Sturzes der Hitler-Regierung an. Und nicht alle Männer sind an der Front. Und waren es nicht vor allem auch die hungernden deutschen Frauen, die 1918 die schon im Getriebe knirschende Maschine des deutschen Imperialismus zum Stillstand brachten?

Amerika ist daran interessiert, sich aus diesem Kriege herauszuhalten, neutral zu bleiben. Aber die beste Sicherung des Friedens für Amerika ist die Wiederherstellung des Friedens für

Europa. Das bedeutet wirtschaftliche und moralische Unterstützung der Gegner des Hitler-Regimes innerhalb und außerhalb Deutschlands.
Die Erklärungen Roosevelts zur Friedenspolitik Amerikas, die wir an anderer Stelle des *Volksechos* wiedergeben, finden den Beifall jedes aufrechten, ehrlichen Amerikaners, und vor allem jedes Deutschamerikaners.
Denn wir Deutschamerikaner haben das allergrößte Interesse an der Erhaltung des Friedens für Europa, an dem Sturz des Hitler-Regimes und der Befreiung Deutschlands, unserer alten Heimat.
Wir haben im Ersten Weltkrieg erlebt, wie leicht der berechtigte Haß gegen den wilhelminischen Imperialismus umschlug in einen unberechtigten Haß gegen alles Deutsche. Heute ist die gleiche Gefahr schon wieder deutlich sichtbar. Schärfste Bekämpfung des Nazismus und seiner Komplizen in USA, des Nazi-Bundes und der anderen verkappten Nazi-Organisationen, ist die erste und wichtigste Aufgabe der Deutschamerikaner – eine Pflicht der Selbsterhaltung.
Darum ist es nötig, die fortschrittlichen, demokratischen antifaschistischen Organisationen des Deutschamerikanertums zu stärken, sie zu anerkannten Sprechern des Deutschamerikanertums zu machen. Darum ist es verbrecherisch, und ein direkter Handlangerdienst für den Nazismus, wenn gewisse sozialdemokratische Führer zur Spaltung der fortschrittlichen deutschamerikanischen Organisationen offen aufrufen.
Einheit für den Frieden, Einheit für die Demokratie – das ist die Losung der Deutschamerikaner heute. Das ist auch die Losung, die Präsident Roosevelt für das ganze amerikanische Volk ausgab. Wir folgen dieser Losung.

Aus finsteren Jahren

Für *Sinn und Form,* Sonderheft Thomas Mann

Noch heute träume ich mitunter, daß ich die neue Nummer des *Deutschen Volksecho* umbrechen muß und nichts – aber auch nichts! – von dem, was geschrieben werden müßte, ist geschrieben, nicht die Vereinsnachricht und nicht die Glosse, nicht der Leitartikel und nicht der politische Bericht, und nicht eine Zeile der englischen Seite. Der Setzer wartet, der Metteur. Die Presse – wir druckten in einer winzigen armenischen Druckerei, deren Meister kein Wort deutsch und kaum englisch verstand – war nur auf Stunden zu haben; war die kostbare Zeit verstrichen, konnte überhaupt nicht gedruckt werden. Ein Aufschrei ... Und statt in New York, um zwei Uhr morgens, neben der klappernden Setzmaschine, wache ich in meinem Berliner Bett auf, achtundzwanzig Jahre nach meinen Ängsten.

Nur wer selbst Redakteur war, wird solche Alpträume verstehen. Und selbst in diesem Falle – die Arbeit an einer antifaschistischen deutschsprachigen Wochenzeitung in New York in den Jahren 1937 bis 1939, ohne ständigen Redaktionsstab, ohne Pressedienst, Archiv, Bilderdienst, Honorarfonds, wird normalen Journalisten an normalen Blättern zu normalen Zeiten unvorstellbar bleiben. Unvorstellbar wird ihnen bleiben der Dr. Geismayr, der ohne einen Cent zu erhalten als Redaktionsvolontär mitarbeitete und den ich mit Gewalt nach Hause expedieren mußte, nachdem ich in einer Umbruchnacht eine Blutlache auf seinem Korrekturschemel fand. Unvorstellbar die Redaktionssekretärin Hilde Schott, von der ich heute noch nicht weiß, wie sie damals ihre beiden Kinder ernährte; unvorstellbar die Arbeitslosen, die jeden Mittwoch kamen, die Zeitungen adressierten und verpackten, bis die Postsäcke fertig waren – für ein Dankeschön und einen Kaffee in einer Papptasse. Da konnte man nur Chefredakteur sein, wenn man vierundzwanzig war, elastisch, ans Hungern gewöhnt, und keine Ahnung hatte von journalistischen und politischen Gefahren. Chefredakteur – welch schöner Titel für zwölf Dollar die Woche (sofern die vorhanden waren), und wenn man soeben den Anzeigentext einer Möbeltransportfirma in Yorkville (Anzeige einspaltig, ein Zoll hoch) geschrieben hatte und sich nun eine Analyse der englischen Außenpolitik unter Chamberlain vornahm oder etwa loszog, um Thomas Mann zu interviewen.

Zu den Gründern des *Deutschen Volksecho* gehörten der Nationalökonom Professor Alfons Goldschmidt, der Anwalt und ehemalige preußische Justizminister Dr. Kurt Rosenfeld, der Arzt Dr. Joseph Auslander. Emigranten oder »alteingesessene« Deutschamerikaner, waren sie alle an einer Zusammenfassung der deutschsprachigen antifaschistischen Kräfte in den USA und an einem energisch geführten Kampf gegen die örtlichen Hitleristen interessiert, gegen den »Amerikadeutschen Bund« in New York, New Jersey, Chicago, Los Angeles, San Franzisko, Texas. Die zahlenmäßig geringe organisatorische Basis des *Volksecho* fand sich in linken Gruppierungen der Arbeiter-Gesangsvereine und der Arbeiter-Kranken- und Sterbekasse (es gab damals keine staatliche Sozial- oder Krankenversicherung in den Vereinigten Staaten; die *Krankenkasse,* wie man sie kurz nannte, war eine freiwillige Versicherungsorganisation). Ich sehe diese deutschamerikanischen Arbeiter noch vor mir – Männer wie den Stukkateur Eric Sanger aus Brooklyn, die Metallarbeiter Gustav Merkel und Max Schiffbauer aus New Jersey, den Krankenkassenfunktionär Blohm –, wenn sie in die Redaktion kamen und ein paar Dollar ablieferten, die sie auf Veranstaltungen der Arbeiterorganisation gesammelt hatten. Es lag etwas Rührendes und doch auch Großartiges in ihrer Vereinsmeierei; hier hatte sich noch etwas vom Geist der Achtundvierziger Emigration und des Kampfes gegen das Sozialistengesetz gehalten, gerade weil man vom Hauptstrom der deutschen Entwicklung abgekapselt als Gruppen und Grüppchen in amerikanischer Umgebung lebte; es läuft eine nicht unwichtige Nebenlinie von Marx und Engels über Weydemeyer und Schurz zu den Opfern des Haymarket, zum internationalen 1. Mai, zur modernen amerikanischen Gewerkschaftsbewegung.
Wir übernahmen die Abonnentenliste der kleinen kommunistischen Wochenzeitung *Der Arbeiter* und hofften auf einen Zusammenschluß mit der sozialdemokratischen New Yorker

Volkszeitung, die gleichfalls wöchentlich erschien. Die deutschen Sozialdemokraten in den USA, gestützt von noch weiter rechts stehenden Gewerkschaftsgruppen besonders der Bekleidungsindustrie, waren jedoch finanziell mehr als gesund und sahen auch politisch keinen Grund für eine Vereinigung mit Leuten, die so idealistisch waren, daß sie gegen alle Ströme gleichzeitig schwammen. Wenn wir uns auf Kritik an den Nazis beschränkt hätten – gut und schön. Aber wir bestanden darauf, auch die Dinge in den USA von links zu sezieren und die sowjetische Politik, wo immer wir konnten, zu verteidigen. So ergab sich eine Einheitsfront auf einem Bein – auf die Dauer keine bequeme Position.

Um so höher ist es Thomas Mann anzurechnen, daß er von Anbeginn der Existenz des *Volksecho* uns seine moralische und tätige Unterstützung gab. Das kann nicht der Effekt der wenigen Briefe gewesen sein, die wir ihm schrieben; wer die Artikel liest, die er im *Volksecho* veröffentlichte, die Reden, die er in jener Zeit hielt und die wir abdrucken durften, der wird erkennen, daß der Autor der *Betrachtungen eines Unpolitischen* aus politischer Maxime handelte; wie denn der Thomas Mann jener Jahre überhaupt ein verblüffend politischer Mensch war mit Einsichten, von denen wir heute noch lernen können.

Ich bin dankbar, daß mir drei fast vollständige Jahrgänge des *Volksecho* durch meine Abenteuer und Wanderungen hindurch erhalten blieben. Meines Wissens existiert nur noch ein anderes Exemplar: in der New Yorker Public Library. Aus den vergilbten Blättern spricht eine ganze Zeit – eine Zeit der Kämpfe und der Niederlagen, aber auch der Zähigkeit und der Hoffnung, die sich schließlich erfüllen sollte. Und wenn es nur wegen der sonst verschollenen Worte Thomas Manns wäre, die so erhalten blieben – es hätte sich gelohnt.

1939, zwei Wochen nach Abschluß des Nazi-Sowjet-Paktes, stellte das *Volksecho* sein Erscheinen ein. So verständlich der Pakt im Rückblick auch erscheint, so sehr die Ursache seines Zustandekommens auch in Paris und London gelegen haben mag – es wirkte lähmend auf die gesamte antifaschistische Bewegung im Westen.

Dieser Lähmung erlag das *Deutsche Volksecho* in New York. Die an ihm mitarbeiteten, kämpften jedoch weiter gegen den Faschismus, zum Teil mit der Waffe in der Hand. Die Vernichtung Hitlers, der Sieg der Demokratie und des Sozialismus auf einem beträchtlichen Teil des Globus ist auch der Sieg dieser Handvoll von Menschen, die in einer dunklen Zeit ein kleines Licht leuchten ließen.

In meinem Elternhaus war der Künstler eine Respektsperson, der Dichter gar, dessen Wort gedruckt, dessen Name auf einem Buchrücken eingeprägt war, eine Art Hohepriester. Thomas Mann galt unter den Hohepriestern als der höchste; in der Rangordnung, die sich im Kopf des Knaben gebildet hatte, saß er an der Spitze der Tafel; weit unter ihm Wassermann und Werfel, Stefan Zweig und Schnitzler, von solch weltlichen Typen wie Vicki Baum und Remarque gar nicht zu reden. Thomas Mann war Distanz, unerreichbar; Olympier zu Lebzeiten; schon die Art seines Schreibens, seine Sätze, die man verfolgen mußte wie Ariadne-Fäden, schlossen jede ordinäre Annäherung aus, obwohl da auch Freundliches sprühte, ein Augenzwinkern, Ironie, aber doch die Ironie eines ganz Großen.

Das Bild des Unnahbaren ist mir geblieben, auch heute, nachdem mein Beruf es mit sich brachte, daß ich eine Anzahl der anderen Hohepriester in Hemdsärmeln, und manchmal noch stärker déshabillé, kennenlernte. Auch heute, lebte er noch, würde ich Thomas Mann gegenüber die Scheu empfinden, die ich bei den kurzen Begegnungen in New York fühlte. Dabei war er eigentlich, wenn ich mich recht erinnere, gar nicht *stuffy*, gar nicht der Aristokrat, zu welcher Rolle ihn Abkunft und Leistung berechtigten. Er war vielmehr sachlich und durchaus nahbar und, oh, Überraschung, *fast leidenschaftlich*, wenn er von Dingen sprach, die ihm ans Herz rührten.

Er war ein überzeugender Sprecher. Grundlos war die Befürchtung, daß er zu dem Arbeiterpublikum, das wir ihm bieten konnten, die Brücke nicht würde schlagen können. Dabei machte er keine Konzessionen, vereinfachte er weder Satzkonstruktionen noch Gedanken, und nichts war ihm ferner als Theatralik. Der dunkle, markante Kopf hielt den ganzen Saal in schweigendem Bann. Und die Wärme des Beifalls zeigte, daß man in ihm mehr sah als den großen Schriftsteller, den Schicksal und wohl auch Einsicht in eine verrauchte Arbeiterhalle geführt hatten – man sah den Mitkämpfer.

Die Jahre, in denen Thomas Mann seine Reden und Aufsätze dem *Volksecho* zum Abdruck überließ, gehören zu den finstersten der europäischen Geschichte. Es sind die Jahre, da Hitler »von einem Siege über das Nichts, über die vollendete Widerstandslosigkeit, zum anderen getragen wird«, da in Spanien sich ein Krieg abspielt, der »gar zu empörend, verbrecherisch und widerwärtig« ist, da Österreich und die Tschechoslowakei dem Aggressor zum Fraß vorgeworfen werden, so daß »das freie deutsche Wort heute in Europa nur noch in der Schweiz laut werden kann, und wer weiß, wie lange auch nur dort noch« und »es nachgerade fast allein in der Hand des Deutschamerikanertums liegt, der erschreckenden Gefahr eines wirklichen Abhandenkommens deutschen Geisteslebens zu steuern«.
In diesen Jahren und in diesen Aufrufen und Betrachtungen legt Thomas Mann die Verpflichtung des Schriftstellers zur Aktion in geradezu exemplarischer Weise dar. Im New Yorker Mecca Temple spricht er von der »Selbstüberwindung«, die für seinesgleichen dazu gehört, »aus der Stille seiner Arbeitsstätte herauszutreten vor die Menschen, um persönlich und mit eigener Stimme für die bedrohten Werte zu zeugen«. Und er zitiert Hamlet: »Die Welt ist aus den Fugen, Schmach und Scham! Daß ich zur Welt sie einzurenken kam«, hinzufügend: »Ein Widerstreit besteht ohne Zweifel zwischen der angeborenen Weltscheu und Skepsis des Dichters und Träumers und der kämpfenden Aufgabe, welche die Zeit ihm aufdrängt, zu der sie ihn beruft. Aber diese Berufung, diese Forderung ist heutzutage unüberhörbar für mich und meinesgleichen«. Nach seiner neuerlichen Ankunft in den USA, wo er von da an lange Zeit bleiben wird, geht er wieder auf diese Gedanken ein und wird genauer: »Ich habe natürlich nicht die Absicht, den demokratischen Ländern politische Lektionen zu erteilen, und am wenigsten den Vereinigten Staaten. Ich gebe nur meiner Überzeugung Ausdruck, das ist alles, was ich tun kann, aber ich fühle, es ist meine Pflicht, alles in meiner Kraft zu tun, um zur Klärung der Weltsituation von heute beizutragen.« In der Rede zum Deutschen Tag in New York, im Dezember 1938, greift er die Frage noch einmal vom Grundsätzlichen her auf: »Es wäre durchaus falsch und bedeutet eine schöngeistig schwächliche Haltung, Macht und Geist, Kultur und Politik in einen notwendigen Gegensatz zu bringen und von der Höhe des Spirituellen

und Künstlerischen hochmütig auf die politische und soziale Sphäre hinabzublicken ... Es war ein Irrtum deutscher Bürgerlichkeit, zu glauben, man müsse ein unpolitischer Kulturmensch sein. Wohin die Kultur gerät, wenn es ihr am politischen Instinkt mangelt, das können wir heute sehen.«
Rückschauend, meine ich, sollten wir ihm danken für diese Worte, die auch in unseren Tagen noch gelten. Und wir sollten ihm danken, daß er sich nicht einmischte in die unseligen Kleinkämpfe der Emigranten, die die Tragödie der Spaltung der deutschen Arbeiterbewegung auf winziger Bühne als Possenspiel wiederholten. Thomas Mann sprach, wo er konnte, für die Einheit aller Gegner des Faschismus, aller Freunde der Demokratie und des Friedens. Freiheit, sagte er, sei das Ziel, auf das sich alle einigen müßten: » ... eine Freiheit aber, die aus schweren Erlebnissen gelernt hat und die nicht noch einmal dulden wird, daß ihre Feinde sie überrumpeln ... die sich nicht durch den Geist zum schwächlichen Zweifel an ihrem Erdenrechte verführen läßt und sich zu wehren weiß ...«
Ich freue mich, daß die im New Yorker *Deutschen Volksecho* veröffentlichten Reden und Betrachtungen Thomas Manns nun einer neuen Generation vorgelegt werden. Sie wird zu urteilen haben, ob und wie weit es gelungen ist, die Forderungen des Dichters zu erfüllen; sie wird ihr Teil dazu beitragen müssen, das noch Unerfüllte zu verwirklichen.

1939-1946

Nach dem Zusammenbruch des Voksechos arbeitete Heym als Druckereivertreter und begann, in den Abendstunden und nachts, seinen ersten Roman zu schreiben, der *Hostages* hieß, zu deutsch *Der Fall Glasenapp*. Das Buch erschien, und aus dem armen Emigranten, dem stellungslosen Germanisten und verkrachten Redakteur, wurde plötzlich ein erfolgreicher Autor und, wenige Monate später, ein *Private*, ein gemeiner Soldat in der US-Armee.
Heym wurde nach Camp Crowder im Staate Missouri geschickt und erhielt seine Grundausbildung bei der Nachrichtentruppe; dort, bereits in amerikanischer Uniform, wurde er auch amerikanischer Bürger. Zur gleichen Zeit lief von seiten des Geheimdienstes der Armee eine Untersuchung; Bekannte und Freunde, auch Freundinnen, wurden befragt, ebenso wie der Besitzer der Druckerei, für die er gearbeitet hatte, Angestellte des Verlags, bei dem sein Buch erschienen war, und Spitzel, die in der Kommunistischen Partei saßen – eine Kopie der ganzen Akte befindet sich jetzt in Heyms Besitz. Die Untersuchung erbrachte, daß Heym seit je gegen die Faschisten gewesen war und daß er zweifellos Verbindungen zu Kommunisten hatte; das war alles. Jedenfalls wurde er nun nach Camp Ritchie im Staate Maryland versetzt, wo ihn, wie auch später in Europa, des öfteren ein Schatten begleitete.
In Camp Ritchi konnte jeder Soldat zumindest eine Fremdsprache perfekt. Deutsch und Italienisch, aber auch Französisch, Russisch, Arabisch waren besonders gefragt. Hier in Ritchie wurden die Leute ausgebildet, die später Gefangene verhören, Berichte auswerten, Liaison halten, Fotos analysieren, kurz, der Armee ermöglichen sollten, in das Denken des Gegners einzudringen und seine Absichten zu erkennen. Heym, fertig ausgebildet, wurde Sergeant und wartete auf den Einsatz. Dann jedoch wurde er abgeholt, zusammen mit ein paar anderen auf einen Lastwagen verladen und auf dem Friedhof von Gettysburg abgesetzt.
Gettysburg: die Entscheidungsschlacht im amerikanischen Bürgerkrieg, Lincolns berühmte Rede, ... *geloben wir hier feierlich, daß diese Toten nicht umsonst gefallen sein sollen ...* Da liegen sie alle, aus den Südstaaten und aus dem Norden, meilenweit Friedhof. Heym hat die Stimmung in seinem Roman *Lenz oder die Freiheit* beschrieben, auch die drei alten Baracken am Rand des Friedhofs, denen die Armee den hochtönenden Namen Camp Sharpe gegeben hatte – Sharpe war der Nachrichtenoffizier von

General Grant gewesen, dem Befehlshaber der Nordtruppen in der Schlacht. In Camp Sharpe waren ein paar Dutzend deutscher, österreichischer, tschechischer Schriftsteller und Journalisten zusammengebracht worden, denen ein Leutnant mit Namen Hans Habe beibringen sollte, wie man Flugblätter schreibt und Reden über Lautsprecher an den Feind hält, was alles in der Praxis dann ganz anders aussah.

Heym landete wenige Tage nach dem berühmten D-day in der Normandie und machte den Feldzug bis zum Schluß mit, bis nach Deutschland hinein – einiges davon ist in seinem Roman *Der bittere Lorbeer* nachzulesen; in dem vorliegenden Buch sind Beispiele seiner publizistischen Arbeit zu jener Zeit gegeben: Flugblätter, Funkskripts, Artikel aus Zeitungen – solchen, die mit Spezialbomben aus der Luft kamen, sowie jenen, die die Nachkriegsbevölkerung in der US-Zone an den Kiosken kaufen konnte.

Ob und wieweit Heym mit diesen Schriften gewirkt hat, läßt sich schwer nachprüfen. Nur in einem Fall ist das Resultat klar beweisbar, bei dem Flugblatt *Scheibenschießen,* das für die Verteidiger der Insel Cézembre in der Einfahrt zum Hafen von St.-Malo geschrieben war. Die Insel mit ihren schweren Geschützen blokkierte die Einfahrt, und da die Alliierten zu der Zeit nur Cherbourg und die provisorischen Anlagen vor der Normandie-Küste zur Verfügung hatten, wurde St.-Malo bitter nötig gebraucht. Die Insel war praktisch nicht zu nehmen, die Besatzung saß tief im Fels und war gut versorgt. Lautsprecher waren eingesetzt worden, vergebens; Appelle über Funk hatten nichts bewirkt.

Heyms Flugblatt, besonders interessant, weil es sich an die Phantasie des Lesers wendet, wurde über Cézembre abgeworfen. Einen Tag später hatten die zum Teil polnischen Truppen ihre deutschen Offiziere überwältigt und übergaben die Insel.

Aus Heyms Artikeln in der Besatzungspresse geht seine politische Konzeption nicht nur für das zukünftige Deutschland, sondern für die Nachkriegswelt überhaupt hervor. Warum sollte sich das große Bündnis, das sich im Krieg bewährt hatte, nicht auch nachher bewähren? Eine Welt in Frieden, eine Welt in Freiheit, mit starken sozialistischen Elementen dort, wo der Kapitalismus abgewirtschaftet hat. Er tritt den Stimmen entgegen, die eine Spaltung zwischen den USA und der Sowjetunion wünschen und voraussagen; noch sein letzter Artikel in der Münchner *Neuen Zeitung,* in dem er den amerikanischen Außenminister Byrnes des längeren zitiert, beschäftigt sich mit dem Thema.

Seine Bemühungen endeten, wie schon beim *Volksecho,* in einer Niederlage. Als sein Chefredakteur, der inzwischen zum Major beförderte Hans Habe, von ihm verlangt, einen Leitartikel zu schreiben, der sich klar gegen die Sowjetunion richtet – erste Töne des kalten Kriegs –, verweigert Heym den Befehl und quittiert den Dienst.

13. Mai 1943

Orientierungsvortrag
vor Soldaten der US-Armee in Camp Crowder Missouri

Gentlemen!
Ich habe nur wenige Minuten Ihrer kostbaren Zeit zur Verfügung – und ich habe nicht vor, Sie länger aufzuhalten. Aber in dieser kurzen Zeit möchte ich Ihnen soviel wie möglich über den Mann berichten, mit dem viele von uns in der näheren Zukunft ein Rendezvous haben werden: über den Soldaten der deutschen Wehrmacht.
Einige von Ihnen werden in Ihrer guten alten Zivilzeit Ihre privaten Zusammenstöße und Prügeleien gehabt haben. Die einen werden dem Gegner die Nase blutig geschlagen, die anderen sich selber eine blutige Nase geholt haben. Aber Sie alle werden mir zustimmen, wenn ich sage, daß es bei solchen Gelegenheiten von Vorteil war, den Gegner genauer zu kennen, seine Denkweise, seine Art zu reagieren – um nämlich seinen nächsten Schlag vorausberechnen zu können. Das versetzte Sie in die Lage, dem Schlag Ihres Gegners auszuweichen oder umgekehrt seine Schwäche zu nutzen und selber ein paar gute Treffer zu landen.
Nun hat der Nazi-Soldat in den vergangenen Jahren eine Menge Publicity erhalten, was daran liegt, daß unsere Presse sensationelle Überschriften liebt, bei der Erklärung und Analyse von Fakten aber wesentlich kürzer tritt. Die amerikanische Presse berichtet breit und ausführlich von den großen Siegen der Wehrmacht über Polen und Franzosen und andere Völker, vergaß aber zu erwähnen, daß kurze Zeit vorher größere Einheiten derselben Wehrmacht von armselig bewaffneten, schlecht organisierten und zahlenmäßig unterlegenen spanischen Loyalisten in der Schlacht bei Guadalajara und in anderen Schlachten durchaus geschlagen worden waren.
Man muß es den Engländern hoch anrechnen, daß sie sich nicht von der Propaganda über die Unbesiegbarkeit von Görings Luftwaffe ins Bockshorn jagen ließen, sondern die Schlacht annahmen und die Luftwaffe über London besiegten. Und das

gleiche gilt für die sowjetischen Armeen, die sich nach den großen Anfangserfolgen der Nazis wieder fingen, die Eindringlinge vor Moskau und vor Leningrad zurückschlugen und endlich bei Stalingrad den Mythos von der Unschlagbarkeit des Nazi-Heers endgültig zunichte machten.
Sie werden vielleicht die Fotos gefangengenommener Nazi-Übermenschen gesehen haben, die, gestohlene Weiberschals um Kopf und Ohren, hungrig und verlaust, unser Mitleid erregen. Und jetzt haben auch amerikanische Truppen in Tunis ihre ersten Erfahrungen gemacht, wie man den Nazis Niederlagen bereitet, und bald schon wird man sehen können, wie die Männer des gefürchteten Afrika-Korps sich ausnehmen, wenn sie in einer Ecke von Kap Bon zu Paaren getrieben und zur Übergabe gezwungen werden – einer bedingungslosen Übergabe.
Die Nazis haben den Krieg nicht verloren – noch nicht. Wir dürfen sie nicht überschätzen, aber auch unterschätzen soll man sie nicht. Es wird noch blutige Kämpfe geben, bevor die Festung, die Hitler bauen ließ, Festung Europa, erstürmt ist und zusammenbricht. Die uns alle interessierende Frage ist: Wie viele Feldzüge noch, wie viele Landungen? Wie lange wird es dauern, bis dieser Krieg vorbei ist, bis wir ihn gewonnen haben? Und bis der Friede gesichert ist?
Neben der Zahl der Truppen, ihrer Ausbildung, Bewaffnung und Versorgung gibt es noch einen wichtigen und vielleicht sogar entscheidenden Faktor. Dieser Faktor heißt *Moral.* Der amerikanische Generalstab kann mit einiger Sicherheit kalkulieren, wie viele Divisionen Hitler hat, wie viele seiner Fabriken noch voll produzieren, wieviel an Arbeitskraft und Gütern Hitler aus der hungernden Bevölkerung Europas herausholen kann.
Aber der Faktor Moral ist schwieriger zu bestimmen. Für Sie als Soldaten aber ist es ein großer Unterschied, ob der deutsche Soldat Ihnen gegenüber die Hände hebt, wenn Sie mit dem Bajonett auf ihn zukommen, oder ob er sich wehrt.
Ob er das eine oder das andere tut, hängt von seiner Moral ab.
Es gibt ein paar Tatsachen, die mir vertraut sind, weil ich in Deutschland aufwuchs und die dort übliche Denkweise einigermaßen kenne, besonders die der Nazis. Und es gibt andere

Tatsachen, die sich aus den Gefallenenlisten und den Listen zerbombter Städte ablesen lassen. Man weiß zum Beispiel, daß viele deutsche Einheiten – es dürfte die Mehrheit sein – sich heute aus älteren Jahrgängen zusammensetzen. Die Blüte der Nazi-Jugend ist in den Großangriffen der Russen vernichtet worden. Diese älteren Leute nun haben noch das Leben gekannt, wie es war, bevor die Nazis an die Macht kamen; die Jahre, in denen sich ihr Charakter bildete, waren nicht ausschließlich von der bösartigen, aber wirkungsvollen Propaganda des Dr. Goebbels erfüllt gewesen. Mit anderen Worten, sie sind ideologisch nicht mit dem Nazi-System verbunden und verkettet: sie können eine Alternative zu Hitlers wahnsinniger Forderung nach Weltherrschaft sehen.
Zweitens hat der Ruf der Nazi-Führung auch im eigenen Lande beträchtlich gelitten. Jedes Jahr, wie Sie sich erinnern werden, hat Hitler dem deutschen Volk den Endsieg versprochen, und jedes Jahr ist etwas dazwischengekommen, das den Sieg vereitelte. Heute geht es bergab mit den Nazis, und der Durchschnittsdeutsche spürt das, er errät es aus den Listen der Gefallenen und aus den Namen der Ortschaften auf der Landkarte, Ortschaften, wo die Nazis einst herrschten und es heute nicht mehr tun.
Auf die Frage, ob Deutschland den Krieg noch gewinnen kann, antwortet der durchschnittliche deutsche Soldat jetzt mit einem Achselzucken. Und auf die Frage, wann wird der Krieg enden, erwidert er mit einer Art Verzweiflung: nie.
Aber die wollen doch auch nach Hause kommen, genauso wie wir – noch sehnlicher im Grunde, denn sie sind ja schon viel länger als wir von zu Hause fort, und viele Kameraden, die einst an ihrer Seite marschierten, sind gefallen.
Ich meine, die Kämpfe, die geführt werden müssen, um die Festung Europas zu brechen, werden hart sein – aber ich wage vorauszusagen, daß die Kriegsmaschine der Nazis ganz plötzlich zusammenbrechen könnte, sobald wir einmal in die Festung eingedrungen sind. Die Niederlage auch der Japaner vorausgesetzt, wird es dann uns und den anderen vereinigten Nationen obliegen, eine Welt zu schaffen in der unsern Söhnen die Schrecken eines neuen Kriegs erspart bleiben – einschließlich Küchendienst, Reinigungsarbeiten und Orientierungsvorträgen.

10. Juli 1944

Wann wird Schluß sein

Funkmanuskript

Fritz Reuter, der plattdeutsche Volksdichter, erzählt einmal von einem Bauern, der sich grundsätzlich weigerte, irgend etwas zu schreiben. Nicht einmal seinen Namen wollte er schreiben.
Der Bezirksamtmann, der von ihm eine Unterschrift kriegen mußte, fragte den Bauern schließlich, ob er vielleicht nicht schreiben könne?
Doch, sagte der Bauer – können kann ich schon. Aber ich will eben nicht.
Warum? fragte der Amtmann.
Was geschrieben ist, erklärte daraufhin der Bauer, das kann man nicht mehr rückgängig machen.
An die Geschichte von dem schlauen Bauern mußten wir uns erinnern, als uns vor ein paar Tagen ein interessanter Befehl in die Hände fiel.
Dieses Dokument stammte aus dem Hauptquartier des Oberbefehlshaber West und war vom 17. Mai 1944 datiert, ganze zwanzig Tage vor Beginn der alliierten Invasion. Unterzeichnet war der Befehl von Generalfeldmarschall von Rundstedt persönlich.
Und hier ist der Wortlaut dieses Befehls:
Das Winterbauprogramm 1943/44 für den Atlantikwall ist beendet. Unter rücksichtslosem Einsatz jedes einzelnen Soldaten seines Befehlsbereiches ist trotz der vorhandenen Schwierigkeit und der in letzter Zeit sehr erheblichen Feindeinwirkung durch Fliegerangriffe in rastloser Arbeit das gesteckte Ziel im wesentlichen erreicht. In seiner Verteidigungskraft hat der Atlantikwall durch den Bau einer großen Anzahl von Geschütz-, Pak-LAG- und KwK-Schartenständen in erheblichem Umfang zugenommen.
Die Großinvasion der Anglo-Amerikaner steht vielleicht kurz bevor. Dann wird sich der Erfolg der Arbeit des Winters erweisen, durch die deutsches Soldatenblut gespart wird.
Soweit der Befehl von Rundstedt.

Es wäre besser um den guten Ruf des Generalfeldmarschalls bestellt, wenn er mit der Weisheit des alten norddeutschen Bauern gehandelt und sich lieber nicht schriftlich festgelegt hätte. Denn hier steht es schwarz auf weiß und amtlich bestätigt.

Das gesteckte Ziel ist im wesentlichen erreicht... In seiner Verteidigungskraft hat der Atlantikwall in erheblichem Umfang zugenommen... Dann wird sich der Erfolg der Arbeit des Winters erweisen...

Und es ist nicht nur Rundstedt allein, der sich durch solche Erklärungen bloßgestellt hat. Wer erinnert sich nicht an die Inspektionsreise Feldmarschall Rommels, die kurz vor der Invasion stattfand? Wer erinnert sich nicht an die optimistischen Äußerungen Rommels, an seine Lobpreisungen für die Erbauer des Atlantikwalls, der in *einem* Ansturm der Alliierten durchbrochen wurde?

Waren die hohen Generäle mit Blindheit geschlagen? Haben sie nicht gesehen, oder wollten sie nicht sehen, daß der Atlantikwall nicht nur nicht fertig, sondern nach den Aussagen von deutschen Soldaten, die am Bau mitarbeiteten, einfach ein großer Bluff war?

Blind waren die Generäle sicher nicht. In keiner Armee, auch nicht in der deutschen, erreicht man durch Dummheit und Blindheit so hohe Stellungen.

Oder wollten sie sich selber etwas einreden, was nicht existierte? Es war verhältnismäßig einfach, dem deutschen Publikum Propagandafilme vorzuführen, in denen einige fertige Außenwerke des Atlantikwalls gezeigt wurden. Aber die Generäle saßen nicht im Kino, sie waren tatsächlich an Ort und Stelle und müssen doch ihre Augen und Ohren offengehalten haben! Außerdem müssen Generäle doch mit Tatsachen und nicht mit Illusionen arbeiten! Es ist also höchst unwahrscheinlich, daß sie sich aus eigenem Willen selbst getäuscht haben.

Der Rundstedtsche Befehl und die Presseerklärungen Rommels beweisen also nur eines: Daß die deutsche Führung bewußt das Volk und die Armee über den Stand der Dinge täuschen wollte und getäuscht hat.

Aber wie traurig war das Ende dieser Täuschung! Wie schnell fiel der Lügenbau von der Unbezwingbarkeit des Atlantikwalls zusammen!

Wie lange ist es eigentlich schon her, daß man sich noch auf das Wort der Heeresleitung verlassen konnte? Wie lange ist es her, daß man einen Wehrmachtsbericht hören oder lesen konnte und hinterher mit sicherem Gefühl sagen konnte: Hier werden Tatsachen gesprochen?
Der Tag läßt sich genau festlegen. Es war der Tag, an dem die Heeresleitung triumphierend bekanntgab: Es gibt keine russische Armee mehr, die Russen sind völlig geschlagen, und es ist nur eine Frage der Zeit, bis die letzten traurigen Reste der Roten Armee gefangen und erledigt sind.
Das ist dieselbe Rote Armee, die jetzt dicht an der litauischen Grenze steht, die Minsk und Kowel eingenommen hat, und der sich bereits während der ersten Wochen dieser Offensive 51 000 deutsche Soldaten ergaben – hauptsächlich Angehörige der 4., 197., 206. und 246. Infanteriedivisionen und der 6. Luftwaffe-Felddivision.

Hier ist ein bezeichnender Bericht von den Zuständen zu Hause. Hier schreibt eine ausgebombte Frau an ihren Mann im Felde. Der Brief kommt aus Roßwein bei Leipzig und ist vom zweiten Pfingstfeiertag, dem 29. Mai.
Die Frau schreibt:
Das ist ein Elend, wie man jetzt leben muß, kein Radio kann man hier anschließen, kein Bügeleisen. Man läuft dreckiger und zerlumpter herum als die Polen und Russen. Die Leute in der Kleinstadt wollen sich nicht ein kleines bißchen einschränken – ach, von Einschränken kann nicht mal die Rede sein. Die Leute besitzen eine Wohnung, bestehend aus vier gewaltigen Zimmern und Küche mit Balkon und Glasveranda, aber der Haushalt besteht aus sage und schreibe einer ganzen Person, und zwei Räume sind vollständig unbenutzt. Damit meine ich die Frau, bei der wir hausen.
Der Raum, den wir benutzen, ist ein Eckzimmer, die Betten stehen mitten im Zimmer. Das Zimmer hat vier Fenster und drei Türen. Die Frau verlangt, daß keine Tür verstellt werden darf, das ist die Zierde des Zimmers, grauweiße Türen mit goldgemalten Hokuspokus. Dann ist ein mächtig großer Tisch da, ein Riesenwaschtisch, eine zusammengebaute Kiste sowie ein Kleiderschrank. Du kannst dir mal vorstellen, wie angenehm wir hausen. Gardinen keine am Fenster, dafür aber Jalousien, die

den ganzen Tag unten bleiben müssen, damit nicht zuviel Licht hereinscheint. Die Fenster sind genau so wie unsere zu Hause, nur sind sie hier etwas höher, denn die Zimmer sind auch höher.
Der Frau ihre Tochter wohnt im Parterre. Die ist jetzt auch allein und hat dieselben Räume, davon einen ohne Möbel. Benutzt werden da auch nur zwei Räume, allerdings ist die Einrichtung sehr schön. Aber könnten die Leute nicht auch jemanden in die Wohnung nehmen? Solche Fälle kann ich noch mehr aufzählen in Roßwein. Wir Großstädter sind Bombenschweine und nur gut, den Schädel herzuhalten für das miese Volk der Landbevölkerung ...
Das Wort *mies* hat die gute Frau in ihrem Brief extra unterstrichen.
Wir wollen uns hier nicht einmischen, wer da recht hat – die Frau, der die Wohnung gehört, und die schließlich berechtigt sein sollte zu entscheiden, ob ihre graugemalten Türen mit dem goldenen Hokuspokus verstellt werden dürfen – oder die andere Frau, die bei ihr einquartiert wurde, und die irgendwie versuchen muß, sich das Leben aus den Trümmern ihrer Existenz irgendwie einzurichten.
Bei einigem guten Willen beiderseits hätte es eigentlich möglich sein sollen, zu einer Lösung zu kommen. Aber die in dem Brief geschilderten Zustände sind typisch. Die Nerven der Menschen in der Heimat sind zum Zerreißen gespannt. Goebbels' vielgepriesene Volksgemeinschaft ist in Stücke gegangen – sie hat überhaupt nur existiert, solange alles gutging und solange die Pakete mit Butter und Fleisch und Seidenstrümpfen von den Männern in den besetzten Gebieten zu Hause ankamen.
Jetzt aber ist der Krieg für die Heimat ebenso zur Last geworden wie für den Soldaten im Felde. Und zu Hause fragen sie ebenso wie im Felde: Wann wird endlich Schluß sein?

10. Juli 1944

»Kurze Briefbeantwortung«

Funkmanuskript

In Nummer 329 der Mitteilungen für die Truppen befindet sich ein Artikel, betitelt *Kurze Briefbeantwortung*.
Wie die meisten unserer Hörer wissen werden, sind *Mitteilungen für die Truppe* ein vom Oberkommando der Wehrmacht herausgegebenes Blättchen, das als Unterlage für Kompaniebesprechungen dienen soll.
Es ist allerdings wahrscheinlich, daß bei den gegenwärtigen Zuständen an der Front nur verhältnismäßig wenige Kompaniebesprechungen stattfinden und daß daher die propagandistischen Bemühungen der Nazi-Gruppe im Oberkommando meist vergeblich sein werden.
Immerhin kann man aber von dem Inhalt der *Mitteilungen für die Truppe* gewisse Schlüsse darauf ziehen, was den Propagandaonkels in der Wehrmacht zur Zeit das Herz schwermacht.
Um nun auf den Artikel *Kurze Briefbeantwortung* zurückzukommen ... Da steht folgendes zu lesen:
Ein Briefschreiber beschwert sich über das mangelnde politische Verständnis seiner Kameraden und meint, als Quittung für seine politischen Bemühungen werde er überall der Nazi genannt.
Der Brief kommt aus einem deutschen Lazarett, so berichtet die *Mitteilungen* weiter. *Mit der Bezeichnung* Nazi *geben die geehrten Kameraden ihren Eindruck wieder, daß der Briefschreiber sich bemüht, ein politischer Kopf, also ein wacher, lebendiger Mensch zu sein, der das erregende Geschehen dieser Zeit miterlebt und sich Gedanken darüber macht.*
Ach, du große Güte! Das erregende Geschehen dieser Zeit...
Man stelle sich einmal wirklich vor, was sich in diesem deutschen Lazarett abgespielt haben muß, bis die erregten Kameraden dem lästigen Quatschkopf zuriefen: »Halt die Fresse, du Nazi!«

Da liegen die verwundeten Landser in ihren Betten, die meisten haben Fieber und Schmerzen, und der Schock des Fronterlebnisses lastet noch voll auf ihrem Denken.
Vielleicht reden sie halblaut von blutigen Verlusten, von Kameraden, die neben ihnen gefallen sind, ihre Leiber grausam verstümmelt, mit der letzten Todeskraft ihrer Hände sich an die kalte Erde klammernd ...
Und da kommt dieser Schnösel und setzt sich an das Bett des verwundeten Landsers und fängt an von Aushalten zu reden und daß man doch schließlich ein Angehöriger der Herrenrasse sei und ähnliches Goebbels-Gefasel.
Der Verwundete sagt zunächst gar nichts. Er ist viel zu schwach, um sich über gewöhnliche Dummheit aufzuregen. Allgemein herrscht nur betretenes Schweigen.
Schließlich beginnt die Konversation wieder. Diesmal sprechen die Kameraden von der Artillerie. Wie das amerikanische Feuer angefangen hat und wie es die ganze Nacht gedauert hat, unaufhörlich. Wie die drüben sich eingeschossen haben und wie die Explosionen immer näher rückten, mit tödlicher Sicherheit – bis dann die letzte Granate kam ...
Und wieder läßt sich der Rotzjunge vernehmen.
Diesmal spricht er von der Vergeltungswaffe und daß man es dem jüdisch-bolschewistisch-kapitalistischen Gesindel schon zeigen werde ...
Vergeltungswaffe – denkt der verwundete Landser und ärgert sich. Wenn wir nur ein paar Feldhaubitzen gehabt hätten und ein paar Jagdflieger, um die amerikanischen Flugzeuge sich von der Haut zu halten! Aber noch immer sagt er nichts. Vielleicht ist der Junge nur ein bißchen übereifrig, hat noch keine Fronterfahrung – es gibt ja solch grüne Bürschchen, man darf es ihnen nicht weiter übelnehmen.
Nach einer langen Pause spricht dann ein anderer Kamerad. Auch er ist böse zusammengeschossen – aber das erwähnt er gar nicht. Er spricht von zu Hause, von seiner Frau, die zwölf Stunden lang in der Fabrik zu schuften hat, und von seinen Kindern, denen die Mutterhand nun auch noch fehlt, nachdem der Vater bereits seit Jahren im Kriege ist.
Aber der Lümmel kann sein Maul nicht halten. Wieder gibt er seinen Senf dazu:
»Aber das ist doch nur gerecht!« sagte er. »In der Volksgemein-

schaft muß jeder sein Scherflein beitragen. Das ist ja gerade die große Idee des Nationalsozialismus!«
Erwähnen tut er natürlich nicht, daß sein Herr Papa eine Textilfabrik besitzt und an Lieferungen für die Wehrmacht groß verdient. Er erwähnt auch nicht, daß sein Onkel einen schönen Posten bei der Gestapo hat und im Verlaufe der letzten Jahre durch Beschlagnahme und Verwaltung polnischer Banken ein reicher Mann geworden ist.
Nein, ganz im Gegenteil – er spricht von Opfern, die jeder bringen muß, und klopft sich auf die Brust und stellt sich hin, als wollte er sagen: Schaut nur auf mich!
Dabei wissen die andern ganz genau, daß er nur im Lazarett ist, weil er Furunkulose hat.
»Ja«, sagt der Bengel zum Schluß, »was euch fehlt, werte Kameraden, ist die richtige Erziehung! Ich war Scharführer in der Hitler-Jugend – da hättet ihr mal sehen sollen, wie meine Pimpfe geflitzt sind!«
Das schlägt dem Faß den Boden aus. Das könnte dem Pinsel so passen, erfahrene Frontsoldaten, die länger mit ihrem Bauch im Schlamm gelegen haben, als dieser Bengel je Gepäckmarsch gemacht hat, als Pimpfe zu behandeln.
Und einer der Verwundeten erhebt sich mühselig aus seinem Bett uns schmeißt dem vorlauten Kerl einen Pantoffel an den Kopf und brüllt ihn an: »Halt die Fresse, Nazi!«
Was aber sagt *Mitteilungen für die Truppe* zu diesem lästigen Zeitgenossen?
Wir zitieren:
Wirklich, eine Quittung, auf die dieser Soldat nur stolz sein darf.
Womit der Nagel auf den Kopf getroffen ist.

17. Juli 1944

Kluge weiß...

Funkmanuskript

In einem Interview mit Kriegsberichtern erklärte Feldmarschall von Kluge, der an Rundstedts Stelle den unangenehmen Posten des Oberkommandierenden der Westfront übernehmen mußte, daß es der amerikanischen Infanterie an Angriffsgeist fehle. Sie ginge, so sagte er, nur dann zum Angriff über, wenn sie glaubte, daß ihre Artillerie und Luftwaffe den Gegner gründlich genug bearbeitet habe.

Das ist eine recht interessante Äußerung des Feldmarschalls. Sie verfolgt verschiedene Absichten. Die erste und wichtigste Absicht ist, sich selber und seinen eigenen Truppen Mut zu machen. Denn es ist zugestandenermaßen nicht vergnüglich, in einem Schützenloch zu hocken, während ringsherum die Granaten der amerikanischen Artillerie und die Bomben der amerikanischen Luftwaffe einschlagen. So bleibt als einziger Trost nur die Hoffnung, daß die amerikanische Infanterie, die nach der Artillerievorbereitung vorstößt, es an Angriffsgeist mangeln läßt.

Feldmarschall Kluge vergißt allerdings zu erwähnen, daß dies dieselbe amerikanische Infanterie ist, die seinen Kollegen Rommel sowie General Arnim in Nordafrika schlug, die die Reste des Afrikakorps gefangennahm und die in Sizilien und Süditalien eine deutsche Elitedivision nach der andern dezimierte und in die Flucht schlug.

Die zweite Absicht aber, die Feldmarschall Kluge mit seiner Presseerklärung hatte, ist eine psychologisch-politische. Er möchte gerne die amerikanische Generalität aus ihrer vorsichtigen Strategie, wie man es so nennt, herauskitzeln. Kluge weiß, daß die amerikanische Strategie, die auf der inneren Sicherheit der Materialüberlegenheit beruht, der deutschen überlegen ist. Er weiß, daß das konzentrierte Artilleriefeuer der Amerikaner den Widerstand der deutschen Truppen langsam, aber sicher zermahlt und der amerikanischen Infanterie die Arbeit erleichtert.

Kluge weiß, was auch der einfachste Landser gelernt hat, und zwar durch eigene Erfahrung gelernt hat: Daß die Amerikaner Material opfern, um Menschenleben zu sparen, während die deutsche Führung Menschen opfern muß, um Material zu sparen. Aus dieser Zwickmühle kann er nicht heraus. Und daher versucht er – ein kindlicher Versuch – die Amerikaner zu provozieren, um des lieben Angriffsgeistes willen unüberlegte und unvorsichtige Infanterievorstöße zu machen.
Wir Amerikaner führen nicht Krieg, um Husarenstückchen zu machen. Wir führen Krieg, um ihn zu gewinnen. Und auch die scheinbar ehrlich gemeinte Kritik des Feldmarschalls Kluge an der Taktik unserer Infanterie wird uns nicht veranlassen, auch nur einen einzigen amerikanischen Grenadier unnütz zu gefährden. Die sinnlose Aufopferung wertvoller Menschenleben überlassen wir dem OKW.

28. Juni 1944

Kameraden im 353. Füsilierbataillon!

Flugblatt

Mein Name war Franz Krusch.
Vorige Woche bin ich gefallen – getötet von unserer eigenen Artillerie, die zu kurz feuerte.
Erinnert ihr euch? Der Oberwachtmeister Hermann Schütz, Unteroffizier Kawalla, Obergefreiter Helmut Landsiedel und der Gefreite Joseph Hücker wurden dabei verwundet; auch bei der zweiten Schwandron schlug es ein.
Jetzt kann ich ja frei leben. Wo ich bin, verbietet uns keiner den Mund.
Wie steht es denn um uns? Waffen, Munition, Verpflegung – da ist uns der Amerikaner schwer überlegen. Benzin haben wir nicht. Ablösung gibt es für uns nicht. Und von Urlaub gar keine Rede, auch wenn's zu Hause noch so schlecht aussieht.
Der Atlantikwall ist zusammengebrochen wie der ganze Lügenbau unserer Führer. Die Luftwaffe hat uns im Stich gelassen. Da gibt es nicht mal mehr eine dünne Hoffnung auf Sieg.
Ich bin immer dafür gewesen, daß man seine Pflicht tut. Aber wo es keinen Sinn hat weiterzumachen, ist die höchste Pflicht, am Leben zu bleiben.

Juli 1944

Herr Generalleutnant Ramcke!

Flugblatt

Wir wenden uns direkt an Sie mit der Aufforderung zur ehrenvollen Übergabe.
Sie haben mehr als zwei Wochen Zeit gehabt, sich Ihre Lage durch den Kopf gehen zu lassen. Sie und Ihre Truppen sind abgeschnitten, und es gibt keine Hoffnung auf Entsatz.
Die ganze Bretagne ist von alliierten Truppen besetzt, die alliierten Flotten beherrschen die See, und die alliierten Armeen stehen vor Paris.
Oberst von Aulock, der Kommandeur von St.-Malo, und Generalleutnant von Schlieben, der Kommandeur von Cherbourg, haben unter gleichen Umständen die Konsequenzen aus ihrer Lage gezogen und haben das Leben der ihnen anvertrauten Offiziere und Mannschaften gerettet. Können Sie, Herr Generalleutnant Ramcke, es verantworten, noch weiter sinnlos das Blut ihrer Leute vergießen zu lassen?
Wir können Ihnen nicht mehr viel Zeit zum Überlegen gewähren, Herr Generalleutnant. Sie müssen sich jetzt entscheiden – oder aber Ihre Leute der vollen Wucht des amerikanischen Angriffs vom Lande, von der See und von der Luft aussetzen. Sie wissen, daß wir Ihnen an Zahl und Material weit überlegen sind. Die Entscheidung liegt bei Ihnen:
SINNLOSER KAMPF BIS ZUR VERNICHTUNG DES LETZTEN DEUTSCHEN IN BREST
oder
EHRENHAFTE ÜBERGABE
Deutscher Soldat! Gib dieses Flugblatt Deinem Offizier zur Weitergabe an Generalleutnant Ramcke.

Salut zum vierten Juli

Flugblatt

Unsere Kanonen haben gesprochen. Das ist die Sprache Amerikas am 4. Juli 1944.
Der 4. Juli ist unser Nationalfeiertag. Am 4. Juli 1776 wurden die Vereinigten Staaten als Nation geboren – eine Nation von freien Menschen, gleich vor dem Gesetz und willens, sich selbst zu regieren.
Für diese Freiheit haben wir 1776 Krieg geführt. Und für diese Freiheiten kämpfen wir heute. Kein Tyrann soll sich unterfangen, seinen Willen einem Volke, Europa oder der Welt aufzuzwingen.

Und wofür kämpft ihr?
Um einen verlorenen Krieg zu verlängern, einen Krieg, der Europa vernichtet, einen Krieg, der euch selbst vernichtet.
Fünf lange Jahre habt ihr gekämpft. Millionen sind in Rußland gefallen, und täglich nähern sich die Russen der deutschen Grenze.
Zwei Drittel von Italien habt ihr bereits preisgeben müssen, und der Rückzug geht weiter.
Die Front im Westen rollt donnernd vorwärts.
Und eure Städte zerfallen mehr und mehr zu Schutt unter den Schlägen unserer Luftwaffe.
Wenn ihr euch noch retten wollt, wenn ihr Deutschland noch retten wollt, gibt es nur einen Ausweg:
SCHLUSS MACHEN!!

8. Juli 1944

Was ist ein Leben wert?

Flugblatt

Für deine Mutter, die dich unter Schmerzen in die Welt setzte, die sich vielleicht das Brot vom Munde absparte, um dich großzuziehen . . .

ALLES

Für deine Frau, die mit ihrem ganzen Herzen an dir hängt, die auf dich wartet, die bangt und hofft, daß du zurückkommst . . .

ALLES

Für dein Kind, das dich als Erzieher und Ernährer braucht, das zu dir als seinem Führer auf dem Weg in die Welt aufschaut . . .

ALLES

Für deine Führung, die weiß, daß dieser Krieg verloren ist, und dich trotzdem gegen eine überlegene Macht immer wieder rücksichtslos einsetzt . . .

NICHTS

Wer schätzt den Wert deines Lebens richtig ein?

Wenn du deiner Frau, deiner Mutter, deinem Kinde glaubst, gibt es nur einen Ausweg:
SCHLUSS MACHEN!

10. Juli 1944

»Das ist Propaganda!«
Flugblatt

Du hebst ein Flugblatt auf, schaust es dir an und sagst vielleicht: »Das ist Propaganda.«
Jawohl, es ist Propaganda – und Propaganda vom Feind.
Aber was ist Propaganda?
Euer Dr. Goebbels hat das Wort Propaganda in Mißkredit gebracht. Für ihn sind Propaganda und Lüge gleichbedeutend. Selbst Hitler hat in »Mein Kampf« geschrieben, daß die größten Lügen die wirkungsvollsten sind.
Wir aber handeln nach dem Grundsatz, daß Lügen kurze Beine haben. Für uns Amerikaner bedeutet Propaganda nichts anderes als die Verbreitung von Tatsachen.
Ist es wahr, daß unsere Artillerie der deutschen an Zahl, Treffsicherheit und Munitionsversorgung überlegen ist? Jawohl, es ist wahr – ihr spürt sie am eigenen Leibe.
Ist es wahr, daß unsere Luftwaffe die deutsche aus dem Luftraum vertrieben hat? Jawohl, es ist wahr – ihr könnt euch mit euren eigenen Augen überzeugen.
Ist es wahr, daß wir den Atlantikwall durchbrochen haben? Ist es wahr, daß die Russen Wilna erobert haben und 140 Kilometer von der deutschen Grenze stehen? Ist es wahr, daß die deutsche Armee an vier Fronten kämpfen muß, daß sie an Munitions- und Benzinmangel leidet und daß sie sich an all diesen Fronten immer weiter zurückziehen muß?
All das ist wahr. Ihr wißt es selbst.
Wir Amerikaner haben es nicht nötig zu lügen. Wir haben uns auch nicht gescheut, unsere Niederlagen bekanntzugeben – ebenso wie unsere Siege.
Wir haben nie ein Hehl daraus gemacht, daß wir in Pearl Harbor und Bataan Verluste erlitten haben. Aber das ist lange her. Inzwischen hat unsere Überlegenheit an Menschen und Material sich fühlbar gemacht, und ein Sieg der Alliierten hat sich an den anderen gereiht. Von Stalingrad und Sewastopol bis El Alamein und Tunis, von Rom und Arezzo bis Cherbourg

und Caen – an allen Fronten wird die Wehrmacht geschlagen.
Das sind Tatsachen. Und ebenso ist es Tatsache, daß bei uns die Kriegsgefangenen die gleiche Kost und gleiche ärztliche Pflege erhalten wie unsere eigenen Truppen, daß sie weiter ihren Sold beziehen und im Monat siebenmal nach Hause schreiben können, daß sie sich in unseren Lagern auf den verschiedensten Gebieten fortbilden und daß sie nach dem Kriege so bald wie möglich gesund in die Heimat zurückkehren werden.
Und so ist es Tatsache, daß der deutsche Soldat heute anerkennen muß:
DER FEIND SPRICHT DIE WAHRHEIT.

28. August 1944

Scheibenschießen

Flugblatt

Soldaten auf Cézembre!
Als ihr noch Rekruten wart, habt ihr auf Zielscheiben geschossen. Das ist schon lange her. Aber habt ihr euch mal gefragt, wie es einer Zielscheibe zumute ist?
Jetzt, auf eurem Inselchen, habt ihr Gelegenheit, die Gefühle einer Zielscheibe zu studieren. Denn das ist alles, was ihr seid:
LEBENDIGE ZIELSCHEIBEN
Die meisten von euch wissen das auch. Vielleicht gibt es bei euch ein paar Offiziere oder Unteroffiziere, denen diese Art zu sterben ehrenhaft erscheint. Aber denen solltet ihr doch Vernunft beibringen können! Denn wenn ihr es nicht tut, werden unsere Artillerie, unsere Jabos, Stukas und schweren Bomber ihre Bombardemants fortsetzen, bis Cézembre ein flammendes Felsengrab für euch alle ist.
In dieser Lage ist der einzige vernünftige und ehrenhafte Ausweg für euch
DIE WEISSE FAHNE!

September 1944

Mein Name ist Joe Jones

Flugblatt

Ich bin ein amerikanischer Soldat. Ich komme aus Steubenville im Staate Ohio.
Meine Kameraden und ich haben eine weite Reise gemacht, um hierher zu kommen. Unser Volk hat uns das beste und das wirkungsvollste Kriegsmaterial aller Armeen der Welt zur Verfügung gestellt.
Wir glauben nicht an Wunder. Wir glauben an Flugzeuge, Kanonen, Granaten, Panzer und Maschinen.
In wenigen Monaten haben wir die deutschen Armeen des Westens überrannt und vernichtet. Was wir uns vornehmen, das führen wir durch.
Wir wollen Frieden, Ruhe und Ordnung. Und nicht nur für 25 Jahre.
Ich bin Joe Jones, ein amerikanischer Soldat. Ich verlange persönlich nichts von den Deutschen und bin daran gewöhnt, die Rechte meiner Mitmenschen zu achten. Ich führe Krieg als Soldat.
Ich lebe gern und achte auch das Leben anderer. Aber wer mich angreift, der muß wissen, daß Joe Jones auch anders kann.
Wer mein Feind sein will, der wird schnell erfahren, daß ich auch ein harter und unerbittlicher Feind sein kann. So hart und unerbittlich, daß meine Feinde mich nie vergessen.
Welchen Joe Jones willst Du kennenlernen?
JOE JONES ERWARTET EINE ANTWORT!

10. September 1944

Ich bin doch nur ein kleiner Mann

New York Times Magazine

Ein grauer Morgen irgendwo in Nordfrankreich.
Der staubbedeckte Jeep fährt vor dem Kriegsgefangenenlager vor. Das Lager – ein Feld, umzäunt von halb entrolltem Stacheldraht – ist wiederum mit Stacheldraht unterteilt in mehrere kleinere Lager: eines für Offiziere, eines für Unteroffiziere, ein drittes für Mannschaften; im vierten Karree stehen die Zelte für die Interrogators, die Gefangenenbefrager.
Das Tor zum Lager ist denkbar einfach gebaut: zwei hölzerne Pfosten, ein Holzrahmen, quer darüber Stacheldraht genagelt. Vor dem Tor ein gelangweilter Militärpolizist, der dem Interrogator die Waffe abnimmt. Keiner betritt das Lager bewaffnet; offenbar befürchtet man, einer der Gefangenen könnte auf den Gedanken kommen, sich der Pistole des Interrogators zu bemächtigen.
Aber die Gefangenen sehen nicht aus, als hätten sie solche Streiche im Sinn. Sie haben sich ins Gras geworfen, liegen in kleinen Gruppen, unterhalten sich in gedämpften Tönen. Eine Vielfalt von Uniformen – das gewöhnliche Graugrün der Infanterie, das Blaugrau der Luftwaffe-Divisionen und Grün mit SS-Kragenspiegeln. Die gesamte Truppenaufstellung des Gegners läßt sich an den Uniformen ablesen.
Aber der Zustand der Armee ist am Schuhwerk zu erkennen. Die genagelten Schaftstiefel, die siegreich quer durch Europa marschierten, sind selten geworden; man trägt jetzt bescheidene Schnürschuhe, heruntergetreten, geflickt, mit kurzen Gamaschen, ähnlich denen der Engländer; das sieht weniger bedrohlich aus und spart Leder. Die Uniformen sind aus billigem Zeug – auch die der Offiziere. Mützen aller Stile, mit Schild und ohne. Die Embleme sind nicht mehr gestickt, nur noch gedruckt.

Und wie sie reden – wer hat die Gefangenen eigentlich in diese Gruppen aufgeteilt? Es stellt sich heraus, daß sich das ganz

natürlich ergeben hat; die eine gemeinsame Sprache sprechen, haben sich zusammengefunden. Da gibt es Polen und Wallonen, Georgier und Turkmenen, Tschechen und Elsässer, Franzosen und Italiener – und schließlich auch Deutsche.
Die Wehrmacht wurde auf den Schlachtfeldern Rußlands ausgeblutet. Um die Lücken zu füllen, warb man in den unterworfenen Ländern Europas Freiwillige an, indem man versprach, sie an den Segnungen der *Neuen Ordnung* teilhaben zu lassen. Doch es kamen nicht genug Freiwillige, und so wendete man Zwang an. Rekrutiert aus allen möglichen Völkern, wurden sie zuerst in Arbeitsbataillone gesteckt und später dann an die Front geschickt. Heute finden sich Ausländer sogar in den Elitedivisionen der SS.
Das ergibt Probleme nicht nur für die deutsche Heeresleitung. Soll zum Beispiel die amerikanische Armee Polen, die ihre Nazi-Offiziere beseitigten und dann überliefen, als gewöhnliche Kriegsgefangene behandeln? Und was tun mit dem armen Muschik aus Astrachan, der von den deutschen Truppen schon 1941 bei Bialystok gefangengenommen wurde und den man hungern ließ und mit Schlägen traktierte, bis er sich bereitfand, als Verteidiger besagter *Neuer Ordnung* in einem der deutschen Ostbataillone zu dienen?
Und diese Probleme beginnen erst. Je tiefer die amerikanischen Einheiten in Europa eindringen, desto häufiger werden sie mit den Millionen entwurzelter, heimatloser Arbeits- und Militärsklaven in Berührung kommen, die den Humus bildeten, auf dem die deutsche Oberherrschaft wuchs.
Ein deutscher Unteroffizier wurde befragt, wie er von den Mongolen in seinem Zug denke – die von den amerikanischen Soldaten zuerst für Japaner gehalten worden waren.
»Na ja«, sagte er, »so schlecht sind sie gar nicht.«
Es klingt, als redete er von Pferden.
»Unter welcher Bezeichnung wurden sie in der Stammliste geführt?«
»Volksdeutsche«, sagte er.
Es gibt da deutsche Einheiten, bei denen der Kommandeur seine Befehle durch Übersetzer erteilt.
Die nächste Frage an den Unteroffizier: »Wie lange, glauben Sie, wird der Krieg noch dauern?«
Er zuckt die Achseln. Er weiß nicht. Er ist seit zwei Tagen in

Gefangenschaft, hat sich anscheinend in sein Schicksal gefügt.
»Wer wird Ihrer Meinung nach den Krieg gewinnen?«
»Die Alliierten«, sagt er gleichgültig.
»Seit wann wissen Sie das?«
»Seit ich gefangengenommen wurde.«
»Also vorher sahen Sie's anders. Was hat Sie veranlaßt, Ihre ursprüngliche Meinung zu ändern?«
»Ich habe Ihre Waffen gesehen und Ihr Material.«
»Und vorher glaubten Sie, Deutschland wird gewinnen?«
»Selbstverständlich.«
»Wieso selbstverständlich?«
»Als deutscher Soldat mußte ich doch an den Sieg der Wehrmacht glauben. Oder?«
Der Interrogator schweigt.
»Darf ich Sie mal was fragen?« sagt der Unteroffizier.
Der Interrogator nickt.
»Warum führen Sie eigentlich Krieg gegen uns? Warum sind Sie über einen ganzen Ozean hierher gekommen? Die Amerikaner sind doch reich. Wir haben nichts von Ihnen gefordert. Außerdem gehören Sie zu unserer Rasse und unserer Kultur. Von Rechts wegen müßten Sie doch zusammen mit uns kämpfen – gegen die Bolschewisten.«
»Ich dachte«, sagt der Interrogator, »Sie führen Krieg gegen die Plutokratien!«
»Ja, gegen die Plutokratien und gegen den Bolschewismus. Das ist doch ein und dasselbe. Sind alles die Juden. Sehen Sie mal, was die in der Weimarer Republik gemacht haben. Die haben sämtliche Warenhäuser gehabt. Und wir hatten Millionen Arbeitslose.«
Der Interrogator hört sich das an. Die Gedanken des Gefangenen sind merkwürdig zusammenhanglos, er reiht Losung an Losung, es fehlt jede Logik, es ist, als könne der Mann überhaupt nicht folgerichtig denken. Aber als Soldat besaß er doch genügend Denkfähigkeit; als er gefangengenommen wurde, befehligte er einen Zug Infanterie, verhielt sich tadellos, und im Zivilleben – er war Mechaniker, sagt er, verdiente gut – mußte er gleichfalls denken gekonnt haben.
Verlorengegangen ist seine Fähigkeit zu *abstraktem* Denken.

Völker haben ein Gewissen.

Die Deutschen haben ein schlechtes, schon seit Jahren, aber sie hörten nicht auf die Stimme ihres Gewissens, solange sie in einer so starken und festgefügten Organisation wie der Wehrmacht integriert waren. Im Augenblick der Gefangennahme änderte sich das. Die Gefangennahme erzeugt im Soldaten nicht nur einen physischen und nervlichen, sondern auch einen psychischen Schock.

Plötzlich wird dieser Soldat nicht mehr von zahlreichen eigenen Leuten gestützt, die die gleiche Uniform tragen wie er und den gleichen Befehlen gehorchen; jetzt steht er allein und unbewaffnet ebenso zahlreichen anderen gegenüber, die eine ihm fremde Uniform tragen, eine fremde Sprache sprechen und fremde Befehle befolgen – und die ihre Überlegenheit ihm gegenüber bewiesen haben, indem sie seine Stellung überrannten und ihn selbst überwältigten.

Der Kriegsgefangene ist strikt ein Individualist. Nachdem ihm das eigene Leben auf eine ihm wunderbare Weise erhalten blieb, ist er mehr an seinem persönlichen Schicksal interessiert als an dem Kollektivschicksal seines Volkes. Er ist wenig besorgt über die Möglichkeit, daß Deutschland in mehrere kleine Vasallenstaaten aufgeteilt werden könnte, sehr besorgt dagegen, wenn er hört, daß er mitverantwortlich gemacht werden könnte für das, was während des Kriegs von Wehrmacht und SS und Polizei begangen wurde. Er widerspricht sofort: »Ich habe Grausamkeiten immer abgelehnt!« – »So etwas ist nie passiert, wo meine Einheit gestanden hat!« – »Damit hat die Wehrmacht doch nichts zu tun, das war alles die SS!«

Der Interrogator unterbricht ihn. »Aber gewußt haben Sie doch von den Sachen!«

»Gewußt – schon. Teilweise.«

»Und was haben Sie dagegen unternommen?«

Der Gefangene wird erregt, gestikuliert: »Was konnte ich denn tun? Ich bin doch nur ein kleiner Mann!«

Nur ein kleiner Mann. Das ist die Standardantwort, die Standardausflucht vor jeglicher Verantwortung. Sobald der Krieg sich gegen sie wendet, sobald die Furcht vor der Vergeltung sich einstellt, der Vergeltung für all das Unglück, das sie angerichtet

haben, halten sie diese Entschuldigung parat. Sie mußten ja ihre Befehle befolgen.
Es liegt eine gewisse, uns unwirklich erscheinende Logik in dieser Entschuldigung. Wenn es wahr ist, daß im totalen Krieg das ganze Volk mobilisiert ist, dann steht das ganze Volk unter militärischer Disziplin und muß Befehlen von oben gehorchen. Dann sind sie allesamt nur kleine Leute, die sich nach der Devise »Führer befiehl, wir folgen« verhalten, und alle Verantwortung fällt auf den Wahnsinnigen, der die Befehle erteilt.
Sie ahnen irgendwie, fürchten aber, es zu erkennen, daß die Welt außerhalb des Hitler-Reiches nach anderen Gesetzen lebt – nach Moralgesetzen, die von einem Menschen ein unabhängiges Urteil und sogar Widerstand fordern, wenn das, was ihm anbefohlen wird, sich gegen das primitivste sittliche Gefühl richtet.
In vielen Fällen sind sie mutige Soldaten. Aber der moralische Mut ist ihnen genommen worden, schon seit 1933. Wenn der Tag der Abrechnung kommt, werden unter ihnen nur wenige sein, die zugeben, daß sie zur Nazi-Partei gehörten, daß sie hilflose Menschen beraubt und ermordet haben, daß sie bewußt Helfer eines absolut gewissenlosen Machtapparats waren und daß sie dabei sogar Genugtuung empfanden. An dem Tag wird es nur Millionen kleiner Leute geben. Und wenn man dennoch versuchte, sie verantwortlich zu machen, würde ein Aufschrei verletzter Unschuld ertönen.

Ein junger Fallschirmjägeroffizier wird ins Zelt geführt. Vierundzwanzig Jahre alt, sieht er aus wie ein jugendlicher Filmheld. Auf der Brust trägt er Orden und Ordensbänder, am Ärmel das gestickte, weiß-goldene Kreta-Band. Er hat an allen wichtigeren Unternehmen der deutschen Fallschirmjäger teilgenommen – Polen, Holland, Griechenland, Kreta, Norwegen, Rußland. Er sagt, ihn lockte das Abenteuer.
Das Abenteuer lockte ihn. Daß diese Art Reiz, den ihm seine Führung verschaffte, mit dem Töten von Menschen, dem Bombenangriff auf Rotterdam – den er miterlebte – verbunden war, das gehörte eben dazu, war Teil des Soldatenlebens. Daß der Bombenangriff auf seine Heimatstadt irgendwie mit dem Bombenangriff auf Rotterdam zusammenhängen könnte, gibt er zu; darum protestiert er auch nicht dagegen.

»Also warum haben Sie sich dann ergeben, Leutnant?«
»Nun ja«, sagt er, »die Lage war hoffnungslos.« Ein Schatten huscht über sein Gesicht.
»Was halten Sie vom Putsch Ihrer Generale? Von dem Attentat auf Hitler?«
»Oh, das war eine üble Sache.«
»Wieso?«
»Wenn Generale sich gegen den Führer stellen, das kann man nicht billigen.«
»Meinen Sie nicht, es wäre möglich, daß diese Generale, so wie Sie es in Ihrem kleinen Abschnitt taten, die Lage für hoffnungslos hielten?«
Wieder eine Pause. Dann sagt er heiser: »An wen sollen wir uns denn halten? Wir müssen doch an den Führer glauben, verstehen Sie das denn nicht?«
Natürlich müssen sie glauben. Im Innersten, fast unbewußt, spüren sie, daß der ganze Krieg nicht gerechtfertigt ist. Aber sie können das nicht zugeben – besonders die Sensibleren können es nicht. Wie denn auch? Rotterdam vernichtet, ganze Völker dezimiert, die Besten der eigenen Jugend geopfert – sie müssen an den Führer glauben, der das Kreuz der Verantwortung für sie trägt, der für sie denkt, der für sie alle mit Gott ringt. Sie müssen glauben, daß den Rückzügen in Ost und West und Süd ein Plan zugrunde liegt, des Führers Intuition.
Wenn sie aufhören würden zu glauben, müßten sie innerlich zusammenbrechen.
Was eigentlich fand hinter dem Vorhang statt, der sich 1933 über Deutschland senkte?
Erstens wurden die besten und bewußtesten Kader der deutschen Arbeiterbewegung ausgerottet.
Zweitens, und wichtiger noch, wurde die deutsche Arbeiterklasse insgesamt bestochen, und zwar in einer sehr einfachen Währung: Arbeit. Die Arbeitslosen wurden zum Teil in die Armee, zum Teil in die Rüstungsindustrie gesteckt. Die riesigen Investitionen, die notwendig waren, um eine so große Zahl von Menschen unproduktiv zu beschäftigen, sie für Zerstörung auszubilden und für nichts als Zerstörung arbeiten zu lassen, sollten durch einen siegreichen Krieg amortisiert werden.
Wären nicht die Schlacht um England und die Schlacht um

Stalingrad gewesen, das Projekt hätte Erfolg gehabt. Mehrere Jahre hindurch, zwischen 1939 und 1942, genoß die deutsche Bevölkerung bereits die Früchte des Sieges; sie lebten besser als die anderen Völker Europas, Hunderttausende gut bezahlter Verwaltungsposten entstanden, das Geld floß reichlich.
Daß seit Stalingrad ausländische Arbeiter allmählich an die Stelle ihrer deutschen Kollegen traten, die nun in den Krieg ziehen mußten, daß die Frauen in den Betrieben endlos lange Stunden zu arbeiten hatten, wurde als Notstandsmaßnahme dargestellt. Immer noch aber gaukelt man der Masse der deutschen Arbeiter und Kleinbürger die Illusion von dem Herrenvolk vor, dem die Früchte des Sieges zufallen würden, und dies Bild erscheint um so realistischer, als die Leute ja bereits einen Vorgeschmack dieser Früchte gehabt haben.

Besonders eindrucksvoll war ein korpulenter deutscher Stabshauptmann. Er war für die Besoldung und Verpflegung seines Regiments zuständig und wurde gefangengenommen, als er an die Front fuhr, um zu erkunden, wieso das Essen nicht bis in die Hauptkampflinie kam – und um dann festzustellen, daß das Gulasch nicht in der Linie eintraf, weil es keine Linie mehr gab. Dieser Stabshauptmann, der aus seiner knapp sitzenden Uniform fast herauszuplatzen schien, lehnte sich über den improvisierten Tisch bis dicht zu dem Interrogator hinüber und vertraute ihm flüsternd an: »Lassen Sie uns das lieber machen. Denn wenn wir besiegt werden, haben Sie das Problem mit den Russen. Und wenn wir nicht imstande sind, die Russen zu schlagen, dann schaffen Sie's erst recht nicht.«
Besagter Hauptmann machte sich keine Sorgen um Deutschlands Zukunft nach einer Niederlage. Er versicherte dem Interrogator jovial, daß man Deutschland schon intakt lassen müsse, damit es als Barriere gegen die Russen dienen könne, und daß Amerika zweifellos in kurzer Frist gezwungen sein würde, Deutschland wieder zu bewaffnen.
»Und wären Sie denn auch bereit, solche Landsknechtsdienste zu leisten?«
»Klar«, sagte der Hauptmann. »Machen Sie uns nur ein annehmbares Angebot.«
Auch er, ein kleiner Mann.

Nach 1918 beeilte sich der deutsche Generalstab, die Dolchstoßlegende zu erfinden. So konnten die Generale dem Volk einreden, sie hätten eigentlich den Krieg gewonnen – wenn nur der Feind im eigenen Land nicht gewesen wäre.
Diesmal kann man's den Juden nicht in die Schuhe schieben, weil man die Juden bereits vernichtet hat. Auch eine Arbeiterbewegung besteht nicht mehr, der man die Schuld geben könnte. Und es ist noch fraglich, ob die Goebbels-Lüge, daß es die putschenden Generale waren, die die Schlachten im Osten verloren, wirklich Glauben finden wird.
Trotzdem ist die neue Entschuldigung für die kommende Niederlage bereits parat und wird auch von deutschen Soldaten benutzt. Sie ist sehr einfach und lautet *Materialüberlegenheit.*
Doch ist diese Entschuldigung eine zweischneidige Sache. Auf kurze Sicht wirkt sie sich günstig für die Alliierten aus, denn immer wieder verschafft sie dem deutschen Soldaten die innere Berechtigung aufzugeben, auch ohne die letzte Kugel gefeuert und bis zum letzten Blutstropfen gekämpft zu haben.
Aber auf lange Sicht wird es diese *Materialüberlegenheit* sein, die späterhin als das große Mittel zur Wahrung des Gesichts der Wehrmacht dienen wird. Kein deutscher Gefangener, der für das deutsche Heer nicht die bessere Moral in Anspruch genommen und der die Amerikaner nicht beinahe der Unfairneß geziehen hätte, weil sie mehr Flugzeuge und mehr Artillerie und mehr Panzer und mehr Truppen einsetzen konnten. »Ja, wenn es ein Kampf Mann gegen Mann gewesen wäre ...!«
Die deutschen Soldaten vergessen dabei, daß sie ihre Siege auf die gleiche Weise gewonnen haben und daß die Polen und Franzosen, die Griechen und Norweger, die Engländer bei Dünkirchen und die Russen bis hin nach Stalingrad immer wieder geschlagen wurden, weil sie nicht die Panzer und Flugzeuge hatten, die sie denen der Wehrmacht hätten entgegenstellen können.
Aber gerade das darf man den Deutschen nicht gestatten zu vergessen. Sie müssen erkennen, daß sie geschlagen wurden, weil sie es unternahmen, eine Welt von freien Völkern herauszufordern, denen sie nichts zu bringen hatten als Unterdrükkung und Sklaverei.

Kann man hoffen, daß das deutsche Volk seine Niederlage als eine geschichtliche Lehre hinnehmen wird, daß man die Deutschen umerziehen kann und daß sie vor allem es fertigbringen werden, sich selber umzuerziehen?
Es war in dem Lager auch ein Soldat aus Sachsen, ein Textilarbeiter, der den Interrogator bei seinem Gang zum Zelt ansprach mit den Worten: »Darf ich Ihnen etwas sagen?«
»Ja, natürlich.«
»Ich möchte Ihnen sagen...« Und dann brach es aus ihm heraus: »Das ist doch eine Schande für die Wehrmacht, daß ein Deutscher erst ins Gefangenenlager kommen muß, um wieder frei atmen zu können und sich wie ein Mensch zu fühlen!«
Und da war ein junger Fallschirmjäger aus dem Rheinland, der nach einem längeren Verhör dem Interrogator anvertraute, daß er als geheimer Kurier für Pastor Niemöllers Bekenntniskirche gearbeitet hatte.
Es gibt unter den Deutschen viele wie die beiden – jeder Interrogator ist ihnen schon begegnet. Sie geben Anlaß zu Hoffnung. Aber diese besseren Deutschen haben bisher weder ein gemeinsames Programm noch eine gemeinsame Organisation, die stark genug wäre, um wirklich wirksam werden zu können. Zweifellos werden sie bei dem Prozeß der Umerziehung mithelfen können, der durchgeführt werden muß, wenn nicht im Herzen Europas eine frustrierte Nation bleiben soll – eine Nation, die nur allzu bereit sein würde, sich dem nächstbesten Hitler, der daherkommt, in die Arme zu werfen.

15. Juli 1944

Memorandum

Betr.: Frontzeitung, an: Mr. L. Lawrence

1. Ich glaube, die Zeit ist gekommen, eine Frontzeitung in deutscher Sprache herauszubringen, die durch Artillerie zu den deutschen Linien hinübergeschossen wird – eine Zeitung, bestehend aus einem Blatt, beiderseits bedruckt, dreispaltig, wenn möglich mit Lagekarten und Illustrationen. Die Frage, ob diese Zeitung täglich, alle zwei Tage oder in größeren Zeiträumen, erscheinen soll, müßte mit der zuständigen Abteilung beim Stab geklärt werden.

2. Die Notwendigkeit einer solchen Zeitung ergibt sich aus den Berichten über Verhöre von Kriegsgefangenen. Die Gefangenen erklären häufig, sie seien von eigenen Nachrichtenquellen abgeschnitten gewesen. *Nachrichten für die Truppe* hat keine regelmäßige und weitreichende Verteilung. Außerdem kann das Blatt, da es von deutschen Stellen zu stammen vorgibt, nicht für die Alliierten sprechen. *Sternenbanner* ist in der Hauptsache für die Zivilbevölkerung vorgesehen.

3. Die Erfahrung hat gezeigt, daß es sowieso notwendig ist, des öfteren Flugblätter mit Nachrichteninhalt zu drucken und zum Gegner hinüberzuschießen. Die Veröffentlichung einer Frontzeitung würde in vielen Fällen diese Arbeit ersparen und es uns gestatten, Nachrichten regelmäßig und in größerem Umfang zu geben.

4. Eine regelmäßig erscheinende Zeitung der Art würde den Truppen des Gegners dauernd vor Augen führen, daß sie sich in einer Lage befinden, in der sie den Kampf einstellen und sich ergeben sollten.

5. Eine solche regelmäßige erscheinende Zeitung würde uns eine engere Verbindung zu den Stäben der untergeordneten

Einheiten schaffen und, wichtiger noch, auf eine bessere Koordinierung ihrer Unternehmungen mit den unseren hinwirken.

Sergeant Stefan Heym

(Anmerkung: Mr. L. [Laudy] Lawrence, im Zivilleben Direktor einer Filmgesellschaft war ohne militärischen Rang dem Stab der 12. US-Armeegruppe zugeteilt und war der für Propaganda unter den feindlichen Truppen zuständige Mann. Ab 14. August 1944 erschien in deutscher Sprache die *Frontpost,* die durch über dem Boden explodierende Flugzeugbomben an die deutschen Soldaten verteilt wurde, und einen Monat später, in kleinerem Format, die *Feldpost,* die ihre Leser mit Hilfe von Artilleriegeschossen erreichte.)

28. November 1944

Karl Alexander gerettet

Frontpost

Der Bergarbeiter Peter U., den der Berichterstatter der *Frontpost* am Eingang zum Schacht der *Karl-Alexander-Zeche* in *Baesweiler* traf, sagte:
»21 Jahre hab' ich in diesem Bergwerk gearbeitet. Hier gehör' ich her!«
Die Arbeiter dieser Zeche haben ihre Heimatdörfer und ihre Arbeitsstätte gerettet. Sie trotzten dem Evakuierungsterror der Nazis, und als die Amerikaner in ihre Dörfer und in das Gebiet der Zeche kamen, ersuchten sie die Militärverwaltung, sie in der Zeche arbeiten zu lassen. Und die Militärverwaltung gab die Erlaubnis, denn die verantwortlichen Offiziere wußten, daß die Stollen *versaufen* und die kostbare Maschinerie verfallen würden, wenn die Zeche leer bliebe.

So fuhren schon einen Tag nach der Besetzung von *Baesweiler, Übach, Merkstein* und den anderen umliegenden Bergarbeiterdörfern die ersten freiwilligen deutschen Arbeiter auf amerikanischen Lastwagen zu ihrer Arbeitsstätte zurück. Jetzt, nach fünfwöchiger Arbeit, die zum Teil unter deutschem Artilleriefeuer stattfindet, ist die Zeche gerettet – zwei Etagen Stollen sind trockengelegt, und an der Trockenlegung der tiefsten Etage wird schon gearbeitet.
Unter Hunderten von Arbeitern, die im Schacht, an den Kesseln, Turbinen und Pumpen arbeiten, haben sich nur zwei Nazi-Saboteure gefunden, und diesen wurde von den Arbeitern selbst das Handwerk gelegt. Bereits jetzt versorgt die Zeche die sie umgebenden Dörfer mit Wasser und Elektrizität.
Die Arbeiter äußern sich sehr anerkennend über das Verständnis, das ihnen und ihren Problemen von seiten der amerikanischen Militärbehörde entgegengebracht wird.

Die Frau des Arbeiters F. die ein Kind bekommen sollte, wurde in das amerikanische Militärhospital in *Bardenberg* aufgenom-

men. Dem Arbeiter Franz H. wurde ein *Jeep* zur Verfügung gestellt, damit er zu seiner Frau nach *Palenberg* gelangen konnte, um ihr in ihrer schweren Stunde beizustehen.
Die Arbeiter, erhalten regelmäßig ihre Löhnung, die ihnen von einem Zechenbuchhalter, der gleichfalls zurückgeblieben war, aus von der Militärbehörde beschlagnahmten Zechengeldern gezahlt wird. Die Aufgabe amerikanischer Wachtposten ist es hauptsächlich, neugierige amerikanische Soldaten fernzuhalten.
Der Bergarbeiter Johann D., seit 16 Jahren in der Zeche beschäftigt, erklärte unserem Berichterstatter zum Abschluß: »Die Kameraden, die mit den Nazis fortgelaufen sind, tun mir leid. Sie sind Flüchtlinge geworden. Wir aber haben Heim und Arbeit gerettet.«

25. Dezember 1944

Widerstand im Stollen

Frontpost

In einem abgelegenen Stollen zwischen den Bergarbeiterdörfern *Ensdorf* und *Schwalbach* halten sich 5000 heimattreue Einwohner der beiden Dörfer auf. In diesem Stollen wollen sie, geschützt gegen Bomben und Granaten, abwarten, bis die Front über sie hinweggerollt ist. Die Nazis versuchten alles, um die Bevölkerung aus dem Stollen zu locken und zu verschleppen. Die letzte Drohung der Nazis war die Eingänge des Stollens zu sprengen, so daß die 5000 Menschen elend ersticken müßten. In dieser Lage haben die Leute von Ensdorf und Schwalbach eine beherzte Frau als Parlamentärin zu den Amerikanern geschickt. Ein Sonderberichterstatter der *Frontpost* hat mit dieser Frau gesprochen, und die Einzelheiten des Widerstandes erfahren.

Der Stollen liegt zwischen Ensdorf und Schwalbach. Er hat einen Eingang auf der Ensdorfer und zwei Eingänge auf der Schwalbacher Seite. Er ist ungefähr drei km lang an seiner tiefsten Stelle siebzig Meter unter der Erde. Dort liegt der Stollen noch teilweise unter Wasser. An den drei Eingängen dagegen ist der Stollen ziemlich trocken, ungefähr zwei Meter hoch und zweieinhalb Meter breit.

Schon kurz nachdem die Bevölkerung der beiden Dörfer sich in den Stollen geflüchtet hatte, erschienen der Nazi-Ortsgruppenleiter von Ensdorf, August *Jung*, und der Ortsgruppenleiter von Dillingen, *Baum*, und befahlen, den Stollen zu räumen. Sie versprachen, daß Lastwagen zu der Abtransportierung bereitstünden. Mit Recht mißtraute die Bevölkerung diesen Nazi-Versprechungen.
Vertreter der Bevölkerung machten den Nazi-Abgesandten den Vorschlag, von den Amerikanern eine dreistündige Waffenruhe zu erwirken – unter dem Feuer der alliierten Geschütze war ja an eine Evakuierung überhaupt nicht zu denken. Diesen

Vorschlägen der Bevölkerung hatten die Nazis nichts entgegenzusetzen.
Tag für Tag wiederholten sich die »Besuche« der Nazis, die immer stärkere Druckmittel anzuwenden suchten. Sie brachten Feldgendarmerie mit. Aber nur sechs Personen von 5000 im Stollen wurden schwach. Von diesen sechs wurden drei getötet, sobald sie aus dem Stollen kamen. Ein Mann kam nach ein paar Tagen in den Stollen zurück und erklärte, daß er nicht gewußt hätte, wo er hingehen sollte.
Aber die Tatsache der Zwecklosigkeit der Evakuierung störte die Nazis nicht. Daher brachte der Ortsgruppenleiter Jung bei seinem nächsten Besuch im Stollen einen Gestapo-Beamten und einen SS-Obersturmbannführer mit. Diese sollten den alten *Pfarrer von Ensdorf* im Stollen verhaften. Die Nazis vermuteten, daß der alte Pfarrer das Haupt der Bewegung sei. Die Verhaftung gelang nicht, da sich die Bevölkerung im Stollen um den alten Pfarrer scharte und ihn schützte.

Als dann die Nazis zu der radikalsten Maßnahme schritten und drohten, die Stolleneingänge zu sprengen, da wußten sich die Ensdorfer und Schwalbacher keinen anderen Rat, als eine beherzte Frau durch die Kampflinien zu den Amerikanern zu schicken. Diese Parlamentärin sollte das Furchtbare, das ihren Mitbürgern im Stollen drohte, dem amerikanischen Kommandanten klarmachen.
Der Pfarrer von Ensdorf gab ihr ein weißes Kirchenröckel mit, das sie als weiße Fahne benutzen konnte. Als sie den Stollen auf der Ensdorfer Seite verließ, hörte sie Gewehrfeuer im Dorfe. Die Amerikaner waren bereits in Ensdorf eingedrungen. In einem Haus fand sie einen amerikanischen Unteroffizier, der sie am Abend zu seinem Offizier nach hinten führte.
Die amerikanische Armee versicherte dieser Frau und damit den Ensdorfern und Schwalbachern, daß ihnen von seiten der amerikanischen Armee kein Leid drohe.

5. März 1945

Die kleinen Leute blieben ...

Mitteilungen

Mitteilungen *war die erste für die deutsche Zivilbevölkerung hergestellte Zeitung der US-Armee. In Luxemburg redigiert und gedruckt, wurde sie zum Vorläufer der gesamten amerikanischen Besatzungspresse, auch der Münchner* Neuen Zeitung.

Dreimal kamen sie zu dem Fleischermeister, der heute Bürgermeister von Überherrn ist – die SA, die Gestapo, der Ortsgruppenleiter. Das letzte Mal um drei Uhr morgens. »Meister, machen Sie, daß Sie mit Ihrer Familie rauskommen. Die Amerikaner stehen zwei Kilometer vor der Stadt.« Und jedesmal sagte er: »Natürlich gehe ich. Aber erst muß ich doch noch das Fleisch verkaufen.« Das verstanden sie; das Fleisch konnte man den Amerikanern nicht zurücklassen. Was sie aber nicht wußten, war, daß der Fleischer gar nicht die Absicht hatte, zu gehen. Er hatte zwei Wagen; einen mußte er den Nazis geben, die sich damit aus dem Staube machten. Den anderen behielt er, obwohl er gut wußte, daß er nicht fahrbereit war.

Als dann der letzte Nazi-Wagen abzog – der Lautsprecherwagen, der immer wieder gellend zur Flucht mahnte –, setzte sich der Fleischer an das Steuerrad. Dabei blieb es. Der Wagen konnte nicht von der Stelle. Der Fleischer stieg aus, führte die Familie wieder ins Haus zurück und wartete auf die Amerikaner. Die kamen bald.
Als die amerikanischen Panzer in die Stadt einrasselten, war der Fleischer zur Stelle. Aus vielen Häusern kamen Männer und Frauen und Kinder – meistens Leute, die wie der Fleischer den Nazis auch gesagt hatten, sie würden evakuieren, und die dann doch geblieben waren. Darunter der Apotheker, der, als die Amerikaner bedenklich nahe kamen, schnell in eine Nachbarstadt hinübergefahren war und für fünfzehntausend Mark Drogen, Medizinen, Bandagen eingekauft hatte, den lebens-

rettenden Reichtum nach Hause brachte und damit dem ebenfalls zurückgebliebenen deutschen Arzt die Möglichkeit gab, weiterarbeiten zu können. Warum blieben diese kleinen Leute zu Hause, statt den Nazis zu folgen? Hatten sie keine Angst? Oder gab es andere Gründe, die sie zum Bleiben veranlaßten?

Sie sagten sich: »Wenn wir weggehen, wie sollen wir da je wieder unsere Söhne, Brüder und Väter wiedersehen, die ja noch immer im Krieg sind? Die müssen doch einmal wiederkommen und dann muß Mutter doch da sein.« Andere wieder gaben zu, sie hätten den Glauben an die Nazis verloren. »Oder«, meinen andere, »warum sollen wir denn dorthin gehen, wo es noch immer Krieg gibt? Wir können es doch leichter haben.« Was immer die Gründe zum Bleiben gewesen sein mögen – heute haben diese Zurückgebliebenen etwas Gemeinsames: sie sehen den Großteil der alliierten Truppen wieder aus der Stadt fortziehen und die Front immer weiter in das Innere Deutschlands tragen. Und sie wissen: jedes Fortschreiten der Frontlinie ins Innere bringt das Ende des Krieges näher. Endlich wird Schluß sein! Dann, wenn es auch harte Zeiten geben wird, wird wieder Friede auf Erden sein, und Hans und Fritz werden wieder zu Hause sein und der Nazi-Wahnsinn ist vorbei. Und noch etwas Gemeinsames denken sie: Wir kleinen Leute, die nicht davongelaufen sind, wir wissen, daß nur unser Bleiben den notwendigen Wiederaufbau ermöglicht, den die Heimat braucht.

Und so blieben der Fleischer, der heute Bürgermeister ist, und der Arzt, der seine deutschen Patienten besucht, und der Apotheker mit dem Warenlager und Schulze und Müller zu Hause. Und sahen, daß man unter der amerikanischen Besetzung anständig leben und sicher aufbauen kann. Die Furcht ist weg.
Erst kommt der Bürgermeister, unter ihm seine Stellvertreter, häufig Vertreter der aus anderen Orten evakuierten und nach Überherrn zugezogener Leute. Der Bürgermeister führt die Zivilverwaltung unter der Aufsicht der Militärregierung. Das geht einfach und reibungslos. Da kamen zum Beispiel, nachdem die Nazis abgezogen waren, vierhundert Leute aus den

umliegenden Höhlen zurück und brachten hundertzwanzig Milchkühe nach Hause. Der Bürgermeister wurde von der Militärverwaltung gerufen und die sagte ihm: »Da sind hundertzwanzig Kühe, Ställe und Futter sind nötig, gemolken müssen sie werden, eine gute Verteilung soll es geben.« Der Bürgermeister übernahm die hundertzwanzig Kühe. Zuerst gab es eine Anfangsration für jedes Kind unter zehn Jahren, dann eine Ration für größere Kinder, nach fünf Tagen bekamen auch die Erwachsenen jeden zweiten Tag ihre Milch. Das war seit Jahren die erste Vollmilch.

Da waren die dreißig Tonnen beschlagnahmten deutschen Armeeweizens. Die wurden erst dem Müller verkauft und der mahlte den Weizen. Vom Müller zum Bäcker. Vom Bäcker zu den Leuten. Alles bezahlt, natürlich zu den festgesetzten Höchstpreisen. Und dann das Vieh, das zum Schlachten da war. Als die Nazis noch in der Stadt waren, da hatten dieselben kleinen Leute das Vieh allnächtlich von einem Stall in den anderen getrieben, so daß man den inspizierenden SA-Leuten immer leere Ställe zeigen konnte. Heute ist das Vieh zum Verkauf da, gut rationiert, gut eingeteilt, richtig gewogen. Es gibt Kartoffeln in den Kellern und Kohlrabi kommt von einem Großgut.
Als der Fleischermeister Bürgermeister wurde, war er natürlich im Anfang nicht an die Arbeit gewöhnt. Aber er wußte bald Bescheid. Die Militärregierung ermunterte ihn, Stellvertreter anzustellen. Jetzt hat jeder sein vorgeschriebenes Maß an Arbeit und Verantwortung. Die Tochter des Bürgermeisters arbeitete sich an die unbezahlte Stellung einer Sekretärin ein. Täglich geht sie mit einer Freundin in der Stadt herum und notiert beziehbare Wohnungen für ihren Vater zur Aufteilung.

Überall in der kleinen Stadt pulsiert das neue Leben, das frei von Angst ist und deshalb Erfolg haben wird. Das Wassersystem ist in gutem Zustand. Elektrizität gibt es nicht, denn die Kraftquelle liegt im nazi-besetzten Gebiet. Die Kerzenfabrik arbeitet. Die Arbeitsleistung wird im Interesse der Gesamtheit von den Stellvertretern des Bürgermeisters geregelt.
Die Gesetze der alliierten Militärregierung müssen strengstens befolgt werden: Trage stets Deine Erkennungskarte bei Dir!

Halte Dich fern von den Hauptstraßen, um militärischen Verkehr nicht zu stören! Befolge die vorgeschriebenen Reisebeschränkungen! Beachte die Sperrzeiten!
»Laßt nur die Nazis nicht zurückkommen!« Das ist der allgemeine Wunsch, nein, das Gebet.

2. Juni 1945

Querschnitt

Kölnischer Kurier

Zwei Völkerwanderungen finden gegenwärtig in Deutschland statt. Die eine ist deutsch, die andere international. Auf allen Straßen kehren die von den nationalsozialistischen Behörden Zwangsevakuierten nach ihren Heimatorten zurück. Das bißchen Habe, das sie gerettet haben, tragen sie auf ihrem Rücken. Die Glücklicheren haben alte Kinderwagen oder Handwägelchen ergattert und ihre paar Besitztümer darauf geladen. Oft auch sitzen die Alten, die nicht mehr laufen können, auf dem Handwagen und lassen sich die lange Straße entlang ziehen. Man sieht den Gesichtern die Strapazen des Weges an. Diese Menschen haben kein Lächeln. Sie gehen in eine ungewisse Zukunft. Steht das Haus noch, in dem sie so lange gelebt haben? Sind noch ein paar der Möbel, die man sich mühsam erarbeitet hatte, vorhanden?

Anders ist es mit der zweiten Völkerwanderung. Sie bewegt sich, gewissermaßen, in entgegengesetzter Richtung, obwohl es auch hier keine geographisch festlegbare Richtung gibt. Die Fremdarbeiter kehren heim. Auch sie wissen nicht, wie es in ihrem Heimatort aussieht. Jahrelang sind sie schon von dort fort – verschleppt von den Nationalsozialisten. Eines wissen sie: Die Ketten der Sklaverei sind zerbrochen und abgeschüttelt. Die Rückwanderung der Fremdarbeiter ist organisiert. Aus den Sammellagern marschieren sie zu den Eisenbahnzügen, und wenn auch der Eisenbahnverkehr stockend ist – zu viele Geleise sind gesprengt und zerbomt, zuwenig Lokomotiven und Wagen sind vorhanden –, trotzdem geht es vorwärts, nach Hause: die einen nach Westen, nach Frankreich zu, die anderen nach Osten, nach Polen und Rußland. Die Waggons sind mit Blumen und Grün und Fahnen geschmückt, Lieder ertönen, es wird gelacht und gejubelt. Mancher hat schon geglaubt, daß Freiheit nur ein abstraktes Wort ist. Aber wer die Gesichter der befreiten Fremdarbeiter und Fremdarbeiterinnen sieht, erkennt, daß Freiheit so greifbar ist wie Brot und Kleidung und ein Dach überm Kopf.

Immer mehr begegnet man entlassenen deutschen Soldaten. Sie sehen nicht mehr wie Soldaten aus, eher wie wandernde Handwerksburschen. Manche unter ihnen sind Männer, denen es hart ankommt, den Tornister zu schleppen. Sie waren von dem letzten Aufgebot, Volkssturmleute und Jahrgänge, deren Einberufung militärisch sinnlos war. Die Jüngeren schreiten rüstiger aus. Die amerikanische Armee, aus deren Gefangenenlagern diese Männer kommen, hat sich strikt an die Genfer Konvention gehalten: Diese Männer wurden ebenso ernährt wie die amerikanischen Soldaten. Wir halten eine Gruppe heimkehrender entlassener deutscher Soldaten an, fragen nach ihren Papieren. Die Papiere sind in deutscher und englischer Sprache gedruckt, unterschrieben von einem deutschen Militärarzt, der für den Gesundheitszustand des zu Entlassenden verantwortlich ist, und von einem amerikanischen Offizier. Auf diesen deutschen Soldaten die jetzt heimkehren, liegt eine große Verantwortung. In den nächsten Wochen und Monaten können sie ihrem eigenen Volke gegenüber wenigstens teilweise gutmachen, was die Wehrmacht durch ihren sinnlosen Widerstand vernichtet hat. Die Wiedergutmachung findet ihren besten Ausdruck in intensiver Bearbeitung des Landes. Denn das deutsche Volk wird diesen Winter nur das zu essen haben, was auf dem eigenen Boden gewachsen ist.

29. August 1945

Demokratie

Allgemeine Zeitung

Die Allgemeine Zeitung *der US-Armee war die Nachfolgerin der* Mitteilungen *und wurde ihrerseits von der in München erscheinenden* Neuen Zeitung *abgelöst.*

Die Nachrichten darüber, wie die Vereinigten Staaten sich nach der Übergabe Japans auf den Frieden umstellen, regen zum Nachdenken an. Zählen wir nun ein paar von den Maßnahmen auf, die, wie berichtet, durchgeführt werden oder durchgeführt worden sind. Die Nachrichtenzensur wurde eine Stunde nach der Verkündung des Sieges aufgehoben. Die Kontrollmaßnahmen für Löhne und Preise werden schrittweise aufgehoben. Die Kontrolle über die Verteilung der Arbeitskräfte ist mit sofortiger Wirkung aufgehoben. Die Arbeiter haben wieder vollkommene Freizügigkeit und das Recht auf freie Wahl ihres Arbeitsplatzes. In diesen Maßnahmen zeigt sich die Demokratie in ihrer vollen Größe. Ihre Bürger haben während des Krieges aus freien Stücken einige ihrer Rechte aufgegeben. Die Aufgabe dieser Rechte bedeutet nicht eine Schwächung, sondern eine Stärkung der Demokratie. Jetzt, wo der durch den Krieg herbeigeführte Ausnahmezustand vorüber ist, werden die vollen demokratischen Rechte selbstverständlich wieder zurückerstattet. Dabei ist noch zu bedenken, daß auch während des Ausnahmezustandes des Krieges das amerikanische Volk sich viele demokratische Rechte vorbehielt, von denen im nationalsozialistischen Deutschland niemand auch nur zu träumen gewagt hätte. Amerikanische Soldaten stimmten selbstverständlich nicht nur bei den Präsidentschaftswahlen, sondern auch bei Wahlen örtlicher Natur mit ab. Auch während des Krieges hatte die Arbeiterschaft das Streikrecht – aber sie gebrauchte es aus freien Stücken nur in den seltensten Fällen. Den verhältnismäßig größten Teil ihrer demokratischen Rechte mußten selbstverständlich die Angehörigen der amerikanischen Streitkräfte aufgeben. Das strikte Verhältnis von Befehlshabern und Gehorchenden, auf dem jede Armee aufgebaut ist, ist rein äußerlich gesehen undemokratisch – wird aber zum wesentlichen Bestandteil der Demokratie, wenn alle, bis zum letzten gemeinen Soldaten, wissen, worum es geht, und wenn die Unterordnung keine diktatorisch-gezwungene, sondern eine aus der Erkenntnis geborene freiwillige ist. Hierin liegt die Stärke der Armee der Demokratie, die Stärke des demokratischen Soldaten, der sich freiwillig gewisser Rechte begibt, um sie nach dem Sieg und der Rückkehr ins bürgerliche Leben um so reicher und gesicherter wiederzufinden. Hier ist auch der Grund für das von vielen Deutschen bemerkte kameradschaftliche Verhältnis von Offizieren und Mannschaften in der amerikanischen Armee. Offizier und Mann wissen, daß sie gleich sind und daß die Rangabzeichen nicht Vorrechte, sondern nur ein Befehlsverhältnis anzeigen.

28. September 1945

Freiheit von Not

Augsburger Anzeiger

Der Schöpfer der staatlichen Lohnkontrolle in den USA, Senator Robert F. Wagner, hat im amerikanischen Senat einen Antrag auf ein sogenanntes *Vollbeschäftigungsgesetz* eingebracht. Dieses Gesetz soll den Staat verpflichten, im Fall jeder Arbeitslosigkeit nicht nur mit Arbeitslosenunterstützung, sondern auch mit Arbeitsbeschaffungsmaßnahmen einzugreifen.
Senator Wagner hat in der amerikanischen Wochenschrift *Time* selbst zu seinem Gesetzentwurf das Wort ergriffen. Er schreibt unter anderem: *Volle Beschäftigung ist mit dem Geist und Inhalt der Privatwirtschaft völlig vereinbar. Es gibt kaum eine andere Forderung, über die alle Amerikaner so völlig eines Sinnes sind, wie es die Forderung auf das Recht auf Arbeit ist. Im Krieg hatten wir volle Beschäftigung. Gleichzeitig entwickelten wir die größte Produktivität aller Zeiten. Das amerikanische Volk wird niemals zugeben, daß im Frieden nicht möglich sein soll, was im Kriege zu erreichen möglich war. Bei Vollbeschäftigung im Frieden können wir die Armut restlos ausrotten.*
Es scheint uns, daß dieser Gesetzantrag des Senators Wagner von Bedeutung nicht nur für die Vereinigten Staaten ist. Es ist ein Gesetzantrag aus der Zeit der Atombombe – einer Zeit, die darangeht, völlig neue und erst teilweise erforschte Energiequellen der Menschheit nutzbar zu machen.
Nun sind aber die Mittel, die die Natur dem Menschen in die Hand gibt, ohne eigenen Willen. Sie können zerstörend oder aufbauend wirken. Das Feuer, das den Ofen wärmt, zerstört als Blitz. Die Atomenergie, die als Bombe ganze Städte mit allem, was darin ist, vernichtet, kann andererseits völlig neue Produktionsverhältnisse schaffen, die den Menschen Arbeitszeit und Arbeitsmenge ersparen.
Nun kommt es darauf an: Verstehen die Völker es, ihren staatlichen Organismus und ihre Arbeits- und Verteilungsmethoden so zu gestalten, daß sie tatsächlich aus den von der Wissenschaft geschaffenen neuen Möglichkeiten Nutzen ziehen?

Wenn der amerikanische Kongreß sich entschließt, das Wagnersche Gesetz anzunehmen, so schlagen die Vereinigten Staaten damit den Weg in dieses neue Zeitalter ein – ein Zeitalter, in dem Menschen frei von Not und frei von der Angst vor der Arbeitslosigkeit leben können.

In Deutschland selbst stehen die Fragen ganz ähnlich. Während einerseits aus den Ruinen des Landes selbst die größten Arbeitsmöglichkeiten fließen, erhebt sich auf der anderen Seite das Gespenst der Arbeitslosigkeit. Es ist da ein Widerspruch, der durch gemeinschaftliche Arbeit und gemeinschaftliche Organisation auf der Grundlage kleinerer und größerer Gebiete planmäßig gelöst werden muß.

Der deutsche Zusammenbruch hat die Voraussetzungen für neue Methoden auf diesem Gebiete geschaffen. Die alten sozialen und Besitzverhältnisse, die der Nationalsozialismus durch seine Unterstützung der Kartelle, Truste und der Großagrarier zu verewigen suchte, sind zusammengebrochen oder in Auflösung begriffen. Es liegt jetzt am deutschen Volke selbst und an den Organisationen, die es jetzt schafft – den Gewerkschaften und den neuen Parteien –, ebenso wie an den neuen Männern in den neuen Behörden, auch in Deutschland Maßnahmen durchzuführen, die nicht nur negativ das Elend lindern, das der Krieg mit sich brachte, sondern auch positiv für eine Zukunft planen, in der Deutschland neben den anderen Ländern der Welt am Fortschritt aller wieder mitarbeitet.

Und diese Zukunft muß eine Zukunft sein, in der die Menschen frei von Not und Armut und Furcht leben – denn diese Not und diese Furcht sind der Nährboden, auf dem die Hitlers wuchsen und ihre Kriege begannen.

18. Oktober 1945

Der eigene Magen

Die Neue Zeitung

Darf mich, leider, nicht auf Gassen noch in der Kirche sehen lassen... So erklärt Margarethe im ersten Teil des *Faust* bedauernd ihrer Nachbarin, der guten Frau Marthe Schwerdtlein, nachdem ihr Mephisto wieder ein Schmuckkästlein in die Hände gespielt hat. Wie wir wissen, kam der Schmuck, mit dem Margarethe sich nicht sehen lassen darf, quasi auf schwarze Weise zu ihr. Wie wir ferner wissen, wurden Gretchens moralische Bedenken bald durch die Lockungen des Bösen und durch die Überredungskunst der Schwerdtlein zerstreut – wir wissen aber auch, daß das arme Mädchen kurz darauf in beträchtliche Schwierigkeiten geriet und nicht gut endete.

Nun gibt es heutzutage viele Marthe Schwerdtleins, und die zwölf Jahre Nationalsozialismus haben ihre Zahl noch vermehrt und ihre Charakteranlagen noch verschlimmert. In einer Zeit, in der das *Organisieren* von den Spitzen des Staates bis zu den kleinsten unter den kleinen Männern geübt und zu schöner Vollkommenheit entwickelt wurde, in einer Zeit, in der aller Anstand über Bord geworfen wurde, wenn man nur sich selbst, seine eigene Kunstsammlung, sein eigenes Bankkonto, seine eigene Vorratskammer füllen konnte – in einer solchen Zeit gedeihen die Schwerdtleins, die Organisierer, die Opportunisten, die Schleichhändler in geistigen und weltlichen Gütern.

Aber diese Zeit ist vorbei.

Sie ist vorbei, obwohl noch in manchen Städten – auf Plätzen und Straßen, die etwas abgelegen sind, hinter Haustüren, wo man sich unbelauscht glaubt, oder im Hinterstübchen gewisser Läden – Schwerdtlein-Geschäfte getätigt werden.

Ein Viertelpfund gestohlenen Kaffees geht in die Hände einer Verkäuferin über, die der Kundin dafür ein Paar Schuhe gibt. Natürlich bezahlt die Kundin auch Kassa – aber in diesem Falle ist die geldliche Transaktion zur Nebensache geworden, sie erscheint auf der Rechnung nur der Form halber. In Wirklich-

keit ging es um den Kaffee. Wer aber keinen Kaffee hat, kriegt keine Schuhe – ob er ein Anrecht darauf hat oder nicht.
Oder ein halbes Pfund Butter wechselt seinen Besitzer. Diesmal bietet der Käufer keinen Sachwert, sondern Bargeld. Aber das Bargeld, das da bezahlt wird, beträgt fünfzigmal soviel wie der eigentlich festgelegte Preis der Butter. Und der, der die Butter wirklich kriegen sollte, bekommt sie nicht.
Man kann die Beispiele beliebig vermehren. Jeder hat ähnliches schon in seinem Bekanntenkreis erlebt. Das sind die Nachwehen jener »großen Zeit«, in der, trotz aller schönen Worte von Volksgemeinschaft und Opfertum, der eigene Bauch und die eigene Tasche bei so vielen die Hauptrolle spielten.
Man wird mit diesem Egoismus des Schleichhandels, der einer Minderheit gibt und der Mehrheit nimmt, aufräumen müssen, ebenso wie mit dem ganzen Nationalsozialismus, von dem der Schleichhandel nur ein Teil ist, aufgeräumt wird.
Die Militärregierung hat die notwendigen gesetzlichen Handhaben in ihrer Verordnung Nummer 1 geschaffen, nach der alle auf dem schwarzen Markt durchgeführten Geschäfte mit strengen Strafen geahndet werden. Unter den Begriff des Schwarzhandels fallen dabei alle Geschäfte in alliiertem Heeresgut – das bedeutet auch Zigaretten, Kaffee, Zucker usw. – sowie in deutschen Waren, die marken- oder bezugsscheinpflichtig sind.
Die Militärregierung hat die gesetzliche Handhabe und die Machtmittel, um den Schwarzhandel auszuschalten. Aber es ist bei weitem vorzuziehen, wenn die deutsche Bevölkerung in ihrem Interesse ihre eigenen Behörden und die Militärregierung bei dieser Aufgabe unterstützt.
Der gesunde Menschenverstand muß ja jedem sagen, daß alliiertes Heeresgut nur auf illegale Weise in die Hände eines Deutschen geraten sein kann, und daß jeder, der Diebesgut kauft oder verkauft, sich an dem Delikt selbst mitschuldig macht und dementsprechend bestraft werden kann. Triftiger aber noch sollten die Bedenken sein, die sich jedem aufdrängen, der den Schleichhandel mit in Deutschland erzeugten Gütern betrachtet.
Bei der Knappheit an allen Dingen des täglichen Bedarfs – einer Knappheit, die durch den von Hitler hervorgerufenen Krieg erzeugt wurde – ist es notwendig, daß die vorhandenen Güter gleichmäßig und gerecht verteilt werden, wenn diejeni-

gen, die wirtschaftlich schwächer sind oder über keine »Beziehungen« verfügen, nicht zu kurz kommen sollen. Ebenso ist klar, daß die Bezahlung unverhältnismäßig hoher Preise für knappe Waren die Gefahr einer Entwertung des Geldes mit sich bringt, die, wenn ihr nicht gesteuert wird, jeden in Mitleidenschaft ziehen müßte.
Die Versuchung des Schwarzhandels ist groß, jeder hat diesen Konflikt zwischen seinem Bauch und seinem Gewissen selbst auszufechten.
Aber vielleicht kann die Militärregierung in diesen inneren Konflikt helfend eingreifen.
Die Militärregierung hat Vertrauen in die deutschen Behörden und in die deutsche Bevölkerung gesetzt und erwartet, daß diese selbst mit dem Schwarzhandel aufräumen. Die Militärregierung ist jedoch nicht gewillt, dem Schwarzhandel, einem der bezeichnendsten Überbleibsel nationalsozialistischer Unmoral, noch lange zuzusehen. Im Frankfurter Sender hat ein Sprecher der Militärregierung kürzlich erklärt: *Wenn nötig, werden alle Vergehen gegen die Preiskontroll- und Rationierungsbestimmungen vor Gerichten der Militärregierung zur Aburteilung gelangen. Falls es erforderlich sein sollte, werden Militärpolizei oder sogar Spezialtruppen von der Militärregierung den deutschen Behörden zur Verfügung gestellt werden. Diese Truppen würden gemeinsam mit der Polizei Streifen, Hausdurchsuchungen und alle anderen Aktionen durchführen, die zur Feststellung von Schuldigen erforderlich sind.*
Es steht zu hoffen, daß diese Maßnahmen nicht notwendig sein werden und daß diese mahnenden Worte jedem Deutschen helfen, in seinem Konflikt zwischen Egoismus und besserem Wissen und Gewissen die richtige Entscheidung zu treffen.

Wir alle starben in Auschwitz

Korrespondentenberichte vom ersten KZ-Prozeß in Lüneburg

Für die von der US-Armee herausgegebene deutsche Presse in der amerikanischen Besatzungszone.

Alles erhebt sich, als der Gerichtshof eintritt. Generaladvokat Stirling, würdig in der traditionellen weißen Perücke britischer Gerichtsbarkeit, vereidigt Richter, Dolmetscher und Stenographen und schwört dann selbst den Eid, gerecht und fair Recht zu sprechen. Dann verliest er die Anklageschrift. Jeder Satz wird genau übersetzt. Die Angeklagte Herta Ehlers, eine Führerin der Frauen-SS in Auschwitz und Belsen, fällt in Ohnmacht. Irma Grese und die Angeklagte Elisabeth Volkenrath, eine Kollegin der Ehlers, halten sie aufrecht, und sie erholt sich rasch.

Die Angeklagten sind bleich, aber mit dieser einzigen Ausnahme gefaßt. Als sie dann vom Präsidenten des Gerichtshofs gefragt werden: »Bekennen Sie sich schuldig – ja oder nein?« antwortet jeder einzeln, klar und deutlich: »Nein!«

Die Verteidigung unternimmt bereits, bevor der Prozeß eigentlich in Gang gekommen ist, den Versuch, ihn in mehrere kleine Einzelprozesse aufzuspalten. Der Verteidiger Major Cranfield, unterstützt von Captain Philipps, erklärt, daß man die angeblichen Verbrechen von Belsen und die von Auschwitz nicht gemeinsam behandeln kann und daß die Verteidigung sich bemühen wird, für einzelne Angeklagte den Beweis zu führen, daß sie überhaupt nicht an den angeblichen Verbrechen teilgenommen haben können.

Der Antrag der Verteidigung wird nach längerer Beratung des Gerichts abgelehnt.

Der Anklagevertreter, Oberst Backhouse, spricht.

Vor einem britischen Gericht ist es üblich, daß der Anklagevertreter in seiner Eröffnungsrede kurz ausführt, was die gesetzliche Grundlage ist, auf der seine Anklage beruht, und wie er seine Beweisführung zu gestalten gedenkt.

Er schildert die Methode der Vernichtung in Auschwitz – die Gaskammern, in denen, wie er sagt, vier Millionen Menschen umgebracht wurden. Und er sagt: »Dieser Dr. Klein war einer der Männer, die die Opfer für die Gaskammer auswählten. Ebenso Johanna Bormann. Ebenso die junge Irma Grese. Wer zu schwach, zu alt oder zu jung war, für die Nazis Sklavenarbeit zu verrichten, wanderte in die Gaskammern ... Kinder, Greise, schwangere Frauen ... so viele Menschen wurden vergast, daß zweitweilig die Riesenkrematorien nicht ausreichten, um die Leichen zu verbrennen.«
Im Gerichtssaal könnte man eine Nadel fallen hören. Die Journalisten schreiben fieberhaft mit, Soldaten holen die Manuskripte ab, in wenigen Minuten werden die Worte des Staatsanwalts in der ganzen Welt zu hören sein.

Brigadier Hughes, der erste Zeuge, machte den Eindruck eines harten, erfahrenen Soldaten – eines Soldaten, der aber auch Arzt ist. Und so war vielleicht der erschütterndste Moment seiner Aussage ihr Ende, als der ordensgeschmückte Brigadier einfach sagte: »Ich bin dreißig Jahre lang Arzt gewesen. Ich habe alle Schrecken des Krieges gesehen. Aber was ich in Belsen sehen mußte, übertraf alles an Schrecklichkeit.«
Brigadier Hughes berichtete, wie in der zweiten Woche des April deutsche Offiziere ins britische Hauptquartier gekommen waren, um einen örtlichen Waffenstillstand abzuschließen, da in Belsen eine Flecktyphusepidemie herrschte. Der Waffenstillstand kam zustande. Bedingung des Waffenstillstandes war, daß die SS-Truppen sich bis zum 12. April um 13.00 Uhr aus Belsen zurückziehen, und daß nur solches Personal im Lager zurückbleiben sollte, das zur Übergabe der Verwaltungsgeschäfte notwendig sei. Diese zurückbleibenden SS-Leute sollten unbewaffnet sein.
Brigadier Hughes traf am Nachmittag des 15. April in Belsen ein, wo bereits der britische Oberst Taylor im Begriff war, die Verwaltung des Lagers zu übernehmen. Die Zustände, erklärte Brigadier Hughes, waren unbeschreiblich. In dem Lager, das ein Zehntel dieser Zahl hätte aufnehmen können, befanden sich über 28 000 Frauen und 12 000 Männer – alle in verschiedenen Stadien des Verhungerns. Außerhalb und innerhalb des Lagers, vor den Baracken, in den Baracken, lagen Haufen von

Leichen. Während der letzten vierzehn Tage vor dem Anmarsch der Alliierten hatte es kein Brot gegeben, während der letzten sechs Tage kein Trinkwasser.
In mehreren Abteilungen des Lagers wütete die Flecktyphusepidemie, gefördert durch die Verlausung und den Schmutz. Kot und Exkremente waren überall.
Brigadier Hughes fand ein noch offenes Massengrab, in dem Tausende von teils nackten, teils in Fetzen gehüllten Leichen lagen. Andere Massengräber waren bereits zugeschaufelt. Über 10 000 Tote lagen herum. Brigadier Hughes nahm den Kommandanten des Lagers, den Hauptangeklagten Josef Kramer, zu einer Inspektion des Massengrabes mit und berichtet: »Kramer war völlig abgebrüht. Er blieb unberührt von dem, was wir sahen.« In den Baracken selbst lagen die Sterbenden und die Leichen durcheinander.
Der Zustand der Überlebenden war so, daß nach der Befreiung noch über 10 000 an den Folgen von Flecktyphus, Unterernährung und Tuberkulose starben. Am Abend des 15. April kam es zu schrecklichen Szenen. Einige Häftlinge, die jetzt nicht mehr von der SS in den Baracken eingesperrt waren, hatten zwischen zwei Lagerabteilungen einen Haufen Kartoffeln entdeckt und stürzten sich darauf.
Die SS, die das Waffenstillstandsabkommen gebrochen und ihre Gewehre behalten hatte, begann auf die Ausgehungerten zu schießen, angeblich, um die Ordnung aufrechtzuerhalten. Da Kramer sich weigerte, dem Schießen Einhalt zu gebieten, gab Brigadier Hughes schließlich den Befehl, daß jeder SS-Mann, der noch einen Schuß abgibt, an die Wand gestellt werden würde. Trotzdem dauerte das Schießen während der Nacht noch an. Erst als stärkere britische Einheiten in das Lager einrückten, konnte die SS entwaffnet werden. Brigadier Hughes erklärte, daß die Schießerei keineswegs zur Aufrechterhaltung der Ordnung im Lager notwendig war.
Die Aussage des Brigadiers Hughes, die hier im Zusammenhang wiedergegeben wurde, bestand in Wirklichkeit aus Antworten, die er auf die Fragen des Staatsanwalts Oberst Backhouse gab und die Satz für Satz übersetzt wurden. Kaum hatte der Staatsanwalt seine Fragen beendet, als der Zeuge von den zwölf Verteidigern ins Kreuzverhör genommen wurde. Die

Verteidiger bemühten sich, die schwer belastenden Aussagen des Brigadiers zu entkräften.
Major Winwood, der Verteidiger von Kramer und Klein, sucht den Zeugen zu veranlassen, zuzugestehen, daß Kramer beim besten Willen nicht genügend Nahrung für die Insassen des Lagers beschaffen konnte und daß Dr. Klein nicht genug Personal zur Verfügung hatte, um die Flecktyphusepidemie zu bekämpfen und für hygienische Verhältnisse im Lager zu sorgen.
Der Zeuge erwiderte darauf, daß die britische Armee mit weniger Personal, als Kramer und Klein zur Verfügung gestanden hatte, die Epidemie innerhalb von zwei Wochen zum Erlöschen brachte und daß in Belsen selbst sowie in der nah gelegenen Panzergrenadierkaserne große Lebensmittelvorräte vorhanden waren, die zur Ernährung aller Insassen ausgereicht hätten.
Major Munro, der Verteidiger des Angeklagten Hesseler, fragte den Zeugen, ob die Verhältnisse in der Lagerabteilung 2, deren Kommandant Hesseler war, nicht besser waren als in den anderen Abteilungen von Belsen.
Brigadier Hughes gab zu, daß in Abteilung 2 die Insassen wenigstens nach Nationalitäten organisiert waren und daß sich dort auch weniger Tote befanden als in anderen Abteilungen des Lagers.
Andere Verteidiger wieder stellten Fragen, die den Zeugen veranlassen sollten, zuzugeben, daß es der SS unmöglich war, unter den durch Hunger apathisch gewordenen Insassen Ordnung zu halten. Leutnant Boye, der Verteidiger der Gertrud Fiest, fragte den Zeugen, ob er ihm sagen könne, ob die SS in Belsen während der letzten zwei Wochen vor der Befreiung des Lagers Brot gehabt habe – da er doch ausgesagt hätte, es habe in diesen zwei Wochen in Belsen kein Brot gegeben.
Brigadier Hughes erwiderte darauf, er wisse nicht, was die SS-Leute gegessen hätten, aber sie hätten alle recht wohlgenährt ausgesehen, als er nach Belsen kam ...

Der nächste Zeuge betrat den Zeugenstand. Es war dies Captain Singlow, ein Angehöriger des britischen Geheimdienstes, der das Lager mit den ersten englischen Truppen erreichte. Captain Singlow äußerte sich besonders zu den in der Voruntersuchung gemachten Angaben Kramers, nach denen es der SS

unmöglich gewesen sein sollte, ohne Gewaltanwendung im Lager Ordnung zu halten. Captain Singlow erklärte, daß es für die Engländer ganz einfach gewesen war, mit Hilfe eines mitgeführten Lautsprecherwagens Ruhe und Ordnung aufrechtzuerhalten. Captain Singlow stellte fest, daß viele Lagerinsassen die Spuren schwerer Schläge aufwiesen, die sie noch kurz vor dem Eintreffen der Engländer empfangen hatten.
Captain Singlow schilderte das *Trinkwasser,* das den Lagerinsassen zur Verfügung stand. Es war faules, brackiges Wasser, das in Betonbehältern stand, in denen mehrere Leichen gefunden wurden. Ebenso wie Brigadier Hughes bestätigte Captain Singlow, daß der Lagerkommandant Kramer seelisch völlig unberührt von den grauenhaften Zuständen war.
Auch an diesem Tage unterzog die aus britischen Offizieren und einem polnischen Offizier bestehende Verteidigung den Zeugen einem oftmals überaus scharfen Kreuzverhör, um seine Aussage zu entkräften.
Der nächste Verhandlungstag brachte die Vorführung des Belsenfilms. Dieser war von britischen Kameraleuten in der Zeit zwischen dem 6. und dem 26. April 1945, das heißt, in der Periode während und kurz nach der Übernahme des Lagers durch die Engländer aufgenommen worden. Der Film hatte eine unerhörte Wirkung besonders auf die deutschen Zuschauer auf den Galerien, die ihr Entsetzen über die auf der Leinwand erscheinenden halbverhungerten Menschen, über die in den verschmutzten Baracken zusammengepferchten Toten und Sterbenden nicht verhehlen konnten. Die achtundvierzig Angeklagten, die im Film die Dokumente ihres Wirkens, die beredten Zeugnisse ihrer Tätigkeit, sehen mußten, saßen stumm. Nachdem das Licht im Gerichtssaal wieder eingeschaltet worden war, waren sie bleich.
Noch war die Wirkung des Films nicht abgeklungen, als der erste Überlebende von Belsen, der britische Staatsbürger Harold Le Druillenec, als Zeuge aufgerufen wurde. Er schilderte, wie er und andere Häftlinge, dem Zusammenbruch nahe, fünf Tage lang vor dem Eintreffen der Alliierten Leichen zu einem Massengrab schleppen mußten. Bei dieser Arbeit starben viele der Leichenträger selbst und wurden dann in dieselbe Grube geworfen, zu der sie die Leichen ihrer Mitgefangenen hatten tragen helfen.

Le Druillenec bestätigte, was der Staatsanwalt in seiner Einführungsrede gesagt hatte – daß infolge des von den Nationalsozialisten herbeigeführten Hungers Häftlinge zu Menschenfressern geworden wären. Der Zeuge berichtete, er habe mit eigenen Augen gesehen, wie ein vor Hunger halb wahnsinniger Häftling in der Leichenhalle des Lagers ein Messer aus der Tasche zog, ein Stück Fleisch aus dem Bein einer verwesender Leiche schnitt und es auf der Stelle aß.
Mitgefangene hatten Le Druillenec gesagt, daß dies keineswegs ein Ausnahmefall war. Nach Ansicht des Zeugen hatte die Lagerleitung beim Herannahen der Engländer zunächst den Versuch unternommen, die Massen der Leichen in Belsen beiseite schaffen zu lassen, hatte diesen Versuch aber aufgeben müssen, da die Arbeit einfach nicht bewältigt werden konnte.
Der nächste Zeuge war der britische Verbindungsoffizier Major Berney, der bestätigte, daß sich in der Nähe von Belsen nicht nur ausreichende Lebensmittelvorräte befanden, sondern ebenso Riesenlager von Medikamenten. Er selbst habe in einem nur drei Kilometer von Belsen entfernten Vorratslager 600 Zonnen Kartoffeln, 150 Tonnen Fleisch, 30 Tonnen Zucker, 20 Tonnen Milchpulver und größere Mengen Schokolade vorgefunden. Die Vorräte an Medikamenten, welche die Alliierten dort fanden, waren so groß, daß sie heute noch nicht aufgebraucht sind.
Nachdem Major Berney seine Aussagen beendet hatte, führte die von dem Staatsanwalt, Oberst Backhouse aufgerufene nächste Zeugin den Gerichtshof, die Angeklagten und die deutschen Zuschauer nach Auschwitz. 14 der auf der Anklagebank Sitzenden sind ja beschuldigt, ihre Verbrechen nicht nur in Belsen, sondern auch vorher schon in Auschwitz begangen zu haben. Die Zeugin, die polnische Ärztin Dr. Ada Bimko, beschrieb, wie sie mit ihrer Familie – ihrem Vater, ihrer Mutter, ihrem Bruder und ihrem sechsjährigen Söhnchen – nach Auschwitz verschleppt und wie ihre Angehörigen sofort am Tage der Ankunft im Lager vergast worden waren. Man konnte der Zeugin ansehen, wie schwer es ihr fiel, von diesem grausamen Schicksal zu berichten, man konnte hören, wie stellenweise ihre Stimme zu versagen drohte.
Tiefes Schweigen herrschte im Gerichtssaal, als die Zeugin in einfachen Worten berichtete, wie am Versöhnungstag, dem

höchsten Feiertag der Juden, 25000 jüdische Insassen des Lagers Auschwitz in die Gaskammern geschickt wurden.
Die Zeugin erkannte unter den Angeklagten den Lagerarzt von Auschwitz und Belsen, Dr. Fritz Klein, sowie Irma Grese als die Personen wieder, die die Opfer für die Gaskammern persönlich ausgewählt hatten.
Über das Wochenende vertagte sich der Gerichtshof, um zusammen mit den Verteidigern das Konzentrationslager Belsen zu besichtigen. Belsen, der Tatort der Verbrechen, liegt etwa 125 Kilometer von Lüneburg entfernt.
Als die Verhandlungen in Lüneburg wieder aufgenommen wurden, entzogen die zwölf Verteidiger der Angeklagten, die die schwere Belastung ihrer Klienten durch die Aussagen von Dr. Bimko erkannten, die Zeugin einem scharfen Kreuzverhör. Major Winwood und Major Cranfield besonders unternahmen es, die Zeugin in Widersprüche zu verwickeln. Es kam dabei zu so scharfen Auseinandersetzungen, daß der Präsident einmal drohen mußte, den Gerichtssaal räumen zu lassen. Die Zeugin, statt auf die Fragen der Verteidiger mit Ja oder Nein zu antworten, berichtete immer mehr Einzelheiten über die furchtbaren Verhältnisse in Auschwitz. Sie erklärte unter anderem, daß neben den Jüdinnen, die in ihrer Lagerabteilung vergast wurden, in einer anderen Lagerabteilung eine große Anzahl von Zigeunern in den Gaskammern umgebracht wurden. Als einer der Verteidiger sie unterbrach und sagte, daß diese Feststellung nicht den Tatsachen entspreche, erklärte Dr. Bimko entrüstet: »Ich habe zu Anfang meiner Aussagen geschworen, die Wahrheit und nichts als die Wahrheit zu sagen. Ich bin jetzt sehr erstaunt, von Ihnen einer Lüge bezichtigt zu werden.«

Die Verteidigung ging dann näher auf die Methoden ein, welche die SS bei der Auslese der Gefangenen für die Gaskammern anwandte. Dr. Bimko erklärte, sie erinnere sich genau, den Angeklagten Kramer ebenso wie die Angeklagte Grese, die spätere Kommandantin der Frauenabteilung in Belsen, in Auschwitz bei dieser »Auslese« beobachtet zu haben. Kramer habe einige Todgeweihte, die in ihrer Verzweiflung zu fliehen versuchten, eigenhändig eingefangen und ihnen dabei schwere Schläge versetzt. Der Angeklagte Dr. Klein sei ebenfalls von ihr

gesehen worden, wie er bei einer solchen »Auslese«, bei der 4000 Opfer für die Gaskammern ausgesucht wurden, teilgenommen habe.
Die Zeugin gestand auf weitere Fragen der Verteidigung zu, daß Dr. Klein in Belsen kurz vor der Ankunft der Engländer größere Mengen von Medikamenten ausgegeben habe. Ihrer Ansicht nach habe er das getan, um vor den Alliierten nicht in allzu schlechtem Licht zu erscheinen. Ebenso seien am Tage vor dem Eintreffen der Alliierten in Belsen mehrere hundert Rotkreuzpakete verteilt worden, die sich aber schon lange im Lager befunden hatten.
Eine der sensationellsten Aussagen des Prozesses wurde von der nächsten Zeugin, Sophia Litwinska, der Witwe eines polnischen Armeeoffiziers, gemacht. Sophia Litwinska, die am Tage nach dem Kreuzverhör Dr. Bimkos aufgerufen wurde, brach auf dem Zeugenstand zusammen, nachdem sie den Angeklagten Hesseler mit den Worten: »Das ist der Mörder!« identifiziert hatte. Nach einer kurzen Pause war die Zeugin imstande, ihre Aussagen fortzusetzen.
Sie erklärte, daß Hesseler der Mann war, vor dem die weiblichen Gefangenen in Auschwitz nackt vorbeiziehen mußten, um von ihm für den Tod in den Gaskammern ausgewählt zu werden.
Ein weiterer Höhepunkt ihrer Aussage war ihre Schilderung, wie sie selbst schon in einer Gaskammer nahe am Ersticken war. Sie beschrieb ihr Erlebnis in der Gaskammer mit den folgenden Worten: »Wir wurden in einen Raum geführt, der wie ein Duschraum aussah. Es gab sogar Handtücher und Spiegel. Wir waren nackt in dem Raum. Ich hatte solch furchtbare Angst, was geschehen würde, daß ich keine Ahnung habe, wieviel Leute dort drin waren. Als das Gas auszuströmen begann, schrien und weinten die Menschen. Wie Wahnsinnige schlugen sie aufeinander ein – die Gesunden und Starken und die Schwachen und Kranken. Ich kauerte mich nieder. Tränen strömten aus meinen Augen, und ich hatte das Gefühl, daß ich ersticke. Ich hatte wahnsinnigen Hustenreiz, Kopfschmerzen, und mein Herz drohte zu versagen. Ich konnte nicht mehr sehen, was mit den andern geschah. Jeder war damit beschäftigt, was ihm selbst geschah. Ich erinnere mich dann nur noch, daß ich hörte, wie mein Name gerufen wurde. Ich hatte nicht

mehr die Kraft zu antworten. Ich konnte nur meinen Arm hochheben und fühlen, wie mich jemand aus der Gaskammer herausführte.«
Die Zeugin erklärte, sie nehme an, daß sie aus der Gaskammer wieder herausgeholt wurde, weil die SS irrtümlich annahm, als Gattin eines polnischen Armeeoffiziers sei sie keine Jüdin.
Auf die Frage des Staatsanwalts, ob ihr Gatte in Auschwitz gestorben sei, erklärte Sophia Litwinska: »Ja, wir alle starben in Auschwitz ...«

In der vergangenen Woche des Prozesses gegen Josef Kramer und die anderen siebenundvierzig Mitglieder der Leitung des Konzentrationslagers Belsen hatte der Anklagevertreter Oberst Backhouse die Vernehmung der vorgeführten Zeugen sowie die Verlesung schriftlicher Zeugenaussagen zum Abschluß gebracht. Damit übernahm die Verteidigung die Hauptrolle im Prozeß.
Major Winwood, der Verteidiger Kramers, sprach für seinen Klienten und erklärte, daß Kramer *nicht das Untier von Belsen, wohl aber der Sündenbock von Belsen* genannt werden sollte und daß er für Himmler und die Nationalsozialistische Partei auf der Anklagebank stehe.
Kramer betrat dann selbst den Zeugenstand, um in seiner Sache auszusagen. Er erklärte, daß er ein guter Nationalsozialist und ein Mitglied der SS gewesen sei, und daß er daher als Kommandant von Belsen und als Kommandant eines Teiles von Auschwitz nur die Befehle ausgeführt habe, die er aus Berlin erhalten habe.

Kramer sagte ferner, daß er mehrere dringende Ansuchen um Evakuierung des Lagers an seine Vorgesetzten nach Berlin gesandt habe, Auf sein viertes Schreiben sei die Antwort gekommen, daß Himmler soeben die Einlieferung weiterer 30 000 Gefangener nach Belsen angeordnet habe. Sogar als die Engländer nur noch fünfzig Kilometer entfernt standen, seien neue Transporte im Lager angekommen. Kramer sagte: »Ich habe den einzelnen Baracken mehr Leute zugewiesen, als die Baracken fassen konnten, weil ich dachte, dies sei besser, als sie im Walde bleiben zu lassen.«
Diese Aussage Kramers folgte im wesentlichen einer bereits

vorher vom Staatsanwalt Backhouse verlesenen schriftlichen Erklärung des Hauptangeklagten, die dieser beim Abschluß der Voruntersuchung abgegeben hatte. In dieser schriftlichen Erklärung bestritt Kramer, jemals die Befehlsgewalt über die Gaskammern von Auschwitz besessen zu haben und versuchte, sich von der Verantwortung für die Vorgänge in Belsen zu befreien, indem er ausführte: »Ich habe alles, was in meiner Macht stand, getan, um Abhilfe zu schaffen.« Gleichzeitig versuchte er, das Konzentrationslagersystem im allgemeinen für die Zustände in Belsen verantwortlich zu machen.
In der gleichen Erklärung gab Kramer zu, Befehl zur Vergasung einer Anzahl von Frauen erhalten zu haben. Er erklärte wörtlich:
»Die Befehle, die ich erhielt, waren im Auftrag Himmlers von Gruppenführer Glück unterzeichnet. Soweit ich mich erinnere, hieß es darin, daß ein Sonderzug aus Auschwitz eintreffen werde und daß die Angehörigen dieses Transports zu töten und ihre Leichen an Professor Hirt von der Universität Straßburg zu schicken wären. Weiter hieß es in dem Befehl, daß ich mich wegen der Art des Tötens mit Hirt in Verbindung zu setzen habe. Dies habe ich getan, und ich erhielt von Hirt einen Behälter mit Gaskristallen zusammen und einer genauen Gebrauchsanweisung.«

Zusammen mit der schriftlichen Erklärung Kramers wurden die Geständnisse anderer Angeklagter verlesen, deren Hauptargument gleichfalls war, daß sie nur *kleine Männer* gewesen und die Befehle höherer Stellen befolgt hätten.
Die Angeklagte Elisabeth Volkenrath erklärte, daß Himmler selbst das Lager in Auschwitz besucht habe und daher über die Lage genau Bescheid gewußt haben müsse. Elisabeth Volkenrath sagte: »Ich habe immer nur auf Befehl meiner Vorgesetzten gehandelt und daher niemals einen Mord begangen.«
Kramer wurde andererseits von seinen Mitangeklagten belastet. In dem schriftlichen Geständnis des Lagerarztes Dr. Fritz Klein, in dem er zugab, daß er an der Auswahl der Opfer für die Gaskammern in Auschwitz beteiligt war, erklärte dieser, er habe immer nur auf Befehl seines Vorgesetzten, das heißt, Kramers gehandelt. In Belsen habe er sich bei Kramer über die Zustände im Lager beschwert und gesagt, daß die Leichen

entfernt und die Insassen mit Wasser versorgt werden müßten, da viele vor Durst umkamen. Auch habe er Kramer erklärt: »Wenn ich der englische Offizier gewesen wäre, der das Lager übernahm, ich hätte den Kommandanten und den Arzt kurzerhand an die Wand gestellt und erschossen.«
Die schriftliche Erklärung Dr. Kleins schloß mit den Worten: »Ich bin mir bewußt, daß ich wie alle von der obersten Führung abwärts für den Tod Tausender verantwortlich bin.«
Besonderes Aufsehen erregte die Verlesung der Erklärung der Angeklagten Helene Kopper, die zu den weiblichen SS-Wachen in Belsen gehörte. Sie beschuldigte Irma Grese, die Gehilfin Kramers, persönlich für den Tod von dreißig Opfern pro Tag verantwortlich gewesen zu sein.
Irma Grese dagegen versuchte, die Verantwortung für alles was in Auschwitz und Belsen geschah, auf Himmler zu schieben. Allerdings, so fügte sie hinzu, denke sie, daß sie selbst wie alle ihre Vorgesetzten auch viel Schuld träfe. Die Grese gab in ihrer Erklärung weiterhin zu, daß sie Gefangene mit der Hand, mit der Reitpeitsche und mit einem Stock geschlagen habe. Sie erklärte, gewußt zu haben, daß in Auschwitz Gaskammern existierten. Sie habe aber mit diesen Vernichtungsräumen nichts zu tun gehabt.
Der Angeklagte Hößler, von dem gleichfalls eine schrifltiche Erklärung vorlag, leugnete darin, daß er an der Auswahl von Todeskandidaten für die Gaskammern oder bei der ihm ebenfalls zur Last gelegten Sterilisierung von Frauen beteiligt gewesen sei. Auch Hößler versuchte, die Verantwortung für die Geschehnisse auf seine Vorgesetzten abzuwälzen.

Eine der am meisten belastenden Erklärungen wurde von seiner Mitangeklagten Hertha Ehlert abgegeben. Diese machte Kramer für die unmenschlichen Zustände voll verantwortlich und fügte hinzu: »Als ich mich bei ihm über die steigende Anzahl der Todesopfer im Lager beschwerte, sagte er mir: ›Laß sie sterben, was geht dich das an?‹«
Bevor es zu den Verlesungen der Erklärungen der Angeklagten kam, ließ Staatsanwalt Backhouse eine Anzahl schriftlicher Aussagen von Zeugen verlesen, denen es unmöglich war, am Prozeß selbst teilzunehmen. In der Aussage der Zeugin Rosenthal heißt es:

»Als ich in Auschwitz war, sah ich ungefähr dreihundert Menschen vor einem Massengrab stehen, in dem ein großes Feuer angezündet war. Hinter den Leuten stand Kramer mit einem Maschinengewehr und mehreren Bluthunden. Kramer brauchte nur auf einen der vor ihm stehenden Menschen zu zeigen, und schon stürzten die Hunde sich auf ihn, so daß der Unglückliche entweder von ihnen zerfleischt oder ins Feuer getrieben wurde. Diejenigen, die dann noch übrigblieben, wurden von Kramer mit seinem Maschinengewehr getötet.«
Während der Verlesung der Geständnisse der Angeklagten, die diese in der Voruntersuchung abgelegt hatten, waren die Wachen in der Nähe der Anklagebank verstärkt worden. Offensichtlich befürchtete das Gericht, daß der eine oder andere Angeklagte, wenn er hörte, wie er von einem Mitangeklagten belastet wurde, gegen diesen vielleicht handgreiflich werden würde. Es kam aber zu keinerlei Zwischenfällen. Die Grese, die bisher dem Prozeß mit hocherhobenem Haupte gefolgt war, suchte zum erstenmal ihr Gesicht zu verbergen, als die Aussage der Angeklagten Helene Kopper gegen sie verlesen wurde.
Bei dem Kreuzverhör des Angeklagten Kramer, das stattfand, nachdem die Verteidigung ihn auf den Zeugenstand gerufen hatte, wurde Kramer unter anderem auch gefragt, wieso er in seinem Geständnis die Existenz der Gaskammern zugegeben habe, während er in einer ersten Erklärung, die er kurz nach dem Eindringen britischer Truppen in Belsen abgegeben hatte, dies geleugnet habe. Kramer erklärte dazu, daß er sich anfänglich noch durch seinen Eid gebunden gefühlt habe, während er die Existenz der Gaskammern zugegeben habe, nachdem er erfuhr, daß Hitler und Himmler tot sind.

Der 27. Tag des Belsen-Prozesses brachte das Kreuzverhör der Irma Grese, der weiblichen Hauptangeklagten, durch den Anklagevertreter Oberst Backhouse.
Irma Grese, die am Tag zuvor ihrem Verteidiger ruhig Rede und Antwort gestanden und geweint hatte, als ihre Schwester über sie aussagte, veränderte ihren Gesichtsausdruck und ihr ganzes Benehmen in dem Augenblick, in dem sie Oberst Backhouse seinem Kreuzverhör unterzog. Ihr Gesicht zog sich in Falten, sie schlug mit den Fäusten auf das Pult, gestikulierte heftig,

schüttelte den Kopf und schrie so laut, daß das Mikrophon ihre Stimme verzerrte. Jedesmal, wenn sie auf die Übersetzung einer Frage wartete, steckte sie den Finger in den Mund. Ununterbrochen trank sie Wasser, das ihr der Dolmetscher reichte.
Als der Staatsanwalt sie über ihre Kindheit ausfragte, lehnte sie sich zurück, lachte und zuckte mit den Achseln: »Als kleines Kind konnte ich doch keine Häftlinge schlagen.«
Das Krankenhaus in Hohenlychen, wo sie mit sechzehn Jahren arbeitete, wurde später von der SS übernommen. Vor ihrer KZ-Zeit sei sie in einem Buttergeschäft angestellt gewesen.
»War es nicht eine schnelle Karriere für eine 20jährige, vom Buttergeschäft zur Herrin über 30 000 Gefangene?« fragte sie Oberst Backhouse.
»Was hat das mit dem Buttergeschäft zu tun?« entgegnete Irma Grese.
»Kamen Sie sich nicht sehr stolz vor, als Sie in Auschwitz mit einem Revolver um die Hüften, mit schweren Stiefeln und mit einer Peitsche herumliefen?«
»Möchte fragen«, antwortete die Grese, »ob mich der Staatsanwalt gesehen hat mit großen Stiefeln und stolzerhobenen Hauptes?«
Der Anklagevertreter erinnerte sie an das Zeugnis mehrerer früherer Häftlinge, daß sie KZ-Insassen aus der Umzäunung schickte, damit die Posten auf sie schossen. Sie könne sich nicht erinnern, erklärte Irma Grese. »Sie können sich denken, was Sie wollen, es ist alles gelogen.« Als ihr vorgeworfen wurde, sie habe einen Hund gehabt und ihn auf die Häftlinge gehetzt, sagte sie: »Ich muß ja wissen, ob ich einen Hund gehabt habe oder nicht. Sie sind über mich ganz falsch informiert.«
Es wurde der Angeklagten dann vorgehalten, daß viele Zeuginnen ausgesagt hätten, sie habe Gefangene geschlagen. Sie gab das zu, bestritt aber, es gewohnheitsmäßig getan zu haben.
Staatsanwalt: »Die Zeugen sagen, es sei Ihre Lieblingsbeschäftigung gewesen, zu schlagen.«
Angeklagte: »Es ist eine Lieblingsbeschäftigung der Zeugen, zu lügen.«
Staatsanwalt: »Wer kam in Auschwitz auf die Idee, sich in der Weberei Peitschen machen zu lassen?« Angeklagte: »Ich.« – Staatsanwalt: »Haben die Zeugen recht, daß Sie mit dieser

Peitsche die Gefangenen wie Pferde behandelt haben?« Angeklagte: »Ja.« Staatsanwalt: »Haben Sie diese Peitsche später gegen den Befehl getragen und gebraucht?« Angeklagte: »Ja.« Staatsanwalt: »Haben die anderen Aufseherinnen auch nach dem Befehl noch die Peitsche gebraucht?« Angeklagte: »Nein.« Staatsanwalt: »Dann war es also Ihr böser Charakter, der Sie das allein tun ließ?« Angeklagte: »Hat nichts mit bösem Charakter zu tun. Ich habe die anderen Aufseherinnen nicht schlagen sehen.« Staatsanwalt: »Da sind Sie also mit geschlossenen Augen durch das Lager gegangen?« Angeklagte: »Mit sehr offenen Augen.«
Ohne Zögern gab die Grese zu, daß sie bei der »Auswahl« für die Gaskammern die Listen geführt und Frauen, die entfliehen wollten, eingefangen habe. Sie habe allerdings nie selbst die »Auswahl« getroffen. Das hätten nur Ärzte getan. Wenn sie gemerkt habe, daß sich Leute versteckt hatten, um der »Auswahl« für die Vergasung zu entgehen, so habe sie diese »selbstverständlich« aus ihren Verstecken herausgeholt.

Vor Ende des Prozesses wurde der Autor von Lüneburg nach München zurückbeordert.

4. November 1945

Vorwärts und nicht vergessen!

Die Neue Zeitung

Unsere Zeit ist schnellebig. Was vorgestern war, wirkt schon historisch; was gestern war, bemüht man sich zu vergessen; die Sorgen von heute, die Entwicklungen von morgen füllen die Gedankenwelt des einzelnen aus. Außerdem, so empfinden viele in Deutschland, waren die letzten zwölf Jahre nicht so, daß man auf ihre Errungenschaften stolz sein kann. Das Geschehene zu vergessen, scheint die bequemste Lösung zu sein.
Aber es ist nicht gut, zu schnell zu vergessen. Was der Deutsche vergessen möchte, vergißt die Welt noch lange nicht. Und außerdem können die Probleme der Gegenwart und der Zukunft nur dann richtig behandelt und gelöst werden, wenn man aus der Vergangenheit die richtigen Lehren zieht.
Es ist ungefähr ein Jahr her, daß die erste größere deutsche Stadt – die Stadt Aachen – von alliierten Truppen genommen wurde. Aachen war der Anfang einer Entwicklung, in deren Verlauf alliierte Truppen ganz Deutschland besetzten.
Das deutsche Volk hat aus den nationalsozialistischen Blättern von damals die volle Wahrheit über Aachen nie erfahren. So lohnt es sich vielleicht, die dramatischen Ereignisse des Oktober 1944 kurz zu berichten:
Die Amerikaner hatten sich an Aachen herangeschoben. Der kommandierende deutsche General, Generalleutnant Graf Gerhard von Schwerin, wußte, daß die Stadt nicht zu halten war und verlangte vom OB-West die Genehmigung, seine Truppen zurückziehen und die Stadt übergeben zu dürfen.
Die Antwort der deutschen Heeresleitung war, Schwerin seines Befehls zu entheben.
Aachen wurde eingekesselt. Man wußte auf alliierter Seite, daß die Nationalsozialisten entschlossen waren, den Krieg und damit die Herrschaft um jeden Preis zu verlängern – um jeden Preis, um den Preis jeder deutschen Stadt. Aber man hoffte, daß die deutsche Bevölkerung und breite Teile der Wehrmacht diese selbstmörderische Politik nicht mitmachen würden, und

beschloß daher, einen Appell, ein Ultimatum an Aachen zu richten. Am 10. Oktober wurde es dem neuen Kommandanten überreicht. Es gab ihm vierundzwanzig Stunden Zeit, die Stadt zu übergeben. Gleichzeitig wurde das Ultimatum durch sämtliche alliierte Rundfunkstationen verkündet. Alliierte Flieger warfen Hunderttausende von Flugblättern mit dem Text über der Stadt ab.

Nicht nur die Bevölkerung von Aachen, das ganze deutsche Volk war jetzt gewarnt worden. Die Wahl war einfach. Man hatte sich zu entscheiden zwischen Frieden einerseits und der Vernichtung ungezählter Werte und ungezählter Menschenleben andererseits.

Der Autor dieser Zeilen hat später mit zahllosen Aachenern gesprochen und erfahren, daß zweimal Gruppen von Bürgern bei dem Kommandanten vorsprachen und ihn ersuchten, die Stadt zu übergeben. Aber es waren nur einzelne Gruppen, die ganze Bevölkerung wagte es selbst in dieser Situation nicht, die Initiative zu ergreifen und die Truppen zu veranlassen, entweder die Waffen niederzulegen oder sich zurückzuziehen.

Der neue Kommandant von Aachen, ein Oberst Wilck, wußte sehr wohl, daß die Alliierten nur Tatsachen aussprachen, wenn sie verkündeten, daß die Stadt abgeschnitten war. In dieser Lage verfolgte er dieselbe Politik, die später, fast bis zum Tage des Zusammenbruchs des nationalsozialistischen Regimes, von dessen Führerschaft verfolgt wurde. Wenn man das Flugblatt liest, das Oberst Wilck an seine Soldaten und die Bevölkerung von Aachen verteilen ließ, erinnert man sich an ähnliche nationalsozialistische Flugblätter und Aufrufe, die in den folgenden Monaten in Hunderten anderen Städten Deutschlands verbreitet wurden. Das Flugblatt lautete auszugsweise:

Der Führer hat befohlen, Aachen zu halten. Wir werden diesen Befehl durchführen, komme, was da wolle ... Jeder Versuch des Feindes, uns von diesem Befehl abzubringen, ist einfach lächerlich. Wir wissen ganz genau, daß er nur Angst vor dem Kampf um die Stadt hat und uns auf diese billige Tour herumbringen will, nachdem ihm seine Angriffe bisher mißlungen sind. Nicht unser Blut, sondern sein Blut will er sparen ... Starke Kräfte sind im Begriff, euch zu entlasten ...

Zur Zeit, als der Kommandant dieses Flugblatt schreiben ließ, wußte er, daß Aachen eingekesselt war, daß es weder Wasser

noch Nahrung noch Munition hatte, um stärkere alliierte Angriffe abzuwehren. Er wußte, daß Entsatz für die Stadt unter keinen Umständen durchkommen konnte.
Das Ultimatum wurde, wie man weiß, abgelehnt. Zehn Tage später fiel Aachen. Oberst Wilck, der Autor des Aushalteflugblattes, ließ am Rütscher-Straße-Bunker – seinem letzten Gefechtsstand – die weiße Fahne selbst hissen. Aber in diesen zehn Tagen waren Tausende von Menschen umgekommen.
Aachen war nur der Anfang. Wie in Aachen, war es auch in Hunderten anderen deutschen Städten. Nicht immer kam ein offizielles Ultimatum der Alliierten, aber immer war es so, daß die verantwortlichen Kommandeure und die Bevölkerung selbst über die Hoffnungslosigkeit der Lage Bescheid wußten, trotzdem aber in den meisten Fällen nicht den Mut aufbrachten, Schluß zu machen und die Herrschaft der Nazis abzuschütteln.
Diese Fehler und Unterlassungssünden, dieser Kadavergehorsam einem Regime gegenüber, von dem jeder wußte, daß es sich sein Urteil längst selbst gesprochen hatte, bevor dieses vollzogen wurde – all das darf man nicht vergessen. Man darf nicht vergessen, daß man rechtzeitig gewarnt wurde, man darf nicht vergessen, daß man diese Warnungen stumm hinnahm und nichts oder jedenfalls nichts Genügendes tat.
Denn aus dem, was man vergißt, kann man nichts lernen. Um aber aus den Trümmern etwas Neues, Dauerndes aufzubauen, muß man erst lernen, warum der alte Bau zusammengestürzt ist.

4. November 1945

Verständnis für Sowjetrußland

Die Neue Zeitung

Es ist selbstverständlich, daß im Verhältnis zwischen so großen Ländern, wie es die Sowjetunion und die Vereinigten Staaten von Amerika sind, Meinungsverschiedenheiten auftauchen, die diskutiert werden müssen. Nun finden solche Diskussionen zwischen Staaten, zum Teil wenigstens, in der Öffentlichkeit statt. Die Staatschefs und die Außenminister geben Presseerklärungen ab, und diese Presseerklärungen werden nicht nur in der Presse, sondern auch in der allgemeinen Öffentlichkeit besprochen.

Merkwürdigerweise ergibt es sich immer dann, wenn die Sowjetunion in eine solche Diskussion verwickelt ist, daß in gewissen Kreisen – besonders in Deutschland – die Hoffnung entsteht, daß es zwischen den Vereinigten Staaten und Großbritannien auf der einen Seite und der Sowjetunion auf der anderen Seite zu einem tieferen Konflikt kommen könnte. Offensichtlich sind die Kreise, die diese Hoffnung haben, daran interessiert, im trüben zu fischen. Diese Hoffnungen wurden nun wieder einmal enttäuscht.

Der amerikanische Außenminister James Byrnes hat in seiner Rede in New York die Haltung der Vereinigten Staaten gegenüber der Sowjetunion besprochen und auch zu dem Thema der Zusammenarbeit zwischen regionalen Staatengruppen Stellung genommen. Byrnes ging dabei von dem Prinzip der Monroe-Doktrin aus, die im neunzehnten Jahrhundert von dem amerikanischen Präsidenten Monroe geschaffen wurde, als in der Welt eine Tendenz bestand, verschiedene Länder des amerikanischen Kontinents gegen die Vereinigten Staaten auszuspielen. Präsident Monroe hatte damals erklärt, daß die Vereinigten Staaten sich dagegen verwahren würden, daß andere Mächte die Sicherheit der Vereinigten Staaten bedrohten.

Außenminister Byrnes betonte, daß die Lage im Osten und Südosten Europas ganz ähnlich sei. Die Sowjetunion habe nach den Erfahrungen des soeben beendeten Krieges allen Grund, auf ihre eigene Sicherheit bedacht zu sein und darauf zu achten, daß die Regierungspolitik in den Staaten, die an die Sowjetunion grenzen, der Sowjetunion gegenüber freundlich sei. Wörtlich sagte Außenminister Byrnes: »Wir sind weit davon entfernt, anderen Nationen das Recht abzusprechen, eine Politik des *guten Nachbarn* zu betreiben, wie wir es selbst tun. Im Gegenteil, wir haben volles Verständnis für die Bemühungen der Sowjetunion, mit ihren Nachbarn in Zentral- und Osteuropa in engere und freundschaftlichere Beziehungen zu treten. Wir sind uns der besonderen Sicherheitsinteressen Rußlands in diesen Ländern sehr wohl bewußt und haben diesen Interessen in den Vereinbarungen über die Besetzung und Kontrolle ehemaliger feindlicher Staaten Rechnung getragen. Die Vereinigten Staaten werden niemals irgendwelche Gruppen in jenen Ländern zum Zwecke feindseliger Intrigen gegen die Sowjetunion unterstützen. Ebenso sind wir überzeugt, daß die Sowjetunion niemals Intrigen gegen uns in der westlichen Hemisphäre unterstützen würde.«

Februar 1946

Die Probleme einer Besatzungsmacht

Geschrieben im Auftrag der New York Times, *jedoch von der* Times *nicht veröffentlicht.*

In freien Ländern werden Regierungen ein- oder abgesetzt nach dem Willen des Volkes, der sich entweder durch Wahlen direkt ausdrückt oder indirekt durch eine Abstimmung im Parlament. In einem besetzten Lande hat das Volk nicht die Möglichkeit, seinen Willen zur Wirkung zu bringen. Was dann war aber der Grund für eine Regierungsveränderung, wie sie im Oktober 1945 im Staate Bayern, in der amerikanischen Besatzungszone, stattfand?

Die Regierung Schäffer, in ihrer Hauptrichtung katholisch-konservativ, wurde durch ein Kabinett ersetzt, an dessen Spitze der Sozialdemokrat Högner steht. Offensichtlich wurde diese Veränderung durch Kräfte innerhalb der amerikanischen Besatzungsarmee herbeigeführt und nicht durch das bayerische Volk.

Eine der Reaktionen auf diesen Regierungswechsel – und vielleicht die wichtigste – war die Diskussion, die dadurch unter den Deutschen erzeugt wurde. Geredet wurde dabei nicht so sehr über die respektiven Meriten des abgesetzten oder des neuen Kabinetts; viel mehr sprach man von der merkwürdig sprunghaften amerikanischen Besatzungspolitik.

Zahlreiche andere Fälle, obwohl zumeist weniger bekannt, beweisen deutlich unsere Ziellosigkeit, unser Schwanken, unsere widersprüchliche Haltung gegenüber den Deutschen – und gegenüber der eigenen Truppe. Nimmt man all diese Fälle zusammen, so zeigt sich, daß durch sie nicht nur unser Ruf untergraben, sondern der ganze Erfolg unseres Auftrags in Deutschland gefährdet wird.

Man kann die Schwankungen nicht mehr nur dadurch erklären, daß man die Schuld auf ein paar einzelne in höheren oder niederen Dienststellen der Militärregierung oder anderer Be-

satzungsorgane schiebt. Dafür liegt zuviel System darin – ein System, das auf mehrere grundsätzliche Widersprüche in unserem Verhalten gegenüber dem ganzen Problem der Besatzungsherrschaft in Deutschland hinweist.
Mir scheint, daß es drei solche Widersprüche in unserer Besatzungspolitik in Deutschland gibt. Diese sind nicht aus irgendwelchen abstrakten philosophischen Auffassungen entstanden, sondern aus dem täglichen Leben in diesem sonderbaren Zwitter, der amerikanischen Besatzungszone.

Die Schellingstraße in München, wo sich mein Hauptquartier eine Zeitlang befand, war ziemlich von Bomben verwüstet. Alter und neuer Schutt häufte sich zwischen den Häuserruinen, Kinder spielten darin und suchten nach Brennholz, die Straße stank und der Verkehr war behindert. Eines Tages kam nun der *Fliegende Gauleiter*. Der *Fliegende Gauleiter,* wie der trockene Humor der Münchner das Ding getauft hatte, war eine Schmalspurbahn, bestehend aus einem keuchenden Lokomotivchen und etwa einem Dutzend Kippwagen. Die Schienen ließen sich leicht verlegen und auch wieder abbauen, so daß der Zug sich überall einsetzen ließ, wo Schutt abzuräumen war. Der Schutt selber wurde auf die Kippwagen zum Teil von einem Schaufelkran geladen, zum Teil von wenig arbeitsbegeisterten ungarischen Kriegsgefangenen, bewacht von einem einsamen amerikanischen Wachtposten, der zugleich auch die Arbeitsaufsicht führte.
Ich sprach mit diesem Posten, und er erzählte mir von seinem Leid. »Wissen Sie«, sagte er, »die Schwierigkeit ist, daß wir hier nicht genug Züge haben. Eine Lokomotive fehlt immer, weil sie repariert werden muß, sonst hätten wir diese Straße längst in Ordnung. Aber im großen ganzen machen wir hier schon gute Arbeit.«
Die Moral der Geschichte liegt in dem kleinen Wort *Wir*. Wir – Amerikaner – bringen eine deutsche Straße in Ordnung. Gewiß, wir tun das mit ungarischen Kriegsgefangenen, deutschen Maschinisten und, in diesem Fall, deutscher Maschinerie. (Sehr oft wird für ähnliche Zwecke amerikanisches Material eingesetzt). Aber es sind *Wir,* die das tun.
Dieser amerikanische Soldat identifizierte sich also, ohne viel darüber nachzudenken, mit dem Job, der zu erledigen war –

hier also mit der Säuberung einer deutschen Straße. Nun ist das sicher ein schöner amerikanischer Charakterzug. Doch indem wir uns mit der Aufgabe des Wiederaufbaus von Deutschland oder wenigstens unserer Besatzungszone identifizieren, geraten wir in eine äußerst unglückliche Stellung. In den Augen der deutschen Bevölkerung sind wir es dann, die die Verantwortung für den Wiederaufbau ihres Landes übernehmen – in der Schellingstraße in München zum Beispiel beteiligten sich die Deutschen als interessierte Zuschauer.
Was wir auch für Deutschland tun – und die Aufräumungsarbeiten in der Schellingstraße sind nur eine kleine Gefälligkeit unter tausend größeren – könnte unter der Überschrift *Militärische Notwendigkeit* laufen. Aber keiner kann bestimmen, wo die Grenze dieser Notwendigkeit liegt. Die Versorgung der Deutschen mit Lebensmitteln wird zu einer amerikanischen militärischen Notwendigkeit: Wenn wir sie nicht versorgen, werden sie hungern und sterben und Epidemien werden ausbrechen und amerikanische Soldaten werden angesteckt werden. Das Problem geht in Wirklichkeit tiefer, und wir müssen das erkennen. Indem wir Deutschland besetzten, entschieden wir uns, mitten unter den Deutschen zu leben, und ihre Angelegenheiten wurden logischerweise zu unseren.
Diese Tatsache verleiht unserem Besatzungsregime einen paternalistischen Zug, den es ursprünglich gar nicht haben sollte. Im Gegenteil, als wir in Deutschland einmarschierten, sollten wir als rauhe Eroberer auftreten. Das war die Linie. Wenn die Deutschen essen wollten, mochten sie ihre Felder bebauen, wollten sie im Trocknen sitzen, gut, sollten sie ihre Häuser reparieren und neue errichten. All das ging uns nichts an.
Aber sobald wir vor der praktischen Aufgabe standen, deutsches Gebiet verwalten zu müssen, schwand diese Haltung. Wir mußten die Verpflichtungen einer Regierung übernehmen, denn wir mußten ja nicht nur zusammen mit den Deutschen leben, wir waren auch verantwortliche und zivilisierte Leute und sollten dazu noch, wie es hieß, Botschafter der Demokratie sein. In dieser Rolle konnten wir das Land nicht einfach seinem Ruin überlassen. Wir konnten nicht tun, was die Nazis in Polen und in den von ihnen eroberten Teilen Rußlands und in anderen europäischen Ländern getan hatten. Wir mußten wiederaufbauen oder den Wiederaufbau anleiten, die Eisenbahnen und

Straßen instand setzen, Benzin, Lebensmittel, Medikamente heranschaffen und uns um Kloakenreinigung und Syphilisbefall kümmern.
Da die Deutschen nun sind, wie sie sind, führte das wiederum zu ihrer völligen Abhängigkeit von uns. Als es keine Kohlen gab, mußte die Münchner Militärregierung die Deutschen erst auffordern, in die Wälder zu gehen und Brennholz zu schlagen und zu sammeln, und sie stellte sogar noch amerikanische Transportfahrzeuge zur Verfügung. Von sich aus gingen die Deutschen nicht oder nicht in genügender Zahl. Irgendwie, empfanden sie, würden die Amerikaner die Heizmittel schon beschaffen. Diese Abhängigkeit führt ihrerseits wieder zu gesteigerten Forderungen deutscherseits – Forderungen, die manchmal ausgesprochen werden, stets aber sich in der Haltung der Menschen ausdrücken.
Der erste Grundwiderspruch entsteht also aus unsrer relativ humanen Einstellung und unserer Hingabe an den jeweils vorliegenden Job. Während wir einen harten Frieden beabsichtigten, wählten wir nur allzu oft die weichen Maßnahmen der Zweckdienlichkeit. Wir können aber nicht das strenge, respektheischende Gesicht der Besatzungsmacht zeigen und zugleich den treusorgenden Onkel Sam spielen, der alles heranschafft – besonders wenn man für das, was herangeschafft wird, nichts Gleichwertiges erhält.

Vor einigen Monaten fand in der Stadt Marburg eine Konferenz der neuernannten deutschen Herausgeber der neugeschaffenen und angeblich freien deutschen Zeitungen statt. Diese sorgsam ausgesuchten Herren, ausgesucht nach ihrer Zuverlässigkeit und ihren demokratischen Überzeugungen, tanzten mit geradezu rührendem Gehorsam nach dem Takt, den wir schlugen. Und doch wurden auf dieser Konferenz von amerikanischen Offizieren Gedanken vorgetragen, die jedem der anwesenden Deutschen, ganz gleich, was seine frühere Parteizugehörigkeit und seine jetzige Weltanschauung waren, gegen den Strich gehen mußten. Nicht eine Gegenstimme erhob sich, und die Konferenz wurde von den amerikanischen Militärbehörden als voller Erfolg gebucht.
Aber war es das gewesen? Die Ersetzung der Goebbelschen Pressekontrolle durch eine amerikanische, die Ersetzung von

Redakteuren, die Goebbels parierten, durch solche, die uns parieren, ist noch lange keine Demokratie.
Wir kamen nach Deutschland mit dem erklärten Ziel, dem Volke die Demokratie zu bringen oder ihm wenigstens zu helfen, sich eine Demokratie zu schaffen. Aber Deutschland ist ein ganz besonderes Land. Es ist so besonders geartet, weil es seit der blutigen Unterdrückung seines Bauernaufstands im Jahre 1525 niemals fertiggebracht hat, eine erfolgreiche demokratische Revolution zu machen. Die Versuche in den Jahren 1848 und 1918 ergaben keine wirklichen Veränderungen. Ähnlich wie in Japan, wurde das moderne Kartellsystem auf die Reste des alten, nie ganz beseitigten Feudalismus aufgepfropft. Und wie die Japaner an ihren Tenno glauben, so sehnte sich der Durchschnittsdeutsche nach einem Führer, der ihm die Verantwortung abnehmen und ihm gestatten würde, das zu sein, was ihm am bequemsten war – ein kleiner Mann, der die größtmögliche Zahl von Befehlen und Anordnungen gerne entgegennimmt, solange man ihm nur die kleinstmögliche Last an Eigenverantwortung aufbürdet.
Es ist aber viel leichter, über eine Masse von kleinen Leuten zu herrschen als über eine gleich große Zahl von verantwortungsbewußten Bürgern. Die Versuchung unserer Militärgouverneure, das Katzbuckeln eines Haufens von Ja-Sagern als einen Erfolg ihrer Regierungstätigkeit zu betrachten, ist entsprechend groß – besonders da unsere Militärregierung in der Mehrzahl aus Militärs besteht, die sowieso wenig Verständnis für widersprechende Meinungen haben.
Aber nur ein wirklich demokratisches Deutschland wird ein friedliches Deutschland sein. Wenn wir, die alliierten Armeen, Deutschland nicht auf Dauer besetzt halten wollen, müssen wir diesem Lande endlich die so lange versäumte demokratische Revolution ermöglichen. Diese Revolution muß nicht notwendigerweise blutig sein. Sie kann herbeigeführt werden durch grundlegende ökonomische, agrarwirtschaftliche und administrative Reformen und eine vollständige Umgestaltung des deutschen Erziehungssystems – wobei nicht nur das Lehrpersonal, sondern das eigentliche Wesen dieses Systems geändert werden müssen.
Schon einmal in der Geschichte brachte eine fremde Armee eine Revolution nach Deutschland. Aber Napoleon, der nach

1804 seinen Gesetzescode und die französische Landreform über den Rhein trug, machte vor der Elbe halt. Und selbst in seiner eigenen Besatzungszone tat er keine gründliche Arbeit, da er selber bereits aufgehört hatte, der Vorkämpfer der Revolution zu sein, die ihn geschaffen hatte.
Wir aber könnten diese Arbeit leisten. Das würde natürlich bedeuten, daß Schluß gemacht wird mit der Bequemlichkeit der Armsessel der Militärregierung, und für die meisten unserer höheren Offiziere würde so etwas radikal und überhaupt erschrecklich erscheinen. Denn diese Arbeit, nimmt man sie wirklich ernst, würde in der deutschen Bevölkerung eine echte demokratische Aktivität entstehen lassen und würde sich mitunter auch gegen unsere eignen Befehle und Verordnungen kehren. Aber dies wäre eine gesunde Opposition, entstanden aus einem neugeborenen deutschen Verantwortungsbewußtsein und aus einer wahrhaften Bereitschaft, mit uns zusammenzuarbeiten – statt der schlauen, hinterhältigen Opposition der notdürftig demokratisch Übertünchten, mit der wir es jetzt zu tun haben.
Der zweite Grundwiderspruch in unserer Besatzungspolitik ergibt sich also aus der besonderen geistigen Haltung so vieler Deutscher, die geprägt ist durch ihre mangelnde revolutionäre Vergangenheit, wie aus unserer eigenen, sehr menschlichen Neigung, den leichter gangbaren Weg zu wählen. Aber wir können nicht Demokratie in Deutschland schaffen wollen und zugleich uns mit der Unterwürfigkeit des kleinen Mannes begnügen.

Erst im Januar 1946, acht Monate, nachdem wir große Teile Deutschlands zu verwalten begannen, wurde die Tonnage der Stahlproduktion – der Grundlage aller industriellen Tätigkeit – von uns festgesetzt. Das war ein erstes Eingeständnis unserer Militärbehörden, daß irgendeine Form von Wirtschaftsplanung notwendig war.
In Wahrheit war jedoch jeder kleine Militärgouverneur, bis hinunter zur Kreisebene, schon längst gezwungen gewesen, Wirtschaftsplanung zu betreiben. Die Knappheit an Rohmaterial, die begrenzte Anzahl von Produktionsstätten für Konsumgüter, gekoppelt mit extrem hohen Bedürfnissen der Bevölkerung, zwangen den örtlichen Gouverneur zur Planung

– hauptsächlich zu einer negativen. Er ordnete an, was *nicht* produziert werden durfte, aber er scheute sich, den nächsten Schritt zu tun: zu organisieren, was zu produzieren war, denn dies konnte man auf Kreisebene gar nicht planen, und außerdem lag irgendeine positive Planung wirtschaftlicher Vorgänge nicht in seiner Kompetenz.

Und dennoch ist Planung in Deutschland nötig. Es ist nötig, im voraus zu bestimmen, was und wieviel davon produziert werden soll, weil der Zusammenbruch der Nazi-Wirtschaft Deutschland in einem absoluten ökonomischen Chaos hinterließ. In einem Lande wie den USA, dessen Wirtschaft während des Krieges intakt blieb, mag die Umstellung zu einer Friedensproduktion ohne Planung in großem Maßstab möglich sein. Aber in einem Lande, dessen Industrieanlagen durch Bomben, Reparationen und territoriale Verluste stark reduziert wurden, wird eine positive, gesamtnationale wie örtliche Planung entschieden gebraucht.

Auch deshalb ist Planung in Deutschland notwendig, weil dort die alten Besitzverhältnisse an Land, Rohmaterialressourcen und Industrieanlagen ins Wanken geraten sind, wenn sie sich nicht gar schon im Prozeß der Auflösung befinden. Auf dem Gebiet der Landwirtschaft beginnen wir jetzt, verspätet, ein paar von den Besitzreformen einzuführen, die die Russen in ihrer Zone schon vor Monaten eingeleitet haben. In der Industrie ist das Bild noch komplizierter. Viele deutsche Konzernunternehmen waren in den Händen ausgesprochener Nazis, die im Prozeß der Denazifizierung aus ihren Stellen entfernt und der Kontrolle über ihren Besitz enthoben werden mußten. Die Besitztitel zu anderen Konzernen sind ein so hoffnungsloses Durcheinander von Nazi-Staats- und -Privatbesitz, daß eine Rückkehr zu den einfacheren Formen privaten Besitzes unmöglich erscheint. Tatsächlich ist die Frage, ob der Nazi-Staat die Trusts oder die Trusts den Nazi-Staat besaßen, immer noch nicht beantwortet und bedeutet für die Praxis wenig. Aber die Frage, wer von jetzt an die Fabriken leiten und die Maschinerie kontrollieren soll, obliegt uns zu entscheiden.

Die Amerikaner sind unter einem System der freien Wirtschaft aufgewachsen, in dem der Unternehmer, der Besitzer, tun und lassen kann, was er will. Die Amerikaner meinen, daß die freie Konkurrenz den Unternehmer schon zwingen wird, seine

Waren zu einem fairen Preis zu produzieren und mit einem fairen Profit zu verkaufen, und daß er produzieren wird, was der Bedarf erfordert. Dieses System hat in Deutschland aufgehört zu funktionieren. Es begann zu versagen, als die Nazis mit ihren Kriegsvorbereitungen anfingen und den gesamten Apparat der freien Wirtschaft unter ihre totalitäre Kontrolle nahmen. Später dann wurde es durch unsere Luftwaffe und Artillerie weitgehend zerstört.

Können wir es wieder errichten? Können wir die alten Besitzer suchen und sie wieder an ihre alten Stellen setzen? Können wir das Rad der Geschichte zurückdrehen? Kaum.

Und doch möchten wir aus Gründen der Tradition und des Nationalcharakters gerade das tun. Wir mißtrauen jeder Art von sozialem Management, und Planwirtschaft liegt uns nicht. Selbst wenn man unter den jüngeren Offizieren und unter den Mannschaften der Armee Menschen fände, die geneigt wären, solche Reformen zu testen – bei den höheren Dienstgraden und den sogenannten Experten herrscht der Konservativismus vor. Aber in dem Deutschland von heute ist das alte Laissez-faire ein Anachronismus.

Hier also liegt der dritte Grundwiderspruch unserer Besatzungspolitik. Er ergibt sich aus der traditionsgebundenen Neigung, den wirtschaftlichen Notwendigkeiten eines halb zerstörten Landes, dessen altes Wirtschaftssystem sich in Auflösung befindet, keine Beachtung zu schenken. Wir sind nicht nach Deutschland gekommen, so glauben wir, um dort eine Wirtschaftsrevolution vorzunehmen.

Und doch müssen wir gerade das tun.

1953-1965

In den Jahren unmittelbar nach dem Krieg betätigte Heym sich kaum publizistisch; er schrieb *The Crusaders (Der bittere Lorbeer)* und nach einer Reise in die Tschechoslowakei, die seinen Recherchen über die Prager Ereignisse im Februar 1948 diente, den Roman *The Eyes of Reason (Die Augen der Vernunft).* Wieder zurück in den USA, nahm Heym an einer Kampagne zur Unterstützung der streikenden Bergarbeiter in Pennsylvania teil und wurde so in die Vorgänge in den Bergarbeitersiedlungen nahe Pittsburgh verwickelt – Erlebnisse, die ihren Niederschlag in seinem Roman *Goldsborough* fanden. Aber noch bevor er *Goldsborough* zu Ende gebracht hatte, entschloß er sich, die USA zu verlassen.
Über die Gründe zu diesem Entschluß gibt es Selbstzeugnisse, von denen einige im folgenden wiedergegeben sind. Nach einem neuerlichen Aufenthalt in Prag, währenddessen man in Ost-Berlin beriet, ob dem ehemaligen Leutnant bei der Psychological Warfare der US-Armee denn wirklich Asyl zu gewähren sei, durften er und seine Familie in die DDR einreisen – gerade noch im rechten Moment. Er hatte in Prag, wie er allerdings erst Jahre später erfuhr, vor der Verhaftung gestanden, seiner Bekanntschaft mit den im Slansky-Prozeß angeklagten André Simone und Evžen Loebl wegen.
In Berlin schrieb Heym weiter an *Goldsborough,* bevor er wieder publizistisch hervortrat; er meinte, er müsse Deutschland, und besonders dessen östlichen Teil, erst wieder kennenlernen. Die Ereignisse um den 17. Juni 1953 zwangen ihn, seine Zurückhaltung aufzugeben; wieder schien eine Situation eingetreten zu sein, die es nötig machte, daß ein Schriftsteller sich auch direkt und für den Tag äußere; der Imperativ *Schreib!,* ihm von einem alten Kommunisten zugerufen, war ein letzter Anstoß. Daß diese Arbeit, niedergelegt in seiner von den Gewerkschaften herausgegebenen Broschüre *So liegen die Dinge* und seiner Kolumne *Offen gesagt*, einem Ritt über den Bodensee glich, wurde Heym erst viel später klar; zu der Zeit wunderte er sich nur manchmal, daß von ihm sehr geschätzte, erfahrene Kollegen, die sämtlich längere oder kürzere Zeit im Sozialismus gelebt hatten, so beharrlich schwiegen, statt sich an seiner Seite ins publizistische Gewühl zu stürzen – die Kollegen wußten einfach mehr als er über interne Vorgänge und verhielten sich entsprechend reserviert; Heym mußte seine Erfahrungen noch sammeln.
Er mußte die Einsicht gewinnen, daß es à la longue unmöglich

war, jeden Sonntag an wichtiger Stelle einer wichtigen Ostberliner Zeitung Themen zu behandeln und eine Sprache zu führen, die in offenem Kontrast nicht nur zu den anderen Spalten des Blattes, sondern zur Presse der DDR überhaupt standen. Diese war nach ganz anderem Muster gemacht und mit täglichen Direktiven zentral geleitet; da mochte einer sich noch so loyal verhalten, es ging nicht an, daß er außerhalb des Dienstwegs blieb und schrieb und drucken ließ, was er wollte; der Konflikt und das Ende seiner Kolumne waren vorprogrammiert.
Daß mutatis mutandis dasselbe Gesetz auch für die sogenannte schöne Literatur galt, war die zweite Erfahrung des Autors Heym in jenen Jahren, und seine Auseinandersetzung mit dieser Erkenntnis und seine Bemühungen, das Gesetz zu Fall zu bringen oder mindestens entscheidend zu ändern, liefern die Grundthematik der publizistischen Arbeiten nach dem Ende von *Offen gesagt*. Von da an muß seine Publizistik, müssen seine Essays, Interviews, Reden in direktem Zusammenhang mit seinem erzählerischen Werk gesehen werden – durch das eine kämpft er für das andere.
Dies um so mehr, als ihm bald genug klar wurde, daß das Korsett, das der Literatur den Atem abschnürte, Wirkungen auch auf das Leben außerhalb der Künste hatte; und er fragte sich, wieviel von der bedrückenden Atmosphäre, die so zahlreiche Menschen in der DDR dem Sozialismus entfremdete, wohl dadurch erzeugt wurde.
Insofern also ist sein Kampf, auch dort, wo es scheint, als werde er in persönlicher Sache geführt, ein Kampf für die Sache aller.

Warum ich bin, wo ich bin

Der nachstehende Aufsatz ist für die Zeitschrift Atlantic Monthly *in Boston (USA) geschrieben worden. Interessant ist die Vorgeschichte. Im Dezember 1963 veröffentlichte* Atlantic Monthly *die Übersetzung der Nachschrift einer in West-Berlin durchgeführten Diskussion über Schriftsteller. Teilnehmer waren Professor Höllerer, Günter Grass, Walter Hasenclever. Da war unter anderem zu lesen – aus der Feder Walter Hasenclevers –, Stefan Heym sei in die DDR gekommen, um wieder »deutsch schreiben zu können«, hätte sich aber dann entschlossen, »aus Protest« weiter englisch zu schreiben.*
Stefan Heym machte in einem Brief an die Redaktion des Atlantic Monthly *den Vorschlag, wenn man schon über Literatur in diesem Teil Deutschlands diskutiere, solle man jemanden heranziehen, der wenigstens mit den Tatsachen vertraut ist. Als Antwort auf diesen Brief lud* Atlantic Monthly *Stefan Heym ein, in einem Artikel zu begründen, warum er aus Amerika fortgegangen sei und sich in der DDR niedergelassen habe, mit deutlicher Ironie, »why it is conducive to writing to live in the GDR?« Hier die Antwort Stefan Heyms.*

Anfangs der fünfziger Jahre verließ ich die USA. Senator McCarthy stand auf dem Höhepunkt seiner Macht, der Koreakrieg verzerrte das politische und literarische Urteil der Menschen, Schriftsteller wurden unter dem Vorwand der Mißachtung des Kongresses eingesperrt, die schwarze Liste wurde in der Film-, Radio- und Verlagsindustrie tagtäglich angewandt. Meine Stellung als Eingebürgerter machte mich für politische Verfolgung besonders verwundbar; meinem Exodus war der von Thomas Mann, Charles Chaplin und Bertolt Brecht vorangegangen.
Ich hätte mir vielleicht mit Kompromissen helfen können. Niemand zwang mich, Bücher zu schreiben, die immer irgendwie die neuralgischen Punkte der herrschenden Ordnung be-

rührten. Die *Kreuzfahrer (Der bittere Lorbeer)* betonten zwar den demokratischen Charakter des Zweiten Weltkrieges, enthüllten aber auch die großkapitalistisch-faschistische Schlagseite des amerikanischen Machtapparates und deuteten bereits auf das kommende Bündnis mit eben jenen Kräften hin, die das deutsche KZ-Regime geschaffen hatten; *Die Augen der Vernunft* stellten die historische Berechtigung der kommunistischen Machtübernahme in der Nachkriegs-Tschechoslowakei fest; *Goldsborough (Die Liebe der Miss Kennedy)* demonstrierte die Verschwörung von Unternehmern, Regierung und korrupten Gewerkschaftsbeamten gegen die Bergarbeiter von Pennsylvania während des Streiks von 1949/50.
Doch das waren die Konflikte, die mich interessierten. Der Zusammenstoß der Klassen, wie immer er sich auch zeigte, war das dramatische Element, das meiner Überzeugung nach der große Roman braucht. Ebenso wichtig, wie in die Tiefe der Psyche einer Gestalt zu tauchen, ist die Enthüllung des sozialen Gefüges, das den Hintergrund der Gestalt bildet, denn dieser Hintergrund bestimmt und formt seinerseits die Psyche. Ich mußte also das soziale Gefüge darstellen; und wenn ich dabei ehrlich verfuhr, dann war ich wieder beim Klassenkampf, der für Verleger und Kritiker Gift war – zumindest in den Vereinigten Staaten der fünfziger Jahre.
In meiner Arbeit konnte ich, in meiner politischen Haltung wollte ich keine Kompromisse machen. Gefängnis und die Möglichkeit der Deportation, die logische Folge eines Zusammenstoßes mit Mister Roy Cohen vom McCarthy-Ausschuß, waren dem Schreiben und Veröffentlichen von Büchern nicht förderlich. Mein Einkommen hing ab vom Verkauf meiner Bücher. Würden sie nicht mehr verkauft, hätte ich mich als Hilfsarbeiter verdingen müssen, was jedes Schreiben ausgeschlossen hätte.
Also ging ich fort.

Ich bin in jenem Teil Deutschlands geboren, der heute die DDR bildet. Und obwohl ich kein organisierter Kommunist war und auch heute keiner Partei angehöre, lagen meine politischen Sympathien eher dort als in Westdeutschland. Als amerikanischer Offizier und Redakteur einiger der frühesten Zeitungen in der amerikanischen Besatzungszone war ich Zeuge der

Anfänge des westdeutschen Regimes gewesen und wußte, was hinter der Fassade steckte.
Als ich mich in der DDR niederließ, war ich mir bewußt, daß ich nicht in ein Land gekommen war, wo Milch und Honig flossen. Damals waren überall Ruinen; Lebensmittel waren rationiert; ein zweifaches Preisgefüge verlieh dem Wirtschaftsleben anomale Züge; vor allem war das Denken der Menschen – wie in Westdeutschland – verkümmert durch zwölf Jahre Nazismus und den Zusammenbruch des Traums vom deutschen »Übermenschen«.
Aber eines, was die amerikanische Armee nicht einmal versucht hatte, war in Ostdeutschland von den Sowjettruppen und von deutschen Sozialisten und Kommunisten, die in einzelne Verwaltungsstellen gekommen waren, erreicht worden: die Macht war den für den Nazismus und für den Krieg Verantwortlichen entrissen worden. Der Großgrundbesitz war enteignet und unter die Kleinbauern und Landarbeiter aufgeteilt; die Banken, die Bergwerke, die Großbetriebe gehörten den Kapitalisten nicht länger.
Das war neu. Das war noch nie dagewesen in Deutschland, wo die Arbeiter 1918 und 1923 ihre Chance, die Macht zu erobern, vertan hatten. Für den Schriftsteller war dies eine hochinteressante Situation, unberührtes Neuland, reines Gold, wenn man es nur zu schürfen verstand.

Der Schriftsteller selbst befand sich in einer neuen Lage. Er war dabei, zu einer gesellschaftlichen Kraft zu werden, sein Wort ein Faktor im öffentlichen Leben, sein Werk *eine Waffe im Kampf.*
Damit will ich nicht sagen, daß der Schriftsteller im Westen nicht ernst genommen wird. Daß ein Kongreßausschuß in den USA sich die Mühe machte, ein rundes Dutzend Schriftsteller hinter Gitter zu setzen, beweist dies. Aber im Westen gilt Literatur allgemein als Unterhaltung; man erwartet vom Schriftsteller nicht, daß er dazu beiträgt, das Denken der Menschen zu formen und zu verändern; der Akzent bei seiner Funktion liegt anders in Ost und West.
Ich habe immer Kontakt mit den Menschen gesucht. Ich habe in Amerika Vorträge gehalten ebenso wie in Ostdeutschland. Meiner Meinung nach ist das Intelligenzniveau des Publikums

gleich hoch; aber die Einstellung der Leute ist anders. Hier in der DDR zeigten die Fragen, die man mir stellte, daß die Menschen die Lehren eines Buches irgendwie auf ihr eigenes Leben anzuwenden suchen; die Fragen gingen über das Literarische hinaus; sie kamen von einem Publikum, das erst kürzlich begonnen hatte, Bücher zu erwerben – es waren Fragen von suchenden Menschen.

So etwas regt den Schriftsteller an. Aber es erlegt ihm auch eine Verantwortung auf, die er im Westen nicht unbedingt auf sich nehmen muß.

Sartre sagte kürzlich in Prag, der Schriftsteller von heute habe drei Pflichten. Er müsse die Partei der Revolution ergreifen, der sozialen oder der nationalen Revolution, je nachdem, welche auf der Tagesordnung stehe. Er müsse Disziplin üben und er müsse kritisieren. Die beiden letzten Pflichten stünden wohl zueinander im Widerspruch; die Lösung dieses Widerspruches, sagte Sartre, sei die tägliche Aufgabe des Schriftstellers.

Das gilt ganz besonders für den Schriftsteller in einem sozialistischen Land.

Als ich mich in der DDR niederließ, mußte ich entscheiden, ob ich weiterhin englisch schreiben sollte. Ich bin ein zweisprachiger Mensch, wie es Joseph Conrad war und wie es eine Anzahl von Schriftstellern aus früheren Kolonien sind, die in ihrer Muttersprache ebenso gut wie englisch oder französisch schreiben.

Ich beschloß, bei Englisch zu bleiben – doch nicht aus heimlichen Protest gegen die Regierung der DDR und ihre Kulturpolitik, wie im *Atlantic Monthly* unlängst behauptet wurde. Sähe ich mich veranlaßt zu protestieren, dann wüßte ich wirksamere Formen, meine Meinung zu sagen, als den Boykott einer Sprache. Ich schreibe englisch, weil die strengen Syntaxregeln des Englischen klares Denken erfordern. Das Deutsche begünstigt Wirrköpfigkeit, wie schon Mark Twain bemerkte. Wenn ich Deutsch in journalistischen Arbeiten verwende, die für den Tag geschrieben sind, helfen mir die englischen Sätze, die sich irgendwo in meinem Kopfe bilden, die umständlichen Formulierungen des Deutschen zu vermeiden.

Meine sowjetischen Verleger haben mich gedrängt, zu erklären, ob ich mich als deutscher oder als amerikanischer Autor betrachte. Die Frage ist für sie von einiger Bedeutung, weil ihre Papierzuteilung für meine Bücher davon abhängt, ob sie auf ihre *deutsche* oder ihre *amerikanische* Quote entfällt. Was mich betrifft, so sorge ich mich nicht um das Problem. Ich glaube, meine literarischen Wurzeln liegen mehr in der amerikanischen und englischen Literatur als in der deutschen. Hemingway, Twain, Dickens waren eher meine Lehrer als Thomas Mann und Fontane.

Ein Schriftsteller, der sowohl in der kapitalistischen als auch in der sozialistischen Welt zu Hause ist, hat einen offenkundigen Vorteil gegenüber einem Autor, der nur eine der beiden Welten kennt. Im Kapitalismus findet man sich leichter zurecht, es sind die gleichen Spuren seit Jahrhunderten. Der Sozialismus ist neu, unerprobt; auch fünfundvierzig Jahre sind historisch gesehen keine lange Zeit.

Man kann in den Sozialismus durch die Revolution gelangen, an der Seite der Menschen, die sie machen, und während sie gemacht wird; oder man kann mit der Bahn dort eintreffen, so wie ich. Auf jeden Fall setzt man seinen Fuß auf unbekannten Boden, und das kann – wenn man dafür etwas übrig hat – recht aufregend sein.

Aus der Theorie und aus Büchern, aus Berichten und früheren kurzen Besuchen im Osten hatte ich mir vor meiner Ankunft zumindest ein provisorisches Bild zu machen versucht. Sein wichtigster Zug war der Gedanke, daß nach der Beseitigung der Macht der Bourgeoisie durch die Revolution der klassische Konflikt der Klassen, der das Grundthema meiner Bücher war, nicht länger anwendbar sei. Natürlich bestünden da Überreste, oft recht erhebliche Überreste, der alten Klassen und der alten Konflikte; aber sie wären eben doch Überreste, so glaubte ich, und im großen und ganzen wäre die neue Gesellschaft über den Berg und bewegte sich ziemlich gradlinig auf Zustände hin, in denen die einzigen Konflikte, mit denen der Schriftsteller sich beschäftigen könnte, solche wären wie boy-meets-girl oder two-boys-meet-two-girls, oder umgekehrt.

Ich brauchte nicht lang zu der Entdeckung, daß dies ein Irrtum war. An meinem dritten Tag in Ost-Berlin traf ich einen Mann, den ich seit Jahren als festen Kommunisten kannte, als Gründungsmitglied der KPD – und er erzählte mir, man habe ihn aus der Partei ausgeschlossen. Ich versuchte, irgend etwas von administrativem Irrtum zu sagen; er gab mir darauf nicht einmal Antwort.

Dann kam der 17. Juni 1953 in Berlin: Arbeiter streikten gegen die Arbeiterregierung, Arbeiterpanzer rollten durch Arbeiterstraßen. Ich stürzte mich in Zeitungsarbeit, schrieb allwöchentlich eine Spalte für das größte Berliner Blatt, hielt mich eng an die Menschen, empfing Hunderte Briefe, besuchte Betriebe, lebte anonym in Flüchtlingsbaracken, war in Berührung mit Leuten aller Schichten vom Staatschef bis zu Werft- und Bauarbeitern, Studenten, Bauern, Geistlichen.

Und ich begann zu sehen, daß es Konflikte gab – *neue* Konflikte –, über die bei den Klassikern des Marxismus nichts steht: außer vielleicht ein paar Andeutungen bei Lenin und seltsamerweise auch beim frühen Stalin; Andeutungen, mehr nicht. Diese Konflikte gründeten sich nicht mehr auf den alten Antagonismus Bourgeoisie – Arbeiterklasse; obwohl man in einem geteilten Land wie Deutschland – zwei Drittel kapitalistisch, ein Drittel sozialistisch – Zusammenstöße auf der Grundlage der alten Klassengegensätze nicht ausschließen kann. Die Hauptsache war jedoch, daß in dem sozialistischen Drittel die Erde sich von Grund auf bewegt hatte, das Unterste war zuoberst gekehrt worden, aber die neuen Gebirge waren noch keineswegs zur Ruhe gekommen.

Die Enthüllungen des 20. Parteitages der KPdSU warfen ein grelles Licht in einige der Abgründe; doch selbst Chruschtschows Rede stellte eher neue Fragen, als daß sie Antworten gab.

Diese neuen Konflikte zu beobachten und an ihnen teilzunehmen, die neuen Fragen zu definieren und Antworten darauf zu suchen – und all dies in Erzählungsform, in menschlichen Charakteren auszudrücken, ist, glaube ich, eine erregende Aufgabe für jeden Schriftsteller, der etwas wert sein will. Er wird es möglicherweise nicht leicht haben; seine Ergebnisse können zu den offiziellen Anforderungen in Widerspruch geraten, er mag sogar auf einen neuralgischen Punkt stoßen – doch das ändert nichts an der Pflicht des Schriftstellers, noch macht es seine Aufgabe weniger faszinierend.

Ich weiß, daß bis jetzt relativ wenig davon sich in Romanen, Dramen und Gedichten widerspiegelt; und dieses Wenige auch erst in den letzten paar Jahren. Ich glaube nicht, daß daran die – stalinsche und nachstalinsche – Zensur allein schuld ist. Während die Menschen schon jahrelang von den unerforschten Konflikten erschüttert wurden, sind deren Umrisse, Bestandteile und Wurzeln erst kürzlich in den Brennpunkt der Beobachtung gerückt, und wir wissen immer noch recht wenig darüber.

Wie ist das mit der Disziplin, der Parteidisziplin und der Disziplin im allgemeinen? Wie ist es mit der Demokratie im Sozialismus? Wie verhält es sich mit der Struktur der Macht, was für Kontrollen und Gegengewichte müssen gefunden werden? Wie steht es mit der Freiheit? Wie mit der Kunst, ihrer Rolle, ihrer Funktion im Sozialismus? So viele Fragen, so viele Gärungsstoffe, die das Herz des Schriftstellers schneller schlagen lassen.

Und sagt mir nicht, ihr hättet die ethischen Fragen, um die es bei dem Problem der Freiheit, der Demokratie und der Macht geht, im Westen durchaus gelöst. Selbst wo ihr glaubt, dem wäre so – all diese Fragen werden auf der neuen Ebene des sozialistischen Lebens unter anderen, höheren Aspekten neuerlich aufgerollt. Auch sind diese Fragen und Konflikte keine theoretische, auf ideologische Kommissionen des Parteiapparats oder seine Kulturausschüsse beschränkte Angelegenheit. Es sind praktische Fragen, alle betreffend. Bei Menschen, die nicht mehr unter der Herrschaft des Kapitals leben und deren Denken nicht mehr von den Kapitalinteressen geformt wird, gehören Kunst und Philosophie zum täglichen Leben; die richtige oder falsche Interpretation einer wissenschaftlichen Theorie kann über Erfolg oder Mißerfolg des Fluges in den Weltraum entscheiden; Gedanke und Wort des Menschen werden unmittelbar zur Triebkraft.

Ich bin mir im klaren, daß ich als Schriftsteller in einem sozialistischen Land mich auf ein gewaltiges geistiges Abenteuer eingelassen habe. Die stalinsche Gußform – *ein* Kopf, *eine* Weisheit, *eine* Lösung – ist zerbrochen, auch wenn ein paar Westentaschen-Stalins versuchen, einige der Scherben zusammenzuhalten.

Wir sind dem Neuen auf der Spur; wir haben es schon gepackt und werden nicht wieder loslassen. Das ist ein unerhörtes Erlebnis. Ein Tag an der Schreibmaschine kann die ersten Umrisse einer neuen Entdeckung bedeuten, einen Schritt vorwärts in unbekanntes Territorium. Natürlich muß der Schriftsteller – wie in jeder Gesellschaftsordnung – den Mut zur Überzeugung haben, die Aufrichtigkeit, um die Wahrheit zu schreiben, so wie er sie erkennt, die Geduld, um sich durchzukämpfen gegen kleine und manchmal gar nicht so kleine Hindernisse.
Ich möchte mit keinem Schriftsteller im Westen tauschen. Was ich hier sehe und mitmache, ist zutiefst erregend.

2. November 1966

Versuch eines Bildnisses

In einer trüben Winternacht, Anfang der fünfziger Jahre am Berliner Ostbahnhof, begegnete ich Erich Wendt zum erstenmal. Die Stadt erschien trostlos, düster, immer noch ein Ruinenfeld. Mir war beklommen zumute.
Plötzlich sagte er: »Das alles werden wir verändern.« Dabei hob er den Kopf, und der Schein einer einsamen Laterne ließ unter dem Schild der Mütze, die er gerne trug, sein scharfes Profil erkennen wie eine fleischgewordene Kampfansage.

So ist durch den Zufall der ersten Begegnung mit einem Menschen dieser Republik auf dem Boden dieser Republik Erich Wendt für mich zu einer Art Symbol dieser Republik geworden – und des Besten in der Partei, der er seit seiner Jugend angehörte und ohne die weder er noch diese Republik denkbar sind.
Er war kein Mensch, der sich leicht erschloß; er sprach ungern von sich selbst, und es hat Jahre gedauert, bevor er auch von den Schwierigkeiten in seinem Leben erzählte. Überhaupt nicht sprach er von seinen Verdiensten – um die Sache, für die er kämpfte; um die Literatur; um die Menschen. Ein einziges Mal habe ich bemerkt, daß das Gefühl seine Selbstkontrolle überrannte: das war nach dem erfolgreichen Abschluß der ersten Passierscheinverhandlungen, die er für die DDR führte. Da, am Fernsehschirm, brach es aus ihm heraus – die große Freude, die er spürte, daß er andern Glück bringen konnte; und mit einem Schlag sprachen die Menschen überall von Erich Wendt, als sprächen sie von einem nahen Freund; das Charisma, ausgestrahlt von seinem Herzen, seiner Güte, war auf die Massen übergesprungen.

Dabei mußte und konnte er oft genug hart sein. Er besaß die Fähigkeit und die Erfahrung, Heuchelei zu durchschauen, und es gibt Leute, die ihn fürchteten, weil sie vor seiner absoluten

Ehrlichkeit entblößt dastanden. Und dann, wenn er zornig wurde, konnte er beißend werden, und sein Biß war böse; aber er war nie wissentlich ungerecht.
Den Maßstab der Strenge, den er für andere hatte, legte er auch an sich selbst an. Er verlangte Wahrheit.
Die Wahrheit, so sagte er mir einmal, habe ihm das Leben gerettet. Das war in den schrecklichen dreißiger Jahren: auch Erich Wendt, damals in Moskau, gehörte zu den Verhafteten der Stalin-Zeit. Er wurde verhört und immer wieder verhört; sollte gestehen, Teil eines gegen Kommunistische Partei und Regierung gerichteten Agentenrings zu sein, sollte Namen nennen. Wenn er gestehe, wurde ihm gesagt, werde alles für ihn leichter werden.
»Ich habe nicht gestanden«, berichtete er mir leise, eindringlich, »weil ich die Partei nicht belügen durfte, nie, unter keinen Umständen.«
Und da er kein falsches Geständnis ablegte, und da er zählebig war, öffnete sich nach langer Einzelhaft die Zellentür. Es folgten Jahre in Sibirien; er fällte Holz, litt, hungerte. Übrigens hat er mir das alles erst nach dem Zwanzigsten Parteitag erzählt. Ich fragte ihn: »Warum nicht früher? Zu einer Zeit, wo mir die Kenntnis dieser Dinge Irrtümer ersparen konnte?« Er dachte nach. Dann sagte er: »Was hätte es genützt?« Und es war deutlich, daß es ihm schon wieder leid tat, von sich gesprochen zu haben.

Am Abend des 17. Juni 1953, nach Stunden des Wirrwarrs noch selbst verwirrt, rief ich ihn an.
»Was jetzt?« fragte ich.
Er sagte: »Schreib.«
So schrieb ich denn, zu den Fragen dieses Tages und zu Fragen des Tages überhaupt. Es entstand die Sonntags-Kolumne *Offen gesagt* in der *Berliner Zeitung*. Dabei war es nicht immer leicht, die richtige Antwort zu finden und vor allem so zu den Menschen zu sprechen, daß sie zuhörten, mitgingen, mitdachten. In Momenten des Zweifels und der Unruhe ging ich zu Erich Wendt, und unter dem Einfluß seiner ruhigen Augen, seiner Stimme, seiner Gedanken wurde das Unklare klarer.
Ich bin sicher nicht der einzige Schriftsteller, dem er riet, dem er half. Aber ich verdanke ihm besonders viel. Einen meiner

Romane – *Die Augen der Vernunft* – hat er in der Deutschen Demokratischen Republik durchgesetzt, obwohl das Buch damals, 1955, in keinem anderen sozialistischen Lande erscheinen durfte. Bei einem anderen Roman stammen entscheidende Teile der Handlungslinie von seinen Berichten und Ratschlägen, und vieles Wesentliche von ihm steckt in einer der Hauptfiguren. Er hat das auch gewußt, aber es hat ihn eher gequält als gefreut. Er hatte ein großes, sehr kompliziertes Herz.

Er war Arbeiter, Setzer von Beruf. Ohne Universitätsstudium, sich selbst schulend, verschaffte er sich eine Bildung, die auf manchem Gebiet tiefer reichte als die von Akademikern. Auch hier nahm er vorweg, was in unserem Teil Deutschlands zu einer Massenerscheinung wird; nur haben die Heutigen, denen alle Schulen offen sind, es leichter als er es hatte.
Um sein Verhältnis zum Wort zu erkennen, mußte man nur einmal gesehen haben, wie er ein Buch in die Hände nahm – wie ein Lebewesen.
Da er Menschen kannte, erzählen konnte und von der Struktur des literarischen Werks mehr verstand als so mancher Schriftsteller von Beruf, fragte ich ihn einmal: »Warum schreibst du nicht?«
Das könnte er nicht, sagte er; davor scheue er zurück. Ich denke, gerade weil er die große Literatur so liebte, fürchtete er, Mittelmäßiges zu leisten, und beschränkte sich auf die Mittlertätigkeit: Verleger, Redakteur, Herausgeber, Berater, Beschützer. Vielleicht ist aber doch ein wirklicher Schriftsteller an ihm verlorengegangen.

Er las, sprach, schrieb perfekt Russisch. Daß wir heute eine gültige deutsche Lenin-Ausgabe haben, verdanken wir neben Otto Braun vor allem seiner Anleitung und Arbeit. Übersetzungsprobleme interessierten ihn ungemein, und da ich selbst mich mit zwei Sprachen herumschlage, hatten wir Stoff für stundenlange Dispute, bei denen immer wieder sein Respekt vor dem Urtext, seine absolute Integrität dem Autor gegenüber zum Ausdruck kamen.
Englisch las er nur, er konnte es nicht sprechen; er hatte es im Gefängnis gelernt, ganz allein, vom Buchstaben her, nicht von der Phonetik. Er lauschte ganz sonderbar, wenn meine Frau

und ich Englisch miteinander sprachen: so, als ob er einen sehr veränderten alten Bekannten an der Stimme wiederzuerkennen suche. Er las und liebte die englische und amerikanische Literatur; er schwärmte für Thackeray und Dickens; und wenn wir heute mit *Seven Seas Books* einen in der ganzen Welt anerkannten englischsprachigen Verlag in der DDR besitzen, so ist das auch und gerade der literarischen Erkenntnis und politischen Weitsicht Erich Wendts zuzuschreiben.

Er wohnte sehr bescheiden, selbst dann noch, als er seiner Funktion entsprechend, auf anderes Quartier Anspruch gehabt hätte, in einer Mietwohnung in Johannisthal, und später in Friedrichshagen, am Wasser, an der Müggelspree. Die Wohnung hatte einen kleinen Balkon, auf dem er sonntags manchmal saß, Kaffee trank, und die heimkehrenden Segelboote und Dampfer betrachtete; auch schwamm er gern, quer über die Müggelspree und zurück. Ein Auto besaß er nie, aber eine kleine Sammlung schöner Grammophonplatten, für die er zuwenig Zeit hatte – es gab kaum einen Abend, für den er sich nicht Arbeit aus dem Amt mit nach Hause brachte; er las bis tief in die Nacht: Dokumente, Manuskripte, Presse, Bücher; ich habe mich oft geschämt, ihn auch noch mit persönlichem Kram zu belasten, aber für Menschen schaffte er sich immer Zeit.
Vielleicht wäre auch das nicht gegangen ohne seine Frau – sein *Lotteken,* wie er sie manchmal lächelnd nannte. Sie räumte ihm viel aus dem Wege. Es war eine stille, gute Ehe, eine Ehe zweier Kommunisten, die ihre Bewährungsprobe schon bestand, bevor sie eigentlich begann – in jenen bösen dreißiger Jahren. Und er war stolz auf diese Frau, die spät in ihrem Leben anfing, dem, was sie sah, künstlerischen Ausdruck zu geben, in Öl zu malen, tastend zuerst, dann schon kühner – verschämt stolz, möchte ich sagen.
Es sind, meines Wissens, von Erich Wendt keine großen Reden erhalten, aber viele Taten, die weiter wirken unter den Menschen – lautlose Taten, herzliche Taten, entscheidende Taten. Es gibt Bücher, in denen ein Stück ist von ihm; es gibt Menschen, die ohne ihn anders gewachsen wären, weniger gerade, weniger tief. Unter den Männern, die die Republik formten, ist er einer.
Er lebt.

21. Juni 1953

Memorandum

Sehr verehrter Herr Sokolow!*

Auf Ihren Wunsch versuche ich, die Gedanken und Eindrücke, die ich Ihnen gestern bei unserer Unterredung mitzuteilen trachtete, schriftlich zu fixieren. Wie auch bei unserer Unterhaltung möchte ich vorausschicken, daß ich mir keine Autorität irgendeiner Art anmaße. Meine Beobachtungen und Schlußfolgerungen mögen irrig sein. Aber ich glaube, daß ich als Schriftsteller und Journalist einigermaßen daran gewöhnt bin, Umstände mit offenen Augen zu sehen und den Menschen mit offenen Ohren zuzuhören.

Ich werde versuchen, für meine allgemeinen Beobachtungen die notwendigen konkreten Beispiele anzuführen. Ich glaube, diese Beispiele werden in den meisten Fällen ganz typisch sein, auch wenn sie unwichtig erscheinen. Das größte Beispiel – die Ereignisse des 17. Juni selbst – hat wie ein Erdbeben eine Spalte in dem Boden aufgerissen, auf dem wir hier in Deutschland, und besonders in der DDR, stehen. Plötzlich hat es sich gezeigt, daß es nicht allzu viele Menschen sind, auf deren Standhaftigkeit, Initiative und klares Denken man hierzulande rechnen kann.

Ich weiß durch einen ADN-Reporter, daß der Kommandeur des ersten Sowjettanks, der in Richtung Brandenburger Tor vorging, oben auf dem Tank stand und mit erhobenen, verschränkten Händen die Bevölkerung begrüßen wollte, von der er selbstverständlich annahm, daß sie in ihrer überwiegenden Mehrzahl auf seiten der Arbeitermacht stünde und daher das Eingreifen der Roten Armee billigen und unterstützen würde. Er wurde ausgepfiffen und niedergeschrien.

Man darf sich auch nicht durch die Tatsache, daß in entscheidenden Betrieben wie bei der Eisenbahn und im Kraftwerk

* Oberst Michail Petrowitsch Sokolow war Chefredakteur der *Täglichen Rundschau,* der von der Sowjetarmee herausgegebenen deutschen Zeitung in Berlin.

Klingenberg nicht gestreikt wurde, dazu verführen lassen zu glauben, daß die Arbeiter dieser Betriebe nun *für* Sozialismus, *für* die Sowjetunion sind. Eine gewisse Anzahl – ja; aber das Gros, glaube ich, verhielt sich neutral, abwartend, und handelte aus der Tradition heraus, daß gewisse öffentliche Dienste zu funktionieren haben. Ich glaube, daß das Kraftwerk und die Eisenbahn auch weiter funktioniert hätten, wenn die Amerikaner einmarschiert wären.
Ich sprach mit einer Arbeiterin im Rheuma-Institut in Berlin-Lichtenberg, die mir erklärte: »Wir haben selbstverständlich nicht gestreikt – wir sind doch ein Gesundheitsbetrieb!«

Ich brauche Ihnen nicht die Maßnahmen aufzuzählen, die, eine nach der anderen, zu einer solchen Anhäufung von Massenunzufriedenheit führten, daß die Agenten aus dem Westen für ihre Aktivitäten fruchtbaren Boden fanden. Gewisse Reaktionen der Bevölkerung waren jedoch vorauszusehen.
Die Erhöhung der Marmeladenpreise, z. B., bedeutete, daß jeder Bürger der DDR jeden Morgen beim Frühstück an eine unpopuläre Maßnahme erinnert und dadurch verärgert wurde, denn Marmelade ist es, was er sich aufs Brot streicht. Dabei waren die durch Erhöhung der Marmeladenpreise eingebrachten Summen lächerlich gering, wie mir vom Staatssekretär im Finanzministerium versichert wurde.
Daß man den Geschäftsleuten und Handwerkern und Kleinunternehmern die Lebensmittelkarten gerade zu einer Zeit entzog, wo in der HO keinerlei Fette zu kaufen waren, bedeutete, daß man bei dem Rest der Bevölkerung Sympathien gerade für jene Schichten erzeugte, die das kapitalistische Element im Lande vertraten. Die Stimmung war dann: »Die armen Geschäftsleute – jetzt läßt man sie verhungern!« Dazu kam, daß die Maßnahme ohne jede Differenzierung durchgeführt wurde und, soviel ich weiß, auch ohne rechtzeitige Erteilung von Durchführungsbestimmungen. Geschäftsleute und Handwerker, die es sich leisten konnten, in der HO zu kaufen, wurden genauso behandelt wie solche, die das Geld dazu unter keinen Umständen aufbringen konnten. Und das in einem Lande, wo die Arbeiterklasse von kleinbürgerlichen Elementen durchsetzt ist, wo so gut wie jeder Arbeiter Verwandte und Bekannte unter Handwerkern und Kleingewerbetreibenden besitzt!

Worüber man aber besonders sprechen muß, ist die Art, in der solche Maßnahmen der Bevölkerung bekanntgegeben wurden. Der Entzug der Lebensmittelkarten wie auch die kürzlich erfolgte Zurücknahme des Entzugs wurden begründet mit den Worten: *Zur Verbesserung des Lebensstandards.* Man kann nicht zwei einander widersprechende Maßnahmen, die innerhalb weniger Monate erfolgen, in derselben Art und Weise begründen. Die gleiche sprunghafte Widersprüchlichkeit zeigte sich in den Maßnahmen der Kirche und der »Jungen Gemeinde« gegenüber.

Dadurch mußte zwangsläufig bei der Bevölkerung der Eindruck entstehen, daß die Regierung nicht weiß, was sie tut; und dieser Eindruck wurde durch das berühmte Kommuniqué noch bestärkt. Das öffentliche demonstrative Eingeständnis von Fehlern durch eine Regierung, die breite Teile der Bevölkerung gegen sich hat und die nur in einem Teil eines Landes herrscht, ist eine sehr fragwürdige Taktik. Wenn, wie es bereits geschehen ist, man jetzt der Bevölkerung Vorwürfe macht, daß sie dieses Eingeständnis als Schwäche auslegte, so ist das falsch. Man hätte vorhersehen müssen, daß die Bevölkerung es als Schwäche auslegen würde.

Denn wir haben es mit Deutschen zu tun. Wir brauchen nicht über die Geschichte des deutschen Volkes unter dem Kaiserreich und unter Hitler zu sprechen; das ist bekannt. Man muß aber darüber sprechen, daß man die bekannten Tatsachen der Geschichte und ihre Auswirkungen auf das Wesen breiter deutscher Schichten nicht genügend beachtet hat.

Regierung und Partei haben bereits festgestellt, daß zuviel administriert und zuwenig überzeugt wurde. Das wirkte sich auch in Ton und Führung der Propaganda und Publizistik aus. Das gröbste Beispiel dieser Auswirkungen sind die zahllosen klischeeartigen Resolutionen und Erklärungen, in denen jede, aber auch jede Maßnahme gebilligt wurde, und die dann auch in der Presse gedruckt wurden. Aber ebensowenig wie diese Resolutionen von denen, die darüber abstimmten, ernst genommen wurden, ebensowenig wurden sie von der Bevölkerung geglaubt. Das, zusammen mit der zu Formeln erstarrten, beinahe unmenschlichen Sprache in Presse und Rundfunk, führte zu einem allgemeinen Absinken des Vertrauens.

Ich habe Ihnen geschildert, wie selbst am 17. Juni im Schriftstellerverband eine Resolution vorgeschlagen wurde, die voll der alten Phrasen war. Gegen fünfzehn Uhr, als ein neues Redaktionskomitee die Resolution noch umänderte, wurde der Generalsekretär ungeduldig und erklärte, die Resolution sei bereits vom ZK gebilligt, d. h. bevor darüber von den Schriftstellern abgestimmt worden war. Welche Bedeutung haben Resolutionen, die von oben her bestellt werden?

Über die Wahrheit, über Dinge, die dem Herzen der Menschen nahe liegen, wurde wenig geschrieben und wenig gedruckt. Man kann aber Mißstände und Mängel nicht verschweigen, denn sie sind im Volke bekannt, und wenn *wir* nicht zuerst darüber schreiben und berichten und sie zu erklären versuchen, erhalten die Leute durch den RIAS, dem sie so gut wie alle zuhören, eine falsche Interpretation.

In seiner Rede vom 16. Juni hat Grotewohl das Fehlen der vier Milliarden Mark durch falsche Maßnahmen auf der mittleren Ebene des Regierungsapparats erklärt. Aber wie kam es, daß von der unteren und mittleren Ebene keine Berichte nach oben gingen, oder erst viel zu spät gingen? Die Wahrheit scheint zu sein, daß nach oben berichtet wurde, was oben angenehm war, und daß man oben durch so viele Schichten von der Bevölkerung unten getrennt war, daß die berechtigten Beschwerden nicht durchdrangen.

Der Fahrer Ihres Kollegen Suldin berichtete mir über eine Konversation mit dem Fahrer eines SIM-Wagens, der von einem Mitglied des ZK benutzt wird. Der SIM-Fahrer sagte: »Ja, wenn der Kerl doch mal mit der S-Bahn oder U-Bahn oder Straßenbahn fahren würde, da wäre es besser um uns bestellt, denn da würde er zu hören kriegen, was die Leute denken!« Suldins Fahrer antwortete dem SIM-Fahrer: »Und warum sagst *du's* ihm denn nicht?« Darauf der SIM-Fahrer: »Was – und meine Stellung verlieren?«

Wichtig ist hier nicht so sehr das Verhältnis zwischen einem ZK-Mitglied und seinem Fahrer, als die Einstellung so vieler Arbeiter, daß es keinen Zweck hat, sich zu beschweren und die Wahrheit zu sagen – denn dann wird man bestraft.

Die Organe, durch die der Arbeiter und die Bevölkerung überhaupt sich ausdrücken sollten – vor allem die Presse und die Gewerkschaften –, waren ihm verstopft. Es ist doch merk-

würdig, daß die Arbeiter der Stalinallee sich *nicht* an ihre Gewerkschaften mit ihren Beschwerden wandten. Was sollten sie denn tun, um sich Gehör zu verschaffen? Sie wurden ja direkt in eine Situation hineingetrieben, in der sie streiken und demonstrieren mußten!
Die Angestellten einer Zweigstelle der Berliner Sparkasse berichteten mir, daß sie keine Bezahlung für Überstunden erhalten, obwohl man in ihrer Zweigstelle mehrere Kollegen abgebaut hatte, wodurch Überstunden absolut notwendig wurden. Ich fragte sie, warum sie sich nicht durch ihre Gewerkschaft mit dem Problem auseinandersetzten. Darauf erhielt ich die Antwort: »Wollen Sie sich über uns lustig machen?« Ich sagte: »Aber ihr wählt doch eure Gewerkschaftsvertreter!« Sie antworteten: »Aber wir kennen die Leute doch gar nicht! Man legt uns eine Liste vor. Das ist alles. Bis vor einem Jahr hatten wir noch eine Betriebsgemeinschaft, da ging es noch; aber jetzt gibt's auch das nicht mehr. Mit wem sollen wir denn über unsere Sorgen sprechen?«
Es war dann selbstverständlich, daß schon bei den letzten Gewerkschaftswahlen Schwierigkeiten auftraten, und daß sich Arbeiter weigerten, als Kandidaten aufzutreten. Feriendienst und Theaterbillettvermittlung sind Nebenaufgaben der Gewerkschaft; die Interessenvertretung der Arbeiter ist die Hauptaufgabe; aber das erfordert Mut, Mut nach oben hin und Mut auch den Arbeitern gegenüber. Mir scheint, daß die Gewerkschaftsarbeit, auch für Schriftsteller und Kulturarbeiter, gründlich geändert werden muß.

All das hätte unter gewöhnlichen Umständen und in einem normalen Lande auch zu schweren Folgen geführt; in einem gespaltenen Lande, unter dem Druck der Amerikaner, mußte es katastrophal wirken.
Die Grundtatsache in Deutschland ist, daß die deutschen Arbeiter *keine* Revolution gemacht haben, und daß sie 1945, in ihrer Mehrzahl, zwar den Krieg satt hatten, aber deshalb noch keine neue Gesellschaftsordnung wollten. Die deutschen Kapitalisten unter Hitler waren klug genug gewesen, die deutsche Arbeiterklasse zu einem Teil an ihrer Beute teilnehmen zu lassen; ebenso wie die amerikanischen Arbeiter in den entscheidenden Industrien an der Weltausbeutung durch den

amerikanischen Imperialismus beteiligt sind. Das erklärt die Tatsache, die mir von Frau Volkskammer-Abgeordneten Lewitt-Küter berichtet wurde, daß am 17. Juni auf einem Transparent an einem Betrieb die Losung auftauchte: »Wir wollen unsere Ausbeuter wieder!« Das erklärt die Tatsache, mir berichtet durch die Frau des Schriftstellers Petersen, daß ein Arbeiter beim Vorbeifahren der sowjetischen Tanks sagte: »Das sind die Burschen, die der Hitler vergessen hat zu vergasen.« Das erklärt die Tatsache, mir berichtet durch den Schriftsteller Peter Kast, der am 17. Juni aus der DDR nach Berlin reiste und mir sagte: »Es war eine Reise durch Feindesland.« Vielleicht sind diese letzten Beispiele nicht typisch; aber sie zeigen eine Tendenz an.

So wie Radio, Presse, Gewerkschaften und offensichtlich auch Teile der Partei bis zum 17. Juni dieser Bevölkerung gegenüber versagten, so versagten sie auch am 17. Juni.
Ich kam unter Schwierigkeiten gegen ein Uhr nachmittags in den Schriftstellerverband. Dort waren ca. zwanzig Angestellte und zwanzig Schriftsteller versammelt, bereit zu kämpfen, bereit, etwas zu tun. Es kamen, so viel mir bekannt ist, keine Anweisungen zum Handeln.
Das Radio spielte Operettenmusik, und die ersten Kommentare kamen erst gegen Abend. Ich muß Ihnen über die Arbeit der westlichen Sender während dieses entscheidenden Tages nicht berichten. Wo aber war unser Lautsprechersystem? Wo waren die Lautsprecherwagen der Regierung und Partei? Wo waren die Extraausgaben der Zeitungen?
In der Redaktion der *Neuen Berliner Illustrierten* forderte einer der Redakteure, sofort Fotoreporter auszusenden. Es wurde ihm abgelehnt mit der Begründung: »Wir werden doch solche Sachen nicht noch bei uns drucken!« Am nächsten Tag schickte man ihn nach West-Berlin, um die entsprechenden Bilder bei United Press einzukaufen.
In der Kulturredaktion des *Neuen Deutschland* wurde einem jungen Schriftsteller, der sich erbot, Artikel über die Vorgänge zu schreiben, von dem zuständigen Redakteur Girnus erklärt: »Darüber brauchen Schriftsteller überhaupt nicht zu schreiben; das ist Angelegenheit des politischen Kommentars.«
Beim Rundfunk wurden fähige Schriftsteller, die sich erboten,

in dieser Ausnahmezeit freiwillig mitzuhelfen, das Programm zu gestalten, mit den Worten abgewiesen: »Wir sehen keinen Grund, unser Programm zu ändern.«

Es ist klar, daß der unmittelbare Anlaß zum 17. Juni auf die Agentenarbeit der Westmächte zurückzuführen ist. Sonst wäre ja nicht zu gleicher Zeit an so vielen Stellen in dieser organisierten Form losgeschlagen worden. Die Ursache aber ist nicht der Anlaß – und die Ursache zu den Ereignissen liegt in der DDR. Denn wenn die Agenten keinen Boden vorgefunden hätten, der sich für ihre Arbeit eignete, so wären sie sofort isoliert worden oder hätten gar nicht erst losgeschlagen.

Ich möchte Sie, verehrter Herr Sokolow, und durch Sie die verantwortlichen sowjetischen Stellen bitten – ich bitte Sie um Ihrer eigenen Landsleute und um des Weltfriedens willen –, sich in diesem Punkt keine Illusionen zu machen. Ein paar Erleichterungen auf sozialem Gebiet ändern die Grundlage nicht, *wenn nicht auf allen Gebieten des Lebens in der DDR eine neue Haltung den Menschen gegenüber geschaffen wird.* Das bezieht sich auf Gewerkschaften wie auf Parteiapparat, und was die Schriftsteller betrifft, auf das Gebiet der Kultur, der Presse, des Radios. Man muß den Arbeitern und allen Bevölkerungsteilen eine Presse geben, der sie wieder Vertrauen schenken. Man muß in einer Sprache zu ihnen sprechen, die sie verstehen und die die ihre ist. Man muß die Dinge drucken, die die Leute interessieren, und zwar deshalb interessieren, weil es *ihre* Dinge, *ihre* Probleme sind. Man muß die Wahrheit schreiben und drucken. Man muß aufhören zu beschönigen. Man muß lernen, wie man die Menschen überzeugt. Man überzeugt sie einmal durch Taten – und das ist im Augenblick das allerwichtigste –, aber auch dadurch, daß man die Taten richtig und *verständlich* interpretiert und darstellt.

Für den Augenblick schlage ich Ihnen für Ihre Zeitung eine Serie von Reportagen und literarischen Artikeln vor, in denen die Sorgen und die Kritik der Arbeiter und der Bevölkerung zum Ausdruck kommen – wenn möglich, schon unter Hinzusetzung von Maßnahmen, die getroffen wurden, um Abhilfe zu schaffen, wenn nicht möglich, auch ohne das.

Ich schlage vor, daß diese Reportagen und Artikel von den fähigsten und ehrlichsten und am klarsten sehenden Schriftstellern geschrieben werden, Schriftstellern, die imstande sind, den richtigen Ton zu finden, und deren Schreibweise frei ist von den großen Phrasen und Klischees, die so viel Schuld tragen an den Ereignissen des 17. Juni.

Viele Arbeiter haben während des Streiks und der Demonstrationen gesagt: WIR WOLLEN GEHÖRT WERDEN. Man hatte sie nicht oder nicht rechtzeitig gehört. Jetzt kommt es darauf an, daß sie den Eindruck gewinnen: Jawohl, man hört uns! Jetzt kommt es darauf an, ein Ventil zu öffnen, um den aufgestauten Haß, die aufgestaute Mißstimmung, abblasen zu lassen. Jetzt kommt es darauf an, wieder Vertrauen zu schaffen – Vertrauen der Arbeitermassen und der Bevölkerung zu Regierung und Partei. Wenn Ihre Zeitung vorangeht, bin ich überzeugt, daß die andern folgen werden.

Juli 1953

Beobachtungen zum Pressewesen in der DDR

Es ist leichter, eine Wahrheit zu popularisieren, die den Sieg in sich trägt, als eine zerschlissene Lüge zu vertreten, die Tag für Tag im Weltgeschehen ihre kurzen Beinchen deutlicher zeigt. Das ist eine Tatsache, durch Erfahrungen erhärtet.
Also kann es nicht zu schwer sein, in der Deutschen Demokratischen Republik Zeitungen zu machen, die imstande sind, die Bevölkerung aufzuklären, ihr zu helfen und sie zu führen. Die Presse in der Deutschen Demokratischen Republik vertritt die besten Prinzipien in der Welt: Frieden, Fortschritt, Demokratie, Sozialismus. Auf seiten dieser Presse steht die historische Entwicklung, steht alles, was gut und schön und edel und wahr ist, während die kapitalistische Presse und Propaganda sich krampfhaft um die Wahrheit herumwinden müssen.
Warum also ist die Presse in der Deutschen Demokratischen Republik so ungenügend?

Am 17. Juni versagten die Zeitungen in einer Art, daß es wohl notwendig sein wird, Pressewesen und Pressepolitik einer gründlichen Prüfung und Revision zu unterziehen.
Wo war die schnelle Reaktion der Presse auf die Ereignisse? Wo waren die Extraausgaben? Wo blieben die Nachrichten, und wo war die Führung, die das Publikum mit Recht von seiner Presse erwarten kann?
Was am 17. Juni vor sich ging, war doch wohl schon seit den frühen Morgenstunden in den Redaktionen bekannt! Es wäre durchaus möglich gewesen, gegen elf Uhr die ersten Extraausgaben auf der Straße zu haben, die den Arbeitern klargemacht haben könnten, worum es sich an diesem Tage handelte und was vom Westen her gespielt wurde. Eine solche Presse, solche Extraausgaben im entscheidenden Moment, hätten einen entscheidenden Einfluß auf die Dinge nehmen können. Sie hätten dazu beigetragen, die Spreu vom Weizen, die Provokateure von den Arbeitern zu trennen. Vieles Unangenehme, was geschah,

wäre nicht geschehen. Und vor allem hätte die Bevölkerung den Eindruck gewonnen, daß sie in schweren, verwirrenden Stunden nicht allein, nicht ohne die Stimme der Aufklärung und der Vernunft und der Wahrheit dastand.
Statt dessen geschah – nichts. Waren die Redakteure nicht auf ihrem Posten? Waren die Drucker nicht an ihren Maschinen? Redakteure und Drucker waren da. Aber die selbstverständlichste, erste Pflicht des Journalisten, Nachrichten und Weisung zu geben, wurde versäumt. Man wartete. Worauf? Auf Anweisungen? ... Wenn der Feind angreift, kann der Soldat in der ersten Linie nicht warten, bis der General hinten den Befehl zum Feuern gibt. Wenn ein Saboteur auftaucht, kann der Arbeiter an der Drehbank nicht warten, bis der Betriebsleiter ihn auffordert, dem Saboteur eins mit dem Schraubenschlüssel über den Schädel zu ziehen.
Das aber war die Situation am 17. Juni.
Eine Zeitung ist eben kein Finanzamt; und ein Journalist sollte mehr sein als ein Beamter, der Vorgekautes wiederkäut. Was er gelernt hat, muß er selbständig anwenden können. Dafür ist er da. Diese Verantwortung kann er nicht nach oben hin abschieben. Verantwortungsscheue Funktionäre gehören nicht in die Presse.

Eine Zeitung ist vor allem ein Organ zur Übermittlung von Nachrichten an das Publikum. Die Leute kaufen sich die Zeitung in erster Linie, um zu erfahren, was los ist. Das gilt auch für Parteizeitungen. Parteizeitungen werden von Parteianhängern und Sympathisierenden gekauft, die erfahren wollen, was in der Welt *und* in der Partei los ist und was die Partei zu fordern und zu tun gedenkt. Sind die Nachrichten, die die Zeitung bringt, den Tatsachen entsprechend und so geschrieben, daß die Leute sie verstehen, dann gewinnen die Leser Vertrauen zu ihrer Zeitung und sind bereit, der Politik, die die Zeitung vertritt, zu folgen.
Die bürgerliche, kapitalistische Presse weiß das ganz genau. Sie bemüht sich daher, eine Fülle von kleinen, unwichtigen Wahrheiten zu drucken, damit ihre Leser ihr die *große Lüge* glauben. In der Presse der Deutschen Demokratischen Republik dagegen werden häufig die kleinen, unwichtigen, vom Leser aber nachprüfbaren Wahrheiten übersehen oder entstellt, besonders wenn diese Wahrheiten nicht ganz angenehm sind. Der Erfolg ist, daß

der Leser auch die *große, unbestreitbare Wahrheit* bezweifelt. Wer einmal schönfärbt, dem glaubt man nur schwer.
Diese Schönfärberei in der Presse hat nach dem 17. Juni keineswegs aufgehört. Wenn aus einer Stadt in der Deutschen Demokratischen Republik berichtet wird, daß dort 150 000 Menschen an einer Vertrauenskundgebung für die Regierung teilnahmen – während jeder, der dort war, weiß, daß es weniger als 150 000 waren –, so ist damit niemandem gedient. Wen will man eigentlich mit solchen Berichten zum Narren halten? Die Einwohner der Stadt? Die Einwohner anderer Städte? Das Zentralkomitee der SED? Die Regierung?
Wenn berichtet wird, daß die *gesamte* Bevölkerung der Deutschen Demokratischen Republik das Fünfzehn-Millionen-Dollar-Angebot der USA-Regierung *mit Empörung* ablehnt, so ist damit gleichfalls niemandem gedient. Alle die, die zu dumm sind, um die Zwecke der amerikanischen Regierung zu durchschauen, sind doch gescheit genug, um sich auszurechnen, daß die Sache mit der *gesamten Bevölkerung* nicht stimmt – denn sie sind auch ein Teil der Bevölkerung und denken anders. Man hätte nur zu schreiben brauchen: *breite Teile der Bevölkerung* oder *der überwältigende Teil der Bevölkerung*, und man wäre der Wahrheit näher gekommen und hätte die Dummen nachdenklich gestimmt.
Bei diesen zwei Beispielen handelt es sich um ausgesprochen politische Nachrichten. Aber auch bei sozusagen unpolitischen Nachrichten läßt sich die Tendenz der Schönfärberei feststellen. Wenn man erst aus einem Ministerratskommuniqué erfahren muß, daß ein Unglück in einem Kalibergwerk geschah, so ist das falsch. Ein Unglück ist geschehen. Unglücksfälle können sich in jeder Gesellschaftsordnung ereignen. Laßt uns um Gottes willen darüber berichten; um so mehr Genugtuung wird es dem Leser später bereiten, daß die Regierung den Opfern des Unglücks hilft.
In Fällen, wo die Wahrheit Hunderten und Tausenden von Menschen sowieso bekannt ist, kann und soll man die Tatsachen nicht vertuschen. Besonders kann man das nicht in einem Lande tun, wo der Feind mit dem größten Vergnügen alle für uns unangenehmen Wahrheiten ausposaunt. Drucken wir die Tatsachen nicht oder nicht rechtzeitig, so zwingen wir die Bevölkerung direkt, sich Zeitungen aus dem Westen zu ver-

schaffen und den westlichen Radiosendern zuzuhören. Und dann erfährt die Bevölkerung besagte Tatsachen entstellt, übertrieben, falsch; und wir haben keine Gelegenheit mehr zum Richtigstellen. Und das Vertrauen zu unserer Presse sinkt weiter.

Der kleine Junge, der die Augen schloß und nun glaubte, man sähe ihn nicht, hat unrecht. Man sieht ihn doch.

Die Zeitung ist ferner ein Organ der Meinungsbildung. Voraussetzung dafür, daß die Zeitung diese Funktion erfüllen kann, ist das Vertrauen der Leserschaft, das sich die Zeitung durch die Nachrichtengebung erringt.

Die Zeitung beeinflußt die Leser einmal durch die Art, wie sie ihre Nachrichten abfaßt; dann durch die Überschriften; dann durch die Kommentare; und endlich durch ihre Leitartikel.

Die Leitartikel stehen am Ende dieser Aufzählung: Man soll sich nämlich keine zu großen Illusionen über den direkten Einfluß von Leitartikeln auf die Leser machen – besonders wenn diese Leitartikel, wie so oft, zu lang und voller Wiederholungen sind. Erst dann, wenn der Leser selbst prüft, daß der Leitartikel ihm neue politische Erkenntnisse vermittelt (was allerdings Leitartikel dieser Art voraussetzt), wird der Leitartikel bei der Meinungsbildung eine größere Rolle spielen. Die Leitartikel in der »Prawda« zum Beispiel tun das, und üben auch einen dementsprechenden Einfluß aus.

Die bürgerliche Presse hat die Kunst, meinungsbildende, tendenziöse, aber scheinbar objektive Nachrichten abzufassen, sehr weit entwickelt. Natürlich muß auch die Presse in der Deutschen Demokratischen Republik die Nachrichten so abfassen, daß die Meinung der Leser gelenkt wird; aber man lenkt nicht dadurch, daß man dick aufträgt, heftig mit dem Zaunpfahl winkt, offensichtliche Kommentare in die Nachricht hineinschreibt und den Leser, der auch selber gerne etwas denken möchte, durch zu auffällige Schlußfolgerungen verstimmt. Wenn man schon nicht imstande ist, eine Nachricht so zu schreiben, daß sich die richtige Schlußfolgerung ohne viel zusätzliche Worte aus der Nachricht ergibt, dann soll man ein Sternchen unter die Nachricht setzen und den Mut haben, den eigenen Kommentar als *Kommentar* zu drucken.

Überschriften dienen dazu, den Leser zum Lesen des unter der

Überschrift stehenden Textes zu veranlassen. Die Überschrift kann, wenn sie geschickt abgefaßt ist, dem Leser eine Denkrichtung geben, in der er den Text der Nachricht oder des Artikels betrachten soll. Aber nur, wenn sie geschickt abgefaßt ist! Sonst wäre es besser angebracht, eine neutrale, nüchterne Überschrift zu geben. Vor allem aber ist die Überschrift keine Losung. Losungen regen nicht zum Lesen an, weil sie, wenn sie gut sind, bereits alles sagen – und wenn sie schlecht sind, gehören sie nicht in die Zeitung.
Keineswegs meinungsbildend jedoch ist eine Nachricht, die sich in der letzten Zeit in der Presse der Deutschen Demokratischen Republik eingebürgert hat. Diese Art Nachrichten lautet ungefähr so:
ADN. – Die Witwe Pietsch in Hinterkötzschenbroda erklärt, daß sie über die letzten Beschlüsse der Regierung überglücklich ist.
Unterstellen wir, daß der Hinterkötzschenbrodaer Korrespondent des ADN ein ehrlicher Mann ist und die Witwe Pietsch tatsächlich gefragt hat, was sie von dem betreffenden Regierungsbeschluß hält. Und unterstellen wir auch, daß die Witwe Pietsch politisch genügend Bescheid weiß, um den Regierungsbeschluß in all seinen komplizierten Auswirkungen beurteilen zu können. Dann bleibt immer noch die Tatsache, daß in der ganzen großen Deutschen Demokratischen Republik vielleicht zwei Dutzend Menschen die Witwe Pietsch kennen und ein Interesse für ihre Meinung haben. Jedem anderen Bürger der Deutschen Demokratischen Republik ist die Witwe Pietsch keineswegs maßgeblich, und ihre Meinung über Regierungsbeschlüsse ist ihm höchst schnuppe, auch wenn diese Meinung auf der Frontseite der Zeitung proklamiert wird.
Es handelt sich hier um eine falsche Anwendung des Begriffes *typisch.* Der ADN-Reporter, und mit ihm wahrscheinlich der Redakteur der Zeitung, glaubt und hofft, daß die Witwe Pietsch aus Hinterkötzschenbroda für die öffentliche Meinung in der Deutschen Demokratischen Republik typisch ist. Aber ist sie das? Das müßte man doch erst mal beweisen. Und solange der Beweis nicht gleichzeitig mit der Nachricht über die Witwe erbracht wird, solange man nicht erklären kann, daß die Witwe Pietsch für einen beträchtlichen Prozentsatz aller Witwen im Lande spricht, soll man nicht so tun als ob – und vor allem soll man sich nicht selber darüber täuschen wollen, daß die Witwe

Pietsch durch ihre höchst anerkennenswerte Äußerung die öffentliche Meinung beeinflussen kann.

Die amerikanische Werbung geht von dem Grundsatz aus, daß man dem Menschen gewisse Begriffe einhämmern müsse, bis er ganz automatisch reagiert. *Drink Coca Cola!* steht an jeder Straßenecke, in der Erwartung, daß die Bevölkerung schließlich nur noch Coca-Cola trinken wird.
Man kann mit dieser Methode vielleicht automatische Reflexe erzielen, wie Pawlow es bei seinen Hunden erreicht hat, aber zum Denken regt man die Menschen damit nicht an. Und schließlich wollen wir doch denkende Menschen in der Deutschen Demokratischen Republik. Warum nimmt man die schlechteste aller amerikanischen Reklamemethoden in unserer Presse auf? Warum benutzt man immer und immer wieder dieselben abgestandenen Phrasen? Beifall ist immer *brausend*, Demokraten sind immer *aufrecht*, Adenauer ist immer *heuchlerisch* und zu seiner Verfügung steht die *Adenauerclique* usw., usf. Auch dort, wo derartige Bezeichnungen dem Tatbestand genau entsprechen, verlieren sie ihre Wirkung, weil sie schablonenhaft geworden sind. Dabei hat die deutsche Sprache einen völlig ausreichenden Wortschatz.
Es geht aber nicht nur um diesen Stil, der den Leser abstößt. Es geht um die Denkfaulheit. Ein Journalist, der, sagen wir, einen Versammlungsbericht schreibt und dem Wort *Beifall* automatisch das Wort *brausend* beifügt – dieser Journalist hat sich den Beifall überhaupt nicht bewußt angehört. Vielleicht war der Beifall gar nicht brausend; und es wären daraus gewisse Schlüsse für seinen Versammlungsbericht zu ziehen. Aber nein, er denkt gar nicht darüber nach, was er schreibt – aus den schematischen Worten entsteht der schematische und daher unwahre Bericht. Die Leser aber, die in der betreffenden Versammlung waren und sehr wohl wissen, ob der Beifall brausend war oder nicht, merken die Unwahrheit – und wieder verlieren sie das Vertrauen zu ihrer Presse. Ganz abgesehen davon, daß der Journalist, sollte der Beifall schon einmal brausend sein, gar kein Wort mehr zur Verfügung hat, um diese Tatsache auszudrücken.
Hier wurde ein sehr harmloses Beispiel gewählt. Bei ernsthafteren Fragen aber wirken sich die schematischen Wortkombina-

tionen katastrophal aus. Auch wenn wirklich etwas Neues ausgesagt wird, liest es sich bei Benutzung der üblichen Schablonen wie eine Wiederholung von längst Gesagtem, und der Leser legt es ungelesen zur Seite.
Nur ein Journalist, der selber und selbstverständlich denkt, wird das Denken seiner Leser beeinflussen können.

Eine Zeitung ist schließlich ein Organ zur Unterhaltung und Belehrung ihrer Leser. Der Leser verlangt das Recht, daß seine Zeitung bunt ist und den verschiedenen Interessen des Lebens entspricht.
Dazu gehört ein reichhaltiger Lokalteil, mit Nachrichten allgemeiner Natur, persönlichen Nachrichten, Glossen. Das Interesse, das der Mensch für die Angelegenheiten seines lieben Nächsten hat, besteht auch in einer neuen Gesellschaftsordnung; man muß damit rechnen, und man muß es benutzen, um dem Leser Vertrauen zu seiner Zeitung zu geben.
Dazu gehört ein reichhaltiges Feuilleton – nicht voller Diskussionen über Formalismus – sondern voll wahrhaft unterhaltender Beiträge, die durchaus nicht unpolitisch zu sein brauchen. Das *unpolitische* Feuilleton hat es ja auch nie gegeben. Das Feuilleton wie auch der Nachrichtenteil sollen den Leser, für ihn fast unmerklich, beeinflussen – nicht etwa, weil der Leser an der Nase herumgeführt werden soll (wie es die kapitalistische Presse tut), sondern weil der Leser sich nicht gegängelt fühlen möchte.
Dem Lokalteil und dem Feuilleton könnte man, da das Papier leider knapp ist, die langen Reden örtlicher Größen opfern; es sei denn, daß diese Reden neues Gedankengut enthalten.

Im Frankreich Napoleons gab es eine Zeitung mit dem Namen *Moniteur*. Sie war das Amtsorgan des Kaisers. Was darin stand, war Befehl. Nur Beamte und Offiziere lasen den *Moniteur*, denn das gehörte zu ihren Pflichten. In der Deutschen Demokratischen Republik gibt es keinen *Moniteur*. Es kann und soll ihn auch nicht geben. Aber es gibt Zeitungen, die in einem Teil ihrer Spalten offiziös sind. Wenn im *Neuen Deutschland* ein Kommuniqué des Politbüros der SED erscheint, so bedeutet das eine politische Tatsache, die gewisse Folgen nach sich zieht. Wenn aber zum Beispiel in demselben Blatt eine Buchkritik erscheint, so ist das eben eine Buchkritik im *Neuen Deutschland*, nicht aber ein Beschluß des Zentralkomitees der SED über das betreffende Buch.

Das wird mitunter von Leuten vergessen, die zu bequem oder zu unfähig sind, um sich eine eigene Meinung zu bilden und selbständig zu entscheiden. Sitzen solche Leute nun an Stellen, wo sie ihrerseits wieder meinungsbildend wirken, so ergibt sich eine Vereinheitlichung und Erstarrung der Meinung auch in Fragen, die weiter diskutiert werden sollten.

Natürlich weiß man in den Redaktionen der *offiziösen* Blätter über diese traurigen Auswirkungen ihres offiziösen Charakters Bescheid; und die Folge ist, daß man angesichts der noch ziemlich weit verbreiteten rückgratlosen Nachbeterei vorsichtiger schreibt, als man möchte, und die Zeitung langweiliger macht, als es nötig wäre, wenn man nicht auf die Nachbeter Rücksicht zu nehmen hätte.

Vielleicht können die *offiziösen* Blätter ein für allemal klarmachen, in welchen Artikeln sie als *offiziös* aufgefaßt zu werden wünschen – und auf welchen ihrer Seiten sie wie andere normale Zeitungen sind. Damit wäre uns allen, auch ihnen selber, geholfen.

29. Juli 1953

Beobachtungen zum literarischen Leben in der DDR

Gerade weil in der Deutschen Demokratischen Republik Kunst und Literatur neue und positive, wahrhaft humane Aufgaben haben, macht sich jeder Fehler in verhältnismäßig kurzer Zeit im Leben des Volkes, in der Politik, bemerkbar. Ich wage zu behaupten: Hätten wir bessere und wahrere Bücher, Erzählungen, Gedichte, Stücke in größerer Anzahl gehabt, so hätten sich Tausende und Millionen Bürger der Deutschen Demokratischen Republik unter dem Einfluß dieser Werke in den Tagen des 17. Juni anders verhalten, als sie sich tatsächlich verhielten. Denn der Schriftsteller *ist* der Ingenieur der menschlichen Seele – man muß ihm allerdings gestatten, seine komplizierte Tätigkeit richtig auszuüben und sich tatsächlich mit der Seele des Menschen zu befassen.

In den Vereinigten Staaten hat die Filmindustrie Untersuchungen angestellt, wer eigentlich das Publikum ist, das nun die Filme konsumieren soll. Es ergab sich dabei, daß die geistigen Ansprüche des amerikanischen Kinobesuchers im Durchschnitt denen eines Dreizehnjährigen entsprechen. Und für das intellektuelle Niveau eines Dreizehnjährigen werden die Filme dort auch zugeschnitten – das heißt dafür, was man aus diesen *geistig* Dreizehnjährigen machen will.
Ich führe das Beispiel nur an, um zu zeigen, daß jeder Produzent von Kunst und Literatur sich ein Bild machen muß – und auch macht! – von dem Konsumenten, für den Kunst und Literatur hergestellt werden. Auch in der Deutschen Demokratischen Republik gibt es dieses Bild des Konsumenten, allerdings ein sehr unscharfes, idealisiertes Bild. Die Unterschrift unter diesem Bild lautet: *Unsere Werktätigen.* Wer hat nicht schon den schönen, meist mit leichter Empörung in der Stimme vorgetragenen Satz gehört: *Unsere Werktätigen verlangen*... oder: *Das wollen unsere Werktätigen nicht!*... Und die, die so etwas als höchste Weisheit vortragen, und damit dem Künstler

einen Strich machen durch sein Bild oder seine Kurzgeschichte oder was es nun sein mag, kennen zwar die richtige Lehre, benutzen sie aber allzu oft schematisch und als Dogma; und weiß der Teufel, wann sie das letzte Mal mit einem lebenden Werktätigen darüber gesprochen haben, was er wirklich verlangt oder nicht will.
Der Grundfehler, an dem die Literatur und Kunst in der Deutschen Demokratischen Republik kranken, ist der gleiche, an dem das Leben hier überhaupt gekrankt hat und der am 17. Juni sichtbar für alle Welt hervortrat: die Entfremdung nicht so sehr der Künstler als der die Künstler Lenkenden vom Volk, vom Konsumenten der Literatur und Kunst. Dieser *unser Werktätiger*, für den geschrieben und musiziert und gemalt wurde, war eine ziemlich blutlose Idealfigur, war ein Werktätiger, wie man ihn vielleicht gerne gesehen hätte – aber er entsprach dem wirklichen Werktätigen ebensowenig wie so manche positiven Helden in so manchem Stück Prosa. Und diese Prosa wurde dann natürlich von den Werktätigen nicht gelesen.

Dazu kam eine völlig mechanische Auffassung von der Rolle des Schriftstellers, des Künstlers überhaupt, als des Ingenieurs der menschlichen Seele. Die erzieherische Funktion des Schriftstellers wurde sehr einfach, viel zu einfach, ausgelegt. So ungefähr nach dem Rezept: Du, Schriftsteller, zeige einen vorbildlichen Aktivisten – damit alle deine Leser, alle *unsere Werktätigen* vorbildliche Aktivisten werden.
Es gibt da sehr lustige Beispiele. In Halle, wo ein Kinderstück von Hanuš Burger und mir, eine Dramatisierung des Twainschen *Tom Sawyer*, lief, entstand tatsächlich eine ernsthafte Diskussion darüber, ob Huckleberry Finn auf der Bühne im Laden von Toms Tante Backpflaumen klauen dürfe. Denn, so wurde gefolgert, wenn Huck Finn auf der Bühne gestattet wird, Backpflaumen zu klauen, dann werden sämtliche Kinder von Halle anfangen, auch Backpflaumen zu klauen.
Ja, wenn das Leben und die Umgestaltung des Menschen so simpel wären, dann hätten wir längst paradiesische Zustände in der Deutschen Demokratischen Republik. Wir haben sie aber leider nicht, und der Mensch ist nach dem Sündenfall ein innerlich sehr kompliziertes Wesen geworden, dem mit traktätchenhafter Vorbildliteratur, so erbaulich sie auch sein mag, nicht

beizukommen ist. Wir müssen den Menschen zeigen, wie er ist, damit uns die Leser überhaupt erst mal den dargestellten Menschen glauben. Erst dann können wir am Beispiel dieser Menschen zeigen, wohin die Entwicklung geht und gehen soll. Auch die Beziehung zwischen Autor und Leser, zwischen Kunstproduzent und Kunstkonsument ist – eine Vertrauensfrage.

Zu diesem Kapitel gehört der berühmte *Ausweg*. Zumindest am Schluß eines Buches, einer Kurzgeschichte usw., so heißt es, müsse dem Leser der *Ausweg* vom Autor mitgeteilt werden, damit nämlich der Leser den gleichen, vorbildhaften Ausweg einschlagen kann, wenn nötig.
Selbstverständlich muß der Autor ganz genau wissen, was der Ausweg aus der Situation ist, die er beschreibt – und er muß seine Handlung dementsprechend führen und seine Charaktere dementsprechend entwickeln. Aber er muß es dem Leser überlassen, die endgültige Schlußfolgerung selber zu ziehen – erstens, weil der Leser, der gerade acht oder neun schwer verdiente Mark für das Buch ausgegeben hat, nicht für so dumm gehalten zu werden wünscht, daß er nicht selbst zu dem richtigen Schluß kommen könne, und zweitens, weil ein Wink mit dem Zaunpfahl oder ein wohlgezielter Schlag mit dem Holzhammer noch nie jemanden überzeugt hat.
Der Witz ist doch der: Man muß den Leser dazu bringen, sich mit einer oder mehreren Figuren im Buch zu identifizieren; mit Figuren, die Leitartikel reden oder sich leitartikelhaft benehmen, kann man sich aber nur schwer identifizieren. Das Problem der Selbstidentifizierung mit lebendigen Figuren in einem Buch ist ein Problem der Schaffung von Illusion. Der Leser muß sich einbilden können: Ja, XY könnte ich selber sein; und nun bin ich aber gespannt, ob XY sich auch so verhalten wird, wie ich mich verhalten würde. Und wenn sich XY auch anders verhält, so muß er sich doch immer so verhalten, daß der Leser ihm folgen und XYs unerwartetes Verhalten begreifen kann.
Es ist wie beim Marionettentheater. Nach einer Weile vergißt man die Schnüre, vergißt man die sonderbaren Größenverhältnisse, und die Püppchen beginnen zu leben – aber wehe, wenn der Puppenspieler seine Hand zeigt, die die Drähte hält. Dann ist es aus mit der Illusion und nur der Ärger bleibt.

Literatur und Kunst müssen erziehen, und Schriftsteller und Künstler müssen sich klar sein, in welcher Richtung erzogen werden soll. Das ist erforderlich. Aber dieser hinterlistige Zweck der Übung soll doch, wenn möglich, unter Schriftstellern und Künstlern als eine Art kleines Berufsgeheimnis bleiben – schon aus Gründen der Verbreitung von Literatur und Kunst.
Die Leute gehen nämlich nicht ins Kino oder ins Theater, sie kaufen sich keine Romane, um sich erziehen zu lassen. Erziehung erwarten sie von Schule und Schulung. Von der Kunst wollen die Leute unterhalten werden. Dafür zahlen sie. Und man soll ihnen nicht ihre Arbeitergroschen unter falschen Vorwänden abschwatzen.
Aber sie haben nichts dagegen, gleichsam im Spiel zu lernen. Nur muß es eben im Spiel sein – am besten, ohne daß sie dabei merken, daß sie auch etwas gelernt haben. Das ist eben die Kunst bei der Kunst, und wer nicht unterhalten kann oder will, soll Universitätsprofessor werden.
Obwohl auch da die interessanten Professoren vorzuziehen sind. Man erinnere sich bitte an seine eigene Schulzeit. Bei welchen Lehrern lernte man denn am liebsten und am meisten? Bei den trockenen, bei den doktrinären – oder bei denen, die die lange Schulstunde unterhaltsam und spannend zu machen verstanden?
Ein Buch, ein Stück, ein Feuilleton, das nicht unterhaltsam geschrieben und spannungsvoll ist, kann politisch wunderbar liegen – und es ist doch ein schlechtes Buch, ein schlechtes Stück, ein schlechtes Feuilleton, und erfüllt auch seinen politischen Zweck nicht.

Eine Zeitlang glaubte ich, daß das Problem der Grundeinstellung des Schriftstellers zum Gesellschaftssystem die Wurzel der Schwierigkeiten bei der Literatur in der Deutschen Demokratischen Republik sei. Die Mehrzahl der Schriftsteller, glaubte ich, sei in einer Zeit aufgewachsen, in der man als ehrlicher Mensch gegen die herrschenden Zustände sein mußte. Jetzt muß man, gleichfalls als ehrlicher Mensch, für die Ziele der neuen Gesellschaftsordnung sein. Und Leuten, die jahrelang gegen etwas geschrieben haben, glaubte ich, fiele die Umstellung zum Für schwer; und daher die mangelnde Produktion guter Sachen.
Aber das ist ein Irrtum. Man hat ja immer gegen und für

geschrieben: gegen das schlechte Alte, für das gute Neue. So viel hat sich also gar nicht geändert, bloß weil die Polizei endlich auf seiten des guten Neuen stand. Das Alte, wie sich am 17. Juni herausstellte, existiert immer noch in alter Dummheit und Scheußlichkeit; es existiert für meinen Geschmack sogar zu reichlich; und es ist die Aufgabe der Schriftsteller, zusammen mit allen anständigen Menschen schleunigst etwas dagegen zu tun.

Wo also saß und sitzt der Hemmschuh? Der Hemmschuh heißt Unsicherheit – eine Unsicherheit, die dadurch erzeugt wurde, daß man zwar wußte, für wen und für was man war, nicht aber, gegen wen und gegen was man sein Feuer zu richten hatte. Als anständiger Mensch mußte man ja vorsichtig sein mit der Kritik, mit dem Gegen. Vielleicht, so dachte man, war das, was dem normalen Besucher als kapitale Dummheit erschien, irgendwie doch sehr gescheit und von obenher gründlich durchdacht. Im Kommuniqué der Regierung vom 11. Juni kam dann doch heraus, daß es eben nicht so sehr gescheit und gründlich durchdacht, sondern ein Fehler war.

Man muß als Schriftsteller auch den Mut haben, Fehler zu sehen und aufzuzeigen, literarisch aufzuzeigen, sogar wenn sie noch nicht als Fehler offiziell anerkannt sind. Der gute, ehrliche Schriftsteller war im Kapitalismus das Gewissen der Menschheit; er muß diese Funktion auch weiter innehaben, nachdem die Bergwerke und Stahlwerke und Latifundien den Herren Monopolisten aus den Händen genommen wurden. Dieser Besitzwechsel verändert zwar die Menschen – aber doch sehr langsam. Und vermutlich wird die Menschheit auch noch im Stadium des Kommunismus ein Gewissen brauchen.

Kollegen Schriftsteller, wir haben ein paar Jahre lang vergessen, wozu wir unter anderem da sind. Das hat sich gerächt.

Nun ist es schwer, könnte man sagen, Gewissen zu sein, wenn die Papierzuteilung von Amts wegen entschieden wird und wenn an den Redaktionsschreibtischen manchmal Leute sitzen, die die Stimme des Gewissens nicht gerne hören.

Aber wann wurde es dem Schriftsteller je leichtgemacht? Gewiß, man hat hier so manche Schriftsteller gefeiert und ihnen Preise gegeben, und die Honorare sind teilweise anständig. Feiern und Preise sind jedoch, wie Shdanow einmal ungefähr

sagte, ein Vorschuß auf zu Leistendes; und nach wie vor liegt die Verantwortung dem Volk und der Nachwelt gegenüber.
Man darf sich auch von Worten wie *nicht typisch, objektivistisch, formalistisch* nicht schrecken lassen, wenn diese Worte, wie so oft, von Leuten herumgeschleudert werden, die die Bedeutung der Begriffe nicht einmal genau kennen. Das ist nicht als Vorwurf gegen diese Leute gesagt; es ist schwer für einen Arbeiter, der plötzlich als Funktionär einer Arbeiterregierung Kulturpolitik zu machen hat. Dieser Arbeiter ist anfangs unsicher, und er klammert sich an Regeln, die er mitunter falsch anwendet. Das ist aber als Vorwurf gesagt gegen jene, die es besser wissen sollten – jene bürgerlichen Intellektuellen der alten Schule, die päpstlicher zu sein wünschen als der Papst.
Nicht alles, was mir persönlich nicht gefällt, ist deshalb *nicht typisch* oder *formalistisch* und also verdammenswert. Und die Wahrheit vor allem, die manchmal unangenehme, häßliche Wahrheit, ist alles andere als *objektivistisch.*
Am 16. Juni wurde ich zu einer Besprechung in die Redaktion einer Zeitung gebeten, die einen Roman von mir veröffentlichte. Ich wurde ersucht, ein Kapitel in diesem Roman zu ändern, in dem ein Teil der Arbeiter einer Gewerkschaftsgruppe in einer amerikanischen Stadt auf eine faschistische Provokation hereinfällt. Das, wurde mir gesagt, sei *objektivistisch* und könne daher den deutschen Arbeiterlesern nicht vorgesetzt werden. Das war am 16. Juni. Ich weigerte mich an diesem Tage, der deutschen Arbeiterklasse eine schöngefärbte amerikanische Arbeiterklasse, die auf Provokation nie und nimmer hereinfällt, vorzusetzen. Ich bestand auf der Wahrheit.
Am 17. Juni fiel ein beträchtlicher Teil der deutschen Arbeiter in der Deutschen Demokratischen Republik auf eine viel größere faschistische Provokation herein. Am 18. Juni ging mein Kapitel, wie geschrieben, in Satz.

Das bedeutet nicht, daß der Schriftsteller jeden Unsinn, den er schreibt, veröffentlicht haben muß; daß der Maler jedes zitronengelbe Dreieck, das er malt, ausgestellt bekommen muß; und daß jede Tonkombination des Musikers öffentlich gespielt zu werden braucht. Auch in Kunst und Literatur gilt der alte Satz der Bürger: Cui bono? Wem nützt es?
Faschistische Literatur, Schund und Kitsch, sinnloses Gekrakel

auf Leinwand, Notenblatt und gedruckter Seite nützen uns nicht, bringen die Welt nicht vorwärts. Weg damit.
Aber die Entscheidung darüber, was gut und nützlich und notwendig ist, kann nicht einigen ewig nach oben Schielenden überlassen bleiben, auch wenn diese verantwortungsscheuen Seelen sich als Kritiker maskieren. Und hören wir doch endlich auf das, was das Volk will. Das Volk – das sind die Arbeiter und die Bauern und die selbständigen Handwerker und die kleinen Angestellten und Kaufleute und die Ärzte und Lehrer und was sonst noch als *Intelligenz* gilt, mitsamt ihren Frauen und Kindern. Das Volk ist ja nicht absichtlich böse und dumm, und es will nicht so fühlbar gegängelt werden. Aber es will unterhalten werden, und es hat ein Recht darauf. Und wenn wir ihm nicht geben, was es an Kunst und Literatur verlangt, wird es sich den Bedarf anderswo decken.
Das Volk will Unterhaltung, und es will wirklich über seine eigenen Probleme hören und darüber Klarheit gewinnen – aber in seinen eigenen Worten, aus seinem eigenen Leben heraus. Es will dabei nicht alles auf einmal vorgekaut bekommen; es will nicht jene elenden Stopfgänse, in denen alles vom sich nie betrinkenden Aktivisten bis zum edlen jungen Pionier, eitel Wonne und Glück und ein ach so keusches Küßchen von der jungen Traktoristin dazu, nach bekanntem Schema enthalten ist – alles, bis auf die Wirklichkeit. Es will Realismus; ja, es will sozialistischen Realismus – aber nicht den Formelkram, der so oft fälschlich unter der Flagge des sozialistischen Realismus gesegelt ist.

8. Mai 1954

Aber Herr Tillich!

Ich tipple gemütlich in der Mai-Demonstration und freue mich über das Kaisergeburtstagswetter, das uns der alte Bolschewik, der Petrus, serviert hat. Auf einmal bumst's. Ich blicke instinktiv nach oben. Flugblätter!
Sie trudeln langsam aus dem Blauen herab – eigentlich ganz hübsch, wie Blütenblätter, die im Frühling fallen. Und auf einmal verändert sich für mich die Landschaft. Ich sehe wieder die stinkenden Hecken der Normandie, sehe die aufgedunsenen Kadaver von Mensch und Vieh, sehe die winzigen Figuren, die irgendwo hasten, nach Deckung suchend – und auch damals der gleiche blaue Himmel voller flatternder Flugblätter.
Die Flugblätter von damals waren von zwei amerikanischen Serganten geschrieben worden – einer hieß Burger und der andere Stefan Heym. Diese beiden Idealisten in amerikanischer Uniform mühten sich den deutschen Landsern klarzumachen, was für eine Dummheit, was für ein Verbrechen es war, sich für die höheren Profite von Krupp und Thyssen und IG-Farben totschlagen zu lassen. Ich glaube, die beiden zusammen haben einigen zehntausend deutschen Soldaten das Leben gerettet, indem sie ihnen den Anstoß gaben, die Knarre zur rechten Zeit hinzuschmeißen.

Aus diesem Grunde interessierten mich die Flugblätter, die fast zehn Jahre später, am 1. Mai 1954, vom Berliner Himmel fielen. Der Fachmann in mir meldete sich – und man möchte ja schließlich wissen, was die Ex-Kameraden von der US-psychologischen Kriegsführung jetzt so schreiben und schreiben lassen. Ich hob eines der Flugblätter auf und las es – las es langsam und gründlich, etwa wie ein Dreher das Werkstück eines anderen Drehers betrachtet und prüft.
Unterzeichnet war das Flugblatt von einem gewissen Tillich – aber es ist ja gleich, wer so etwas unterzeichnet; es kommt alles aus derselben, mir vertrauten Quelle. Vier Seiten waren es, von

Rand zu Rand mit kleinsten Buchstaben eng bedruckt. Und stinklangweilig – ein richtiger ellenlanger Riemen, wie man ihn leider noch so manchmal als Leitartikel in unserer Presse findet. Das soll einer lesen?
Ich war enttäuscht. Ich hatte mehr von drüben erwartet, westliche Qualität, sozusagen. Es war aber Dilettantismus, und man konnte sehen, daß der Kerl, der das geschrieben hatte, in sein eigenes Geschwafel verliebt war und nicht aufhören konnte.
Und dann der Inhalt! Über das einmütige und feste Auftreten der drei Westmächte, über den SED-Parteitag und den kalten Krieg, über die FDJ und die Schwierigkeiten Frankreichs, über die bürgerlichen Parteien und die Facharbeiter und die Verwaltungsbeamten, über Bischof Dibelius und über die Intelligenz – bloß über die Jungen Pioniere war nichts drin, dafür war kein Platz mehr gewesen, scheint's. Schade.

Das Ding schloß mit folgendem Wortschwall: *Wir wünschen keinen Molotow-Coctail und darum keinen sowjetischen* Friedens-*Vertrag, sondern diesseits und jenseits des Eisernen Vorhangs Europäische Friedensgemeinschaft!* Das ist, bei Gott, eine schöne Losung – nach dem Prinzip: je länger, desto atemloser. Die langen Losungen sind auch bei uns eine Krankheit; doch daß ausgerechnet der Tillich davon angesteckt wurde, ist eine Wirkung, die unsere Losungsverfasser sicher nicht erwartet haben.
Was steht aber in der Losung, wenn man die Marmelade abkratzt? Da steht: *Wir wünschen ... die Europäische Verteidigungsgemeinschaft!* Und wer ist *Wir?* Offensichtlich die Amerikaner. Propagandafachlich ist das ein grober Fehler von dem Tillich – so offen darf man doch nicht zugeben, wer der Boß ist. Die Leser des Flugblattes merken so was gleich und werden verschnupft.
Und was ist das – ein *Coctail?* Vielleicht ist ein Cocktail mit ck gemeint? Das ist einfach schlampige Arbeit von dem Tillich, denn er dürfte doch genug mit den heutigen psychologischen Kriegführern auf amerikanischer Seite gesoffen haben, um die Getränkekarte zu kennen.

Jetzt kommt der Clou des Flugblattes – das Datum. Wer auch immer das Flugblatt schrieb, bildete sich ein, eine Kreuzung von Napoleon, Eisenhower und Schicklgruber zu sein. Und alles, was solche Leute schreiben, ist natürlich ein historisches Dokument und muß datiert werden.
Das Datum ist: Berlin, im März 1954.
Im März gedruckt und im Mai abgeworfen? Aber die Amerikaner zahlen doch jeden Ultimo! Was ist denn dann mit dem Aprilgeld geschehen? Hat's denn nicht mal für ein neues Flugblatt gereicht? Wenn ich Mr. C. D. Jackson wäre – das ist der Mann, der neben seinen amerikanischen Geschäften auch die psychologische Kriegführung macht –, würde ich mir bessere Leute kaufen für die vielen, allerdings schon etwas inflationsgeschwollenen Dollar.

Nur ist es so, daß man wirklich gute Leute nicht kaufen kann. Um wirkungsvolle, dauerhafte Propaganda zu machen, muß man Wahrheit und Recht vertreten. Wahrheit und Recht sind aber seit 1945 nicht mehr auf seiten der amerikanischen psychologischen Kriegführung. Und auch die Menschen, die ehrlich und aufrichtig für die Demokratie sprechen konnten, sind nicht mehr bei den Amerikanern. Der Ex-Sergeant Burger lebt jetzt in Prag, und der Ex-Sergeant Heym hat diese Zeilen geschrieben.

20. Juni 1954

Aber, aber, Herr Tillich!

Vielleicht werden sich einige Leser dieser Spalte an meinen Artikel vom 8. Mai erinnern. Der Artikel behandelte die Flugblätter, mit denen ein gewisser Herr Tillich von der *Kampfgruppe gegen Unmenschlichkeit* unsern 1. Mai verschönte. Um kurz zusammenzufassen: Ich schrieb, daß das Tillichsche Flugblatt stinklangweilig, politisch dumm und inhaltlich veraltet sei, und daß die Amerikaner sich für ihr Geld doch einen besseren Mann aussuchen sollten.
Die Sache muß westlich des Bahnhofs Friedrichstraße gewirkt haben. Ich erhielt folgenden liebenswürdigen Brief:

Einschreiben

Nikolassee, den 28. 5. 54
Ernst-Ring-Str. 2

Herrn Stefan Heym
per Adr. Berliner Zeitung
Berlin W 8, Jägerstr. 10–12

Sehr geehrter Herr Heym!
Durch Zufall kommt mir Ihr Artikel *Offen gesagt* vom 8. Mai 1954 noch einmal in die Hand, und ich möchte die Gelegenheit doch nicht vorübergehen lassen, Ihnen zu sagen, welchen Spaß er uns gemacht hat. *Uns* – das sind meine Freunde und Mitarbeiter in der KgU, die nun einmal trotz all Euren Geredes nicht amerikanischer, sondern deutscher Staatsangehörigkeit sind. Aber Scherz beiseite – ich finde es doch betrüblich, daß Stefan Heym, dessen Gedichte in der *Menschendämmerung* ich vor langen Jahren mit Ergriffenheit gelesen habe, auf der anderen Seite steht. Passen Sie da wirklich hin? Statt uns ernsthaft zu unterhalten, dedizieren wir uns Scherzartikel – schade!

Mit freundlicher Begrüßung
Ernst Tillich

Nicht nur das Flugblattschreiben, auch das Briefschreiben will gelernt sein. Ernst Tillich kann weder das eine noch das andere. Das führt dazu, daß er an mehreren Stellen seines Briefes, ohne es zu wollen, die Wahrheit durchblicken läßt.
Man nehme nur die beiden zunächst harmlos klingenden Wörtchen *noch einmal* im ersten Satz. Merkwürdig! Also hatte Tillich meinen Artikel schon längst vor dem 28. Mai, dem Datum seines Briefes, gelesen – hatte es aber nicht für nötig befunden, sich über den Spaß, den er daran hatte, schriftlich auszulassen. Erst später geschah etwas, das Tillich veranlaßte, meinen Artikel *noch einmal* aufzugreifen. Was geschah, ist klar. In den drei Wochen zwischen dem Erscheinen meines Artikels und der Abfassung des Tillichschen Schreibens fand eine Beratung mit den Amerikanern statt. Dabei wurde Tillich der Kopf gewaschen wegen seines miserablen Flugblattes, und ferner wurde ihm eine Anweisung, Heym betreffend, gegeben. Die Anweisung lautete: *Versuchen Sie's auf die nette Tour!* Daher die dem Dichter Heym gezollten Komplimente; daher das so wunderbar menschliche Bedauern darüber, daß ich auf der anderen Seite stehe; und daher jenes goldene Brückchen, das Tillich mir baut: Passen Sie da wirklich hin? Unterhalten wir uns doch ernsthaft!
Fehlt nur noch, daß er mir auch gleich mitteilt, wieviel die Ford Foundation (Ford-Stiftung) mir zahlen würde, falls ich gewillt wäre, für die amerikanische psychologische Kriegführung zu arbeiten.

Aber es wurmt den Ernst Tillich ja doch, daß er mir so zahm und höflich schreiben muß. Und da geht ihm mitten im Brief das SS-Temperament durch und er fällt aus dem zivilen *Sie* in den trauten Unteroffizierston: *Trotz all Euren Geredes*, brüllt er, sind die Herrschaften von der KgU keine Amerikaner, sondern deutsche Staatsbürger.
Wen rührt so was nicht? Die Henker von Oradour, die Mordbrenner von Lidice, die Folterknechte von Mauthausen – was waren sie, wenn nicht deutsche Staatsbürger? Seit wann ist der Reisepaß ein moralisches Führungszeugnis? Seit wann beschränken sich die Amerikaner darauf, nur amerikanische Staatsbürger für ihre Wasserstoffbombenpolitik zu verwenden? Amerikanische Agenten tragen Reisepässe und Ausweise, die

in allen Farben schillern und mit allen möglichen Wappen und Inschriften verziert sind – und gerade die Absolventen von Oradour und Lidice und Mauthausen sind, wie Ernst Tillich sehr wohl weiß, das beste Material für Mr. Allan Dulles und die Ford Foundation.

Da wollen wir uns schon lieber mit der Literatur beschäftigen. Zeugt es doch wirklich von tiefst empfundener Menschlichkeit, daß Ernst Tillich vor langen Jahren so von den Gedichten Heyms in der *Menschendämmerung* ergriffen wurde. Himmler, wie wir wissen, liebte die Blumen, Göring liebte die Tiere, und Tillich liebt Verse – noch dazu Verse von Heym.

Nur daß Verse von Stefan Heym nie in einem Buch mit dem Titel *Menschendämmerung* gedruckt wurden. Es gibt auch kein solches Buch. Aber es gibt eine Anthologie von Gedichten mit dem Titel *Menschheitsdämmerung*, die im Jahre 1920 im Verlag Rowohlt erschienen ist – zu einer Zeit, als ich genau sieben Jahre alt war. Der Heym, dessen Gedichte in der *Menschheitsdämmerung* erschienen, heißt Georg Heym, und auf Seite 293 des Buches befindet sich folgende biographische Notiz über ihn:

> Georg Heym, aus einer alten Beamten- und Pastorenfamilie stammend, ist am 30. Oktober 1887 in Hirschberg (Schlesien) geboren. Dreizehnjährig kam er nach Berlin. Als er das Gymnasium absolviert hatte, widmete er sich in Würzburg, später in Berlin dem juristischen Studium. Beim Eislaufen auf der Havel brach er ein und ertrank mit seinem Freunde, dem Lyriker cand. phil. Ernst Balcke, am 16. Januar 1912, nachmittags, bei Schwanenwerder, sein Grab ist auf dem Friedhof der Luisengemeinde in Charlottenburg.

Nun hatte ich aber in meinem Artikel vom 8. Mai sehr klar und deutlich festgestellt, daß ich als Sergeant der Armee der Vereinigten Staaten am Zweiten Weltkrieg teilnahm; ich konnte also nicht im Jahre 1912 ertrunken sein. Der Schluß liegt nahe, daß der poesieliebende Ernst Tillich weder Georg noch Stefan Heym je gelesen hat. Er hat sich nicht einmal die Mühe gemacht, bei seinen amerikanischen Brotgebern in dem amerikanischen Nachschlagewerk *Who's Who* nachzublättern, wo meine Lebensgeschichte und die Titel meiner Bücher zu finden sind.

Wofür, muß man fragen, bezahlen die Amerikaner so einen Mann eigentlich? Ernst Tillich wünscht, sich ernsthaft mit mir zu unterhalten. Ich bin bereit, mich mit ihm in den Redaktionsräumen der *Berliner Zeitung* zu treffen.

13. Juni 1954

John Heartfield

In Moskau erkundigte sich ein sehr bekannter sowjetischer Schriftsteller bei mir: »Sagen Sie, wissen Sie vielleicht, was aus John Heartfield geworden ist?«
Diese Frage, die sich wie die Anfangszeile eines Detektivschmökers liest, war durchaus berechtigt. Ist es doch beinahe, als wäre einer spurlos verschwunden – spurlos verschwunden bei uns, in der Deutschen Demokratischen Republik!

Wer ist John Heartfield?
Daß man überhaupt so etwas fragen und darauf erklären muß, was und wer John Heartfield ist – das allein ist schon traurig genug. Aber vielleicht gibt es noch, besonders unter den Arbeitern, einige Menschen, die ihn nicht vergessen haben.
In den Jahren der Weimarer Republik und auch nach 1933 in Prag hatten die deutschen Arbeiter ihre eigene illustrierte Zeitung – die *AIZ*, die *Arbeiter-Illustrierte*. In dieser Zeitung erschienen, gewöhnlich auf der letzten Seite, merkwürdige Bilder: Fotografien, auf denen Dinge zu sehen waren, die es in Wirklichkeit gar nicht gab, und die doch so echt und treffend richtig waren, daß jeder sagen mußte: Ja, das ist wahr.
Ich erinnere mich besonders an eines dieser Bilder. Es war eine Fotografie von Hitler. Der Kopf war, wie er immer war – mit dem Bärtchen und dem bösartig blödelnden Ausdruck der Augen. Nun war aber der Oberkörper Hitlers nackt, und nicht nur nackt, sondern durchsichtig – eine Röntgenaufnahme. Das wäre noch nichts Außerordentliches. Auch den Hitler hat man sicher des öfteren geröntgt. Aber die Röntgenaugen des Künstlers sahen schärfer als die Röntgenkamera. Sie sahen das Rückgrat, und das Rückgrat bestand aus – Goldstücken!
Und da wußte plötzlich jeder Arbeiter, der sich jenes Kunstwerk Heartfields betrachtete, warum und wieso und weshalb. Und die Bilder Heartfields, diese Kombinationen aus Foto-

grafie und Phantasie, diese *Fotomontagen*, wie er sie nannte, übersetzten sich in Argumente, die in den Betrieben benutzt wurden und die zur scharfen Waffe wurden im Kampf gegen den Faschismus – vor 1933 und nachher. Die unmittelbare Verbindung der Heartfieldschen Kunst zum Klassenkampf war gerade das Große und Wichtige an ihr – denn was nützt uns eine Kunst, die keine Beziehung zum Leben hat?

Wer ist John Heartfield?
Trotz seines englisch klingenden Namens ist er Deutscher. Seit 1918 steht er aktiv in der Arbeiterbewegung. Ein kleiner, hagerer, temperamentvoller Mann mit hellen Augen, der gerne lacht – und dem nur ein Talent fehlt: das Talent, die Ellenbogen zu benutzen und sich in den Vordergrund zu schieben. Im Grunde ein Mensch, wie es unter den Arbeitern viele gibt – bescheiden seine Pflicht erfüllend, und gerade deshalb wird er übersehen.
Die Nazis übersahen ihn jedoch nicht. 1933 kamen sie, um ihn zu verhaften. Es gelang ihm auf höchst abenteuerliche Weise, nach Prag und später nach England zu entkommen. In England entwarf er Buchumschläge für fortschrittliche Verlage und züchtete Kaninchen, damit er etwas Fleisch zu essen hatte. Nur daß er die Kaninchen nicht selber schlachten konnte; er gewann das Viehzeug zu lieb.
Jetzt lebt er wieder in Deutschland, in der Deutschen Demokratischen Republik. Er ist nicht gesund. Das heiße Herz, das seit seiner Jugend immer nur für die eine Sache schlug, die Sache der Arbeiterklasse, hat einen Riß bekommen.

In Prag wurde John Heartfield einmal verhaftet. Die Polizei durchsuchte seine Wohnung und fand Hunderte seiner Fotomontagen. Der tschechische Polizeikommisar ließ sich die Sachen erklären und fragte dann: »Aber um Gottes willen, Herr Heartfield, da können Sie mich doch zusammen mit einer wildfremden Frau auf ein Bild bringen?«
»Ja«, sagte Heartfield.
Die Polizei ließ ihn frei.

John Heartfield ist im Ausland wohlbekannt. In der Sowjetunion und in Amerika sind seine Werke mit Riesenerfolg

ausgestellt worden. Nur nicht in der Deutschen Demokratischen Republik – warum eigentlich?
Gibt es etwa Leute, die meinen, Heartfields Fotomontagen seien *Formalismus*, weil Rückgrate aus Goldstücken nicht existieren? Ist das der Grund dafür, daß er nicht ermutigt wird, seine Fotomontagen fortzusetzen? ... Meiner Meinung nach sind Rückgrate aus Goldstücken etwas sehr Reelles und Realistisches. Woraus denn setzt sich die Wirbelsäule etwa des Herrn Adenauer zusammen? Und ich könnte Dutzende von Männern nennen, deren Rückgrat aus noch ganz anderem Dreck besteht ...
Ich glaube, daß John Heartfield, seinem Werk und der Größe seiner Kunst entsprechend, in die Akademie gehört. Ich glaube, man sollte auch erwägen, ihm einen Lehrstuhl zu geben, damit er in den letzten Jahren seines Lebens seine Kunst an jüngere Menschen weitergeben kann, und damit die Fotomontage nicht ausstirbt mit ihm, ihrem Erfinder und größten Vertreter.

Und schließlich glaube ich, es wäre gut und angebracht, wenn jene Körperschaften, die mit der Vergebung des Nationalpreises zu tun haben, John Heartfield ernsthaft dafür in Betracht zögen.
Nationalpreise werden in der Regel für ein Buch, ein Theaterstück, einen Film verliehen. Aber hier liegt ein ganzes Lebenswerk vor. Hier ist ein Künstler, der zeit seines Lebens bewiesen hat, was er kann und wo er steht.

Es muß doch noch Arbeiter in Deutschland geben, für die Heartfields Kunst und Heartfields Werk Bedeutung hatten. Mögen sie sich fünf Minuten Zeit nehmen und noch ein Briefchen schreiben an die Akademie, Berlin, Robert-Koch-Platz – um zu beweisen, daß das Volk, das deutsche Volk, seine Künstler und Wortführer nicht vergißt.

27. März 1955

Quantität und Qualität

Nichts stört den arbeitenden Menschen mehr als ein Werkzeug, das sich ihm plötzlich versagt. Die tüchtige Hand ist auf einmal unfähig geworden. Und der Mensch fühlt sich, als halte ihn jemand zum Narren – ganz abgesehen von der kostbaren Zeit und dem kostbaren Material, das da verlorengeht.
Und so schimpft man. Da man nicht genau weiß, auf wen man schimpfen soll, schimpft man auf die Regierung, die, wie es scheint, nicht mal dafür sorgen kann, daß man eine anständige Zange bekommt.

Man schimpft – und vergißt, wieviel an Qualität schon da ist, schon geschaffen wurde aus dem Elend, in dem sich Land und Menschen befanden. Man schimpft – und vergißt, daß wir auf uns selber schimpfen sollten, denn wir sind die Regierung, und ein gut Teil der schlechten Qualität hat seinen Ursprung in unserer eigenen Denkfaulheit, Oberflächlichkeit, Bequemlichkeit, Routine.
Neulich war ich aber mit ein paar Arbeitern zusammen, die sich nicht mit Schimpfen begnügten. Tischler, Monteure, Dekorateure, Elektriker, arbeiteten sie in einem Betrieb, der alle möglichen Werkzeuge und Materialien benutzt. Diese Arbeiter sammelten den ganzen Bruch, der in einem Vierteljahr zusammenkam – und das war ein schöner Haufen vergeudeten Volkseigentums! –, und dann holten sie sich die verantwortlichen Leute heran. Die verantwortlichen Leute kamen auch: von der DHZ Werkzeuge, vom Ministerium für Maschinenbau, vom Amt für Material- und Warenprüfung. Die verantwortlichen Leute fingen gar nicht erst mit den Entschuldigungen an, die so leicht parat sind. Sie sahen die Beweise, die ihnen vorgelegt wurden; und da gab es keine Entschuldigungen. Da gab es nur *eine* Möglichkeit: Wege zu finden, um der Sache auf den Leib zu gehen.
Es entspann sich eine großartige Diskussion – eine Diskussion,

die zeigte, daß viele Menschen in der DDR doch schon ein ganzes Stück vorwärtsgegangen sind ins neue Leben, wo jeder mitverantwortlich ist für das Große, Ganze.

Ich will berichten, was die Arbeiter sagten und meinten. Ich will es berichten, weil ich glaube, daß diese Diskussion in der breiten Öffentlichkeit geführt werden muß, damit endlich Schluß gemacht wird mit der Schlamperei, durch die ein Arbeiter dem andern Arbeiter (und der Hausfrau und dem Verbraucher überhaupt) das Leben versauert.
Aber eine Vorbemerkung, bevor ich berichte. Auch unter den Kapitalisten wurde Dreck hergestellt. Dieser Dreck wurde absichtlich gemacht und verkauft, zum größeren Nutz und Profit der Kapitalisten. Wo die Kapitalisten aber Qualität wollten, bekamen sie sie, und zwar sehr einfach. Sie brauchten dem Arbeiter nicht einmal zu sagen, daß er fliegen würde, wenn es nicht tadellos arbeitete. Die Arbeiter kannten die Hungerpeitsche, die der Kapitalist in der Hand hielt, nur zu gut.
Bei uns gibt es diese Drohung mit dem Hunger nicht mehr, wie es auch keine Arbeitslosenarmee mehr gibt. Bei uns muß an die Stelle der Drohung mit dem Hunger das Gewissen, das Bewußtsein, die Überzeugung des Arbeiters treten, daß er für sich selbst und für seine Kumpel, daß er für seine Klasse produziert.

Nun zu den Gedanken, die von den Arbeitern in der Diskussion mit den Vertretern der Regierungsämter geäußert wurden.
Die Arbeiter meinten, daß das System des Leistungslohns und der Prämien, wie es jetzt ist, zu sehr auf Quantität und zuwenig auf Qualität eingestellt sei. Man müsse Qualität der Leistung ebenso bewerten wie Quantität, damit der gewissenhafte Arbeiter nicht zum Schludern verführt wird, wenn er seinen weniger gewissenhaften Kollegen durch weniger gewissenhafte Arbeit mehr verdienen sieht, und damit der weniger Gewissenhafte erkennt, daß Gewissenhaftigkeit sich bezahlt macht.
Die Arbeiter meinten, daß der Faktor der Qualität schon im Plan enthalten sein muß, und daß ein nur mengenmäßig, nicht aber qualitätsmäßig erfüllter Plan nicht als erfüllt betrachtet werden darf.
Die Arbeiter meinten, daß die Gütekontrolleure geschützt werden müssen vor dem Druck, der mitunter von der Werklei-

tung oder von Kollegen an der Werkbank auf sie ausgeübt wird. Das könne nur erreicht werden, meinten die Arbeiter, wenn die Bezahlung des Gütekontrolleurs unabhängig gemacht wird von der Planerfüllung des Betriebs; denn sonst sind die Gütekontrolleure ja selbst daran interessiert, um der Erfüllung des Plans und um ihrer eigenen Prämien willen schlechte Qualität durchgehen zu lassen. Prämiiert werden sollten die Gütekontrolleure entsprechend der Gewissenhaftigkeit ihrer Kontrolleistung.
Die Arbeiter meinten, kein Arbeiter dürfe dulden, daß mit seiner Qualitätsarbeit Schindluder getrieben wird, nachdem das Werkstück seine Hand verläßt. Schlechte Weiterbearbeitung, schlechte Verpackung, schlechter Transport können die sorgfältigste Arbeit vernichten – und der Arbeiter müsse sich dafür interessieren, wie das, was seine eignen Hände schufen, von seinen eignen Kollegen in seinem eignen Betrieb behandelt wird.

Die Arbeiter meinten ferner, daß in jedem Stadtbezirk zentrale Reklamationsstellen eingerichtet werden sollten: um das ganze Reklamationswesen zu beschleunigen und zu vereinfachen; um durch die Zentralisierung rasch festzustellen, welche Betriebe bei welchen Aufträgen geschludert haben; und um die notwendigen Korrekturmaßnahmen rasch einleiten zu können.
Die Arbeiter meinten, daß jeder Käufer und Verbraucher mithelfen muß, schlechte Qualität auszurotten. In jedem Geschäft müsse ein Aushang angebracht werden, der den Käufer über die verschiedenen Güteklassen und Gütezeichen informiert, und der den Käufern gleichzeitig mitteilt, wie und wo er reklamieren und sich beschweren kann. Niemand dürfe sich da entmutigen lassen. Jede begründete Reklamation hilft, dem Hersteller schlechter Qualität auf den Leib zu rücken.
Die Arbeiter schlossen sich der Meinung des Vertreters des Amts für Material- und Warenprüfung an, der statistisch belegte, daß über 60 Prozent der Mängel auf Fehler bei der Bearbeitung, nicht aber auf minderwertiges Material zurückzuführen sind.
Die Arbeiter beschlossen, eine Delegation zu den Arbeitern eines Lieferbetriebs zu entsenden, der sich durch besonders häufige schlechte Lieferungen auszeichnete.

Einer der Arbeiter stellte eine recht interessante Berechnung an. Er sagte: »Ein guter Kochtopf, der zwei Jahre hält, kostet genauso viel Arbeit und Material wie ein schlechter Kochtopf, der schon nach einem halben Jahr kaputtgeht. Dieser gute Kochtopf ersetzt aber vier schlechte Kochtöpfe und spart uns die Arbeit und das Material für drei schlechte Kochtöpfe. Wieviel Mangel an Material würde behoben sein, wieviel Geld, Mühe, Ärger würde den Menschen erspart bleiben durch Qualitätsarbeit?«
Wenn die Arbeiter überall in der DDR mit solchem Geist und solchem Verantwortungsgefühl an die Sache herangehen, dann glaube ich, daß wir die Frage der Qualität in der Produktion in nicht allzu langer Zeit gelöst haben werden.

22. Mai 1955

Ich falle in Ungnade

Etwas verspätet habe ich aus der Westberliner *B.Z.* eine Neuigkeit über mich erfahren, die ich meinen Lesern nicht verheimlichen möchte. Die Verspätung kommt daher, daß ich das Blatt gewöhnlich nicht lese – aber ein Freund von mir hat eine alte Tante drüben, und so bekam ich die Sache auf meinen Tisch.
Und da steht denn unter dem Datum des 4. April 1955 zu lesen:

STEFAN HEYM IN UNGNADE

Erst dachte ich, daß ich mich bei Dulles oder Adenauer, bei Krupp oder bei Suhr unbeliebt gemacht hätte – aber keineswegs. »Der Schriftsteller Stefan Heym ...« druckt die Westberliner *B.Z.*, »ist bei der SED in Ungnade gefallen.«
Einige Leser werden sich vielleicht erinnern, daß nur wenige Monate vorher die Westberliner *Morgenpost* geschrieben hatte, daß »meine Artikel stets die Meinung der Agitationsabteilung des SED-Zentralkomitees darstellen«, und für die *Neue Zeitung* war auch die Agitationsabteilung nicht gut genug gewesen. Nach der inzwischen entschlafenen *Neuen Zeitung* war das, was ich schreibe, sogar »das Ergebnis sorgfältiger Beratungen im Zentralkomitee der Partei«.
So ist das Leben. Gestern ritt ich noch auf stolzen Rossen bei Ulbricht vor, und heute bin ich in Ungnade. Ich hatte gar nicht gewußt, daß es bei mir so auf und ab geht.

Nun habe ich mich hingesetzt und mir lange überlegt, wo der Wind herkommen könnte, der die westlichen Blätter zum Rauschen gebracht hat. Und dann ist mir eingefallen: Herrgott ja – die meinen die Literaturdiskussion!
Die Literaturdiskussion ist sattsam bekannt. Sie hat sich in voller Öffentlichkeit und besonders vor den Augen der Leser dieser, der echten, demokratischen »B.Z.«, abgespielt, für die ich schreibe. Ich will die Diskussion heute nicht extra aufwär-

men, denn wir werden bis zum Schriftstellerkongreß im Herbst noch so viel davon zu hören und zu sehen bekommen, daß wir froh sein werden, statt der Theorien wieder mal ein ordentliches Buch zu lesen. Genug, die Kernfrage ist: *Wie stellen wir den Menschen dar?* – und da gehen die Meinungen gründlich auseinander. Auf den Offenen Brief der Nachterstedter Arbeiter zu dieser Sache und auf die Artikel von Bredel, Seghers, Heym und anderen kamen Briefe von Arbeitern, Kulturfunktionären, Schriftstellern. Einige der Briefe wurden in der *B.Z.* und in der *Tribüne* veröffentlicht, und das *Neue Deutschland* äußerte sich auch.
Ist das gut?
Das ist nicht gut, das ist ausgezeichnet. Ohne Diskussion kommen wir nicht vorwärts. Ohne Diskussion, ohne Auseinandersetzung, ohne den Widerstand der Meinungen stagniert die Literatur und stagniert das Leben. Wir brauchen Kritik, Kritik besonders an der Bequemlichkeit im Denken mancher Leute, die glauben, daß wir's schon erreicht haben und uns auf unsern Lorbeeren ausruhen können. Aber auch die Kritiker werden sich Kritik gefallen lassen müssen. Kritik ist wie die Hefe im Teig. Ohne Hefe kein gutes Brot.

Das ist übrigens nicht nur in der Literatur so – das ist so auch in den Betrieben und Produktionsgenossenschaften, auf der Werft und in den Gruben. Und in den Verwaltungen und überall da, wo eine seßhafte Arbeitsweise öfter zu seßhaftem Denken führt, ist Kritik besonders nötig.
In Ländern wie Deutschland, wo der unkritisierbare Obrigkeitsstaat die geistige Einstellung von Generationen beeinflußte und wo der Unterkellner dem Oberkellner, der Unterreferent dem Oberreferenten immer nur zustimmen durfte, ist die Entwicklung von Kritik und Diskussion allerdings schwerer als anderswo. Zehn Jahre Freiheit sind eine zu kurze Zeit, um allen Menschen Zivilcourage anzuerziehen. Da kann es also auch in der DDR noch geschehen, daß eine irrige Meinung ein Weilchen weiter besteht, bloß weil der, der sie vertritt, das breitere Gesäß hat.
Was die Sache noch mehr erschwert, ist das unangenehme Faktum, daß der Klassenfeind sich oft hinter scheinbarer Kritik verbirgt. Man muß sehr aufpassen vor Leuten, die westliche

Latrinenparolen als *Kritik* ausgeben. Manchmal aber verbirgt sich der Klassenfeind auch hinter jenen, die in edler Entrüstung und mit großen Worten berechtigte Kritik ablehnen.
So kompliziert geht es nun leider zu in dieser Periode der Weltgeschichte. Man wird, glaube ich, am besten fahren, wenn man sich immer fragt: Wem nützt dieses Argument – uns oder dem Klassenfeind? Hilft uns diese Kritik oder nicht? Bringt sie uns vorwärts oder nicht?

Die in ihren westlichen Redaktionen können sich eine richtige Diskussion mit richtiger Kritik überhaupt nicht vorstellen. Wenn die von *Demokratie* oder *Freiheit* reden, meinen sie den Bonner Bundestag, und ihr geistiger Horizont reicht so weit wie der eines Kleinstadtpolizeibeamten. Natürlich, wenn so ein Beamter hört, daß der Herr Bürgermeister dem Nachtwächter erklärt hat, die zweite Laterne rechts hinter dem Markt hätte letzte Nacht nicht richtig gebrannt, dann weiß er, daß besagter Nachtwächter jetzt in Ungnade gefallen ist und möglicherweise seinen Job verlieren oder gar ins Kittchen wandern wird.
Bei uns geht es aber nicht mehr zu wie bei den Nachtwächtern. Wir sind doch schon ein Stückchen weitergekommen auf dem beschwerlichen Wege zu einer reellen Demokratie.

10. Juli 1955

Bürgerliche Hosen

Ich bin der Besitzer von ein paar Nietenhosen.
Trotzdem, um das gleich klarzustellen, glaube ich nicht zur Klasse jener West- (und Ost-)berliner Rabauken zu gehören, die die nächtlichen Straßen unsicher machen und gelegentlich kleinere Aufträge für Herrn Tillich oder Herrn Gehlen erledigen.
Ich besitze diese Hosen nun seit acht Jahren. Gekauft habe ich sie mir in einem kleinen Geschäft an der sehr proletarischen Dritten Avenue in New York zu einer Zeit, da der Name *Nietenhosen* noch gar nicht erfunden war und solche Hosen *Jeans* (ausgesprochen: Dschihns) hießen. *Jeans* ist amerikanischer Slang für Hosen, und zwar Hosen aus Baumwollzwillich. Meine Jeans sind also einfach Zwillichhosen mit starken Nähten und mit Nieten an den Taschen; sie sind Arbeitshosen, die mir ungefähr dieselben Dienste leisten wie mein Monteuranzug. Welcher Mann trägt nicht gerne Hosen, an denen er sich die Hände abwischen kann, ohne in Konflikt mit seiner Ehefrau zu geraten?
In diesem Zusammenhang mag es interessieren, daß Nietenhosen oder Jeans in Amerika meist von Arbeitern und Klein- und Mittelfarmern getragen werden, vor allem aber von den Negern der Südstaaten. Das kommt daher, daß solche Zwillichhosen dauerhaft und etwas billiger als andere Hosen in dem teuren Amerika sind. Manchmal frage ich mich, was die leicht hakenkreuzlerisch angehauchten Westbuben in ihren Nietenhosen wohl sagen würden, wenn sie wüßten, daß sie sich wie Neger und Proleten anziehen.
Was mich betrifft, so schätze ich die amerikanischen Neger und die amerikanischen Arbeiter sehr. Beide haben in schweren Zusammenstößen mit der Bourgeoisie bewiesen – die Arbeiter erst dieser Tage wieder –, daß sie kämpfen können, auch wenn ihnen die politische Bedeutung ihres Kampfes nicht immer klar ist. Die Hosen, die aus finanziellen Gründen zu so etwas wie

einer Nationaltracht des amerikanischen Proletariats wurden, sind auch gut genug für mich.

Ich schreibe über Hosen nicht der Hosen wegen, sondern weil sie eine politische Bedeutung haben. Die Nietenhosen sind heute, was vor kurzem die Nickihemden, Ringelsöckchen und dreiviertellangen Damenhosen waren. Jetzt gibt es Nickihemden, Ringelsöckchen und dreiviertellange Damenhosen in der HO zu kaufen, und da haben sie ihren Charakter als politisches Abzeichen plötzlich verloren. Mit den Nietenhosen wird es genauso gehen, sobald die zuständigen HO-Einkäufer und unsere Textilplaner sich zu der Erkenntnis durchringen, daß diese Hosen brauchbar, praktisch, hübsch und auch ganz billig herzustellen sind.

Aber muß es denn so sein, daß gewisse, durchaus vernünftige und praktische Dinge bei uns gar nicht oder erst sehr spät hergestellt werden, nur weil die Idee dazu dafür zuerst im Westen, das heißt im Territorium der Kapitalisten auftauchte? Muß es denn sein, daß solche Dinge dadurch die Bedeutung von Symbolen gewinnen und daß man den Rabauken das Monopol auf Nietenhosen überläßt, die jeder anständige deutsche Arbeiter gut brauchen könnte? Sind wir Schildbürger? Oder sind wir denkende Menschen, die das Gute und Brauchbare von überallher nehmen und es zum Wohle der Werktätigen verwerten?

Stalin schrieb vor nicht allzu langer Zeit: *Es gab bei uns einmal »Marxisten«, die behaupteten, die in unserem Lande nach der Oktoberumwälzung verbliebenen Eisenbahnen seien bürgerliche Eisenbahnen, es stehe uns Marxisten nicht an, sie zu benutzen, man müsse sie abtragen und neue, »proletarische« Bahnen bauen. Sie erhielten dafür den Spitznamen »Troglodyten« ...**

Diese Troglodyten, auf deutsch Höhlenmenschen, drangen mit ihren merkwürdigen Ansichten in der Sowjetunion nicht durch. In der Sowjetunion behielt man die *bürgerlichen* Eisenbahnen ruhig bei und baute dazu mehr und bessere Eisenbahnen, als die russischen Kapitalisten sie je hatten. Laßt uns hier, im ersten

* Wo Stalin recht hatte, hatte er recht, auch wenn er nicht immer recht hatte. (Anm. des Autors)

deutschen Arbeiter- und Bauernstaat, mehr und bessere Hosen herstellen und den Arbeitern und Bauern geben, als die deutschen Kapitalisten es je fertigbrachten – sogar Nietenhosen, wenn die unsern Arbeitern und Bauern gefallen.
Und das bezieht sich nicht nur auf Hosen.

Bei den Reaktionären hierzulande ist die Anbetung alles Westlichen zu einem ziemlich blöden Götzendienst geworden; sie verbeugen sich täglich zwölf- bis fünfzehnmal gen Westen und murmeln dabei: »Eisenhower ist groß! Eisenhower ist unendlich! Und Adenauer ist sein Prophet, und im Westen ist ja alles besser!« und versuchen dadurch, sich über die Tatsache hinwegzutäuschen, daß ihre Zeit vorbei ist.
Dieser recht öffentlich betriebene Götzendienst hat nun einige anständige und fortschrittliche Menschen bei uns dazu verführt, neben den Götzen auch noch vieles gute Porzellan zerschlagen zu wollen. Psychologisch ist der Wunsch erklärlich; aber wir brauchen das Porzellan und möchten es erhalten.
Außerdem wurde das Porzellan ja gar nicht von den Kapitalisten gemacht, sondern von den Arbeitern, die für die Kapitalisten arbeiten mußten: Wissenschaftler in kapitalistischen Laboratorien haben Dinge geschaffen, die uns nützen können und die wir uns aneignen müssen. Dichter in kapitalistischen Ländern haben Verse geschrieben, die schön sind und die wir genießen können. Und Modezeichner und Schneider in kapitalistischen Salons haben Kleider hergestellt, die mitunter sehr praktisch und reizvoll sind, und die wir uns gar nicht genieren sollen nachzumachen.
Die Kapitalisten ihrerseits genieren sich keineswegs, bei uns abzugucken, wenn es ihnen in den Kram paßt.
Wie viele Millionen sind nicht schon aus kapitalistischer Tasche gezahlt worden, um unsere technischen Neuheiten zu ergattern, unsere Wissenschaftler nach dem Westen zu lotsen, unsere schöpferischen Ideen zu stehlen!
Auf so manchem Gebiet sind wir, die sozialistische Welt, denen im Westen schon voraus – aber nicht überall, und auf dem Gebiet der Mode kaum. Aber noch fünf oder zehn Jahre Frieden und wir werden die Kapitalisten auch da, wo wir jetzt noch nachhinken, überflügelt haben.

Solange das jedoch nicht der Fall ist, sollten wir keine Angst haben, das, was uns gut und nützlich erscheint, zu übernehmen. Wir übernehmen es, nutzen es und machen es dann besser als die Kapitalisten – denn wir haben die bessere, vernünftigere Gesellschaftsordnung.

12. August 1956

Der Konflikt der Gewerkschaft im Sozialismus

Zunächst eine Szene, die sich vor ungefähr sechs Monaten im Büro eines Abteilungsleiters eines unserer großen volkseigenen Betriebe wirklich abgespielt hat.
Anwesende: Der Abteilungsleiter, noch recht jung, mit einer fachlichen und politischen Erziehung, die bereits in die Jahre unserer Republik fiel; der Vorsitzende einer wichtigen Industriegewerkschaft, offensichtlich ein sehr erfahrener Funktionär; und der Autor. Die drei sitzen um den Schreibtisch des Abteilungsleiters herum, draußen scheint die Wintersonne.
Der Abteilungsleiter (zum Autor): Na, wie hat es Ihnen bei uns gefallen?
Der IG-Vorsitzende: Sie kritisieren doch immer so gern... Haben Sie irgendwelche Kritik?
Der Autor: Eigentlich nur eine Frage... Kann einer von Ihnen beiden mir vielleicht erklären, warum in diesem Betrieb und so vielen anderen von dem Trio Werkleitung, Parteileitung, Betriebsgewerkschaftsleitung die BGL der schwächste Partner ist?
Der IG-Vorsitzende: (ist unangenehm berührt und schweigt.)
Der Abteilungsleiter: Aber was wollen Sie denn? Das *muß* doch so sein!...

Nein, darüber kann ich nicht lachen. Denn hinter dem Schweigen des IG-Vorsitzenden steckt die Bestätigung eines sehr häufigen Zustandes, und in der Antwort des Abteilungsleiters ist bereits so etwas wie eine Theorie enthalten, die aus dem Zustand abgeleitet wurde.
Und der Zustand wie auch die *Theorie* sind, glaube ich, falsch.
Aber können wir dem Gewerkschaftsvorsitzenden und dem Abteilungsleiter Vorwürfe machen? Haben wir denn eine wirklich abgerundete, gründlich diskutierte, allgemein verständ-

liche Theorie über die Rolle der Gewerkschaften im Sozialismus? Und wenn wir sie haben, handeln wir danach? ...
Oder ist es nicht vielmehr so, daß gerade auf diesem Gebiet häufig über den Daumen gepeilt wird und daß völlig berechtigte Losungen wie die von der führenden Rolle der Arbeiterpartei mechanisch angewandt werden? Weshalb dann auch in diesem oder jenem Betrieb die Gewerkschaftsleitung zu einem Wurmfortsatz entweder des Parteisekretärs oder des Werkleiters verkümmert ist.

Im Kapitalismus ist die Angelegenheit sonnenklar. Jeder oder fast jeder Arbeiter weiß: Wenn er sich nicht mit seinen Kumpels in der Gewerkschaft zusammenschließt, fressen ihn die Kapitalisten mit Haut und Haar; denn die Kapitalisten haben das Geld und die Maschinen und die Rohstoffe, während der Arbeiter nur seine zwei Hände hat.
Aber im Sozialismus? Da hat doch der Staat, und zwar der *Arbeiter*staat, das Geld und die Maschinen und die Rohstoffe. Der Arbeiter, selbst wenn er sich dessen nicht immer bewußt ist, hat im Sozialismus neben seinen zwei Händen auch noch ein Stückchen Macht im Staat. Der Arbeiter, selbst wenn er sich dessen nicht immer bewußt ist, ist im Sozialismus nicht nur Arbeitnehmer, sondern auch Mitbesitzer der Produktionsmittel.
Daraus ergibt sich in der Brust des Arbeiters selbst ein gewisser Interessenkonflikt, der sich natürlich auch in seiner Berufsorganisation, den Gewerkschaften, widerspiegelt. Als Arbeitnehmer ist er daran interessiert, so wenig wie möglich von seiner Kraft zu verausgaben und dafür so viel wie möglich zu erhalten. Als Mitbesitzer der Produktionsmittel aber, als Fabrikeigentümer sozusagen, liegt ihm daran, so viel und so gut und so billig wie möglich zu produzieren. Als Vertreterin der Arbeitnehmer möchte die Gewerkschaft natürlich nur zu gerne höhere Tarife, liebliche Prämien und andere schöne Sachen fordern; als Vertreterin der Mitbesitzer der Produktionsmittel aber weiß sie, daß man nicht mehr verteilen kann, als da ist, und daß außerdem noch ein Teil des erarbeiteten Geldes als Investmittel und zur Erneuerung des Maschinenparks usw. beiseite gelegt werden muß.

Eine verzwickte Lage mit verzwickten Problemen, die man aber nur dann lösen kann, wenn man weiß, wie verzwickt sie sind.

Es ist, als ob einer versuchte, in einem schmalen Kahn zu stehen. Legt er das Gewicht zu sehr nach der einen oder der anderen Seite, fängt der Kahn an zu kippen. Man muß eine Balance finden, damit man nicht ins Wasser fällt.

Man kann daher als Gewerkschafter im Sozialismus nicht einseitig jene Interessen des Arbeiters vertreten, die ich die *unmittelbaren* oder *direkten* Interessen nennen möchte, und die mit alldem zusammenhängen, was der Arbeiter direkt oder unmittelbar und heute vom Betrieb erhält.

Man kann aber auch nicht ausschließlich diejenigen Interessen des Arbeiters betonen und verfechten, die ich die *indirekten* Interessen oder Interessen *auf lange Sicht* nennen möchte, und die mit alldem zusammenhängen, was der Arbeiter indirekt, das heißt von seinem Staat oder in der Zukunft, erhält.

Man muß eine Balance finden. Man muß beides richtig kombinieren und dosieren und muß dies in solcher Weise tun, daß die Mehrheit der Arbeiter es versteht und billigt. Denn die Arbeiter sind in ihrer Mehrheit nicht kurzsichtig. Sie sind durchaus imstande, nicht nur ihre direkten, sondern auch ihre indirekten Interessen, ihre Interessen auf lange Sicht, zu erkennen und deren Wahrnehmung zu schätzen. Sie wissen zum Beispiel, was die Erziehung eines Arbeiterstudenten oder was ein Ding wie die Schwarze Pumpe kostet, und daß das Geld dafür nur von ihnen selbst kommen kann. Und sie wissen auch, was für einen Nutzen so ein Arbeiteringenieur oder so eine Schwarze Pumpe ihnen selbst in einigen Jahren bringen werden.

Aber gerade da sie das wissen, erkennen sie auch, wo ihre *indirekten* Interessen durch bürokratische Dummheiten, falsche Auffassungen, Denkfaulheit, schlechte Organisation und Mangel an Mut verletzt werden. Eine Gewerkschaft, die hier nicht eingreift, versündigt sich an ihren Mitgliedern und am Sozialismus.

Es wird auf diesem Gebiet noch einiges gesündigt. Und Chruschtschow wandte sich auf dem berühmten XX. Kongreß hauptsächlich an solche Sünder, als er den Gewerkschaften riet: »Zuweilen ist es nützlich, sich mit jemandem regelrecht zu streiten.«

Ein kurzer Sonntagsartikel kann die große Frage der Gewerkschaften und ihrer Rolle und Aufgaben im Sozialismus nur antippen. Aber angetippt wurde mit Absicht. Viel zu lange war gerade dieses Problem in eine Art geistiges Korsett eingeschnürt.
Das Korsett ist geplatzt.
Laßt uns Meinungen hören. Laßt uns diskutieren.

25. November 1956

Ein Vorschlag

Jeder halbwegs erfahrene Arbeiter weiß, daß man im Klassenkampf in eine schiefe Lage gerät, wenn man sich vom Gegner das Gesetz des Handelns vorschreiben läßt. Da hauen sie drüben auf die Propagandapauke, daß es nur so kracht. Unsere Pflicht aber ist es, trotz des Lärms kühl abzuwägen, was zu tun ist, um die Arbeiterklasse – und damit die Sache der Demokratie, der Einheit Deutschlands und des Friedens – auch und gerade heute voranzubringen.

Natürlich gibt es auf unserer Seite bei gutwilligen, aber kleinherzigen Leuten Stimmungen und Stimmen, die sagen: Nur um Gottes willen stillehalten! Nur um Gottes willen nichts anrühren und nichts ändern, bis wieder einigermaßen Ruhe ist! . . . Ach, ich habe den Verdacht, daß das die gleichen Leute sind, die auch in ruhigen Zeiten auf der Stelle treten.

Man kann auch durch Nichtstun dem Feind in die Hände arbeiten!

Wird nicht von drüben so stark gedrückt, gerade damit wir kopfscheu werden? Ist es nicht gerade der Klassenfeind, der wünscht, daß wir nicht ändern, was geändert werden, und nicht verbessern, was verbessert werden muß?

Ich halte es daher für ein hoffnungsvolles Zeichen, daß man bei uns just in diesen Tagen die Frage eines erweiterten Einflusses der Betriebsarbeiter auf die Leitung ihrer Betriebe aufgeworfen hat. Das bedeutet: *Wir* kommen aus der Defensive heraus; *wir* schreiten vorwärts, *wir* bestimmen das Tempo und die Richtung der Entwicklung.

Ob wir nun in den Betrieben noch ein besonderes Organ, die Arbeiterkomitees, brauchen werden, oder ob wir nicht statt dessen versuchen sollten, die Gewerkschaften durch die große neue Aufgabe aus der bei ihnen leider noch allzu verbreiteten Ferienplatz-Vermittlerexistenz aufzuscheuchen – darüber kann man diskutieren. Die Hauptsache ist, daß endlich jedem, aber

auch jedem Arbeiter aus seiner eigenen täglichen Erfahrung klar wird: Jawohl, das ist *mein* Betrieb und nicht ein Laden, der von irgendwelchen anonymen Leuten geschaukelt wird.
Denn ein Arbeiter, der einen Betrieb als seinen eigenen betrachtet und der mitzuverfügen hat über das Ergebnis seiner Arbeit – ein solcher Arbeiter wird nicht nur mit mehr Lust und Liebe arbeiten, er wird seinen Betrieb auch verteidigen bis zum letzten Atemzug.
Aus dem Elektroapparat in Treptow wurde mir berichtet, daß es dort in den kritischen Tagen Ende Oktober, Anfang November, Arbeiter gab, die sich nach Hause zu gehen weigerten und nächtelang blieben, um das Werk, auch mit der Waffe in der Hand, zu schützen.
Hut ab vor diesen Männern!

Was für den Arbeiter gilt in bezug auf seinen Betrieb, gilt für den Staatsbürger überhaupt in bezug auf seinen Staat. Damit komme ich auf eine weitere ernste Frage: Haben wir alles getan, um den Menschen das jahrhundertealte Gefühl zu nehmen, daß der Staat irgendeine Macht hoch oben ist, unrührbar, fern und oft sogar furchterregend? Es nützt uns nicht viel, immer wieder zu proklamieren, daß unser Staat ein Staat der Arbeiter und Bauern ist – solange der Arbeiter und der Bauer und jeder Bürger nicht tagtäglich spüren, daß sie in diesem Staat ihre Rechte haben, an denen niemand rütteln kann.
Zu diesen Rechten gehören das Recht auf Arbeit und Erholung, auf Bildung je nach Begabung und Möglichkeiten, auf Schutz in Krankheit und Not – kurz alle jene Rechte, die kein kapitalistischer Staat je garantiert. Dazu gehört aber auch das Recht auf Schutz gegen Willkür von seiten amtlicher Stellen.
Ich glaube, daß wir allzu lange allzu idealistisch gedacht haben. Wir haben uns vorgestellt, daß unsere Behörden, einfach deshalb, weil sie Behörden eines Arbeiter- und Bauernstaats sind, kein Unrecht mehr tun könnten. Ein Arbeiter, dachten wir, ist doch ein anständiger Mensch – und wird er jetzt Amtsvorsitzender, so wird er auch weiterhin anständig handeln.
Aber er kann sich doch irren! – um so mehr, als er es sehr schwer hat als ehemaliger Arbeiter. Und ist es nicht oft genug vorgekommen, daß ein früher recht brauchbarer und anständiger

Mensch sich zu seinen Ungunsten veränderte, sobald er sich vom Polster des Amtssessels getragen fühlte?

Und daraus ergeben sich das Unrecht, die falschen Entscheidungen, die mechanisch ausgelegten Verordnungen, die kleine und die große Willkür, der Ärger, die Verbitterung.
Und die Beschwerden – manchmal begründete, manchmal unbegründete... Ich weiß, daß beim Präsidenten und beim Ministerpräsidenten und beim Volkskammerpräsidenten und bei der Staatsanwaltschaft und bei allen möglichen Stellen viele, viele Beschwerden eintreffen. Dann werden sie bearbeitet.
In Tausenden von Fällen wird Abhilfe geschafft und durchgegriffen; aber andere Tausende werden unbefriedigend erledigt oder kommen überhaupt nicht zur Kenntnis der Menschen, die eingreifen und helfen könnten.
Ein Teufelskreis! Wie können wir ihn durchbrechen?

Merkwürdigerweise ist das Mittel zur Abhilfe seit Jahren bekannt. Man kann es gedruckt finden in Artikel 138 der Verfassung der Deutschen Demokratischen Republik.
Dem Schutz der Bürger gegen rechtswidrige Maßnahmen der Verwaltung dienen die Kontrolle durch die Volksvertretungen und die Verwaltungsgerichtsbarkeit.
Aufbau und Zuständigkeit der Verwaltungsgerichte werden durch Gesetz geregelt...
Ein Verwaltungsgericht ist ein Gericht, vor dem ich eine Verwaltungsstelle verklagen kann.
Solche Gerichte müßte es geben; es gibt sie aber nicht. Statt dessen hat sich die Praxis herausgebildet, daß der Staatsanwalt sich um Rechtsverletzungen seitens der Verwaltungsstellen kümmert. Das ist aber kein Ersatz für ein Verwaltungsgericht. Der Staatsanwalt arbeitet hinter verschlossenen Türen – das Gericht im Lichte der Öffentlichkeit. Der Bürger selbst kann heute nicht mitsprechen, nur seine stumme Klage liegt dem Staatsanwalt vor. Und es fehlen die beiden Laienrichter, die Vertreter des Volkes; es fehlt der Zusammenprall der lebendigen Aussagen vor Gericht, aus denen sich Recht und Unrecht einer Sache oft erst ergeben.
Und außerdem ist es mehr als wahrscheinlich, daß sich so

manches in der Verwaltungspraxis ändern würde, wenn der Staatsbürger sagen könnte: »Gut, werte Kollegen, wir sprechen uns vor Gericht wieder!«

Geben wir dem Bürger, der glaubt, daß ihm von einer Behörde unrecht getan wurde, seinen Tag vor Gericht! Es kann uns nichts schaden – es kann uns nur nützen! Wir erfahren auf diese Weise sehr schnell, wo etwas in der Verwaltung stinkt.
Wir stützen und schützen Recht und Gesetzlichkeit. Und wir stärken den Arbeiter-und-Bauern-Staat, indem wir das Vertrauen seiner Bürger zu ihrem Staat stärken.
Wie die Arbeitsgerichte des sozialistischen Staates in anders nicht lösbaren Konflikten zwischen Arbeitern und Betriebsleitungen entscheiden, so müssen die Verwaltungsgerichte dieses Staates entscheiden in Konflikten zwischen Bürgern und Behörden.
Ich appelliere an die Fraktionen der Parteien unserer Volkskammer, schnellstens ein Gesetz einzubringen zu der längst fälligen Durchführung des Artikels 138 unserer Verfassung.
24 Jahre später, 1980, gab es noch immer keine Verwaltungsgerichte in der DDR.

16. Dezember 1956

Gedanken während einer Konferenz

Ich muß gestehen, daß ich den Saal, in dem die Arbeiterkonferenz stattfinden sollte, mit einiger Skepsis betrat. Wenn man im Leben schon so manche Tagung und so manchen Kongreß mitgemacht hat, kennt man das Schema: ein oder zwei längere Referate; eine Diskussion, die mitunter gar keine ist; Schlußwort; Resolution. Und wie oft geschah es nicht, daß die wirklichen Spannungen und Konflikte, die wirklichen Notwendigkeiten und das wirkliche Leben von einem Geplätscher verdeckt wurden, das um so seichter war, je tiefgründiger die Phrasen klangen! ...
Diese Konferenz aber war anders, und das Andersartige kam nicht nur vom Thema her.
Gewiß, die Frage der Arbeiterkomitees in den Betrieben, mit der die Konferenz sich befaßte, ist neu für uns; aber sie ist schließlich nicht die erste neue Idee, mit der die Menschen der Deutschen Demokratischen Republik sich zu beschäftigen hatten. Worin also bestand das Neue, das nicht nur mich allein so stark beeindruckte?

Was in der Atmosphäre liegt, läßt sich in Romanen besser beschreiben als in der Zeitung; jedoch gelingt es vielleicht, indem ich aus der Erinnerung ein paar Momente skizziere.
Da war jener arme, unglückselige Mensch, der, statt seine Meinung von der Tribüne herab zu sagen, den schlechten Abklatsch eines schlechten Leitartikels verlas. Natürlich war alles daran politisch völlig in Ordnung, und doch habe ich selten jemanden so *schief* liegen sehen wie ihn. Nach ein paar Minuten hörten die Arbeiterdelegierten im Saal einfach nicht mehr zu. Man war höflich genug, ihn bis zu Ende lesen zu lassen. Und dann erhob sich der Vorsitzende der Konferenz, Warnke vom FDGB, und bat darum, daß zukünftige Diskussionsredner doch bitte frei und zum Wesentlichen der Sache sprechen möchten.
Da war andererseits einer, der sich mitten in seinen sehr

packenden, temperamentvollen Ausführungen dem auf dem Podium sitzenden Minister Rau zuwandte und erklärte: »Und wißt ihr, was die Arbeiter in meinem Betrieb noch sagen? Sie sagen, der Heinrich sollte lieber nicht so viel im Ausland herumreisen und uns all unsre guten Sachen wegverkaufen!«
Gelächter im Saal, Beifall.
Und Heinrich Rau: »Aber daß ich gute Sachen *ein*kaufen soll, das möchtet ihr doch, was?«
»Ja«, gibt der Redner zu.
»Also muß ich auch *ver*kaufen!«
Daraufhin wieder Lachen, aber anders, verständnisvoll; und großer Beifall. In wenigen Sekunden war hier ein persönliches Verhältnis zwischen Arbeiter und Minister hergestellt worden, das mehr aussagt über unsre Demokratie als so mancher Leitartikel.
Und da waren die Frauen. Welch weiter Weg – von jenen Wesen weiblichen Geschlechts, deren Leben durch die drei K. s *Kirche, Küche, Kinder* begrenzt war, bis zu diesen Arbeiterinnen, die selbstbewußt und ohne Scheu, frei und aus der Erfahrung ihres reichen Lebens vor mehr als tausend Menschen und vor den höchsten Funktionären ihres Arbeiterstaates sprachen!
Überhaupt hatte man bei vielen der Diskussionsredner das Gefühl, daß sie, Arbeiter, Brigadiere, Meister, Techniker, sich der großen Verantwortung durchaus bewußt waren, die gerade in diesen Tagen und in der Frage der Arbeiterkomitees auf ihren Schultern liegt. Und während sie da kritisierten oder Vorschläge machten, die Stimmung ihrer Kollegen analysierten oder die Probleme ihres Betriebs darlegten, empfand ich plötzlich, wie intensiv doch die neue herrschende Klasse dabei ist, in unserem Drittel unseres Landes das Regieren zu lernen.

Ich denke, es war Ulbricht, der an einer Stelle seines Schlußworts sagte, die Arbeiterklasse der Deutschen Demokratischen Republik sei in den letzten Wochen und Monaten politisch reifer geworden.
Eine Klasse reift heran im Kampf. Und tatsächlich hat in diesen letzten Wochen und Monaten ein sehr entscheidender Kampf stattgefunden, auch wenn sich auf der Oberfläche des Geschehens nicht viel Kampflärm und Geschrei hören ließen. In der Deutschen Demokratischen Republik haben die Arbeiter und

ihre Partei dem unerhörten Druck des Klassenfeindes standgehalten. Sie haben sich durch den ungarischen Wirrwarr *nicht* verwirren lassen.
Der Gegner drückt stärker als je. Der Kampf ist noch lange nicht zu Ende. Der Kampf wird aber gewonnen werden, wenn man von seiten der Führung mit der Arbeiterklasse so spricht, wie auf dieser Konferenz gesprochen wurde – nämlich wie mit erwachsenen, reifen Menschen, die die Wahrheit vertragen und denen man vertrauen kann. Der Kampf wird gewonnen werden, wenn die Arbeiter ihrerseits auch weiter so mit der Führung sprechen, wie sie es auf dieser Konferenz taten – nämlich verantwortungsvoll, klar, nüchtern, positiv, ideenreich und als gleiche zu gleichen.
Ohne daß viel Worte darum gemacht wurden, war das Kämpferische die Grundstimmung auf dieser Konferenz.

Diskussion muß einen Zweck haben.
Diskussion nur um des Diskutierens willen bringt uns nicht vorwärts und ist eine Unverschämtheit arbeitenden Menschen gegenüber, deren Freizeit wenn möglich der Erholung dienen sollte.
Die Diskussion auf dieser Arbeiterkonferenz war jedoch eminent zweckvoll, und es war faszinierend zu beobachten, wie die Bemerkungen der Diskussionsredner aufgegriffen und weiterentwickelt wurden und zu neuen Gedanken, ja direkt zum Beschluß der Konferenz führten.
Es waren einfache Delegierte, die vorschlugen, die Arbeiterkomitees zunächst in einer begrenzten Anzahl von Betrieben wählen zu lassen und dort Erfahrungen zu sammeln, die dann zur Grundlage einer weiteren Beratung werden sollten.
Und genau das beschloß die Konferenz.

Es ist noch nicht allzu lange her, daß der Segen, und manchmal auch der Unsegen, von oben kamen, und daß die unten dann sehen konnten, wie sie mit den neuen Verordnungen fertig wurden. Und selbst wenn es gut war, war es ärgerlich – denn die Menschen wollen befragt und gehört werden, und in einem Arbeiter-und-Bauern-Staat haben sie sogar ein Recht darauf.
Nach der Diskussion über die Rentenerhöhung, die ein großer

Schritt in Richtung eines wirklichen, wertvollen Gedankenaustauschs zwischen Regierung und Volk war, scheint mir die Bedeutung der Arbeiterkonferenz auch darin zu liegen, daß bei einer das Grundsätzliche der Staatslenkung betreffenden Frage eine neue, bessere, zutiefst demokratische Wechselbeziehung hergestellt wurde zwischen denen an der Maschine und denen, die für sie und mit ihnen regieren sollen.

Die Idee – in diesem Falle *Arbeiterkomitees* – wird denen, die es angeht, vorgelegt; diese wiederum bereichern die Idee um ihre tausendfältigen Lebenserfahrungen; die so bereicherte Idee wird geistig neu verarbeitet und in der Praxis ausprobiert, um wiederum zur Diskussion gestellt zu werden... Wie viele Fehlentscheidungen und Irrtümer werden so von vornherein vermieden! Wie viele Menschen werden so an die Arbeit des Regierens herangeführt, lernen den großen Gedanken der Demokratie auf neue Art zu meistern, werden zu wahrhaft verantwortlichen Trägern ihres Staats!

Dies sah ich im Keim auf der Arbeiterkonferenz zu Berlin am 7. und 8. Dezember dieses Jahres. Dies hörte ich aus den Worten heraus, die dort gesprochen wurden. Und ich glaube nicht, daß ich der einzige war, dem es so ging.

(Arbeiterkomitees, die spontan entstanden waren, hatten bei den ungarischen Ereignissen 1956 eine große Rolle gespielt und zum Sturz von Rakosi beigetragen. Ulbricht hatte die Idee, eigene Arbeiterkomitees von oben her zu organisieren. Aber selbst diese gezähmten Arbeiterkomitees wurden nach kurzer Zeit für zu gefährlich gehalten, und die Sache wurde sang- und klanglos begraben.)

20. Januar 1956

Nur ein Wort

Ein einzelnes Wort mag unwichtig sein.
Aber ein Wort, das immer wiederkehrt und merkwürdig oft in der gleichen Gedankenverbindung auftaucht, verdient es, daß man sich darum kümmert.
Es handelt sich um das Wort *Noch*.
Noch ist sonst ein nützliches und unter Umständen sogar heroisches Wort. Als in der schneidenden Kälte des vorigen Winters in einem unsrer Braunkohlenwerke ein Bagger ausfiel und repariert werden mußte, und als die Arbeiter, denen die Reperatur oblag, schon viele Stunden und mit klammen Fingern im eisigen Wind geschafft hatten, und als man sie fragte, wie es denn um sie stünde und ob sie nicht doch aufhören wollten, antwortete einer von ihnen: »Wir bleiben noch.«
So ein Wort ist das – unscheinbar, aber vielsagend, bescheiden, aber bedeutungsvoll.

Wie konnte es also geschehen, daß dieses bescheidene *Noch* bei uns zum Kennzeichen aller Phrasendrescher wurde, daß es, bis zum Überdruß gehäuft, zu völliger Bedeutungslosigkeit herabsank?
»Wir haben«, sagte der erste Redner, »die Frage der Wildsaubekämpfung noch konsequenter als bisher aufzurollen.«
»Wir werden«, sagte der zweite Redner, »in diesem Jahr bei der Ausnutzung örtlicher Reserven noch größere Erfolge zeitigen.«
»Unsere Schülerinnen«, sagte der dritte Redner, »haben sich verpflichtet, bei der Auswertung der Lehren des großen Mitschurin noch hervorragendere Leistungen zu erarbeiten.«
»Und aus alldem, Kollegen und Kolleginnen«, sagte der vierte Redner, der in seinen Ausführungen nur ganz kurz auf die ersten drei Referate einging, »ersehen wir, daß unser Leben ständig noch schöner und noch voller wird.«
Und so weiter und so fort.

Ich möchte erzählen, wie das *Noch* so auf den Hund kam. Die Sache ereignete sich auf folgende Weise:
Irgendwann einmal sprach ein großer und führender Genosse. Im Verlaufe seiner längeren Ausführungen entschlüpfte ihm auch ein kleines, absolut harmloses *Noch*.
Da aber dieser große und führende Genosse nicht irgendwo, sondern in Deutschland sprach, komplizierte sich die Lage sofort. In Deutschland gibt es nämlich seit den Zeiten des Feudalismus einen relativ hohen Prozentsatz geistig und seelisch verbuckelter Leute, die glauben, sie werden leichter vorankommen, wenn sie genauso sprechen und sich räuspern und spucken wie der Große spricht und sich räuspert und spuckt. Unter Wilhelm wurde markant und zackig geredet, unter Hitler wurde das Gurgeln zur Aussprache der besseren Kreise entwickelt, und heute – heute wird das Westdeutsche mit Amerikanisch gemixt, und wir im Osten haben unser *Noch*.

Das ist aber, wenn man sich's richtig überlegt und den *Noch*-Benutzern aufs Maul schaut, gar kein so gewöhnliches *Noch*.
Auf der Arbeiterkonferenz, die im Dezember des letzten Jahres in Berlin stattfand, berichtete ein Arbeiter aus Meißen über seinen Betrieb. »Dort wird«, sagte er, »zum Teil gearbeitet wie im Jahre 1800.«
Die Aussage wirkte – man hörte die mehr als tausend Menschen im Saal bestürzt und empört Atem holen, und man sah die Minister auf der Tribüne sofort Notizen machen.
Hätte jedoch der Kollege aus Meißen die Noch-Sprache so gut beherrscht wie die Betriebsfunktionäre, die doch wohl seit Jahren regelmäßig ihre Berichte an ihre übergeordneten Stellen geschickt haben, so hätte er ungefähr gesagt: »Es erweist sich als notwendig, die Modernisierung in unserm Betrieb noch weiter voranzutreiben ...« Und niemand hätte auch nur den Bruchteil einer Sekunde lang aufgehorcht.
Das *Noch*, wie es bei uns gefördert und zu besonderer Blüte gebracht wurde, ist das *Noch* der Schönfärber. Wir haben diese Schönfärber während der letzten Jahre in nicht immer angenehmen Auseinandersetzungen aus einer befestigten Position nach der anderen vertrieben – aber sie haben sich revanchiert, indem sie das Wörtchen *Noch* dem normalen Sprachgebrauch entnahmen und es zu einer Igelstellung ausbauten.

Da sitzt so einer. Er weiß, es stinkt in seinem Laden. Und es kommen die Genossen und fragen ihn: »Na, wie steht's?« Wird er, kann er sagen: »Danke, schlecht!?«
Er kann es nicht und wird es nicht, denn er hat doch vor drei Monaten berichtet, wie famos alles in seinem Laden ist, obwohl schon damals die Fäulnis in den Ecken saß. Und da man den Genossen, besonders den vorgesetzten, zeigen muß, wie schön sich alles entwickelt, hat er dann vor zwei Monaten berichtet, daß die Dinge nicht nur famos, sondern sogar besser als famos laufen. Vor einem Monat, um weiteren Fortschritt zu beweisen, schrieb er, es ginge *noch* besser. Heute, so referiert er folgerichtig, geht es *noch noch* besser, und im nächsten Monat wird er gezwungen sein zu sagen, daß es *noch noch noch* besser geht ...
Es wäre zu bedenken, ob man nicht für solche Leute besondere Steigerungsformen der deutschen Eigenschaftswörter erfinden sollte.
Oder doch lieber nicht. Lieber laßt uns das Schönfärber-*Noch* außer Kurs setzen, weil es die Sprache verschandelt und die Wahrheit entstellt und die Republik schädigt.

Und weil es die Zeitungsredakteure verdummt.
Was, so fragt man sich, geht wohl im Kopf eines Redakteurs vor, der sich die Überschrift BÜNDNIS DDR – CHINA NOCH FESTER aus den Fingern saugt und ganz oben auf der Frontseite einer unserer großen Tageszeitungen drucken läßt?
Es gibt nur eine Antwort: Der Mann hat offensichtlich schon so viel schöngefärbt, daß er das Schönfärben selbst da nicht lassen kann, wo er gar nicht schönzufärben braucht.
Denn das Bündnis der Deutschen Demokratischen Republik mit China ist Gott sei Dank fest, und wir werden dafür sorgen, daß es fest bleibt und daß unsere Bindungen mit den anderen Ländern des Sozialismus, vor allem mit der Sowjetunion, gleichfalls fest bleiben.
Und gerade bei diesen Bemühungen stört uns das Schönfärber-Noch und das ganze geschwollene Gerede. Wir haben eine große und einfache Wahrheit, die wir einfach sagen können und die die Menschen uns glauben werden, wenn sie spüren, daß der ganze Mann mit dem ganzen Herzen dahintersteht. Phrasen aber glaubt man uns nicht, da sie dem Papier entspringen und nicht dem Herzen.

Der Schriftsteller und die Macht
Rede auf dem IV. Deutschen Schriftstellerkongreß Januar 1956

... Nun zu einigen künstlerischen Problemen.
Die Rückschau auf die literarischen Leistungen der letzten Jahre in der DDR veranlaßte so manche besorgte Frage und so manchen Vorschlag, wie man es besser machen könnte.
Zu den Fragen, die gestellt werden, gehören:
Wo bleiben die großen Werke, die sich mit den Problemen unserer Zeit und unserer Menschen in unserem Teil Deutschlands befassen?
Wo bleiben die großen Romane und Theaterstücke, die den Menschen wirklich helfen, sich in den komplizierten Verhältnissen unseres Lebens zurechtzufinden?
Sind unsere Schriftsteller in einer Schaffenskrise und, wenn ja, woher kommt sie und was kann man tun, um die Krise zu überwinden?
An die letzte der hier genannten Fragen knüpfte sich ein ganzer Rattenschwanz von Detailfragen, als da sind:
Hat man etwa den Schriftstellern nicht genügend Stipendien und Unterstützung und Ermutigung und Schulung gegeben? Ist die Einsicht der Schriftsteller in die Gesetze der menschlichen und geschichtlichen Entwicklung ungenügend? Oder sitzen die Schriftsteller zuviel am Schreibtisch, statt sich den Wind des Lebens um die Nase wehen zu lassen? Oder werden ihnen die zarten Flügel von den harten Scheren der Verlagsredakteure und Lektoren und anderer Amtspersonen beschnitten? Oder leiden die Schriftsteller gar, wie gemunkelt wird, an mangelnder Zivilcourage?
Es ist gut, daß solche Fragen gestellt werden. Es ist gut, daß Arbeiter aus den Betrieben sowie Vertreter großer Parteien und Organisationen in der Öffentlichkeit auftreten, Forderungen an die Schriftsteller erheben, ihnen Vorschläge machen und im allgemeinen ein Interesse an der Literatur bekunden, das für Deutschland etwas völlig Neues ist.

Wir schulden den Fragestellern Antwort. Mehr noch, wir schulden ihnen gute Bücher.
Und zu den Aufgaben dieses Kongresses gehört es, zu versuchen, die Antworten auf diese Fragen zu finden; haben wir die Antwort, so mag es uns etwas leichter fallen, den zweiten Schritt zu tun und mehr von den Werken zu schaffen, die heute und bei uns so bitter notwendig gebraucht werden.

Und doch scheint es mir, daß die Beunruhigung größer ist, als die Lage rechtfertigt. Vielleicht müßte man einmal die Gegenfrage stellen: Was und wieviel kann denn eigentlich von unseren Schriftstellern erwartet werden?
Wir haben in der DDR ein begrenztes Menschenreservoir, ungefähr achtzehn Millionen. Und genauso, wie man bei der industriellen Planung die Zahl der vorhandenen Arbeitskräfte berücksichtigen muß, die wiederum auf der Bevölkerungsziffer beruht, so muß man auch in Betracht ziehen, daß aus achtzehn Millionen Menschen weniger Begabungen herauswachsen werden als aus den etwa fünfundsechzig Millionen Gesamtdeutschlands oder den zweihundert Millionen zum Beispiel der Sowjetunion.
In der Sowjetunion ist man, erfahre ich, schon recht zufrieden, wenn dort jedes Jahr ein oder zwei Bücher erscheinen, die den Hauch der großen Begabung verspüren lassen. An dieser Skala gemessen, dürften wir uns schon glücklich schätzen, wenn bei uns alle fünf Jahre etwas Derartiges herauskommt.
Nun hat allerdings die geschichtliche Entwicklung ergeben, daß sich eine ganze Reihe anerkannter deutscher Schriftsteller der älteren Generation auf dem Gebiet der DDR niedergelassen hat. Von diesen kann man mit Fug und Recht gültige, reife Werke erwarten, und ich glaube nicht, daß fünf Jahre vergehen müssen, bis wir von ihnen hören.
Was jedoch die jüngere Generation betrifft und jene, die noch kommen werden, so müssen wir uns wohl darauf einrichten, mit der beschränkten Anzahl von Begabungen auszukommen, die bei aller sorglichen Pflege des Talents eben von achtzehn Millionen gestellt werden können. Natürlich mögen wir Glück haben. Die Geschichte liebt es, durch die ausgewogensten Prozentrechnungen einen Strich zu machen, und sie hat es in Holland und Italien auf dem Gebiet der Malerei einst getan, in Deutschland auf dem Gebiet der Musik, in England, Rußland,

Frankreich, Norwegen auf dem Gebiet der Literatur, und hat einen plötzlichen Segen an Genies auf diese Länder ausgeschüttet. Aber die Wahrscheinlichkeit spricht gegen eine solche Anhäufung der Talente bei uns und zu dieser Zeit – schon deshalb, weil wir annehmen müssen, daß zahlreiche keimende Begabungen bei dem schweren Aderlaß des Zweiten Weltkrieges verlorengingen.

Diese meine Feststellung über die Talenterate relativ zu nur achtzehn Millionen mag, obwohl sie nicht neu ist, manchem überraschend sein. Wir sollten die Dinge jedoch nüchtern und aufgrund der vorhandenen politischen Zustände sehen. So wie es heute anerkanntermaßen zwei deutsche Staaten gibt, gibt es auch zwei deutsche Gegenwartsliteraturen – wobei ich das Wort *Gegenwart* betone. Literatur kann nicht produziert werden außerhalb und ohne Berücksichtigung der sozialen Verhältnisse des Landes, in dem sie geschrieben wird. Und Tatsache ist, daß die sozialen Verhältnisse bei uns grundlegend andere sind als in der Bonner Republik, wo man die Beschlüsse von Potsdam nicht durchführte und daher wirtschaftliche und soziale Zustände aufrechterhielt ähnlich denen, die auch unter dem Kaiser, unter Ebert und Hindenburg und unter Hitler herrschten. Diese Unterschiede in der sozialen Struktur der beiden deutschen Staaten von heute widerspiegeln sich in der Thematik, in den Menschen, die dargestellt werden, im Stil und in vielen anderen literarischen Momenten. Es muß für den westdeutschen Leser eines unserer Gegenwartsromane ein merkwürdiges Erlebnis sein, in deutscher Sprache, ohne Übersetzung, von Menschen und Konflikten zu lesen, die ihm zwar verwandt, aber doch sehr fremd sind, und die beinahe so klingen, als kämen sie aus einem anderen Land oder wären das Bild einer phantastischen, ihm kaum vorstellbaren Zukunft. Aber so ist es.

Wenn ich aufgrund der vorhandenen Tatsachen davor gewarnt habe, die Erwartungen, die man von unserer Literatur hegt, zu hoch zu spannen, so bin ich mir der Größe des Bedarfs durchaus bewußt und will nicht behaupten, daß die vorhandenen Begabungen geleistet hätten, was sie hätten leisten können. Es ist bei unserer literarischen Produktion so wie mit der Warenproduktion überhaupt – der Bedarf ist größer als das Angebot, und es könnte viel mehr konsumiert werden als da ist. Es könnte aber auch noch mehr und noch Besseres produziert werden.

Der Bedarf an Literatur ist bei uns höher als in Westdeutschland oder in irgendeinem kapitalistischen Land, das ich kenne. Unsere Arbeiter und unsere Bauern lesen mehr Bücher und gehen öfter ins Theater, als es früher in unserem Drittel Deutschlands der Fall war. Aber diese sozusagen normale Steigerung des Bedarfs könnten wir noch decken. Dafür haben wir die Kräfte schon entwickelt.
Was uns solche Schwierigkeiten macht, ist die enorme Lücke, die wir zusätzlich auszufüllen haben. Wie Sie vielleicht wissen, hat man in der DDR das große Experiment einer Giftentziehungskur begonnen. Man hat von der Diät der Leser eine ganze Menge der früher hier und heute noch im Westen gelesenen Literatur abgesetzt – mit Recht. Unsere Verlage liefern den Lesern weder Generalsmemoiren noch Mickie Spillane, weder Courths-Mahler noch Hans Grimm, weder Pornographie noch Glorifizierung des Massenmords. Wenn man aber dem Körper ein gewohntes Gift entzieht, muß man ihm etwas anderes geben, etwas Gesundes und doch Schmackhaftes. Und dieses andere ist noch nicht in genügendem Maße vorhanden.
Bei weitem nicht alle unsere Schriftsteller haben erkannt, daß wir sehr viel von dem brauchen, was abschätzigerweise als Unterhaltungsliteratur bezeichnet wird. Wir brauchen eine neue, eine bessere, realistische Unterhaltungsliteratur. Vielleicht wäre es überhaupt gut, den Begriff der Unterhaltungsliteratur auf die gesamte Schöne Literatur auszudehnen, damit endlich die Praxis aufhört, das Langweilige als wertvoller zu betrachten als das Unterhaltende, Spannende, Packende.
Alexej Tolstoi und andere große Schriftsteller in anderen Ländern hielten Langeweile für eine Todsünde. Bei uns gilt diese Todsünde nur allzu oft als literarische Tugend. Wir brauchen eine Literatur, die packt und fesselt und ergreift – nur durch sie werden sich uns die Köpfe und Herzen der Menschen öffnen, nur durch sie werden wir es fertigbringen, bei der Umformung der Menschen mitzuhelfen.

Allerdings ist die Verführung, es sich leichtzumachen, sehr stark – die Verführung, das Werk mit dem korrekten Inhalt zu versehen und dann den lieben Gott einen guten Mann sein zu lassen. Wir alle haben wohl schon beobachtet, daß Bücher oder Stücke gepriesen und gefördert wurden, die zwar in der Tendenz ehrlich und anständig und goldrichtig, sonst aber von hölzerner Primitivität waren. Solche Sachen bleiben dann auch auf den Regalen der Bibliotheken liegen. Die anständigste Tendenz und die besten Absichten nützen uns nichts und bringen uns nicht vorwärts, wenn wir die Hirne und Herzen der Menschen nicht erreichen.

Erlauben Sie mir, eine Parallele zu einer anderen Kunstgattung zu ziehen. Würde jemand daran denken, etwa einen Bildhauer besonders zu preisen und zu belohnen, der zwar eine außerordentlich schöne Frau modellieren wollte, es jedoch nicht fertigbrachte, die Figur aus dem Stein herauszuarbeiten? Nun, jeder von uns kennt solche plumpen, schlecht bearbeiteten, halb fertigen Steinklötze der Literatur, die dekoriert und in hohen Auflagen verbreitet wurden, nur weil das lebendige Modell und die Absicht ihres Autors so schön waren.

So etwas hemmt die Entwicklung unserer Literatur. Es verführt zur Stümperei. Es entmutigt alle jene, die sich Mühe geben, dem schweren harten Stein die wirklich fertige Figur zu entringen. Und es stößt den Leser ab, der es nämlich nach einem halben Dutzend unverdaulicher Klötze aufgibt, weiter nach dem echten Kunstwerk zu suchen.

Doch ist die oft zu einseitig auf den ideologischen Inhalt ausgerichtete Beurteilung von literarischen Werken nicht die einzige Praxis, die sich hemmend auf die Entwicklung der Literatur auswirkt. Man hat manchmal das sonderbare Gefühl, daß einige Kritiker, Zeitungen, Jurys, Verleger, Amtspersonen in gewissen Fällen mit zweierlei Maßstäben messen. Auch ein berühmter und verdienter Schriftsteller muß, wenn er einen Versager produziert, kritisiert werden. Ihm anerkennend auf die Schulter zu klopfen, ihm seine gute Absicht und seine menschlichen Qualitäten zu bestätigen, hilft weder ihm noch dem Publikum. Verdienste und Rang soll man bei Einladungen zu Staatsempfängen, bei Theaterpremieren oder bei Begräbnissen in Betracht ziehen – nicht aber bei der Beurteilung eines literarischen Werkes, mag es noch so wohlgemeint sein.

Ebenso hemmend ist ein Überbleibsel aus früheren Zeiten – nämlich die als Förderung des Autors maskierte, in Wirklichkeit aber bourgeois herablassende Art, in der in manchen Fällen die Werke von aus der Arbeiterklasse stammenden Autoren behandelt werden. Man fördert das keimende Talent

wahrhaft und wirkungsvoll, indem man es rechtzeitig erkennt, ihm Sympathie entgegenbringt, ihm vor allem *während der Entstehung des Werkes* aus der Erfahrung anderer und aus der eigenen Erfahrung helfende Hinweise gibt und hilft und vorsichtig, sehr vorsichtig und liebevoll, Kritik übt – man fördert aber keineswegs, indem man von der beleidigenden Voraussetzung ausgeht, daß die Arbeiterklasse oder die Bauernklasse nur beschränkte Talente hervorbringen könnten, deren *veröffentlichtem Werk* man daher alle Schwächen gönnerhaft vezeihen müsse. Es ist doch Tatsache, daß aus diesen beiden Klassen sehr große Begabungen hervorgegangen sind; Tatsache ist ferner, daß in unserer Arbeiter-und-Bauern-Republik den Arbeitern und Bauern alle Bildungsmöglichkeiten, auch auf dem Gebiet der Literatur, offenstehen; und Tatsache ist schließlich, daß man weder dem Autor noch der Literatur im Ganzen nützt, wenn man unter falscher Anwendung von Klassensolidarität oder gar aus kleinbürgerlichem Wohltätigkeitstrieb zweierlei Maßstäbe anlegt. Ich glaube auch, daß ein solches Verhalten den aus der Arbeiterklasse oder dem Bauernstand kommenden Autoren wenig erwünscht und persönlich unangenehm ist.
Sie kennen Andersens Märchen vom König und seinen neuen Kleidern. Nichts ist so peinlich und lächerlich wie die Position jener, die die neuen Kleider so laut und wortreich bewunderten und die dann von dem Ausruf des kleinen Kindes überrascht werden: »Mama, der König geht doch in Unterhosen!«
Die Leser unserer Bücher aber sind wie dieses Kind: Sie erkennen die Unterhosen, und zwar sehr schnell.

Wir können es uns nicht erlauben, aus irgendwelchen noch so gut gemeinten Motiven den Standard unserer Literatur zu senken. Im Gegenteil – wir müssen strenger werden und darauf hinarbeiten, den Standard zu heben.
Denn wir stehen nicht mehr am Anfang; wir haben sogar eine große Tradition; und wir haben die Aufgabe, nicht nur unsere Leser in der DDR zu versorgen, sondern über die Grenzen der DDR hinaus, besonders nach Westdeutschland hin, auszustrahlen. Wir leben nicht auf einer unerreichbaren Insel, auf der wir es uns vielleicht leisten könnten, das Minderwertige als vollwertig auszugeben in der Annahme, daß keine Vergleichsmöglichkeit bestünde.

Die Vergleichsmöglichkeit besteht aber; denn erstens gibt es auch und gerade bei uns genug Vollwertiges, und zweitens stehen wir in unserem gespaltenen Lande und dem gespaltenen Berlin in dauerndem Wettbewerb mit dem Westen. Dieser Wettbewerb ist jetzt, nach Genf, erst recht auf die Tagesordnung gesetzt worden.
Wir wollen Entspannung und Koexistenz. Wir wollen die Wiedervereinigung Deutschlands, die sich nur aus der Entspannung und Koexistenz ergeben kann. Mit der politischen Entspannung aber wird der Austausch kultureller Güter und Werte, der Austausch von Literatur zunehmen. Wir müssen uns daher immer fragen: Wird dieses Werk, das ich schreibe, auch außerhalb unserer vermeintlichen Insel vor den kritischen und manchmal feindseligen Augen des Westens bestehen können; wird es auch dort Menschen beeinflussen? Mit der Koexistenz wird sich ein friedlicher Wettstreit auf allen Gebieten des Lebens herausbilden. Wir müssen daher stets daran denken, daß unsere Literatur besser sein muß als die des Westens, und zwar besser nicht nur in der Gesinnung.
Ganz abgesehen davon, daß man ja sagt, für das Proletariat sei das Beste gerade gut genug.

Die Frage der Gesinnung führt uns heran an den Kernpunkt unserer Schwierigkeiten in der literarischen Arbeit. Alle anderen bisher von mir genannten Hemmnisse lassen sich bei einiger Charakterstärke verhältnismäßig leicht überwinden.
Aber, so könnte einer rückfragen, ist es denn nicht eher so, daß die Gesinnung, der feste politische Standpunkt, das Klassenbewußtsein beziehungsweise das Bewußtsein der Verbundenheit mit der Arbeiterklasse, die Arbeit des Schriftstellers erleichtern? Gewiß ist es eine Erleichterung, zu wissen, für wen und für was man schreibt. Aber gerade dieses Wissen um die inneren Bedürfnisse der Menschen und um das große Ziel erlegt dem Schriftsteller Verpflichtungen auf, die sein Schaffen unerhört komplizieren.
In meiner Erinnerung taucht ein Gespräch auf mit einem amerikanischen Dramatiker, das vor ein paar Jahren stattfand. Dieser Mann sprach mir davon, wie schwer ihm das Schreiben doch falle, denn bei jeder Dialogzeile müsse er sich fragen: Ist

das noch tragbar, kann man das im heutigen Amerika auf dem Broadway-Theater noch spielen?
Sie sehen aus diesem einen kurzen Zitat, daß auch im Kapitalismus der Schriftsteller sich sehr wohl Gedanken darüber macht, was er schreiben kann und soll. Hemingway und Steinbeck, ebenso wie Kirst in München, berechnen ganz genau, was ihnen ihre Verleger angesichts der politischen Lage abdrucken werden und was nicht. Daraus ergeben sich jene merkwürdigen Bücher, in denen hier und da etwas Ernsthaftes angetippt wird, nur um wieder verschleiert zu werden. Daraus ergibt sich manchmal auch der Verrat des Schriftstellers an seiner Berufung. So scharf stehen die Dinge in dem großen Klassenkampf, der kein Land der Welt und keinen Schriftsteller der Welt unberührt läßt.
Es sind allerdings ganz andere Motive, die den Schriftsteller bei uns, wo der Kapitalismus entmachtet ist und man seiner Berufung frei folgen kann, veranlassen, sich sehr scharf zu überlegen, was und wie er schreibt.
Aus Bonn wird behauptet, bei uns gäbe es eine Zensur. Ich wünschte manchmal, wir hätten eine; wir könnten uns viel kostbares Papier ersparen, das für blühenden Unsinn verdruckt wird. Aber die Behauptung aus Bonn findet Gläubige. Anläßlich eines Artikels, den ich kürzlich in einer großen Tageszeitung veröffentlichte, erhielt ich einen Brief von einer Leserin aus Rostock. In diesem Brief teilte sie mir mit, ihre Bekannten hätten sich gewundert, daß ein *von der Regierung genehmigter* Schriftsteller so etwas Kühnes schreiben konnte.
Es scheint, daß in den Köpfen der Bekannten meiner Rostocker Leserin noch Begriffe aus der Nazi-Zeit herumspuken, wo es eine Reichsschrifttumskammer und tatsächlich von der Regierung genehmigte Schriftsteller gab. Aber damit ist seit 1945 gründlich aufgeräumt worden, wenigstens in dem östlichen, demokratischen Teil Deutschlands. Und was mich betrifft, so war dies einer der Gründe, die mich veranlaßten, aus den USA hierher überzusiedeln. Ich konnte und wollte nicht in einem Lande arbeiten, in dem den Schriftstellern ein Maulkorb umgehängt wird.
Nein, es gibt keinen Maulkorb und keine Zensur bei uns. Aber es gibt bei uns eine Verantwortlichkeit des Schriftstellers der Sache gegenüber, der Sache des Friedens und der Demokratie

und des Sozialismus. Der Zensor, von dem immer gesprochen wird, sitzt im Herzen der Schriftsteller. Und bei jedem Satz fragt dieser Zensor: Ist das, was du schreibst, auch im tiefsten Sinne wahr? Regt es zum Denken an, zum Denken in der richtigen Richtung? Hilft es unserer Sache? Bringt es die Menschen weiter?
Natürlich gibt es da Dinge, über die man schreiben, Sätze, die man aussprechen könnte, die aber der Sache schaden würden, der großen Sache, für die so viele herrliche Menschen ihr Blut und ihr Leben gegeben haben. Und hier schreitet der Zensor in unserem Herzen ein. Denn wir stehen nicht mehr in Opposition zu der herrschenden Klasse, wie jeder ehrliche, klardenkende Schriftsteller im Westen stehen muß, und können nicht mehr so einfach darauf losschlagen, ohne genauestens zu berechnen, wo der Schlag landen wird. Wir haben eine neue, ganz andere herrschende Klasse und sind ein Teil von ihr und sind ihr verantwortlich. Wir sind mit an der Macht und mitverantwortlich dafür, daß wir an der Macht bleiben und daß uns die Macht nicht entrissen wird von den Faschisten und jenen, die einen neuen schrecklichen Krieg wollen. Wir sind verantwortlich gegenüber den Müttern und den Kindern, gegenüber den Bauern, die das Brot schaffen, gegenüber den Arbeitern, die eine neue, bessere Welt bauen. Wir sind verantwortlich den Toten gegenüber und den Lebenden, und jedes unserer Worte zählt.

Aber der Schaffensprozeß des Schriftstellers ist eine einsame Angelegenheit. Und bei dem Zwiegespräch zwischen der Leidenschaft und dem Zensor, das dauernd in unserem Herzen stattfindet, ist es nicht immer leicht zu entscheiden, wer recht hat.
Wer von uns ist denn so sicher in seinen Lebens- und Kampferfahrungen, in dem, was er gelernt und gesehen hat, daß er stets genau weiß: Ja, dies kann ich und muß ich sagen, und jenes bleibt besser ungesagt?
Die ungeheure Last der Verantwortung auf unseren Schultern macht den Unsicheren oft noch unsicherer, und auch für den Sicheren gibt es Momente des Zweifels. Kein Wunder also, daß der eine oder andere sich sagt: Warum soll ich mir den Kopf zerbrechen? Warum nicht von Zeitläuften und Ländern schreiben, über die keine Unklarheiten mehr bestehen? Oder warum

nicht so schreiben, wie ein Dutzend andre schon vor mir geschrieben haben? Wer bin ich denn, daß ausgerechnet ich Gefahr laufen soll, Wochen, Monate, Jahre meiner Arbeit umsonst anzuwenden?
Man hat von Mangel an Mut bei Schriftstellern gesprochen. Ich halte das – verzeihen Sie mir – für oberflächlich. Ich glaube, die Mehrzahl von uns sind keine Feiglinge, wir haben keine Angst vor Kritik und vor dem erhobenen Zeigefinger und den erhobenen Augenbrauen großer und kleiner Päpste.
Aber für manchen von uns gibt es manchmal Augenblicke, da wir zaudern angesichts der Tatsache, daß die neue Zeit noch gar so neu und ungewohnt ist, und daß der verschlungene Weg vor uns sich gar zu oft gabelt und kreuzt und überschneidet. Und in solchen Augenblicken mag die Verantwortung, die auf uns liegt, zu schwer erscheinen, und die Versuchung, nichts zu sagen und nichtssagend zu werden, tritt an uns heran.
Aber wir dürfen dieser Versuchung nicht nachgeben. Ihr nachzugeben, hieße unsere Berufung zu verraten und damit gleichzeitig die große Sache.

Im Lichte dieser Entscheidungen, die wir bei unserem Schaffen tagtäglich und stündlich treffen müssen, sollte man auch jene Diskussion betrachten, in der es angeblich um den Enthusiasmus der Arbeiterklasse ging.
In Wirklichkeit ging es dabei um etwas noch viel Tieferes, nämlich *um diese Entscheidungen.* Wir können in dem, was wir sagen wollen und zu sagen verpflichtet sind, nur richtig entscheiden, wenn wir die Menschen richtig einschätzen, über die und für die wir schreiben. So ging es denn damals und geht es heute und wird es auch morgen noch um die Frage gehen: Wie stellen wir den Menschen unserer Gegenwart und unseres Landes dar? Diesen Menschen, der sich ständig wandelt, der tausenderlei verschiedenen Einflüssen ausgesetzt ist, dessen Vergangenheit im Schlamm und Schmutz des Kapitalismus liegt und dessen Zukunft zu noch unausdenkbar großartigen Gipfeln menschlicher Größe führen wird.
Zweierlei müssen wir erkennen: den Menschen, wie er ist und wie er sich entwickelt.
Und dieses Zweierlei müssen wir *illusionslos, aber stets mit dem großen Ziel im Auge* zu erkennen suchen – aus zwei Gründen:

erstens, weil dieser Mensch unser Thema, und zweitens, weil er unser Leser ist.

Hier, bei der Betrachtung und Beurteilung der Menschen, werden sich Unterschiede ergeben, denn jeder Betrachter ist anders und jeder Betrachtete. Ich denke, daß auch jene Kollegen, die in den rosigsten Tönen von unseren Menschen hier sprachen, ehrlich an ihre Anschauungsweise glauben; ebenso ehrlich waren die, deren Ton mehr ins Graue ging. Das kommt gerade von den Widersprüchen in unserem Leben und zeigt diese Widersprüchlichkeit. Das ist unerhört dramatisch. Noch nie gab es zu einer Zeit in Deutschland solche Verschiedenheiten, noch nie war die Palette so reich an Farben, und nur an uns liegt es, uns ihrer zu bedienen.

Aber wir werden nicht umhin können, unsere Menschen, die Menschen unserer Zeit und unserer Republik, realistisch zu betrachten – als Leser wie auch als Thema. Tun wir das nicht, so versündigen wir uns am Thema und verlieren sie als Leser; denn der Mensch als Leser glaubt uns einen unechten Menschen als Thema nicht.

Das Leben, das wir doch alle beschreiben und beeinflussen wollen, besteht weder aus Himbeersoße noch aus Mehlsuppe, es ist weder einheitlich rosig noch einheitlich grau, das Leben ist bunt. Unsere Aufgabe ist es, im Bewußtsein unserer ganzen Verantwortung unsere Menschen und unser Leben in ihrer ganzen Vielfalt und widerspruchsvollen Entwicklung darzustellen und dafür zu sorgen, daß bei aller Buntheit des Werkes eine Farbe durchklingt – und diese Farbe ist weder ein süßliches Rosa noch ein bedrückendes Grau: *sie ist glühend rot.*

31. Dezember 1962

Fragmente

Bisher unveröffentlicht

Die Partei hat immer recht...
Die Partei sagt...

Zunächst einmal wäre zu untersuchen, wer in diesem Falle die Partei ist und ob der Sprecher wirklich berechtigt ist, in ihrem Namen zu sprechen. Die Partei, so wie sie heute konstituiert ist und hier, besteht aus vielen einzelnen – Menschen verschiedenster Anlagen und Interessen, mit den verschiedensten Lebensgeschichten und Anschauungen über dies und jenes, geeint nur durch ihre organisatorische Zugehörigkeit zu der Partei; dabei liegen auch dieser Zugehörigkeit wieder die verschiedensten, durchaus nicht immer edlen Motive zugrunde. Zusammengehalten wird das Ganze durch gewisse gemeinsame Thesen und Kampfziele, durch einen mehr oder minder starken Druck von außen – statt Einheit von Volk und Partei läßt sich häufig Gegensätzlichkeit, Widerstand, ja Verachtung feststellen – und durch einen zahlenmäßig nicht unbeträchtlichen Funktionärsapparat, dessen Mitarbeiter ein direktes wirtschaftliches Interesse an der Partei haben.

Dieses Konglomerat von Menschen also sagt...

Sind die Menschen befragt worden, bevor man in ihrem Namen sagt?... Nein. Wird ein Einspruch, wenn er sich gegen das Gesagte erhebt, gebührend registriert?... In den Kaderakten. Wer also spricht hier in wessen Namen?... Eine Gruppe innerhalb der Partei, eine verhältnismäßig kleine, doch unverhältnismäßig mächtige Gruppe, die sich den Anschein der Billigung und Unterstützung seitens der anderen gibt, indem sie behauptet: Die Partei sagt... Mehr noch – die durch das gleichgültige oder demütige oder resignierende Schweigen der anderen selber dazu verführt wird, zu glauben, daß ihre Aussage die Aussage der Partei ist.

Implicite liegt in der Proklamation. *Die Partei sagt*... auch: *Die Partei hat recht*... – würde man andernfalls etwas so Großes wie die Partei bemüht haben? Und indem man erklärt: Die Partei hat recht, nämlich weil es die Partei sagt, denn würde sie es sagen, wenn es nicht recht wäre?... fordert man Blankoakzeptierung des Behaupteten, fordert man Glauben. (Ich entsinne mich keiner Gelegenheit, bei der die Zeitung geschrieben oder der Sprecher verlangt hätte: Die Partei sagt – prüft selbst, ob es stimmt!)

Die Menschen, schon aus Bequemlichkeit, neigen zum Glauben, vorausgesetzt, daß ihnen das zu Glaubende mit genügender Lautstärke und Autorität vorgesetzt wird. Der Glaube der Menschen wird auch Widersprüche zur Wirklichkeit überdauern – Der Glaube an die Jungfräulichkeit der hl. Maria ist ein Beispiel. Der Glaube an diese Jungfräulichkeit unterscheidet sich vom Glauben an die Unfehlbarkeit der Partei (lies: jener verhältnismäßig kleinen, doch unverhältnismäßig mächtigen Gruppe innerhalb ihrer) dadurch, daß die Jungfrau Maria nicht in den Produktionsprozeß eingreift. Hingen etwa das tägliche Stück Brot und das Stück Speck darauf von der Unbeflecktheit Mariä Empfängnis ab, so wäre es mit dem Glauben daran rasch genug hin.

Der entscheidende Stoß wurde dem Glauben an die Unfehlbarkeit der Partei auf dem XX. und dann wieder auf dem XXII. Kongreß der Kommunistischen Partei der Sowjetunion versetzt. Die Zerstörung der Gloriole Stalins – notwendig, um die Folgen seiner Regierungsmethoden, vor allem auf dem Gebiet der Wirtschaft und der Wissenschaft, zu beseitigen und die Sowjetmacht überhaupt als gehenden Konzern zu erhalten – bedeutete gleichzeitig die Zerstörung des Unfehlbarkeitsmythos der Partei. Die Partei hatte, durch den Mund Stalins, gesagt... wie viele Unwahrheiten? Wie viele plumpe Vertuschungen von dummen Fehlern und großen Verbrechen? Wie viele bewußt oder unbewußt falsche Thesen? Wieviel dilettantischen Unsinn? Wieviel Scharlatanerien und falsches Selbstlob?

Spätestens vom Datum der beiden Kongresse an müßte also jeder, der im Namen der Partei zu sprechen wünscht, streng darauf achten, daß seine Worte nicht im Widerspruch zu dem Wirklichen oder zumindest dem Wahrscheinlichen, dem menschlichen Denken Annehmbaren, stehen. Spätestens vom Datum der beiden Kongresse an vergleichen die Menschen, prüfen sie, in den Fabriken und Geschäften, auf den Feldern und Märkten, ob das, was *die Partei sagt*, auch mit den Tatsachen übereinstimmt; und jede Feststellung eines Widerspruches, einer Verschiebung zugunsten der These untergräbt den Kredit nicht nur der verhältnismäßig kleinen, aber unverhältnismäßig mächtigen Gruppe innerhalb der Partei, sondern der gesamten Partei, der Arbeiterbewegung und ihres Gedankenguts, des Sozialismus überhaupt.

Die Gefahr der Décadence ... Abstraktionismus ... Formalismus ... Grau in Grau ...

Woher das periodisch immer wieder auftauchende Interesse hoher und höchster Politiker der Arbeiterparteien an Fragen der künstlerischen Form, das bis zur Begutachtung und Verdammung einer einzelnen Vase, eines einzelnen Bildes, eines einzelnen Musikstücks geht? Woher die geradezu hysterisch anmutende, kampagnehafte Serie von Stimmen und Meinungen – beginnend mit der Volkskorrespondentin Gretchen Schmidt, bis hinauf zu Mitgliedern des höchsten Rats? Ist der Sozialismus, ist die Gedankenwelt von Marx und Engels tatsächlich bedroht durch ein paar Kleckse auf der Leinwand, ein Stück verbogenes Metall, die sinnlose Aneinanderreihung von Worten? Könnte man sich nicht leisten, es darauf ankommen zu lassen und ruhig zuzusehen, wieviel abstrakte Bilder, Gedichte, Suiten sich absetzen lassen in einer Gesellschaft, in der es nur eine beschränkte Anzahl von Snobs geben kann, welche nur eine bestimmte, nicht große Summe Geldes zum Ankauf solcher Werke zur Verfügung haben?

Dennoch stammt der viele Rauch von einem wirklichen, für das Establishment nicht ungefährlichem Feuer.

Das Feuer bedroht einmal die Unzahl von durchschnittlich und unterdurchschnittlich begabten Leuten, die jahrelang genau die von oben her gewünschte und benötigte Gebrauchskunst gemacht und auf diese Weise ein bequemes und leichtes Leben geführt haben. Diese haben ein festes Interesse an den aus dem Gutbürgerlichen übernommenen Formen und Methoden; hier ist für sie moralische, politische und wirtschaftliche Sicherheit; man braucht nur die Gesichter ein wenig zu glätten und die Kleider zu übermalen, und man hat statt des Bildnisses des Bestarbeiters X das Porträt des Kommerzienrats Y. Das künstlerische Experiment, ob richtig oder falsch, nützlich oder nicht, bringt Unruhe unter diese Liebhaber der Ruhe und des Gleichgewichts; sie befürchten, daß ihr Werk, dessen Minderwertigkeit ihnen wohl bewußt ist, in Frage gestellt werden könnte, und daß jemand den Betrug, von dem sie so angenehm leben, durchschauen möchte. Und da ihr Talent klein, ihre Furcht dagegen groß ist, wehren sie sich sofort mit dem einzigen ihnen zur Verfügung stehenden Mittel: der politischen Denunziation.

Aber auch den politischen Führern erscheint das Experiment mit der Form und die Verhöhnung des Althergebrachten, ihnen Vertrauten, von ihnen Empfohlenen bedrohlich. Daß sie, die Besitzer der Konzertsäle und Orchester, die Kontrolleure der Verleger, die Hauptkunden auf dem Markt der bildenden Kunst, das Experiment leicht genug erwürgen können und erwürgen, erscheint ihnen nicht genug. Zum Scheiterhaufen muß das Sündenbekenntnis und der Bannfluch kommen. Nicht etwa, weil sie Narren genug wären zu glauben, daß ein Stück mehr oder weniger dekorativ bemalter Leinwand, das von Musikinstrumenten hervorgebrachte Gejammer eines Chors von Katzen, oder die Aneinanderreihung von Wörtern auf obskure Art die Klassiker Marx und Engels widerlegen oder die Fakten des Klassenkampfs aus der Welt schaffen könnten. Die abstrakte, formalistische Kunst ist ja gerade stolz darauf, daß sie nichts zu sagen hat – also auch nichts gegen Marx und Engels. Und dennoch ist da eine Botschaft. Sie liegt nicht in dem, was solche Bilder, Wortfolgen, Tonsequenzen aussagen; sie ergibt sich ausschließlich aus der Tatsache der Existenz solcher Dinge im Herrschaftsbereich dieser Politiker. Die Schmiererei auf der Leinwand wird als Demonstration verstanden und ist vielleicht sogar eine; das Gekratze auf den Violinen ist die Vertonung eines einzigen Wortes, *Nein*: Das sinnlose Durcheinander von Worten ergibt für die Ohren der Politiker einen furchtbaren Sinn: Wir weigern uns, die von euch vorgeschriebenen Formen zu akzeptieren.

Dieselben Formen und Experimente, die von den Faschisten als Kultur*bolschewismus* verdammt wurden, werden von der zweiten und dritten Generation der bolschewistischen Führer gleichfalls verdammt – und aus eben dem gleichen Grunde: weil sie den Totalitätsanspruch der politischen Führung negieren, weil sie die Erhebung einer Geschmacksrichtung zur Staatsdoktrin ablehnen, und weil aus der Disharmonie das Gelächter dröhnt. Hier liegt die Herausforderung; hier liegt das Feuer, das den ganzen Rauch verursacht.

Schaut man jedoch genauer hin, so schwelt unter diesem Feuer noch ein anderes, größeres, dessen Herd bis in die Tiefen der Existenz der ganzen Herrschaft des Apparats reicht. Ist vielleicht die Diskussion um Fragen der Form nur ein Pseudonym, eine Maske, hinter der sich etwas anderes und doch damit Zusammenhängendes verbirgt? Schlägt man nicht den Knecht und meint den Herrn? Exerziert man etwa die Plattwalzung der Formalisten vor, um ganz anderen, viel bedrohlicheren Leuten zu zeigen, was ihnen geschehen würde, wenn...? Geht es möglicherweise gar nicht um Form, sondern um Inhalt?

Der Verdacht liegt nur allzu nahe.

Die Massen werden ja nicht durch abstrakte Kunst und abstruse Formen beeinflußt; dafür ist die Anstrengung zu groß, die erforderlich ist, um aus solchen Sachen einen Sinn abzulesen oder eine Emotion zu gewinnen. Die Massen werden beeinflußt durch ihnen verständliche Kunst, mit einem ihnen verständlichen, ihrem Lebensinhalt und ihren Erfahrungen entsprechenden Inhalt. Und um diesen Inhalt geht es.

Die Negierung des Rechts der politischen Führung, die statthaften künstlerischen Formen zu bestimmen, ist gleichzeitig die Ablehnung ihres Anspruchs, den Inhalt festzulegen, zu entscheiden, was wahr und was unwahr ist. Wird der Totalitätsanspruch an einem Punkt, dem der Form, durchbrochen, so ist er, eben weil er ein totaler Anspruch ist, ganz und gar durchbrochen. Was aber soll dann geschehen, wenn der Inhalt, den die Künstler gestalten, sich unterscheidet von dem Inhalt, den die politischen Führer aus ihnen sicher sehr wichtigen Gründen gestaltet zu sehen wünschen? Wenn die Wahrheit, die die Künstler sehen, sich unterscheidet von der Wahrheit, welche die Politiker propagiert haben müssen? Wenn das Leben anders aussieht als die Doktrin, nach der die Politiker sich zur Zeit ausrichten?

Da hört der Spaß auf...

16. Januar 1964

Antworten auf Fragen

Interview mit *Sowjetskaja Kultura*

1) Ich glaube, daß der internationalen Entspannung, die ihren Ausdruck in dem Atomteststop-Abkommen gefunden hat, auch eine ähnliche Entspannung auf kulturellem Gebiet folgen sollte. Der kalte Krieg hat auf beiden Seiten, im Westen wie im Osten, zu Einengungen geführt, die sich auf vielen Gebieten der Kunst schädlich ausgewirkt haben. Wir haben jetzt Gelegenheit, durch häufigere Kontakte, durch Austausch von Künstlern und Werken der Kunst und Literatur, unsere gegenseitigen Probleme und Leistungen kennenzulernen. Das kann nur nützlich sein – künstlerisch wie politisch.

2) Man darf zwei Probleme nicht durcheinanderbringen: die Frage des Engagements, das jeder Künstler in bezug auf die Frage seiner Zeit eingeht, und die Frage der sogenannten ideologischen Koexistenz. Die so gefürchtete *ideologische Koexistenz* ist meiner Meinung nach per Definition und Natur nicht möglich; sie würde eine weltweite Einheitsauffassung bedeuten; bekanntlich aber haben wir nicht einmal im sozialistischen Lager einheitliche Auffassungen über sehr entscheidende Fragen. Wohl aber ist möglich, und nicht nur möglich, sondern notwendig, geistige Auseinandersetzung, die verlangt, daß man sich an einen Tisch setzt, um miteinander zu reden.
Zur Frage des Engagements des Künstlers: Mein ganzes Werk, und besonders wieder mein neues Buch *Die Papiere des Andreas Lenz*, zeigt, daß der Künstler gar nicht umhin kann, sich auf die eine oder andere Weise zu engagieren, sich auf die eine oder andere Seite der Front in allen Fragen der Zeit zu stellen. Was die Pflicht betrifft, die der Künstler und Schriftsteller heute hat, so möchte ich wiederholen, was Sartre kürzlich in Prag erklärt hat und was ich unterschreibe. Er zählte drei Punkte auf.
a) Der Künstler muß sich auf die Seite der Revolution stellen; in Ländern, wo die soziale Revolution auf der Tagesordnung steht, auf die Seite der sozialen Revolution, in Ländern, wo die

nationale Revolution auf der Tagesordnung steht, auf die Seite der nationalen Revolution. b) Der Künstler muß diszipliniert sein. c) Der Künstler muß Kritik üben. Punkt b) und c) werden oft miteinander in Widerspruch stehen. Die Lösung dieses Widerspruchs ist die tägliche Aufgabe des Künstlers und Schriftstellers. Sie ist schwierig. Aber niemand hat je erklärt, daß Künstler und Schriftsteller es leicht haben sollen.

3) Ich halte die scharfe Trennung zwischen *Gegenwartsliteratur* und *historischem Roman* für Unsinn. Alle großen historischen Romane, die ich kenne, von Tolstois *Krieg und Frieden* bis zu Heinrich Manns *Henri Quatre*, beschäftigen sich mit Charakteren, die ebenso Zeitgenossen des Autors sein könnten, die es in der Tat sind – denn ein Autor kann ja nur die Seelen seiner Zeitgenossen, nur seine eigene Seele durchleuchten und darstellen. Bei den *Papieren des Andreas Lenz* insbesondere glaube ich, daß das Zeitgenössische sehr klar enthalten ist – die Periode, mit der sich das Buch beschäftigt, die Revolution von 1848/49 und der Bürgerkrieg in Baden, ist uns sehr nahe. Engels, der in dem Roman eine Rolle spielt, hat uns Heutigen theoretisch und politisch noch sehr viel zu sagen; ebenso stark sind die inneren Beziehungen der Menschen und Probleme von damals zu unseren Menschen und unseren Problemen von heute. Ich machte zum Beispiel die Erfahrung, daß die Maschinensetzer in Leipzig, die das Buch setzten, die darin enthaltenen Probleme zu diskutieren begannen – vor allem die Frage der revolutionären Führung und die Frage, was man mit der Macht anfangen soll, wenn man sie erobert hat. Ferner lag mir daran, ein Buch über eine Revolution zu schreiben, die – auch wenn sie verlorenging – sich nicht mit dem Blut ihrer eigenen Leute besudelte, obwohl die Situation, der sie sich gegenüber fand, außerordentlich kompliziert war. Natürlich gibt es in der Geschichte überhaupt keine direkten Parallelen, nicht einmal genaue Parallelsituationen – darum wäre es auch müßig, in meinem Roman nach »Schlüsselfiguren« zu suchen: nach Figuren der Gegenwart also, die ich in historischem Gewande dargestellt hätte. Im Gegenteil, ich habe eine große Anzahl von tatsächlichen historischen Charakteren, von Menschen, die wirklich existiert und führend an den Ereignissen teilgenommen haben, in den Roman und seine Handlung verwoben.

4) Der positive Held in dem Sinne, wie er in den vergangenen Jahren von den Kulturministerien und anderen amtlichen Instanzen sozialistischer Länder von den Schriftstellern gefordert wurde, existiert nicht und kann auch gar nicht existieren. Es ist überhaupt falsch, die Rollensprache aus dem Theater – z. B. jugendlicher Held, Heldenvater usw. – auf die erzählende Literatur zu übertragen. Man sollte sich hüten, Zensuren über die Einstellung zur Welt, die die von den Schriftstellern geschaffenen Charaktere haben, zu erteilen – positiv, positiv mit einigen Mängeln, halb negativ, ganz negativ, und was dergleichen Einteilungen sind.
In meinen Büchern – und ich glaube, in den Büchern aller Schriftsteller, die ernst genommen werden wollen, setzen sich die Charaktere (und damit der Schriftsteller selbst) mit der Welt, die sie umgibt, auseinander. Je nach der Anlage, die der Schriftsteller einem Charakter auf den Weg gibt, kann dieser nun positiv oder negativ, zynisch oder bejahend, heldenhaft oder feige auf seine Umwelt reagieren. Immer aber stellt der Schriftsteller die Welt und die Menschen dar und seine eigene Einstellung dazu: das ist seine Aufgabe, der er sich nicht entziehen kann.

5) Die Darstellung der Welt und der Menschen in ihr kann nur dann auf die Dauer wirksam sein, wenn sie realistisch ist, oder – im literarisch-künstlerischen Sinne – *wahr.* Die Leser müssen empfinden: ja, so wie dieser Mann geschrieben hat, ist es. Die Kunst des sozialistischen Realisten ist es nun, in der ihn umgebenden Welt die Tendenzen aufzuspüren, die in Richtung des Sozialismus, in Richtung der revolutionären Entwicklung, in Richtung des Positiven, des Menschlichen weisen. Gelingt ihm das in überzeugender Weise, so hat er eine große erzieherische Aufgabe erfüllt.

Kompromißlose Suche nach der Wahrheit
Diskussionsbeitrag zur *Freien Tribüne* auf dem Film-Festival in Karlovy Vary am 16. Juli 1964

Gestatten Sie mir, vorauszuschicken, daß ich kein Filmkünstler oder Filmkritiker bin, sondern Romancier. Ich wurde vom tschechoslowakischen Festivalkomitee eingeladen, dem ich hier meinen Dank aussprechen möchte für die schöne Gelegenheit, mit so vielen schöpferischen Menschen aus so vielen Ländern zusammenzutreffen und so viele interessante Werke der Filmkunst sehen zu können.

Aber natürlich sind die Aufgaben und Probleme des Erzählers nicht so sehr verschieden von denen des Szenaristen oder des Filmregisseurs. In jedem Roman, jeder Novelle, liegen Handlungs- und Dialogelemente, die zur Verfilmung Anlaß sein könnten, umgekehrt beeinflussen die Formen des Films auch die Technik und Methode der erzählenden Kunst.

Vielleicht darf ich darum ein paar Gedanken zur Diskussion beitragen. Vor einigen Monaten forderte mich die amerikanische Zeitschrift *Atlantic Monthly* auf, einen Artikel zu schreiben mit dem Thema, warum ich mich in der Deutschen Demokratischen Republik, also im Sozialismus, niedergelassen habe und warum, ich zitiere Englisch, *living in the GDR is conducive to writing*, warum es also für die literarische Arbeit nützlich und anregend sei, in der Deutschen Demokratischen Republik zu leben.

Jeder, der die Verhältnisse und Konflikte kennt, die heute das Geschehen in der Welt bestimmen, weiß, daß die Aufforderung der Redaktion eine große Anzahl von Fallen enthielt – *it was booby-trapped*, wie man so sagt. Ich nahm den Auftrag dennoch an – vor allem, weil er mich zwang, mir selbst einmal über diese Frage klarzuwerden.

Wie Sie vielleicht wissen, bin ich den ungekehrten Weg gegangen wie Elia Kazans Filmheld. Darum hat mich sein Film *America, America* so sehr berührt. Ich habe einst dieselben Gefühle gehegt wie der junge Stavros, als ich zum ersten Male Manhattan in der Ferne sah – hinter mir das Deutschland der

Unterdrückung und der Nazis und der Konzentrationslager. Und dann, nachdem ich für die Demokratie und die Freiheit und die Gerechtigkeit als amerikanischer Soldat und Offizier gekämpft hatte, kehrte ich, immer noch auf der Suche nach Demokratie und Gerechtigkeit, dem Amerika McCarthys den Rücken und kam in den Sozialismus. Darum, weil ich das alles erlebt und durchkämpft habe, ist meine Meinung über den Kazan-Film, daß seine Botschaft richtig ist für 1905, nicht aber für heute. Seit dem Oktober 1917 liegt die Hoffnung der Menschheit, der große Stern, auf den sich unser Auge richtet, nicht mehr in Amerika, sondern anderswo.

Es ist eine Laune des Schicksals, daß ich auf meiner Reise in den Sozialismus hier in Karlovy Vary Station machte, auf dem Filmfestival 1951. Der große Film des Festivals damals war der sowjetische *Ritter des Goldenen Sterns.* Die USA waren gar nicht vertreten, der kalte Krieg war sehr kalt, und in Hollywood wurden Schriftsteller von ihrer Arbeit gerissen und ins Gefängnis geworfen. Wenn Sie vergleichen mit dem sowjetischen Film dieses Jahres, *Die Lebenden und die Toten*, mit dem tschechoslowakischen Beitrag *Der Angeklagte* – und mit amerikanischen Filmen wie *One Potato Two Potato*, den ich in diesen Tagen hier gesehen habe –, werden Sie verstehen, wie sehr die Welt sich verändert hat und um wieviel näher die Künstler schon an die Wahrheiten unserer Zeit herangekommen sind...

Der Künstler im Sozialismus aber kann diese Konflikte nicht umgehen, die mit dem Begriff des Personenkults oder des Stalinismus nur angedeutet, keineswegs aber ausreichend umrissen sind. Für den Künstler ist eine unvollständige Darstellung des Lebens gleich einer verfälschten Darstellung des Lebens; verfälschte Kunst aber verliert ihre Wirkung, und der Fälscher in der Kunst verliert mit dem Verrat an seinem Talent das Talent selbst...

Darum gerade ermutigt mich der Besuch in Karlovy Vary so sehr. Hier wurden und werden Filme gezeigt, die sich würdig anreihen an die ersten Filmwerke dieser Art aus der Sowjetunion und anderen sozialistischen Ländern; und wenn dem Beitrag der DDR, *Der geteilte Himmel*, Verdienste zuzumessen sind, dann vor allem der, daß hier ein erster Versuch unternommen wurde – ich kenne das Buch von Christa Wolf –, wenigstens ein Zipfelchen des Teppichs zu lüften und einmal zu sehen, was denn darunter liegt.

Ich bin überzeugt, daß wir auf dem richtigen Wege sind und daß der oft so belächelte Begriff des sozialistischen Realismus wieder an Glanz gewinnen wird, wenn wir ihn mit dem erfüllen, was er eigentlich besagt – mit Realismus. Dann werden wir, auf einer neuen Stufe der Entwicklung, eine Zeit haben wie die von Eisenstein und Pudowkin und Gorki und Majakowsky – als durch Inhalt und Form die sozialistische Kunst ausstrahlte und im höchsten Maße befruchtend wirkte auf die Kunst aller Völker.

Was bedeutet im Geistigen Koexistenz? Doch wohl die Chance, den Wettbewerb um die Seelen der Menschen zu gewinnen. Wir sozialistischen Künstler werden diese Chance nur nützen und diesen Wettbewerb nur gewinnen können, wenn wir mit der kompromißlosen Suche nach der Wahrheit und durch deren Darstellung helfen, den Menschen die Richtung zu weisen auf den großen Stern der Hoffnung, der im Oktober 1917 aufging.

Bedeutung und Perspektive

Rede vor dem slowakischen Schriftstellerkongreß, August 1964

Die Krise, in der sich die sozialistische Literatur befindet, läßt sich nur im Zusammenhang mit dem Auseinanderbrechen jenes monolithischen Gebäudes verstehen, welches der Sozialismus in der Stalin-Zeit war. Ob im einzelnen gut oder plump geschrieben, war diese Literatur in ihren Grundauffassungen gleichfalls monolithisch; ihre Helden waren heldisch und positiv; ihre Aussagen einfach und eindimensional; ihre Lösungen klar und erbaulich; Zweifel waren in der Mitte des Buches gestattet, mußten aber spätestens im letzten Kapitel zerstreut sein.
Ich bin überzeugt, daß eine solche Literatur eine gewisse mobilisierende Wirkung hatte, solange sie irgendwie die Realität widerspiegelte. Aber im Herzen des Künstlers kann sich die Flamme nur nähren, solange er irgendwo eine Flamme leuchten sieht. Moralischer Verfall jedoch, bürokratische Trägheit und die von der Macht nur allzu oft ausgehende seelische Korruption können selbst bei dem willfährigsten Autor keine begeisternden Worte erzeugen.
Die Zerschmetterung des Weltbildes, das mit dem Namen Stalin umschrieben ist, erschütterte auch die ästhetischen und literarischen Lehrsätze, die Teil des allgemeinen Dogmas gewesen waren. Ob es nun die Kulturbehörden in den einzelnen sozialistischen Ländern eingestehen oder nicht, ihre Schriftsteller und Künstler haben die Theorie des sogenannten sozialistischen Realismus neu überprüft – wobei man hinzufügen muß, daß es eine abgerundete Theorie der Art eigentlich nie gab, sondern höchstens ein Flickwerk aus Engels' und Lenins gelegentlichen Äußerungen über Kunst und diesbezügliche Gedanken seitens zeitgenössischer Funktionäre.
Bei dieser notwendigen Überprüfung geschah es, daß in einigen sozialistischen Ländern einige Leute das Kind mit dem Bade ausschütteten; in anderen verhinderte die Zensur, die offizielle oder auch die selbst auferlegte, daß die Schriftsteller überhaupt etwas auszuschütten wagten.

Doch ist der Prozeß keineswegs beendet. Ich vermute, wir werden am Ende feststellen, daß überleben wird, was die besten und ehrlichsten sozialistischen Künstler und Autoren seit jeher gefordert haben: die Welt und die Menschen in ihrer Entwicklung darzustellen, so wahrhaft wie möglich, und dabei zu versuchen, die innere Bedeutung der Vorgänge und ihre große Perspektive herauszuschälen.

Diese Aufgabe ließ sich noch nie nach Formeln lösen; heute ist das erst recht ausgeschlossen. Die bequemen Formeln zerbrachen zugleich mit dem bequemen Mythos.

Die Spaltung im sozialistischen Lager, die jetzt offen zutage liegt, zwingt jeden Künstler, jeden Schriftsteller, zu tun, was er seit je hätte tun sollen; in seinem eigenen Herzen und in seinem eigenen Volk nach den Antworten in der eigenen Sache zu forschen.

Die unser aller Sache ist. Immer noch obliegt uns die Pflicht, ihr zu dienen. Und wir werden ihr am besten dienen, wenn wir bei allen Schwierigkeiten und Zweifeln die Hauptlinien der Entwicklung des Lebens und der menschlichen Geschichte nicht aus dem Auge verlieren und in unserer Arbeit diese Hauptlinien immer wieder nachzuzeichnen suchen.

Stalin verläßt den Raum

Rede, gehalten auf dem »Internationalen Colloquium der Schriftsteller sozialistischer Länder« im Dezember 1964

Auf einer internationalen Schriftstellerkonferenz erzählte mir Ilja Ehrenburg eine Geschichte, die mich seither verfolgt hat.
Im Jahre 1956 geschah es, daß man dem Regisseur jener Filme, die Stalin so glorifizierten, einige Fragen stellte. Der Mann verteidigte sich, indem er die Szenarien vorlegte, nach denen er gearbeitet hatte. Dort fand man dann eine Zeile wie etwa: Stalin verläßt den Raum. Aber die Zeile war ergänzt worden – in Stalins eigener Handschrift – und lautete nun: *Der große* Stalin verläßt den Raum.
Ich glaube, die Geschichte wirkt so stark, weil sie die Schrecken einer ganzen Epoche auf Proportionen reduziert, die sich begreifen lassen – und weil sie eine Anzahl Fragen aufwirft. Nicht so sehr medizinischer Natur: Sicher werden Psychiater der Zukunft die Krankheitssymptome sorgfältig studieren und zu einer schlüssigen Diagnose des Patienten Stalin gelangen. Wichtiger ist die Frage der revolutionären Ethik: Wie Tausende von Kommunisten, bewährte Kämpfer, sich allmählich einem Zustand unterwerfen konnten, den sie als übel und im Gegensatz zu ihren Idealen stehend erkannt haben mußten. Aber die Frage, die uns unmittelbar betrifft, ist politischer und philosophischer Natur: Da der größere Teil, dreißig Jahre, des Experiments Sozialismus unter der Ägide Stalins durchgeführt wurde, und da national und international der Machtapparat Stalins völlig autokratisch, pyramidenartig aufgebaut war – wieviel stammt dann, nicht nur bei einem Filmszenario, sondern bei der Praxis des Sozialismus, von dessen ursprünglichen Autoren und wieviel von Stalin? Und hierbei wieder, wieviel von Stalin, dem nüchternen Marxisten, der zu Recht entschied, daß der Aufbau des Sozialismus in einem Lande möglich war, und wieviel von Stalin, dem Paranoiker?

Viele sind der Meinung, daß eine Untersuchung des Problems unumgänglich ist – so notwendig wie etwa die Untersuchung, die der Chirurg anstellt, um den Bereich des kranken Gewebes zu erkennen, bevor er das Skalpell ansetzt und die Wucherungen von den gesunden Teilen des Körpers trennt. Denn der Körper des Sozialismus ist an Haupt und lebenswichtigen Gliedern gesund.

Der Beweis für seine Gesundheit und Regenerationsfähigkeit ist von den Menschen erbracht worden. Hätten nicht Millionen von ihnen – Arbeiter an ihrer Maschine, Bauern hinter ihrem Pflug, Wissenschaftler in ihrem Laboratorium, Schriftsteller an ihrem Schreibtisch, Soldaten auf ihrem Posten – Tag um Tag und unter den schwierigsten Umständen mehr als ihre revolutionäre Pflicht getan, so stünde der Sozialismus heute nicht festgegründet auf einem Drittel der Erde. Aber wieviel mehr hätten diese Menschen durch ihre Mühen und Opfer erreichen können, um wieviel weiter hätte die Geschichte vorwärts geschritten sein können, wenn ihr Fortschritt nicht gehemmt worden wäre von dem, was mit großer Zurückhaltung als *Entstellung der Leninschen Normen* bezeichnet wird?

Es ist um dieser Menschen willen, daß man den Schmutz, der unter den Teppich gekehrt wurde, ausfegen, den Teppich selbst reinigen und den Raum desinfizieren muß, den Stalin verlassen hat.

Die letzten Jahre haben in der sozialistischen Industrie, Technik und Naturwissenschaft beträchtliche Veränderungen zum Guten gebracht. Aber außerhalb der Brot-und-Butter-Kategorie? ... In Philosophie, Kunst, Literatur?

Vielerorts liegt eine große geistige Unruhe verdeckt unter einer merkwürdig glatten, profillosen Oberfläche; öffentlich getane Äußerungen haben oft einen doppelten und dreifachen Boden; und der Dunst der Heuchelei breitet sich aus – privat redet einer so, aber ganz anders spricht er in seinem Betrieb, seinem Büro oder seiner Gewerkschaft, oder in den Artikeln und Büchern, die er schreibt.

Dieser Zustand ist gefährlich, denn er führt zu Stagnation und Niedergang.

Es gibt nur einen Weg, um das zu vermeiden: die Sache ans Tageslicht zu bringen, zu diskutieren, abzuwägen und zu korrigieren. Sie weiterhin zu verschweigen, so zu tun, als gälten die alten Regeln ausnahmslos noch, oder schlimmer, vorzutäuschen, man habe seine Ideen den neuen Tatsachen angepaßt, während man sich in Wirklichkeit an die alten Dogmen klammert, steigert nur den überall spürbaren Zynismus. Es untergräbt das Vertrauen der Menschen, besonders der jungen. Es macht es unmöglich, die Initiative und Begeisterung zu erzeugen, ohne die sich der Sozialismus nicht erbauen läßt.

Der Schlüssel, scheint es, ist also: furchtlose Diskussion. Diskussion ohne Tabus, Bezweifeln auch des scheinbar Selbstverständlichen, Infragestellen auch des scheinbar längst Feststehenden. Behandlung vor allem des zentralen Problems, das den großen Konflikten im Bereich des Sozialismus zugrunde liegt, des Widerspruchs zwischen der revolutionären Demokratie einerseits, die dauernden Zweifel am Edikt, dauerndes Infragestellen der Doktrin erfordert, und der revolutionären Disziplin andrerseits, welche Unterordnung verlangt und bedingungsloses Befolgen von Direktiven.
Doch sollte die Diskussion sich nicht auf dieses Thema beschränken. Sie sollte Fragen einschließen, wie etwa die Einordnung der Kernphysik, der Kybernetik, der Biochemie und ihrer Resultate in den Rahmen der modernen Dialektik, oder die Befreiung der Ästhetik der Kunst und Literatur von den sterilen Schablonen, in welche man sie in der Stalin-Zeit einzwängte.
Das Leben konfrontiert uns mit diesen Problemen, und niemand kann sich ihnen entziehen. Kein Schriftsteller kann einer Stellungnahme entgehen. Eine Kunst ohne Engagement gibt es nicht, im Kapitalismus nicht, und erst recht nicht im Sozialismus. Im Sozialismus bedeutet schon das Schweigen eines Autors oder sein Vermeiden eines Themas, daß er Stellung bezieht.

Wie tief das Sehnen nach Debatte und Diskussion in der sozialistischen Welt geht, kann man an der Tatsache ermessen, daß dort, wo der Rotstift des Zensors eine echte Diskussion verhindert, unechte Diskussionen mit viel Lärm und wie auf Kommando durchgeführt werden – Kontroversen ohne Kontroverse, über Fragen von minimaler Bedeutung; öffentliche Debatten über Bücher, in denen so welterschütternde Ereignisse behandelt werden wie das törichte Vorgehen eines Dorfbür-

germeisters, der seinen Bauern eine falsche Art von Kuhställen aufzwingen will, oder die außereheliche Vaterschaft eines kleinen Parteisekretärs, der den Skandal vertuschen möchte.
Häufig wird diese Methode der »Diskussion« – oder das Vermeiden von Diskussion – mit der alten Losung aus der Kriegszeit *Feind hört mit!* verteidigt!
Es ist wahr, daß der Westen bei jeder Art von Debatte mithören wird. Es ist ebenso wahr, daß gewisse Gruppierungen im Westen sich bemühen werden, aus den in der Debatte zutage tretenden Tatsachen und aus den Argumenten, die benutzt werden, Vorteile zu ziehen. Man wird ihre Schadenfreude erleben und auch Versuche direkter Einmischung.
Aber der Sozialismus ist nicht mehr die Sache einer kleinen Sekte. Ein Drittel der Menschheit hat sich ihm angeschlossen, und bei dem heutigen Stand der Kommunikationsmittel werden seine Debatten auch die Ohren von Menschen erreichen, die ihm nicht immer freundlich gesinnt sind. Wollte man darum die Debatte auf Themen beschränken, die westlichen Zeitungsredakteuren und Propagandisten kein Material bieten, so müßte man praktisch jede Debatte und jede Kritik ausschließen, Chruschtschow hätte seine berühmte Rede auf dem Zwanzigsten Parteitag der Sowjetischen Kommunistischen Partei nie halten, Luigi Longo das Memorandum des toten Palmiro Togliatti nie dem Setzer übergeben dürfen.
Die Taktik des Verschweigens, die Forderung *Bitte nur harmlose Debatten!* sind in Wahrheit ein Mittel der Konservativen, ihre Politik des Nichtstuns fortzusetzen und ängstlich auf dem Deckel des Topfes hocken zu bleiben, in dem es so unheimlich brodelt. Wir dürfen die Schmerzen nicht fürchten, die es kostet, sich zur Wahrheit hindurchzufinden; die Wahrheit ist immer revolutionär; wo ihr untrüglicher Zeiger scheinbar gegen die Revolution ausschlägt, deutet er an, daß etwas fehlerhaft ist, nicht an der Idee der Revolution, wohl aber an der Art ihrer Durchführung.

Die aber sind Narren, drüben im Westen, die da glauben, sie könnten im trüben fischen. Mögen sie ein Weilchen Spaß haben, aber ihre Netze werden leer bleiben.
Wir diskutieren unsere Anschauungen nicht, analysieren unsere Gedanken nicht, zerlegen unsere Hirne nicht, um *Time Inc.*

in New York oder dem Axel-Springer-Verlag in Hamburg eine Freude zu bereiten. Wir tun dies vielmehr, um den Leib des Sozialismus von den Rost- und Blutflecken der Stalin-Ära und von dem Schimmelpilz der Bürokratie zu säubern, damit der Sozialismus wieder scheine im großen Glanz jener, die ihr Leben und ihr Herz dafür gaben, und die Menschen, vor allem die jungen Menschen, mit der Begeisterung erfülle, welche Welten bewegt.

Die Langeweile von Minsk

Erstveröffentlichung in *Kulturni Život*, Bratislava, 20. August 1965

Im Januar 1955, nach meiner Rückkehr vom Zweiten Kongreß der sowjetischen Schriftsteller, rief Brecht mich an, und wir trafen uns bei ihm zu Hause. Er wollte meine Eindrücke vom Kongreß erfahren. Ich erzählte ihm, was ich bemerkt hatte; aber das war bestenfalls nur jenes Zehntel des Eisbergs, das über Wasser sichtbar ist. Brecht, der besser als ich über die unterschwelligen Gegensätze und Spannungen informiert war, hörte meinen recht begeisterten Bericht bis zu Ende an und meinte dann: »Ich werde Ihnen sagen, wann die in der Sowjetunion wieder eine Literatur haben werden. Wenn dort ein Roman erscheint, der ungefähr mit den Worten beginnt« – er dachte nach – »mit den Worten: Minsk ist eine der langweiligsten Städte der Welt.« Ich glaube nun nicht, daß Minsk besonders langweilig ist. Auch bezweifle ich, daß Brecht je in Minsk war. Sein Minsk war wie sein Sezuan oder sein Mahagonny – ein Ort, aus der Phantasie geboren, um einen Gedanken zu demonstrieren.

Wir können wohl sagen, daß in den mehr als zehn Jahren, seit Brecht seine Bemerkung über Minsk machte, nicht nur ein Roman, sondern eine ganze Anzahl von Romanen, Stücken, Erzählungen aus der Sowjetunion gekommen sind, die den Sinn der Brechtschen Forderung erfüllen und die Sowjetunion wieder zur literarischen Großmacht werden ließen.

Denn Brecht forderte: Realismus. Wenn eine Stadt langweilig ist, sage es. Wenn ein Mann ein Schurke ist, setze ihm keinen Heiligenschein auf den Kopf. Wenn das Leben nicht so ist, wie der Leitartikel in der Zeitung und die Reisebüros es dir darstellen: Du bist Romancier, Dramatiker, Dichter, und es ist deine Pflicht, auszusprechen, was ist.

Denn dies, und nur dies, ist die Bedeutung des Wortes *Realismus.* Und sozialistischer Realismus bedeutet, die Wahrheit darzustellen mit der ihr innewohnenden Perspektive, die nach der Natur der Dinge nur eine sozialistische Perspektive sein kann.

Nun gibt es Leute, die argumentieren: Schön – aber was ist die Wahrheit? Gibt es nicht tausend Varianten der Wahrheit, je nach Standpunkt und Weltanschauung des Betrachters?

Die das sagen, wissen gewöhnlich sehr genau, was die Wahrheit ist, sprechen sie aber nur ungern aus, wenn die Zeit kommt, sich zu ihr zu bekennen. Ich neige zu Abraham Lincolns Auffassung, der einmal sagte: Man kann einen Teil der Leute die ganze Zeit zum Narren halten; man kann alle Leute einen Teil der Zeit zum Narren halten; aber man kann nicht alle Leute die ganze Zeit zum Narren halten. Die Wahrheit hat so ihre Art, auch durch das glatteste Mäntelchen der Heuchelei hindurchzuscheinen; und wenn ich auf die letzten dreißig oder fünfunddreißig Jahre Geschichte zurückblicke, die ich mit eigenen Augen gesehen habe, dann glaube ich, daß die Wahrheit auch ihre Art hat, sich durchzusetzen. Freiheit ist Freiheit, und Gerechtigkeit ist Gerechtigkeit, und Klassen sind Klassen, und uns mit Hilfe dieser drei Punkte orientierend, müssen wir unsern Weg vorwärts suchen.
Aber warum die Pflicht, die Wahrheit auszusprechen, für den Schriftsteller beanspruchen? Ist die Rolle des Schriftstellers in unserer Zeit eine so besondere, daß sie ihm größere Verantwortung auferlegte als anderen Menschen? Und ist einer, nur weil er weiß, wie man Worte hübsch zu Papier bringt, zur Stimme des Gewissens ausersehen?
Jedes Zeitalter hat seine Sprecher, die die Ängste und Hoffnungen der Menschen zum Ausdruck bringen. Im grauen Altertum waren das die Propheten. Heute, in der Ära des Atoms und der Revolutionen, da wir rapide Fortschritte machen auf unserer Suche nach dem Warum und dem Wie vom Mensch und Universum, scheinen Schriftsteller und Naturwissenschaftler diese Funktion zu übernehmen. Die Gesellschaft hat diesen Tatbestand anerkannt; in den technisch fortgeschrittenen Ländern gehören die Schriftsteller und die Naturwissenschaftler zu der am meisten geehrten – und auch am meisten verfolgten Kategorie von Menschen. Rechnet man den Infarkt als gleichwertig mit der Gewehrkugel und der Schlinge des Henkers, so sind mehr Schriftsteller und Naturwissenschaftler in Verfolg ihrer Pflicht gefallen als Generäle oder Bankiers oder Politiker.

Vom Schriftsteller zu sprechen, ist es das Wort, das ihm seine Macht gibt und seine Verantwortung auferlegt. Millionenfach hat dieses flüchtige Wort neue Dimensionen erhalten, eine neue Qualität. Und obwohl andere die Kommunikationsmittel in der Hand haben mögen und gewöhnlich auch haben, ist der Schriftsteller der Urquell: Es ist sein Wort, das verbreitet wird, nicht das des Verlegers, der Radiostation, des Filmproduzenten. Es ist sein Wort, das die Dinge zum Guten oder zum Bösen in Bewegung setzen kann. Man kann geltend machen, daß die wirkliche Macht anderswo liegt. Gewiß. Aber was ist eine Macht, die sich nicht mitteilen kann, sich nicht in den Mantel moralischer Berechtigung hüllen kann, der nur aus einem Material gewebt wird: dem Wort?
Man kann geltend machen, daß das Wort, das Wort der Schriftsteller, noch nie einen Krieg aufgehalten, nie ein Konzentrationslager verhütet, nie den Stiefel des Unterdrückers vom Nacken des Unterdrückten gestoßen hat. Gewiß. Aber das entbindet uns nicht der Pflicht, es zu versuchen.
Und wer wagte zu behaupten, daß nichts erreicht wurde durch das Wort des Schriftstellers? Nichts erreicht von Dickens, von Zola, von Tolstoi? Und kann denn die Wirkung des Wortes nur gemessen werden am Maßstab der durch dieses Wort erzeugten unmittelbaren Aktion? Ist die Wirkung des Wortes nicht vielmehr eine indirekte, die sich im Herzen der Menschen verkapselt, um, manchmal Jahre später, in unerwarteter Explosion zum Vorschein zu treten?

Die dem Wort immanente Eigenschaft, Aktion zu erzeugen, veranlaßt die Mächtigen dieser Welt, den Schriftsteller, den Intellektuellen, den *Egghead* mit einem aus Respekt und Mißtrauen gemischten Gefühl zu betrachten. Dieses Gefühl findet seinen administrativen Ausdruck in einem Schauer von Medaillen, Preisen und akademischen Sinekuren einerseits und andererseits in einer Zensur, die mit ökonomischem Druck oder Furcht oder beidem arbeitet. Ich wüßte heute kaum ein Land zu nennen, das ohne Tabus wäre; der Schriftsteller muß diese beachten oder muß, wenn er das nicht zu tun gewillt ist, sich dauernd fragen: Werde ich meine Sache gedruckt bekommen oder nicht? Und es sind gerade diese Tabus, die das Schreiben der Wahrheit, die den Realismus stören. Die Tabus sind in den verschiedenen Ländern verschieden; auch ihre Anzahl mag von Land zu Land differieren; ihr Zweck mag ein anderer sein, je nach der Stellung des betreffenden Landes in der heutigen Welt. Was immer, sie bleiben ein Hindernis für den Schriftsteller, der ein getreues Bild der Menschen und seiner Zeit und ihrer Konflikte zu geben wünscht. Es ist, als wollte man eine Fotografie aufnehmen und jemand hielte einem drohend den erhobenen Finger direkt vor die Linse der Kamera. Man muß dem Besitzer des Fingers sagen, er soll ihn wegnehmen, wenn man ein Bild erhalten will statt eines Schattens. Für mein Teil habe ich mich immer für eine Weltordnung eingesetzt, in der mir kein Finger vor die Linse gehalten wird, wenn ich die Wahrheit darstellen will; und ich meine, daß der Sozialismus eine solche Ordnung ist. Aber nichts ist von Anbeginn an vollkommen; zur Zeit werden eine ganze Anzahl sozialistischer Finger vor unseren sozialistischen Linsen erhoben, und wir haben ein ganzes Sortiment sozialistischer Tabus.

Dennoch plädiere ich für Verständnis. Einige dieser Tabus sind das Resultat eines Drucks von außen; andere rühren her von den Schwierigkeiten einer Klasse, der die Ausübung der Macht noch neu ist und die von Problemen geplagt wird, welche in den Büchern ihrer großen Lehrmeister nie vorkamen.

Trotzdem – Wahrheit und Realismus und die Blüte von Kunst und Literatur erfordern, daß man die Finger vor unseren Linsen und die Tabus in unseren Tempeln beseitigt.

Das ist eine komplizierte und viel Feingefühl erfordernde Operation. Sie muß durchgeführt werden in dem Bewußtsein, daß die Finger zu den Händen unserer Freunde und Genossen gehören und daß die Tabus die Deckung sind für unsere eigenen Empfindlichkeiten. Sie muß durchgeführt werden in dem Wissen, daß Brutalität, Unterdrückung, Selbstsucht, Machthunger kein organischer Bestandteil des Systems des Sozialismus sind, wie etwa bei dem System, welches jetzt vom Sozialismus verdrängt wird. Sie muß durchgeführt werden in der Überzeugung, daß die Grundmauern des Sozialismus fest sind, auch wenn das Gesims mitunter zu verschnörkelt ist und hier und da ein Stück Fassade immer wieder abbröckeln will.

Die Wahrheit ist mehr als eine hübsche Statue in einem friedlichen Bürgerpark. Sie lebt, sie verlangt, daß Partei ergriffen wird. Sie ist revolutionär.
Da sie revolutionär ist, zwingt sie ihre Verkünder zur Stellungnahme gegenüber der Gesellschaftsordnung, in der sie leben; und je nach Art der Gesellschaftsordnung kann diese Stellung sich als eine antagonistische erweisen. Sartre hat das deutlich gemacht, als er feststellte, daß der Schriftsteller heute auf seiten der Revolution stehen muß, der nationalen oder sozialen Revolution – welche auch immer in dem betreffenden Land an der Tagesordnung sein mag. Man könnte hinzufügen, der Schriftsteller muß auf seiten des Friedens, der Menschlichkeit, der Gerechtigkeit stehen. Das ist eine harte Forderung gegenüber Männern und Frauen, die in den meisten Fällen nichts weiter beabsichtigen, als ein paar Reime zu machen oder eine Geschichte zu erzählen. Erhebt man sie von jener Seite der Welt aus, wo die Gesellschaft sich mit der Revolution identifiziert und wo es, theoretisch zumindest, gar keinen Antagonismus zwischen der Wahrheit und der Macht geben kann, mag die Forderung sogar anmaßend klingen. Gerichtet an Schriftsteller auf der andern Seite der Welt, wird diese Forderung nur Gültigkeit haben, wenn zugleich kein Grund besteht zu zweifeln, daß wir auf unserer Seite alles getan haben und tun, um der Wahrheit zum Sieg über Tabus, Kompromiß, Konformismus zu verhelfen. Wir erwarten von unseren Kollegen im Westen, daß sie hart und ohne Furcht und Beschönigung das Leben darstellen, wie es ist. Entsprechen unsere literarischen Bemühungen immer diesen Maßstäben?
Wir erwarten von unseren Kollegen im Westen, daß sie ihre Stimme erheben gegen Tyrannei und für die Rechte der Menschen. Erheben wir die unsere bei jedem Verstoß gegen die großen Grundsätze, um deretwillen die Revolution gemacht wurde? Wir erwarten von unseren Kollegen im Westen, daß sie, wenn nötig, auf Ehrungen, Annehmlichkeiten, Leben verzichten, um einer so wenig lohnenden Sache wie der Wahrheit willen. Worauf haben wir verzichtet, wenn sich die Notwendigkeit ergab, obwohl wir unter Verhältnissen leben, die der Wahrheit und allen edlen Bestrebungen der Menschheit viel günstiger sind?
Nur wenn wir einen solchen Leistungsvergleich aushalten,

können wir, die Schriftsteller des Sozialismus, das Recht auf moralische Führung beanspruchen und gewinnen. Nur dies, glaube ich, wird unseren schönen kämpferischen Worten das gewünschte Echo außerhalb der Grenzen des Sozialismus verschaffen. Nur dies, glaube ich, wird jene weltweite Allianz von Schriftstellern schaffen, die es auf sich nehmen, die Wahrheit zu schreiben und zu verteidigen – eine ungeheure Kraft für den Frieden und letzten Endes für die Veränderungen, die kommen müssen.

6. Dezember 1965

Bundesdeutsche Reflexionen

Unveröffentlicht

Unsere tragen Schaftstiefel, die im Korridor des Wagens widerhallen. Dann ist das vorbei, Stille; der Zug ruckt an. Ein Streifen nackter Erde, ein Graben, ein paar Drahtzäune. Ändert sich die Landschaft? Derselbe Himmel, die gleiche flache, norddeutsche Ebene. Was denn ändert sich? Ah, jetzt, die Häuser: vielleicht ein wenig besser verputzt, aber das gibt es bei uns auch; an der Bahnschranke andere Autotypen; Tankstellen, Esso, Shell, die Konzerne grüßen freundlich blinkend herüber. Dann, sanftes Gleiten, wie auf einem Kissen kommen wir zum Halten – bilde ich mir das nur ein, oder stoppen hier sogar die Züge auf westlich-luxuriösere Manier?
Und schon ist er da, sehr zivil, im dunklen Anzug; nur das Emailleschild auf der Brust und das Beamtenmützchen kennzeichnen ihn: die Bundesgrenzpolizei. Guten Tag, den Ausweis bitte. Was ich denn sei? Schriftsteller? So. Führe ich dienstlich? Privat? ... Privatgeschäftlich, sage ich. Er stutzt. Offensichtlich hat ihn seine Behörde nicht darüber belehrt, daß der Schriftsteller der letzte Kleingewerbetreibende des Sozialismus ist: vor dem leeren Bogen Papier hört das Kollektiv auf; da sitzt einer den Fragen der Zeit ganz allein gegenüber ... Der Zug rollt wieder. Um mir Erklärungen zu ersparen, empfehle ich dem freundlichen Manne, den Artikel über mich im *Taschen- und Nachschlagebuch über die Sowjetische Besatzungszone Deutschlands*, herausgegeben vom Bundesministerium für gesamtdeutsche Fragen, neunte, überarbeitete und erweiterte Auflage, Bonn 1965, nachzulesen. Das verspricht er, mit einem unglücklichen Blick auf das dicke Fahndungsbuch in seiner Hand. Wo ich denn nun aber hinführe, was ich dort tun wolle und wer mich eingeladen habe? Ich reiche ihm die Liste, die mein äußerst tüchtiger Verlag für mich zusammengestellt hat: Hamburg, Darmstadt, Karlsruhe, München, Hannover; Studentenverbände, Buchhändler, literarische Vereinigungen. Er schreibt alles säuberlich nieder, reicht mir die Liste zurück.

»Aber das weiß Ihre Polizei doch längst alles!« sage ich.
Er lächelt. Ich lächle. Ich denke an den Stoßseufzer des Andreas Lenz, Seite 110, *Lenz oder die Freiheit.* »Das war ein wundervoller Gedanke, eine großartige Perspektive: eine Welt ohne Polizei und ohne Polizeispitzel...«
»Ich wünsche Ihnen eine gute Reise«, sagt er.

Schön ist dieses Hamburg! Da pustet der Wind der Ozeane die Elbe hinauf bis ins Alsterbecken, und das graue Wasser kräuselt sich und die weißlich-neblige Sonne hängt über den Schiffen im Drydock. In Hamburg bekommt man Sehnsucht – nach den fernen Ländern, und nach Austern, und nach alldem, was man getan haben möchte in seinem Leben und nicht getan hat. Und irgendwo in Hamburg glaubt man, gespenstisches Echo, den schweren Schritt eines Mannes zu hören, der Teddy Thälmann hieß und den sie ermordet haben.
Das ist schon lange her. Heute erscheint in Hamburg das Zentralorgan der Kapitalistischen Einheitspartei Deutschlands, *Die Welt*, welche mir – wie manch anderes Zentralorgan – nicht immer gewogen ist. Die Schuld liegt wohl bei mir. Wenn ich mich besser in die gängigen Schablonen einfügte, wäre alles leichter für die, für mich.
In Hamburg gibt es auch eine Straße, die ist an beiden Enden mit einem grünen Zaun vernagelt. Aber in dem grünen Zaun ist eine Tür, die der Senat extra angebracht hat, damit Seeleute, Schriftsteller und andere Kunden in die Straße hineinkönnen. Die Häuser in der Straße, im Stil eine Kreuzung zwischen Pfefferkuchen und Empire, sind hübsch bunt angemalt. Hinter den blankgeputzten Parterrefenstern sitzen die hübschesten Mädchen wie im Märchen, und sie lächeln so einladend, daß einem das Herz richtig im Leibe hüpft; und man denkt an die arme, leidende Ostzone, wo man so was nur auf der Bühne der Witwe Brecht findet, und auch da sehr verfremdet.
Grüßt mir die Blonde mit den enormen Beinen, auf denen sie eine weiße Maus hinauf- und hinabspazieren ließ; und grüßt mir die anderen auch, die Schwarzen und Roten und Platinsilbernen, und die Regierung, die ihnen die Zimmerchen in den bunten Häusern vermietet. Denn ich mußte zu meiner Lesung.

Natürlich kommen die Leute nicht nur der Literatur wegen, die man die schöne nennt, sondern weil da einer von *drüben* da ist, und noch einer dazu, von dem die Sage geht, er sei zwar ein Sozialist, trage aber einen eigenen Kopf auf den Schultern. Dabei hat dieser Typ längst keinen Seltenheitswert mehr; es gibt solcher Sozialisten Tausende, Zehntausende, und sie vermehren sich rapide und bringen die Doktrinen und die Doktrinäre – auch und vor allem die Hallstein-Doktrinäre – durcheinander.

Und dann ist die Lesung zu Ende; es dauert einen Moment, bis die Spannung abbricht. Danach: Diskussion. Diskussion ohne Tabus, wie die Plakate anzeigten, in Hamburg, Darmstadt, Karlsruhe, München, Hannover. An der Diskussion lag mir eigentlich noch mehr als am Lesen; wer auch nur ein wenig Praxis auf dem Gebiet hat, weiß, wieviel der Befragte aus den Fragen der Fragesteller lernen und erfahren kann.

Und ich erfuhr: daß hinter all den Vorurteilen, den seit je vorhandenen und den neu gezüchteten, eine große Unsicherheit besteht; die alten Phrasen ziehen auch im Westen nicht mehr; man will hören, sehen, wissen; und es ist sogar eine dünne Hoffnung da, auf Frieden, auf Verständigung; und ein unterschwelliger Zweifel, mitten im Wirtschaftswunder – vielleicht ist doch etwas Richtiges an diesem Sozialismus?

Das alles verhüllt hinter Fragen, die von scheinbarer Naivität und scheinbar abstraktem Interesse am Stil bis zum nackt Provokatorischen gehen. Und, wie der Berliner sagt, immer uff det Schlimme. Man ist nicht schlecht orientiert über unsere Schwächen, bis hinein in die Einzelheiten – mein Ausreiseverbot im Frühjahr, meinen Roman über den 17. Juni, der immer noch nicht erschienen ist, Biermanns Dreiviertelstundenverhaftung, Huchels Komplikationen, Bielers Film, Hans Mayer, Bloch – ein Katalog, der sich fortsetzen läßt, und nicht nur auf literarischem Gebiet.

Ehrenburg hat einmal gesagt: Wir haben versprochen, die Ausbeutung des Menschen durch den Menschen abzuschaffen – nicht aber die menschliche Dummheit. Als ob der Sozialismus mit anderen Leuten gemacht werden könnte als den vorhandenen, und auf anderem Boden als dem uns gegebenen!

Und doch ist man schlecht orientiert. Man sieht die Dinge in der DDR statisch, nicht in der Entwicklung begriffen; einheitlich, nicht voller latenter und sogar offener Widersprüche. Wenn ich feststelle, daß die DDR für Schriftsteller wahrscheinlich eines der interessantesten Länder der Welt ist – eben um dieser neuen, noch unerforschten Widersprüche willen –, welches Erstaunen!
Aber machen nicht auch wir den gleichen Fehler bei der Betrachtung des Westens? Sehen ihn zu simpel, zu sehr nach bekanntem Schema, und sind dann jedesmal überrascht, wenn die Menschen sich anders verhalten, als wir erwarteten?

Und immer wieder wird gefragt: »Was ist mit der Demokratie bei Ihnen? Mit der Freiheit?«
Ich könnte mir's leichtmachen, nach bekanntem Rezept: Haust du meine Mängel, hau ich deine Mängel; schließlich gastiere ich ja in einem Lande, in dem eine ganze Partei verboten ist und das sein bißchen bürgerliche Demokratie von den Amerikanern geschenkt bekommen hat, so wie wir unsere Revolution von den Russen. Aber ich sehe wenig Sinn in diesem verärgernden Abtausch. Viel überzeugender ist es, wenn ich antworte: *Die gegenwärtigen Formen der Demokratie im Sozialismus können nicht als die endgültigen betrachtet werden* und: *Der Widerspruch zwischen der Notwendigkeit der revolutionären Demokratie, die jedes Diktum in Zweifel zieht, und der revolutionären Disziplin, mit der dem Diktum gehorcht werden muß, ist noch nicht gelöst.*

In Darmstadt schenkt mir jemand die Rede, die Günter Grass dort bei der Verleihung seines Büchner-Preises gehalten hat. Es gibt da eine Stelle, die lautet: »Ich ergreife Partei. Und lobe und preise jenen geschundenen und ewig bedrückten SPD-Funktionär, der sich im Wahlkreis Bocholt gegen die siebzigprozentige Ignoranz mit wenig Erfolg anstemmt ...«
Wie sich die Bilder doch gleichen! Die Propaganda der feinen Herren hat dem Wort Funktionär etwas Geringschätziges angeheftet. Aber ich kenne sie doch – in Glauchau und Greifswald, in Weimar und Wismar – die kleinen Funktionäre, wie sie, zerrieben zwischen Notwendigkeit und Realität, sich gegen die menschliche Trägheit stemmen und das schwer Verständliche

zu verstehen suchen und sich auseinandersetzen mit der Verantwortung, die ihnen auferlegt ist.
Und dann muß ich mich beherrschen, daß ich nicht ungeduldig werde mit manchem der Fragesteller. Was wissen sie von dem wirklichen Kampf – um die Tonne Stahl, den Sack Getreide, das Kapitel Roman? Und wie soll ich ihnen erklären, was das bedeutet: Verantwortung mitzutragen für die Zukunft des Landes?

Auf dem alten Friedhof zu Rastatt ist der Gedenkstein für die Hingerichteten von 1849. Ein übermannshoher Felsbrocken im Novemberregen, darauf die Namen, verwittert schon, die mir jahrelang aus der Schreibmaschine kamen und deren Träger ich vor meinem Auge sah, Geschöpfe der Phantasie und dennoch wirklich, fast Kameraden... Böning, Biedenfeld, Tiedemann, Heilig... In einer Urne unter dem Stein ruht der Rest von dem, was sterblich war an den mehr als vierzig Füsilierten. Als man sie, 1899, zum erstenmal aus ihren namenlosen Gräbern an der Friedhofsmauer exhumierte, fand man, daß nur drei von all den Schädeln nicht zerschmettert waren – so schlecht schossen die preußischen Exekutionspelotons. Und als man nach vielem Hin und Her mit den Behörden den Stein setzte, fünfzig Jahre nach den Hinrichtungen, durften keine Reden gehalten werden – soviel Angst hatten die Bürger immer noch vor ihrer eigenen, verratenen Revolution.
In Karlsruhe, der Hauptstadt dieser Revolution, gibt es noch heute kein Denkmal für sie. Dafür steht dort, am Mühlburger Tor, hoch zu Pferd und aus Erz, Wilhelm I., der Kartätschenprinz, der die Revolution mit zwei preußischen Armeekorps niederwalzte.

München hatte ich seit 1945 nicht mehr gesehen. Damals saß ich in dem halb zertrümmerten Gebäude des ehemaligen Völkischen Beobachters und half die *Neue Zeitung* herauszugeben. Auf einen S. H. gezeichneten Leitartikel hin bot die damalige württembergische Regierung dem Verfasser einen hohen Posten an. Der Verfasser mußte dankend ablehnen, da er amerikanischer Offizier war.
Irgendwie versuchte ich, mich nach dem Erinnerungsbild in meinem Hirn zu orientieren – unmöglich. Der dürre Staub der

Ruinen hat so gar keine Ähnlichkeit mit dem Fett der Weißwürste, das von den Rosten tropft, und der Wärme der Pelzmäntel am Leib der Damen und dem vorweihnachtlichen Licht auf den Fassaden der Kaufhäuser und Kirchen.
Auf der Neuhauser Straße umstehen zwei Dutzend Menschen einen hölzernen Tisch, ein paar Schilder – darauf vergrößerte Bilder aus Vietnam: zerbombte Menschen, zerbombte Häuser. Ein bärtiger junger Mann hält Wache neben einer langen Liste, darauf sollen die Leute ihre Unterschrift setzen zu einem Protestbrief an Lyndon Johnson. Ein alter Herr unterschreibt, legt, fast verschämt, zwei Mark in die Tischschublade. Die andern stehen, starren, warten – worauf? Vor der Barockkirche daneben verkaufen zwei Bäuerinnen Mistelzweige, grüne, versilberte und vergoldete. Ich betrete die Kirche – Lautsprecher, kaschiert hinter gedrechselten Säulen, daraus die kühle Stimme des Priesters. Die Menschen knien, bekreuzigen sich, es duftet nach Weihrauch. Herr Gott – und wiederum in zwanzig Jahren?

Abends, auf derselben Neuhauser Straße: Man baut immer noch an dem neuen Eingang eines Kaufhauses. Die da den Zement vergießen, sind Italiener oder Spanier. In dem Kabarett *Die Zwiebel* singt einer, auch ein Italiener, eine Nummer: »... ich weiß eine Schraube ... ich weiß ein Gewinde ... und wenn ich will, Volkswagen ... kaputt ...« In Hannover auf dem Bahnhof hängen die Fahrpläne der Bundesbahn auf griechisch, spanisch, türkisch, italienisch. Es scheint, das westdeutsche Proletariat wohnt in Athen und Ankara, Messina und Barcelona. Und wird auch behandelt, wie sich's für Proletariat gehört: In den Zeitungen steht schon, daß man um die Weihnachtszeit diese Arbeiter aus den fahrplanmäßigen Zügen herauswerfen wird, wenn sie keine Sondergenehmigung haben, und sie sollen die Durchgänge der Waggons gefälligst nicht mit ihrem lumpigen Gepäck blockieren.
Gut, das sind die im Schatten. Und die in dem reichlichen Licht? ... Eine Professorin an einer Kunsthochschule, die noch vor wenigen Jahren in der DDR gelebt und gearbeitet hat, sagt mir nach einer meiner Lesungen: »Wie ich so dasaß und Ihnen zuhörte, dachte ich – was für eine Ruhe muß der gehabt haben an seinem Schreibtisch, daß er diese historischen Vorgänge so ausarbeiten und darstellen konnte! ... *Das* haben wir nicht. Wir

werden ganz anders hergenommen, aus uns holt man viel mehr heraus ... In meinen zwei Jahren hier, nur eine einzige Sitzung! Aber auch kaum Diskussionen, kaum Kollegialität, jeder ist des anderen Konkurrent, Leistung, Leistung, Leistung ...«
Das Licht, die Schaufenster, die Waren, der Überfluß – hier ist die Quelle. Und ich frage mich: Auch wir wollen Licht, Schaufenster, Waren, Überfluß – aber so, zu diesem Preis? Und ich frage mich, nicht aus Genügsamkeit, nicht wie der Fuchs vor den zu hoch hängenden Trauben: Ist das *alles*, und wird das *entscheiden*? Oder gibt es noch andere Werte, die uns besser zu Gesicht stehen und mit denen wir die Menschen besser überzeugen können? Wieso, wenn es nur von der Versorgung mit Waren und von der Kaufkraft abhängt, die innere Unzufriedenheit, die geistige Unruhe, so fühlbar im Westen?

Der Glanz, der dem Sozialismus noch fehlt, liegt nicht nur in den Waren, die wir in größerer Quantität und, weiß Gott, in besserer Qualität erzeugen müssen. Wie kam es denn, daß die russische Revolution in ihren Anfängen so eine starke Ausstrahlung hatte, obwohl dort gehungert wurde und man froh war, wenn eine Petroleumlampe brannte? Wie kam es denn, daß in den Anfängen der DDR sich so viele Künstler, und nicht nur Künstler, ihr zuwandten, obwohl da keine Marshall-Plan-Gelder flossen?
Es gibt ein Licht, das ausgestrahlt wird durch die Atmosphäre eines Landes, durch sein geistiges Leben. Freiheit der schöpferischen Arbeit, der Forschung, der Kunst ist der Brennstoff dafür, demokratische Auseinandersetzung mit allem, was faul und erstarrt ist, der zündende Funke. Sozialismus auf preußische Manier ist ein Widerspruch in sich selbst; Sozialismus erfordert Zweifel, selbständiges Denken, Lust an der Initiative. Erreichen wir das, dann werden sich die nationalen Fragen ebenso lösen wie die ökonomischen. Erreichen wir das, dann wird die große Debatte mit den Menschen im Westen, die ich kurz zu schmecken bekam, anders verlaufen – nicht mehr werden wir Fehler erklären, Rückständigkeiten begründen, Mängel zugestehen müssen; sondern wir werden sichtbar und vor aller Augen das sein, was wir im Wesen bereits sind: dem bürgerlichen Staat um eine Revolution voraus.

Februar 1966

Tatsachen und Dokumente

Rede vor der Vollversammlung des Berliner Schriftstellerverbandes

Werte Kolleginnen und Kollegen!

Am 22. Dezember 1965, um 7.30 Uhr früh, klingelte es an meiner Haustür. Draußen stand ein Mann in Zivil. Er sagte: »Sind Sie Herr Heym?« Ich sagte: »Ja.« Er sagte: »Ich habe eine Vorladung für Sie.« Laut dieser Vorladung sollte ich mich um 9.15 Uhr desselben Tages im Innenministerium, Zimmer 291, einfinden, und zwar, wie da gedruckt stand, *zwecks Aufklärung eines Tatbestandes.*

Um 9.15 Uhr empfing mich in Zimmer 291 der Minister des Innern und eröffnete mir, er habe Informationen, denen zufolge ich mich gegen die Republik und die Arbeiter- und Bauernmacht geäußert habe. Ich bat den Minister, mir Einblick in diese Informationen zu geben, damit ich sie entkräften könne. Der Minister verweigerte mir das.

Darauf sagte ich ihm: »Dann tut es mir leid, Herr Minister, Sie darauf aufmerksam machen zu müssen, daß Ihre Informationen falsch sind.«

Er sagte: »Unterbrechen Sie mich nicht.«

Ich sagte: »Sie haben von gewissen Informationen gesprochen, Herr Minister, und ich muß Ihnen mitteilen, daß diese nicht den Tatsachen entsprechen.«

Darauf sagte er: »Aufgrund dieser Informationen erteile ich Ihnen als Bürger der Deutschen Demokratischen Republik die Auflage, in der Zukunft von solchen Äußerungen im westlichen Auslande, im Ausland überhaupt, und im Inland Abstand zu nehmen.«

Darauf sagte ich: »Wollen Sie bitte zur Kenntnis nehmen, Herr Minister, daß ich nie und nirgends Äußerungen gegen die DDR oder gegen die Arbeiter- und Bauernmacht getan habe und daß es mir daher nicht schwerfällt, Ihre mir erteilte Auflage zu erfüllen. Ich sehe keinen Grund, jetzt anzufangen, Dinge zu sagen, die ich auch vorher nicht gesagt habe.«

Der Minister erklärte, er nehme das zur Kenntnis. Wir verabschiedeten uns.

Nach diesem vorweihnachtlichen Gespräch werden Sie verstehen, wenn ich mich darauf beschränke, nur zu dem zu sprechen, was meine Person betrifft, und auch dazu nur Tatsachen anzuführen und Dokumente zu verlesen. Ich möchte auch die geringste Möglichkeit von Mißverständnissen ausschließen.

Alles, was in den letzten Monaten hier in der DDR gegen mich gesprochen, geschrieben und verbreitet wurde, geht zurück auf einige kurze Bemerkungen des Genossen Honecker im Bericht des Politbüros der SED an das 11. Plenum des Zentralkomitees. Honecker sagte:
Werktätige haben in Briefen gegen Stefan Heym Stellung genommen, weil er zu den ständigen negativen Kritikern der Verhältnisse in der DDR gehört. Er ist offensichtlich nicht bereit, Ratschläge, die ihm mehrfach gegeben worden sind, zu beachten. Er nutzt sein Auftreten in Westdeutschland zur Propagierung seines Romans »Der Tag X«, der wegen einer völlig falschen Darstellung der Ereignisse des 17. Juni nicht zugelassen werden konnte. Er schreibt Artikel für im Westen erscheinende Zeitschriften und Zeitungen, in denen er das Leben in der Sowjetunion und in der DDR falsch darstellt. Er gibt vor, nur der Wahrheit das Wort zu reden, womit er aber die westlich orientierte »Wahrheit« meint. Die »Wahrheit«, die er verkündet, ist die Behauptung, daß nicht die Arbeiterklasse, sondern nur die Schriftsteller und Wissenschaftler zur Führung der neuen Gesellschaft berufen seien.

Was sind das für Briefe von Werktätigen gegen Stefan Heym, auf die sich der Genosse Honecker bezieht? Es sei denn, er führt da eine Privatkorrespondenz, so läßt sich vor dem 15. Dezember 1965, dem Datum des Honeckerschen Berichts, nur eine einzige öffentliche Äußerung von Werktätigen gegen Stefan Heym auffinden, und zwar in der *Berliner Zeitung* vom 10. desselben Monats – genau sechs Tage vor den eben zitierten Bemerkungen des Genossen Honecker.
Dieser Brief von Werktätigen zerfällt für alle sichtbar in zwei Teile, die sich auch stilistisch sehr unterscheiden. Der erste Teil ist eine ironisch sein sollende Polemik gegen eine Novelle von mir, die in der Novembernummer unserer *Neuen Deutschen*

Literatur veröffentlicht wurde. In dieser Novelle schickt der liebe Gott den Teufel aus, um einen Theaterkritiker, welcher Meinungsverschiedenheiten mit seinem Kulturredakteur hat, vor der Entlassung zu bewahren. Der zweite Teil des Briefes der Werktätigen enthält eine Aufzählung der Veranstaltungen des *Erich-Weinert*-Kulturhauses in Pankow und gipfelt in der Frage, ob mich das denn nicht interessiere. Unterschrieben ist das Ganze von Henriette Wernicke, die sich selbst als Kreissekretärin des Deutschen Kulturbundes in Pankow zu erkennen gibt, und von Horst Laude. Ich habe mich nun bemüht, festzustellen, in welchem Werk Horst Laude tätig ist. Schließlich erfuhr ich, daß er als Beamter im Kulturdezernat des Stadtbezirks Pankow sitzt.
Was die *Berliner Zeitung* betrifft – könnte es sein, daß man sich dort durch den Inhalt meiner Novelle so getroffen fühlte, weil im Falle dieses Blattes der Teufel zu spät kam, um den Theaterkritiker, unseren Kollegen Dr. Pollatschek, vor der vorzeitigen Versetzung in den Ruhestand zu bewahren – wegen Meinungsverschiedenheiten mit der Kulturredaktion?
Soviel zu den Briefen der Werktätigen.

Wie steht es nun mit meiner *ständigen negativen Kritik an den Verhältnissen in der DDR*, deren mich der Genosse Honecker zeiht, und die einzustellen ich *trotz mehrfach gegebener Ratschläge* nicht bereit sei?
Offensichtlich kann diese negative Kritik, die ständig, also ununterbrochen, sein soll, erst nach dem 20. Oktober 1965 eingesetzt haben, denn an diesem Tage berichtet der Kulturredakteur des *Neuen Deutschland*, Klaus Höpcke, in den Spalten des Zentralorgans der Partei, für die der Genosse Honecker spricht, wie folgt:
Anläßlich der westdeutschen Buchmesse in Frankfurt (Main) gab es im westdeutschen Rundfunk und Fernsehen einige Gespräche mit Gästen aus der DDR. Drei davon wurden mit dem Schriftsteller Stefan Heym geführt. Der Autor der bei uns einem großen Leserpublikum bekannten Romane »Kreuzfahrer von heute«, »Der Fall Glasenapp«, »Die Papiere des Andreas Lenz« u. a. sagte seinen Gesprächspartnern bei diesen Gelegenheiten einige Wahrheiten.
Er verurteilte die Vietnampolitik der amerikanischen Regierung

und solidarisierte sich mit Arthur Millers Haltung, der kürzlich aus Protest Einladungen ins Weiße Haus an den USA-Präsidenten Johnson zurückgegeben hatte. Er polemisierte gegen den Jubel der Springer-Presse über den Wahlerfolg der CDU/CSU. Er sagte: »Die Stärke dieses Jubels scheint mir ein Anzeichen dafür gewesen zu sein, wie groß die Furcht war bei diesen Herrschaften, daß die Wirkung der Sprecher der Intelligenz (die sich für die SPD eingesetzt hatten – d. Red.) stark sein könnte.« Er wies nach, daß immer, wenn sich in Westdeutschland die sogenannten Sozialpartner zusammensetzten – die Gewerkschaften als Vertreter der Arbeiterklasse und die Unternehmer –, ein dritter, stummer Verhandlungspartner mit am Tisch sitzt und die Kapitalisten zu Zugeständnissen gegenüber den Arbeitern zwingt: die DDR. Auch dem antikommunistischen Schwindel von der DDR als einer Hochburg des Dogmatismus begegnete Heym. Er betonte, daß es manche die Periode des Personenkults kennzeichnende Erscheinungen bei uns nicht gegeben hat. »Das muß man zum Kredit auch und gerade des Mannes sagen, dessen Namen Sie vorhin erwähnt haben und nicht sehr schmeichelhaft erwähnt haben. Der hat mit dazu beigetragen, daß das verhindert wurde«, fügte er hinzu. Und der Mann, von dem die Rede war, heißt Walter Ulbricht.

Vielleicht hat nun meine ständige negative Kritik nach dem 20. Oktober 1965 eingesetzt, nach meinem Auftreten während der Frankfurter Buchmesse?

Die nächste Gelegenheit zu solcher Kritik hätte sich am 5. November ergeben, anläßlich meiner Lesung in West-Berlin, im Siegmunds Hof. Ich gebe einem so unverdächtigen Zeugen wie der Westberliner Zeitung *Die Wahrheit*, Organ der SED in West-Berlin, das Wort. Das Blatt berichtet am 6. November:

... Stefan Heym las und diskutierte über drei Stunden ... vor über 200 Studenten und Journalisten, Literaturkritikern und einigen Leuten mit der unverkennbaren Absicht, Stefan Heym zu Äußerungen gegen die Regierung der DDR zu provozieren ...

Ich übergehe den Literaturfragen betreffenden Teil des Berichts und fahre fort:

Als ein Frager der DDR ankreiden wollte, daß ein Roman von Stefan Heym noch nicht erschienen sei, antwortete der Autor gelassen: Es stimme, daß ein *Buch von seinen* acht *Werken noch nicht veröffentlicht wurde. Er möchte aber darauf aufmerksam*

machen, in Westdeutschland und West-Berlin seien von seinen acht Büchern, die in Frankreich, England, den USA, in der Sowjetunion, in Italien und den skandinavischen Ländern in großen Auflagen erscheinen, ganze zwei *zu haben. Das sei die Zensur des kalten Krieges . . .*
Auch die etwas spöttische Frage, ob Heym seine journalistischen Arbeiten etwa auch des angenehmen Nebenverdienstes wegen schriebe, fand eine treffsichere Antwort: »Ich bin ein Sozialist, ich habe den Sozialismus verteidigt, und ich werde ihn verteidigen. Das habe ich mein ganzes Leben lang getan. Ob ich das als Journalist tue, hängt von den Umständen und den Möglichkeiten ab.«
Auf eine deutliche Abfuhr der überwiegenden Mehrheit der Anwesenden stieß die Behauptung eines jungen Mannes, daß sich Heym nach dem Putsch vom 17. Juni 1953 gegen die Arbeiter in der DDR gewandt habe. Der Frager wollte sich dabei auf einen Auszug aus einem Artikel Heyms in der »Berliner Zeitung« vom Oktober 1955 stützen. Es war ein maschinengeschriebener Zettel, offensichtlich eine vorbereitete Abschrift. Wort für Wort las Stefan Heym die Sätze vor, in denen er sich zur Enteignung des Großgrundbesitzes und zu einer Regierung des Volkes, wie sie in der DDR besteht, bekannte. Ein Student sprang anschließend auf und fragte: »Wieso ist denn das gegen die Arbeiter gerichtet?« Vielfache Zustimmung war eine eindeutige Antwort.
Offen äußerte sich Stefan Heym zu der Frage, ob er die DDR auch kritisiere: Wenn er das tue, so tue er das in *der DDR. Im übrigen aber sei die DDR bei allen Schwierigkeiten, die es dort noch gäbe, »Westdeutschland um eine Revolution voraus, bei uns ist schon eine neue Klasse an der Macht«!*
Ich glaube nicht, daß ich die verschiedenen DDR-Zeitungen, die in ähnlichem Sinne über mein Auftreten in Siegmunds Hof berichtet haben, auch noch zu zitieren brauche. Jeder kann sich selbst überzeugen.
Demnach also müßte eine *ständige negative Kritik* nach dem Abend des 5. November 1965 eingesetzt haben. In der Zeit gab es eine ganze Serie von öffentlichen Lesungen und Diskussionen von mir und mit mir, alle in Westdeutschland, und zwar zwischen dem 22. November und dem 30. November 1965, in verschiedenen westdeutschen Städten.

Wie Sie wissen, erscheinen dort keine Zeitungen der SED und nur eine illegale Presse der Kommunisten: Ich muß also bürgerliche Presseberichte anführen. Ich besitze aber auch Tonbänder von meinen sämtlichen Veranstaltungen dort, von den Presseinterviews, von meinem Auftreten in Rundfunk und Fernsehen.
Lassen wir die bürgerliche Presse, die weder der DDR noch mir besonders gut gesonnen ist, zu Worte kommen:
Das Darmstädter Echo vom 26. November:
... mit unseren Fragen wollten wir einen überzeugten Kommunisten zum Eingeständnis der großen Panne zwingen. Und den Gefallen tut er uns nicht. Er erklärt jeden Widerspruch dialektisch...
Die Münchener Süddeutsche Zeitung vom 30. November:
Ob sein Staatsbegriff heute in der DDR verwirklicht sei, hielt man ihm entgegen. »Noch nicht ganz, aber wir sind auf dem Wege.« Und: »Wir wären weiter, wenn wir nicht ständig unter dem Beschuß des Westens lägen. So aber müssen wir wie ein beschossenes Schlachtschiff die Luken schließen.«
Darmstädter Tagblatt vom 26. November:
Heym... verteidigte den Sozialismus als seine ureigene Angelegenheit. Wenn auch nicht unmittelbar verantwortlich – wie er selbst mit einem bedauernden Achselzucken einräumt –, fühlte er sich doch als Anwalt einer Sache, die er zu der seinen gemacht hat, und die er für gut hält... Er vertrat seine Sache mit Verve und auch mit Überzeugungskraft... Die Zuhörer (es waren erstaunlich viele) durften dankbar sein, einmal mit einem Menschen sprechen zu können, der es ehrlich meinte, auch wenn er es anders meinte als sie.
Münchener Merkur vom 3. November:
Das Publikum bemühte sich, den Schriftsteller mit konventionellen Fragen (Freiheit, Demokratie, Berliner Mauer) zu einer Stellungnahme zu bewegen. Heym verleugnete nicht sein Engagement, und er erwies sich als ein wenn auch kritischer Anwalt »des Staates, dessen Bürger er ist«. Heym ist ein schlagfertiger und disziplinierter Debatter.
Hannoversche Presse vom 2. Dezember 1965:
Heym... zählt zu den Schriftstellern, die ein Geschäft zwischen den Deutschen fortführen und intensivieren können. Ihm ist kaum mit dem Vorwurf der Propaganda beizukommen. Er läßt

sich nicht dazu provozieren, jene Mißstände hier zu verteidigen, die er drüben anprangert. Er ist ein überzeugter Bürger seines Staates, den er jedoch keineswegs für vollkommen hält. In seinem Auftreten bestätigte er, was viele Besucher der DDR feststellten: ein zunehmendes Selbstbewußtsein des DDR-Staatsbürgers ...

Ich glaube, diese kleine Auslese widerwilliger Anerkennung meines Auftretens in der Bundesrepublik wird Ihnen genügen. Vielleicht darf ich hinzufügen, daß die dem Herrn Springer gehörende Hamburger *Welt* – welche mich angeblich bejubelt – mich in Wirklichkeit als *schwarz-rot-goldenen Ganghofer* beschimpfte, und daß die westdeutsche Polizei – dies dem Genossen Innenminister zur Kenntnis – am Morgen nach meiner Diskussion in Hannover beim Veranstalter, der Hannoverschen Literarischen Gesellschaft, eine Haussuchung durchführte, weil die Gesellschaft nämlich *einen Kommunisten sprechen ließ.*

Am 2. Dezember 1965 war ich wieder in Berlin. Die Zeit vom 2. bis zum 15. Dezember, dem Datum der Ausführungen des Genossen Honecker, wird wohl jedem bei einigem Nachdenken als zu kurz erscheinen, um eine *ständig negative Kritik* zu entwickeln.

Wie steht es mit dem nächsten von Genossen Honecker gegen mich erhobenen Vorwurf – ich hätte mein Auftreten in Westdeutschland zur Propagierung meines Romans *Der Tag X* benutzt, der wegen einer völlig falschen Darstellung der Ereignisse des 17. Juni nicht zugelassen werden konnte.

Wenn ein in der Welt bekannter sozialistischer Schriftsteller einen Roman über ein in der Welt bekanntes Ereignis schreibt, und wenn dieser Roman in einem sozialistischen Staat – wie der Genosse Honecker jetzt bestätigt – nicht zugelassen wird, dann braucht dieser Schriftsteller das Buch nicht mehr zu propagieren: es wird automatisch ein Gegenstand von Weltinteresse.

Wie sich jeder durch Tonband oder durch objektive Berichte überzeugen kann, habe ich meinen Roman *Der Tag X* im Westen auch nicht etwa propagiert. Ich habe auf die diesbezüglichen Fragen von seiten des Publikums, der Presse und der Fernsehinterviewer etwa so geantwortet, wie ich es bereits aus den Presseberichten vorlas, und ich habe vielerorts hinzugefügt, daß es mein Wunsch ist, dieses Buch möge etwa zur gleichen Zeit im Westen wie im Osten Deutschlands veröffentlicht werden, denn es ginge beide Teile Deutschlands an.

Das ist auch genau das, was ich seit Jahren hochgestellten Funktionären der SED und des Kulturministeriums mitgeteilt habe. Trotz sehr verführerischer Angebote aus dem Westen für eine Erstveröffentlichung des Buches dort, und obwohl ich einen Veröffentlichungsvertrag für den Roman mit einem hiesigen Verlag besitze, habe ich die Publikation des Buches im Westen zurückgehalten. Jeder Unvoreingenommene wird ein solches Verhalten, das für einen Schriftsteller ein beträchtliches Opfer bedeutet, nur als äußerst loyal bezeichnen können.

Ich will hier nicht zu der Frage sprechen, ob nach der Verfassung der DDR eine Zensur überhaupt das Recht hat, ein Kunstwerk zu unterdrücken, weil es nach Meinung der Zensoren eine falsche Darstellung gewisser Ereignisse enthält. Es ist jedoch fraglich, ob meine Darstellung falsch ist. Der Beweis für die eine wie für die andere Ansicht könnte nur durch die Veröffentlichung des Werkes erbracht werden. Mangels dieser gestatten Sie mir jedoch, aus einem Brief an mich zu zitieren. Da auch der Genosse Honecker die Gewährsmänner für sein Urteil nicht nennt, hoffe ich, Sie werden verzeihen, daß auch ich den Namen des Briefschreibers verschweige. Sie dürfen mir aber glauben: der Autor dieses Briefes ist einer der führenden Männer unseres Staates. Hier der diesbezügliche Teil des Briefes:

– So, und nun wissen Sie schon, wie ich über Ihr Buch denke. Es ist das beste, was ich seit Anna Seghers' Siebtem Kreuz gelesen habe. Ich bin der Überzeugung, daß Sie ein Werk geschaffen haben, das bleiben wird. Es ist mit einer unerhörten Kraft der Sprache und der Schilderung geschrieben. Es ist ein psychologisches Meisterwerk und ein Geschichtsdokument von ganz großem Rang, von höchstem Wahrheitsgehalt und wahrhaft großartigem Einfühlungsvermögen in die Denkart und Handlungsweise von Menschen, die es nicht nur um jenen 17. Juni einmal gegeben hat. Wir haben seither einen guten Schritt vorwärts getan, aber... Und gerade wegen dieses kleinen Wortes ist Ihr Werk auch »tageswichtig«. Ich kann nur hoffen, daß es baldigst – ohne Abstriche oder Zusätze – erscheint. Es wird vielen, die es nach wie vor nötig haben, zur letzten Besinnung helfen, zu einem

klaren Bewußtsein. Es wird Epoche machen. Sie haben die Spießer und Philister – »vornehmlich die längsten«, sagte Schumann – unter den Arbeitern darin aufs Haupt geschlagen und den Kämpfern unter ihnen großen neuen Mut gemacht. Sie haben auch die Kleinbürger nicht nur in ihren erbärmlichen, sondern auch in ihren erfreulichen Typen gekennzeichnet, was vielen Angehörigen der Intelligenz Auftrieb geben wird. Sie haben nichts unter- und nichts übertrieben, nichts glorifiziert – und nichts und niemanden geschont. So haben Sie dem Menschen (nicht nur unserem!) in Wahrheit und Klarheit den Freund und den Feind vor Augen und ihn – den einzelnen – damit vor die Alternative gestellt, wem er sich zugehörig fühlt, wem er sich gesellen will. Ihr Werk wird auch und gerade darum eingehen in die neue Klassik des sozialistischen Humanismus.

Es bleibt in dem vom Genossen Honecker verlesenen Sündenregister nun noch der Vorwurf, ich schriebe *Artikel für im Westen erscheinende Zeitschriften und Zeitungen, in denen ich das Leben in der Sowjetunion und in der DDR falsch darstelle,* in denen ich *vorgebe, nur der Wahrheit das Wort zu reden,* aber in Wirklichkeit die Behauptung verkünde, *daß nicht die Arbeiterklasse, sondern nur die Schriftsteller und Wissenschaftler zur Führung der neuen Gesellschaft berufen seien.*

Es gibt nur einen Artikel von mir, auf den wenigstens ein paar Äußerlichkeiten des vom Genossen Honecker gegebenen Steckbriefs zutreffen – meinen Essay *Die Langeweile von Minsk.* Darin ist zwar von der DDR überhaupt nicht die Rede, aber die Sowjetunion ist doch einmal erwähnt. Auch von Wahrheit wird da gesprochen – ich bekenne mich dieses Vergehens schuldig.

Da dieser Essay in der DDR überhaupt nicht veröffentlicht wurde, er also den meisten der hier Anwesenden nicht bekannt sein kann; da ferner in unserer Presse daraus bisher nur aus dem Zusammenhang gerissene, entstellte oder willkürlich zusammengestoppelte Zitate gedruckt wurden, muß ich Sie, werte Kolleginnen und Kollegen, um ein paar Minuten Geduld bitten, während ich die Sache verlese. Ich verspreche Ihnen, *Die Langeweile von Minsk* ist erheblich kürzer als das meiste, was dagegen geschrieben wurde.

(Heym verliest *Die Langeweile von Minsk*; vgl. S. 284)

Ich überlasse Ihnen das Urteil. Ich glaube nicht, daß ein normaler, unvoreingenommener Leser etwas gegen die Veröffentlichung dieses Essays im Westen oder im Osten, Norden oder Süden einzuwenden haben könnte.

Wie steht es aber nun mit der angeblichen Veröffentlichung des Essays im *Westen*, die mir so schwer angekreidet wird, daß sogar die Lehrer in der Schule angewiesen werden, ihren noch nicht fünfzehnjährigen Schülern einzuhämmern, was für ein schlimmer Mensch und Verräter dieser Heym ist?

Mein Essay *Die Langeweile von Minsk* wurde zuerst nicht im Westen, sondern im *Osten* veröffentlicht, in der sozialistischen ČSSR, in der Zeitschrift *Kulturni Život (Kulturleben)*, am 20. August 1965, fast vier Monate vor den Bemerkungen des Genossen Honecker.

Danach erschien der Essay allerdings im Westen – aber nicht irgendwo dort, sondern am 26. August 1965 in den *Lettres Françaises*, einer kommunistischen Zeitschrift, herausgegeben von Louis Aragon, Mitglied des ZK der Kommunistischen Partei Frankreichs, Lenin-Friedenspreisträger, einem Klassiker der kommunistischen Literatur – der es sich nicht nehmen ließ, meine Arbeit selbst ins Französische zu übersetzen und dessen Name neben dem meinen unter dem Essay steht.

Ferner wurde am 25. September 1965 *Die Langeweile von Minsk* veröffentlicht in der Zeitschrift *Rinascita*, der von Palmiro Togliatti begründeten Parteizeitschrift der Kommunistischen Partei Italiens.

Man kann nicht behaupten, daß das hier nicht bekannt war, denn am 22. September bringt der Deutschlandsender – unser Deutschlandsender – einen Kommentar, dessen letzten Abschnitt ich zitieren möchte.

... diese Worte (Heyms) fordern Überlegung. Keine billige Polemik, keine künstliche Erregung hat gegen sie eine Chance. Man kann die Artikel von Peter Weiss und Stefan Heym nicht einander gegenüberstellen, keinen von beiden zugunsten des anderen abwerten – sie gehören zusammen, sie sind ein Teil des großen Gesprächs über die Grundfragen der menschlichen Gesellschaft und der Kunst, das unter Schriftstellern geführt wird. Beide bestätigen die überlegene Position des Sozialismus.

Erst lange danach, am 29. Oktober, erscheint der Essay *Die*

Langeweile von Minsk in den Spalten der Hamburger *Zeit*, die in ihrer redaktionellen Einleitung die vorhergehenden Veröffentlichungen in »Lettres Françaises« und »Rinascita« ausdrücklich erwähnt und sich, wie es sich für eine kapitalistische Zeitschrift gehört, von dem kommunistischen Inhalt meines Essays distanziert. Vielleicht darf ich noch erwähnen, daß die *Zeit* vor mehreren Monaten von der Regierung der DDR, genauer vom Presseamt beim Ministerpräsidenten, ersucht wurde, in ihren Spalten eine offizielle längere Erklärung des Staatsratsvorsitzenden Genossen Walter Ulbricht zu veröffentlichen. Was für ein Verbrechen muß es sein, in einer Zeitschrift, die die Worte Walter Ulbrichts dem westlichen Publikum nahebringen sollte, Gedanken zu veröffentlichen, welche vorher in drei kommunistischen Publikationen und auch danach in weiteren kommunistischen Blättern, in Ungarn zum Beispiel, erschienen!

Die Fakten, die ich Ihnen vortrug – sie sind alle belegbar – geben natürlich Anlaß zu zahlreichen Fragen, die jeder an sich selber richten muß.
Ich kann mich, wie ich Ihnen zum Anfang meiner Ausführungen sagte, dazu nicht weiter äußern.

1965–1979

Heyms Roman über den badischen Bürgerkrieg, The Lenz Papers (Lenz oder die Freiheit), war sein letztes Buch gewesen, das noch in der DDR erscheinen durfte. Das war 1963 – ein Jahr darauf kam das berüchtigte 11. Plenum des Zentralkomitees der SED, das sich, da der Selbstmord des führenden Wirtschaftsfunktionärs Erich Apel die eigentlich geplante Debatte ausschloß, zum großen Teil mit Kulturfragen beschäftigte. Honecker und andere attakkierten eine Anzahl von Schriftstellern, darunter Heym – diesen hauptsächlich wegen seines allerdings immer noch im Schreibtisch liegenden Romanmanuskripts *Der Tag X*, das den inzwischen tabuisierten 17. Juni behandelte.
Heym verteidigte sich, wie hier nachzulesen, vor dem einzigen Forum, das ihm offenstand, dem Berliner Schriftstellerverband. Aber das 11. Plenum hatte die Weichen gestellt; von nun an konnte in der DDR, und damit in allen sozialistischen Ländern, nichts Neues von Heym mehr erscheinen. Der Autor mußte sich entschließen: sich knebeln lassen – oder im Westen veröffentlichen.
Als 1959 die erste Fassung des Juni-Romans fertig war und der Vorsitzende des Gewerkschaftsbundes der DDR, Herbert Warnke, ihm schrieb, das Buch sei durchaus gut und richtig, aber *unsere Arbeiter noch nicht reif dafür*, hatte Heym sich gefügt und die Veröffentlichung verschoben; jetzt, nachdem auch sein neuer Roman *Lassalle* abgelehnt worden war, entschied er sich zur Drucklegung dieses Buches in München. Der Vorgang wiederholte sich bei der *Schmähschrift*, die zuerst in der Schweiz herauskam, und beim *König David Bericht*. Auch seine Publizistik konnte nur noch im Westen erscheinen.
Die Entscheidung war ihm nicht leichtgefallen. Was er schrieb, ob erzählerische Arbeiten, ob Essays oder Artikel, war in der Grundhaltung sozialistisch, und das Publikum, das seine Worte am besten verstehen würde, war nicht dort zu finden, wo diese veröffentlicht wurden, sondern in der DDR und den anderen Ländern des Ostens. Und es stellte sich auch die Frage, ob ein Werk nicht dadurch, daß es am falschen Ort erschien, von den falschen Leuten zu den falschen Zwecken benutzt werden konnte.
Aber das war, sollte der Fall eintreten, nicht des Autors Schuld, sondern die der ängstlichen Beamten, die sein Werk unterdrückten. Und er hatte sich redlich bemüht, die fatale Lage zu ändern,

hatte immer wieder Gespräche gesucht, immer wieder Vorschläge gemacht und Konzessionen angeboten – ohne Resultat.
Doch plötzlich, 1973, nachdem Honecker die Macht im Staate übernommen hatte, durften alle drei vorher im Westen veröffentlichten, in der DDR aber verbotenen Bücher Heyms, *Lassalle, Die Schmähschrift, Der König David Bericht*, kurz nacheinander erscheinen.
Das Tauwetter dauerte nicht lange. Schon *5 Tage im Juni*, die zweite, endgültige Fassung von Heyms Juni-Roman, wurde wieder verboten, obwohl man dem Autor vorher zugesagt hatte, das Buch in der DDR zu veröffentlichen. Und dann kam die Biermann-Affäre und setzte einen Schlußpunkt hinter die ganze Entwicklung; die Konservativen in der Partei, nie aus ihren Sesseln entfernt, waren wieder voll an der Macht und würgten jede nicht offiziell abgesegnete geistige Regung ab.
Von nun an blieb, wollte Heym überhaupt noch auf die Bürger seines Landes, der DDR, einwirken, nur der Umweg über den Westen. Das erklärte auch die Form seiner Publizistik in den letzten Jahren – weniger Artikel und Essays, mehr Reden und Interviews, die über die elektronischen Medien in den eignen Staat zurückstrahlen konnten. Dennoch sagt Heym, so wie die drei Titel des Jahres 1973 auf einmal gedruckt werden durften, sei es möglich, daß auch seine *5 Tage im Juni* und sein *Collin* bei einem neuerlichen Anfall amtlicher Vernunft eines Tages in der DDR erscheinen werden.
Dann würde auch die in Fachkreisen so bezeichnete *Lex Heym*, der neue Paragraph 219 des Strafgesetzbuchs der DDR, der für jede nicht genehmigte Sendung eines Manuskripts ins Ausland fünf Jahre Gefängnis verspricht, hinfällig werden, und der Sozialismus in der DDR würde ein klügeres, anziehenderes Gesicht erhalten.

Das Bleibende

Eine Erfindung wie das Schweigen, das der Dr. Murke sammelt, gelingt einem Schriftsteller nur selten. Das ist eine Idee von Schwejkschem Format: das bißchen Stille in der dauernden Berieselung, die auf Tonband gebannten Atempausen, die der Techniker herausschneidet, aneinanderzureihen und zusammenzukleben und schließlich abzuhören – gesegnete Ruhe und vernichtendes Urteil zugleich.

Denn der arme Doktor Murke, der sich jeden Morgen im Rundfunkhaus frischen Mut macht, indem er mit dem Paternoster-Aufzug über die oberste Etage hinaus das Nichts des Dachgeschosses durchfährt, ist auch der Richter der Welt, in der er leben muß. Genauer gesagt, des *Establishments*, das, ohne genannt oder genauer beschrieben zu werden, die ganze schöne Geschichte durchwebt und der Urgrund der Angst ist, welche den Doktor Murke peinigt und ihn dazu treibt, sich in sein gesammeltes Schweigen zu flüchten. Das Establishment wird dabei nicht einmal als besonders bösartig gezeigt; seine Vertreter, Männer mit Namen wie Bur-Malottke, lassen allerdings ahnen, wessen es fähig sein könnte, wenn wieder einmal eine große Zeit anbräche.

Das Hintergründige an der Geschichte hebt sie über die grandios-groteske Story-Idee hinaus auf die Ebene großer sozialer Kritik. Die Kritik ist nicht besonders kaschiert, obwohl Böll diese Art Versteckspiel liebt; in einem Gespräch über seine Arbeitsmethoden erwähnt er, daß der Roman besser noch als die Erzählung ein *Versteck* sei, in dem man Worte und Ideen verstecken könne, von denen man hofft, daß der Leser sie finde.

Es wäre deshalb verfehlt, zu glauben, Böll empfehle die Flucht des Doktors Murke in sein gesammeltes Schweigen als Rezept gegen das, was uns belastet und quält – wie denn auch Hašek den Schwejkismus nicht als Lösung der großen, die Menschheit bedrängenden Fragen gedacht hat. Im Gegenteil: Böll verlangt, daß gesprochen wird, laut und deutlich, und daß besonders der Schriftsteller ausspreche, was ist.

In einer Zeit, in der es Mode geworden ist, mit vielen Worten so wenig wie möglich oder gar nichts zu sagen, ist ein Mann, der dem Wort Gewicht zumißt und sich selbst eine Verantwortung dafür, eine erfreuliche Erscheinung. Von dem Willen zur Aussage ist beim Schriftsteller, beim Romancier, nicht trennbar der Wille zum Erzählen; Böll erzählt tatsächlich; seine Menschen sind Menschen, nicht Schemen; sie haben Schicksale, sie entwickeln sich; da gibt es Anfang, Mitte, Ende, Schürzung des Knotens, Spannung; und auch dort, wo er kunstvoll die Zeiten ineinanderschachtelt, das Thema mal durch die eine, mal durch die andere seiner Personen betrachtet, ist die Form immer nur Mittel zum Zweck, bleibt primär die Erzählung, die allerdings vielschichtig ist und mitunter in Tiefen vorstößt, von denen manch anderer zurückscheut.
Es ist interessant, Bölls Architektur zu verfolgen: Wie da die Elemente miteinander verflochten sind; nichts sticht leer in den Raum, nichts hängt über, die Schicksale sind verknüpft und spitzen sich zu auf den Punkt der Katharsis. Das ist bewußte Arbeit, und Böll hat uns einiges von seiner Arbeit berichtet, von den farbigen Tabellen, die er sich anfertigt und auf denen die drei Schichten erscheinen, die er in seinen Romanen hat: die reale, das heißt die Gegenwart; die Reflektiv- oder Erinnerungsebene; die Ebene der Motive.
Die Verantwortung für das Wort ist unter anderem die Verantwortung für das richtige Wort. Das Risiko ist groß. Der kleinste Versager kann Verlust des gesamten bisher mühsam Erworbenen, des Rufes, bedeuten. Böll vergleicht einmal, zunächst schockierend, die Arbeit des Schriftstellers mit der des Einbrechers, »der in tödlicher Einsamkeit nachts den Tresor aufknackt ... Schriftsteller und Dichter setzen mit jeder neuen Arbeit ... alles, was sie bisher geschrieben haben, aufs Spiel: Es ist das Risiko, den Tresor leer zu finden, geschnappt und um den Ertrag aller früheren Einbrüche gebracht zu werden ...«
Ja, es stimmt schon, wir sind die Einbrecher. Immer wieder, in tödlicher Einsamkeit versuchen wir einzubrechen in die Bereiche der menschlichen Seele, und wehe uns, wenn wir sorglos arbeiten.

Die Verantwortung für das Wort ist aber auch die Verantwortung für das wahre Wort, selbst wenn die Wahrheit unbequem ist. Was die Wahrheit den Schriftsteller kosten kann, weiß Böll: Er berichtet von Wolfgang Borchert, der, zwanzigjährig, sechs Wochen in der Todeszelle hockte einiger Briefe wegen, in denen er seine Meinung über Hitler und den Krieg geschrieben hatte. Böll verlangt vom Schriftsteller ein gutes, scharfes und vor allem unbestechliches Auge, mit dem er sogar Dinge erfaßt, die in seinem optischen Bereich noch nicht aufgetaucht sind. Er wendet sich gegen jene, die sich eine Binde vors Auge legen lassen oder sich, je nach Wunsch und Bedarf, eine rosarote, blaue oder schwarze Brille aufsetzen lassen. »Rosarot wird gut bezahlt, es ist meistens sehr beliebt... und wenn es gerade beliebt ist, wird auch Schwarz gut bezahlt.« Und das in Deutschland!... »Wir leben im Lande der Opportunisten«, stellt Böll fest, »man weicht den Entscheidungen aus...« Aber: »... es wird sich jene Instanz melden, die beim Namen zu nennen schon verdächtig geworden ist: das Gewissen.«
Böll, katholisch geboren und geblieben, schlägt sich viel mit seinem Gott und seiner Kirche herum. Fest und unerschütterlich bei ihm ist der Glaube an die Macht des Gewissens, zumindest seines eigenen.

Also die Wahrheit. Aber ist die Wahrheit immer gleich wahr, ist sie erkennbar, vor allem für den Schriftsteller, der doch verantwortlich ist, erkennbar? Der Schriftsteller kann irren, sagt uns Böll, »aber in dem Augenblick, wo er, was sich später als Irrtum herausstellen mag, ausspricht, muß er glauben, daß es die reine Wahrheit ist«. Die Alternative wäre zu schweigen – die Lösung des Doktor Murke also, die weder für Böll noch für irgendeinen von uns eine Lösung ist.
Und nun geschieht das Märchenhafte: Böll, der in seinem Teil Deutschlands nach bestem Wissen und Gewissen die Wahrheit schreibt und sich keine Binde ums Auge legen und keine wie immer gefärbte Brille auf die Nase setzen läßt, findet den Beifall desselben Establishments, das er in seinen Romanen und Erzählungen immer wieder und von immer wieder anderen Gesichtspunkten her angreift und bloßstellt. Es gibt kaum ein Buch von ihm, das nicht von einer staatlichen oder städtischen Stelle mit Preisen ausgezeichnet worden wäre – sie belohnen

den Brillenlosen, Scharfsichtigen, Scharfzüngigen; und er fühlt sich ein wenig unwohl dabei, was ist los?
Er nimmt den Preis an und hält eine Rede im Grunde gegen die Spender des Preises. »Der Schriftsteller, der sich dem Mächtigen beugt, sich gar ihm anbietet, wird auf eine fürchterliche Weise kriminell... verrät all die, die seine Sprache sprechen...« Es nützt nichts, sie belobigen ihn weiter. Ah, sie sind schlau geworden westlich der Elbe. Sie haben gelernt, daß man den Propheten auch ersticken kann, indem man ihn umarmt oder, wie Böll es ausdrückt: Indem man den natürlichen Gegner für schön erklärt, ihn poliert, ins Museum hängt, sperrt man ihn in ein allerdings sehr komfortables Gefängnis.

Aber das Wort ist mächtiger als alle Mauern, auch die der Museen. Das Wort, getragen von der Leidenschaft des Schriftstellers, der die Welt sieht, wie sie ist und wie sie sein könnte, und der daher zu verändern wünscht, ist frei und wird frei bleiben.
Darum ist auch das, was Böll uns gesagt und geschrieben hat, bleibend.

24. Mai 1973

Zwei Alternativen

New York Times

Das sind schwere Zeiten in den inneren Kreisen von Ost-Berlin, und die Kassandras wehklagen: Oh weh, was da auf uns zukommt!

Und wahrhaftig, mit jeder neuen Botschaft, die ihren Stab von Attachés ins Land bringt, mit jeder neuen Gruppe westlicher Besucher, die ihre Nase durch den Checkpoint Charlie stecken, mit jeder neuen Schar westdeutscher Kusinen und Cousins zweiten Grades, die die ostdeutschen Verhältnisse mit ihrer liebenden Gegenwart überwältigen, verändert sich diese stille, angenehme, wohlbehütete Reservation, genannt Deutsche Demokratische Republik, rapide in einen Treffpunkt von Ost und West. Viel mehr als jede mögliche Zahlungsverpflichtung, die sich aus Kompensationsansprüchen ergeben könnte, ist die mit Recht so bezeichnete neue Öffnung der Preis, der für die internationale Anerkennung der Republik verlangt wurde, und das daraus resultierende Einströmen von Eindrücken und Ideen beunruhigt die Liebhaber sozialistischer geistiger Bequemlichkeit.

So ist das neue Motto also Abgrenzung, Abgrenzung von Geist und Seele, um den Gefahren zu begegnen, die sich aus der neuen Öffnung ergeben. Bisher war die Abgrenzung der Deutschen Demokratischen Republik und ihren Bürgern durch den Pariastatus des Landes aufgezwungen worden, nun aber, da der Grundvertrag zwischen den beiden deutschen Staaten Ostdeutschland aus seiner Isolation von der westlichen Welt heraustreibt, soll eine freiwillige, und in einigen Fällen auch nicht so freiwillige Selbstabgrenzung des Bürgers die Republik vor korrumpierenden Einflüssen und Subversion schützen. In den Medien, in Konferenzen, Vorträgen, Seminaren werden die Menschen auf die Argumente vorbereitet, die sie zu hören bekommen werden, und auf die Versuchungen, denen sie widerstehen sollen; einigen Kategorien von Bürgern ist es vollständig verboten, Kontakt mit Westlern zu haben; andere

wieder sind instruiert worden, ihren nächsten Vorgesetzten den Inhalt ihrer Gespräche mit Ausländern und alle verdächtigen Fragen mitzuteilen.
Es ist, als müßte ein besorgter Gärtner plötzlich seine liebevoll gehegten Gewächshauspflanzen ins Freie setzen; werden die zarten Blüten den scharfen Wind überstehen können?

Aber es ist zu bezweifeln, daß die Deutsche Demokratische Republik je eine solche geschlossene Reservation war oder das Denken ihres Durchschnittsbürgers so jungfräulich ist, daß es der ersten Versuchung, die daherkommt, zum Opfer fallen müßte.
Es ist viel geschrieben worden über die Schwierigkeiten, ohne offizielle Erlaubnis über die Mauer zu gelangen; aber jedes Elektron springt ohne Mühe über sie hinweg. Westliche Rundfunksendungen gelangen überallhin, westliche Fernsehsendungen werden in der ganzen Republik, mit Ausnahme von zwei Bezirken, empfangen. Seit der Gründung der Republik haben die Bürger dauernd alle ideologischen Güter des Westens vorgesetzt bekommen, und selbst der schäbigste Gedanke war zumindest hübsch verpackt gewesen. Heute sind die Firmennamen und Reklameslogans gewisser westdeutscher Produkte auch im Osten zu Haushaltsworten geworden; über Filme, die im westlichen Fernsehen gezeigt werden, unterhält man sich ungeniert in ostdeutschen Zügen und Straßenbahnen, und *Neues Deutschland*, das offizielle Organ der Sozialistischen Einheitspartei, hat, wie man weiß, Polemiken zu Themen gedruckt, über die es selbst nie berichtet hat; die Redakteure nehmen unterbewußt an, daß ihre Leser mit der Story schon vertraut sein würden. Leider konnten der Ost-Rundfunk und das Ost-Fernsehen nicht immer mit der Konkurrenz mithalten. War schon ihre allgemeine Arbeit durch den mangelnden diplomatischen Status der Republik gehemmt, so schädigten die Medien sich selber noch zusätzlich, indem sie sich oft verhielten, als hätten sie ein Publikum vor sich, das nicht imstande ist, auf einen Knopf zu drücken.
Dennoch zeigt sich in der ostdeutschen öffentlichen Meinung ein deutlicher Trend zum Sozialismus. Niemand kann mit Gewißheit sagen, wieviel von diesem Trend auf Regierungs- und Parteipropaganda zurückzuführen ist; aber man geht wohl

sicher, wenn man annimmt, daß ein ganzer Teil dieser Flut eher den gegenteiligen Effekt hat. Mit der Lage vertraute Beobachter meinen, daß der Trend das Resultat deutlich sichtbarer Errungenschaften wirtschaftlicher Art ist sowie eines allgemeinen politischen Reifungsprozesses des Bürgers der Republik, der diese Errungenschaften erst möglich gemacht hat und nun entsprechend stolz auf sie ist. Er mag vielleicht nicht alles billigen, was die Regierung tut und die Partei sagt; geplagt von dummen und ärgerlichen Mangelerscheinungen, mag er sich das reichhaltige Angebot des Westens wünschen; aber wenn man ihn direkt fragte: »Möchten Sie eine Rückkehr des Landes zum Kapitalismus«, dann wird er sagen: »Aber nein!« Und er wird dies nicht sagen, um seine echten Gefühle zu verbergen, sondern er wird die Wahrheit gesprochen haben.

Der Versuch, das Denken von Menschen abzugrenzen, die eine so differenzierte Betrachtungsweise haben, scheint ein fragwürdiges Unternehmen. Daher gibt es in der DDR auch Männer, die der Auffassung sind, daß es besser wäre, den Begriff Abgrenzung weniger eng zu fassen. Diese Männer glauben, daß dem Land eine längere Periode der Koexistenz mit dem anderen deutschen Staat und mit der westlichen Welt überhaupt bevorsteht, und daß dies ein Überdenken alter Einstellungen erfordert. Sie sehen die Abgrenzung nicht als eine Serie von Verbotsschildern und Polizeiverordnungen, die doch nicht durchgesetzt werden können, sondern als eine Politik der Einhaltung vernünftiger, klarer marxistischer Richtlinien bei gleichzeitiger Aufgeschlossenheit des Denkens. Sie sind der Überzeugung, daß schöpferisches, modernes Herangehen an die neuen Probleme notwendig ist, wenn die Republik den neuen Aufgaben gewachsen sein soll.
Diese Männer, in ständiger Verbindung mit ihrem entsprechenden sowjetischen Gegenüber, haben, sehr vorsichtig, das Steuerrad zu drehen begonnen. Sie haben in aller Stille den Wirtschaftsplan zum Nutzen des Konsumenten modifiziert und Qualitätswaren importiert, an denen Mangel bestand. Sie haben den privaten Bau von Eigenheimen für junge Paare und kinderreiche Familien gefördert. Sie beseitigten die Auswüchse der Grenzöffnung nach Osten, als täglich Autobusse von Aufkäufern die Oder überquerten, um den Warschauer Schwarz-

markt mit Waren aus DDR-Läden aufzufüllen. Sie haben ohne Fanfare ein paar der schlimmsten Dummköpfe aus wichtigen Positionen entfernt. Sie haben aus der Presse ein wenig von der Phrasendrescherei und dem byzantinischen Stil ausgemerzt, mit dem über die Tätigkeit und die Verdienste von Partei- und Regierungswürdenträgern berichtet wurde. Sie haben die Spalten von *Sinn und Form*, der Zeitschrift der Akademie der Künste, für eine literarische Diskussion geöffnet, die man nicht mehr nach dem üblichen Muster einer Spielzeugschlacht mit Geschossen aus hohlen Worten geführt hat. Sie haben die Hochburg der Engstirnigkeit, die Zensurbehörde, gezwungen, Filme wie Günter Rückers *Der Dritte* und Ulrich Plenzdorfs bald herauskommenden *Paul und Paula* zugelassen, ebenso die Aufführung von Stücken wie Peter Hacks' *Omphale* und wiederum Plenzdorfs *Die neuen Leiden des jungen W.*, und die Veröffentlichung von Büchern wie Jurek Beckers *Irreführung der Behörden* und Günter de Bruyns *Preisverleihung*, welche alle vor noch nicht gar so vielen Jahren verboten worden wären.
Vor allem aber scheint es, daß diese Männer die sterile, defensive Haltung, Ausfluß des Denkens von Ängsten politischer Sklerotiker, durch eine mutigere zu ersetzen suchen.

Die neue Öffnung, der Deutschen Demokratischen Republik durch Entwicklung außerhalb der Kontrolle ihrer Führung aufgezwungen und von den Konservativen in Partei und Regierung als böse Drohung empfunden, könnte sogar zum Vorteil des Sozialismus benutzt werden. Alles, was zu dem Zweck notwendig wäre, ist die Erkenntnis der physikalischen Tatsache, daß eine Öffnung nach zwei Seiten hin offen ist. Geister, die gewöhnt sind, ihre Zensoren und ihre Polizisten mit ungewohnten Gedanken sich befassen zu lassen, mögen Schwierigkeiten haben, ein so einfaches Phänomen zu begreifen, aber andere Leute werden die Frage stellen: Wer hat denn je verordnet, daß Ideen nur in einer Richtung reisen können? Haben wir denn in der Tat nichts vorzuzeigen für die Jahre unserer getreulichen Bemühungen? Haben wir keine Erfahrungen zu berichten, keine Gedanken anzubieten auf dem Markt, der uns nun offensteht?
Es scheint doch, als wären Zeit und Umstände dieser Art von

Initiative noch nie so günstig gewesen. Interesse an marxistischer Theorie hat sich überall belebt; dazu will man noch über die sozialistische Praxis etwas wissen, deren DDR-Variante nicht unwichtig ist. Es sieht so aus, als wären sich die Männer, welche die Republik von ihrer ihr aufgezwungenen Introversion und den daraus resultierenden Minderwertigkeitsgefühlen zu heilen versuchen, der neuen Gelegenheit bewußt. Sie empfinden sie als eine seltene, große Chance, die man benutzen sollte.

Sie kennen auch die Erfordernisse für den erfolgreichen Durchbruch: Die Bürokratie muß den Bedürfnissen der Bürger untergeordnet, und das Leben der Bürger muß materiell lohnender und geistig anregender gestaltet werden. Das würde der Republik ein Image geben, das einen wirklichen Glanz ausstrahlt, das Image nämlich des aufgeklärten Sozialismus.

Die Menschen sind da, mit denen das geschafft werden kann. Wenn die Chance verpaßt wird, dann wird Ostdeutschland in seiner eigenen Trägheit steckenbleiben, und alle diplomatische Anerkennung der Welt würde nicht imstande sein, es aus dem politischen Achterwasser herauszubringen. Aber wenn man sich der Aufgabe stellt, dann kann es sehr wohl dazu kommen, daß die Deutsche Demokratische Republik eine führende Rolle in europäischen Fragen spielen wird und daß ihr Beispiel die Entwicklung in Westdeutschland und auch anderswo beeinflußt.

23. März 1975

Leben in Ostdeutschland

New York Times Magazine

Ein Brief von der Redaktion der New York Times: *Würden Sie 3500 Worte für unser Magazin über das Leben im heutigen Ostdeutschland schreiben?*
Ich muß mir das überlegen.
Wenn man in einem Lande lebt, denkt man nicht dauernd darüber nach, wie sich's dort lebt – man lebt einfach; und vor allem arbeitet man – schöpferisch, wenn möglich, sonst eben Routinesachen.
Wieso interessieren die sich überhaupt für das Leben hier? Wird Ostdeutschland, die Deutsche Demokratische Republik, als ein so besonderes Land betrachtet, fremdartig, erst kürzlich entdeckt, und will man nun etwas über die Bräuche der Eingeborenen erfahren und was auf den Basaren feilgeboten wird?
So ähnlich könnte es sein. Das Land wird tatsächlich gerade entdeckt, nach der plötzlichen Invasion von Journalisten, Handelsleuten, Botschaftern mitsamt ihren Damen und anderen prominenten Besuchern zu urteilen: Der letzte Jahrestag, der 25. wurde international gebührend zur Kenntnis genommen und kommentiert, und alle möglichen weisen Ratschläge erschienen in den Spalten der Weltpresse darüber, wie man die Eingeborenen behandeln solle und wie man am besten mit den Häuptlingen verhandelt. Ein Schein von Respektabilität wurde der DDR verliehen – und es wurden sogar ein paar Nettigkeiten über das Land gesagt, trotz seiner dräuenden Wachttürme und seiner Mauer.
Aber wie ist denn nun das Leben hier eigentlich?

Zuzeiten habe ich das Gefühl, dieses Leben habe surrealistische Züge. Jüngere als ich, im Land hier geboren, nachdem es schon bestand und seine Initialen D.D.R. bereits erhalten hatte, mögen mein Gefühl nicht teilen; aber ich kann mir nicht helfen, ich denke manchmal an die Zeit meiner Emigration zurück, als wir in Prag um einen etwas verschmuddelten Kaffeehaustisch herumsaßen und von dem Deutschland sprachen, das da kommen sollte, sobald Hitler besiegt war: Niemandem an diesem Tisch wäre es eingefallen, einen Zustand vorauszusagen, bei dem die Kommunisten in einem Drittel von Deutschland sowie einem Drittel von Berlin die Macht haben würden, ohne daß nicht in spätestens sechs Monaten auch die restlichen zwei Drittel des Reichs und die gesamte Hauptstadt sozialistisch geworden wären. Eine Revolution, die nicht imstande ist, von einer Straßenseite in Berlin auf die andere überzuspringen – grotesk! Und doch besteht dieser Zustand, ein Deutschland teils kapitalistisch und teils sozialistisch, seit mehr als einem Vierteljahrhundert. Es ist, als wäre die Weltgeschichte eingefroren, als wären die Mauer und die kahlgeschlagenen Streifen längs der Westgrenze der Republik nur der sichtbare Ausdruck dieser Eiszeit, die wahrscheinlich dauern wird, solange das weltweite Gleichgewicht der beiden Machtblöcke existiert.

Im Lauf der Zeit lernt man, mit so etwas zu leben. Die Fahrt von meinem Haus in der Vorstadt ins Zentrum von Ost-Berlin führt mich ganz nahe der Mauer entlang. Gelegentlich nehme ich noch Notiz von den längst ausgeblichenen Grenzschildern und von dem Drahtgeflecht am Flußufer. Aber darüber nachdenken – nein. Und auch die Autofahrer vor und hinter mir widmen dem Anblick, des bin ich sicher, nicht die geringste Aufmerksamkeit. Diese Blindheit gehört zu dem surrealistischen Charakter des Ganzen.

Die Teilung Deutschlands, und Berlins, hat ihre Vorteile nicht nur für die, denen es bei dem Gedanken schaudert, was ein vereinigtes Deutschland auf dem Gebiet des Sports, der Wirtschaft, der Politik für ein Gewicht haben würde, sondern auch für die Deutschen selber. Die Bürger der Deutschen Demokratischen Republik genießen den höchsten Lebensstandard innerhalb des sozialistischen Lagers, und den Bundesdeutschen, wie ich höre, geht es drüben in ihrem Kapitalismus auch nicht schlecht. Ich bezweifle, daß diese Prosperität ausschließlich von den geschickten Händen der deutschen Arbeiter und den gescheiten Köpfen der deutschen Manager herrührt; eher würde ich meinen, daß zu beiden Seiten der Mauer die Existenz eines *anderen* Deutschland, einer sozialen Alternative, darauf hinwirkt, daß den gierigen Massen Ost wie West ein entspre-

chend höherer Anteil am großen Kuchen aufgetischt wird. Ein Wettlauf ist im Gange, ein Wettlauf um die deutsche Seele.
Bei diesem Wettlauf hat die Deutsche Demokratische Republik als Zweitbester abgeschnitten – bis jetzt wenigstens. Sie ging ja auch mit vielen Handicaps an den Start: Mangel an Rohmaterialien, kaum eine Schwerindustrie, keine Marshall-Plan-Gelder, eine Bevölkerung, die von Dr. Goebbels gegen alles Kommunistische und Sowjetische geimpft war, und zu alldem noch eine Menge schwerer politischer Irrtümer, die sich aus stalinistischen Denkmustern ergaben.
Ein wenig hat die Republik in diesem Rennen aufgeholt – sonderbarerweise mit Hilfe der Mauer, die zugleich ein Verzweiflungsakt und ein Neuanfang war. Die Mauer setzte der Massenflucht nach dem Westen ein Ende. Häßlich, wie sie damals war und heute noch ist, demonstriert sie weithin sichtbar, daß in dem Drittel Deutschlands, das Deutsche Demokratische Republik heißt, das Experiment Sozialismus nicht eingestellt werden würde. Die Mauer war die erste Etappe auf dem Weg, der zur Errichtung einer Botschaft der USA in Ost-Berlin führte.
Der Wettlauf geht weiter. Wie ich die Sache sehe, wird die Entscheidung dabei nicht nur davon abhängen, welches System das breitere Angebot an Konsumgütern zu billigerem Preise liefern kann. Der Mensch wird auch beeinflußt durch die Ideen, die man ihm erschließt, die Gefühle, die man in ihm erzeugt. Nicht, daß ich das wirtschaftliche Moment unterschätze: Die arabischen Ölscheichs, Feudalherren par excellence, mögen sich noch als revolutionierender Faktor erweisen. In aller Unschuld könnten die Scheichs die Schwierigkeiten, die sich in Westdeutschland und anderen westlichen Ländern abzeichnen, in eine Krise von solchen Ausmaßen verwandeln, daß die schwerfällige Mangelwirtschaft der DDR im Vergleich dazu als leuchtendes Beispiel finanzieller Solidität und gesunder Geschäftspraxis erscheint. Sollte es eines Tages zwei bis drei Millionen Arbeitslose im kapitalistischen Teil von Deutschland geben, so könnte Erich Honecker, Erster Sekretär der Sozialistischen Einheitspartei, die Mauer getrost an die Regierung in Bonn vermieten.

Aber in der Zwischenzeit? Man mag ja, während man nahe der Mauer entlangfährt, sich nicht unbedingt bewußt sein, daß man eingesperrt ist – aber auch das Unbewußte irritiert. Vor einiger Zeit hörte ich von einem Fall, der mir als Thema für eine Short Story brauchbar erschien. In einer Vorortsiedlung nahe einem der Übergänge zwischen West-Berlin und dem Territorium der DDR fanden zwei halbwüchsige Jungen, beides Söhne mittlerer Funktionäre, die im Sperrgebiet unmittelbar an der Grenze wohnten, durch Zufall einen ganz leicht gangbaren Weg in den Westen und benutzten ihn, um in West-Berlin das Kino zu besuchen. Sie gingen dort, glaube ich, insgesamt vierzehnmal ins Kino und würden wahrscheinlich heute noch hingehen, wären sie nicht von der Westberliner Polizei beobachtet worden.
Die Westberliner Polizei befragte sie, aber da es nicht Angelegenheit der Westbehörden war, Grenzüberschreitungen zu verhindern, ließ man die beiden laufen. Einer der Polizisten aber erzählte die Sache einem Reporter, den er kannte, und dieser Mann wartete auf die Jungen vor dem Kino, lud sie zu Bratwurst und Coca-Cola ein und schrieb über sie in seiner Zeitung. Auf diesem Umweg erfuhr die zuständige DDR-Behörde von der Sache und verhaftete die zwei.
Sie kamen vor ein Jugendgericht und wurden wegen Verletzung des Paßgesetzes verurteilt. Der Ältere der beiden, der gerade achtzehn geworden war, mußte die Erweiterte Oberschule verlassen und wurde in die Armee gesteckt; der andere, Sechzehnjährige, kam in einen Jugendwerkhof. In der Story, die ich dann schrieb, sagt der Anwalt der Jungen dem Staatsanwalt, das Gericht hätte seinen Klienten lieber eine staatliche Auszeichnung zusprechen sollen: Hatten sie ihre Treue zur Republik nicht vierzehnmal unter Beweis gestellt, indem sie vierzehnmal aus dem Westkino in die DDR zurückkehrten? Aber der Staatsanwalt wollte den Fall nicht so sehen, und das Gericht ebensowenig.
Um die Wirkung der Story zu testen, las ich sie einem größerem Publikum vor, darunter vielen Jugendlichen, und zwar in einem Ort ganz in der Nähe des Schauplatzes der Geschichte, und wir hatten eine gute Diskussion hinterher, die weit über den Inhalt dessen, was ich vorgelesen hatte, hinausging. Danach saß ich noch mit ein paar Studenten zusammen. Einer sagte: »Es tut

mir leid, aber mir scheint, daß in Ihrer Geschichte etwas fehlt. Nämlich: Was ging in den Köpfen der beiden vor, während sie diese Freiheit hatten? Gab es da eine psychische Veränderung? Oder?«

Was *sie* denn meinten, fragte ich.

Nach kurzem Schweigen meldete sich ein anderer Student: »Nehmen wir mal an, ich wüßte einen Weg hinüber und zurück. Vielleicht würde ich ihn gar nicht benutzen. Aber es würde mich doch sehr erleichtern zu wissen, daß ich ihn benutzen könnte.«

Schwer zu sagen, wie viele Leute tatsächlich unter dem Gefühl, daß sie eingesperrt sind, leiden. Die DDR ist ein kleines Land; man durchfährt es in wenigen Stunden; zwar ist die Gegend hübsch und die Umwelt nicht ganz so verschmutzt und verdorben wie im industrialisierten Westen, aber es fehlt der Duft der weiten Welt, mit dem im Westfernsehen Reklame für eine gewisse Zigarettensorte gemacht wird.

Da aber nun auch die bestbewachte Mauer für das Elektron durchlässig ist, und da der größte Teil der DDR im Sendebereich der westdeutschen und Westberliner Fernsehstationen liegt, bekommt der DDR-Bürger die Attraktionen dieser weiten Welt ständig vorgesetzt, ohne diese Welt je besuchen und ihre wahren Gerüche kennenlernen zu können. Das erzeugt Frustration – und Illusionen.

Die Regierung behandelt die Zuschauer- und Zuhörerzahlen ihrer Sender als geheime Verschlußsache. Ich kann nur meine eigene Erfahrung berichten: Wann immer ich im westdeutschen Fernsehen auftrat, sagten mir alle möglichen DDR-Bürger, von Grenzwachen und Straßenbahnschaffnern bis zu Friseuren und Ladenverkäuferinnen, sie hätten mich gehört und gesehen; als ich aber im Fernsehen der DDR eine Erklärung zu Vietnam abgab, reagierte nur eine einzige Person, eine alte Genossin, die mich anrief und mir sagte, wie sehr sie sich freue, daß ich endlich auch einmal vor unsern eigenen Kameras auftreten durfte.

Der Einfluß des westlichen Fernsehens und Rundfunks auf die Köpfe der Menschen hier ist beträchtlich: Er wirkt sich auf die Geschmacksbildung in Mode, Musik und Film aus; er erzeugt Bedürfnisse nach Waren, die nun mit großer Verspätung und unter großen Kosten von Industrie und Handel der DDR herangeschafft werden müssen.

Und die Menschen kaufen. Ich entsinne mich, daß ich vor Jahren in einer Ostberliner Zeitung einen Artikel schrieb, in dem ich Blue Jeans als die Hosen der amerikanischen Arbeiterklasse verteidigte. Jeans gehörten damals amtlicherseits zu den Manifestationen imperialistischer Dekadenz, und mehrere Studenten wurden von der Universität geschaßt, weil sie sie trugen. Heute importiert die DDR direkt von der Firma Levi, und echt amerikanische Jeans sind Bestseller geworden, trotz ihrer ziemlich hohen Preise.

Denn so manche Leute hier haben Geld. Löhne und Gehälter mögen im allgemeinen um die Hälfte niedriger liegen als im Westen, und mehr als 2000 Mark im Monat verdient selten einer; aber in vielen Familien arbeiten beide, Mann und Frau, und dann gibt es noch die Schwarzarbeit am Wochenende, durch die, privat und unter der Hand, die zahllosen Datschen entstehen, die unsere Landschaft verschönern.

Um nicht gar zu lyrisch zu erscheinen, möchte ich hinzufügen, daß man immer noch Schwierigkeiten hat, Dinge zu kaufen, die im Westen als Selbstverständlichkeit gelten. Der Klempner, der nach langen Bitten endlich kam, um die Rohre in meinem Badezimmer in Gang zu bringen, zerstörte dabei die Kacheln an der Wand; und um Ersatzkacheln zu kaufen, stellte ich mich eines Morgens um acht Uhr auf der Straße vor einem Laden für Baumaterialien an, nachdem ich über Beziehungen in Erfahrung gebracht hatte, daß dort Kacheln von der Fabrik in Boizenburg an der Elbe eingetroffen seien. Ich hatte natürlich keine Ahnung, was für Kacheln das waren, die da verkauft werden sollten, welche Farbe sie hatten, welche Qualität, und ich sollte es auch nie erfahren, denn ein Verkäufer teilte mir liebenswürdigerweise mit, daß ich keine Chance haben würde, an seine Kacheln heranzukommen, da ich der Siebenundachtzigste in der Schlange war und die anderen Kunden schon seit sechs Uhr vor der Türe standen.

Ich verschaffte mir dann Kacheln, und in der passenden Farbe – über meinen Verlag in München. Und wie mit Kacheln, so ist es mit Werkzeugen, Ersatzteilen, Materialien, Geräten, Gebrauchsgegenständen. An den Rundtürmen hoch oben auf den Prestigebauten Ecke Karl-Marx-Allee und Frankfurter Tor – des Liebhaberarchitekten Walter Ulbricht Stolz und Freude –

mußten seinerzeit die riesigen Glasscheiben mit Westkitt eingekittet werden.
Zusammen mit Westfernsehen und Westrundfunk stellen derart Erfahrungen die schönen Lehrsätze und Losungen, welche der Bevölkerung von Partei und Behörden dauernd serviert werden, immer wieder in Frage.

Marx sagte einmal, das Sein bestimme das Bewußtsein. Acht Stunden am Tage nimmt der DDR-Bürger an der sozialistischen Produktion, wie sie sich herausgebildet hat, teil und benutzt eine sozialistische Terminologie, die sich gleichfalls herausbildete. Aber den Rest der Zeit ist er auf sich selbst gestellt, und ein Großteil seiner geistigen Nahrung stammt von der anderen Seite. Da nun die Ideologie, die ihm von Partei und Gewerkschaft vorgesetzt wird, schwer verständlich und oft auch schwer schluckbar erscheint, neigt er dazu, zwei Bewußtseinsebenen zu entwickeln und zu einer Zeit das eine, zu anderen Zeiten aber etwas ganz anderes zu denken und zu sagen. Das ist bei ihm durchaus keine Heuchelei; in dem Moment, da er etwas sagt, glaubt er das, was er da sagt, tatsächlich.
Ich möchte von Kalle und seinem Freund berichten. Kalle fährt einen Schaufelbagger in der Schwarzen Pumpe, einem jener neuen Industriekomplexe, wo sie Braunkohle im Tagebau gewinnen und daraus Gas und Elektroenergie machen. Sein Freund Bruno ist um zwei Köpfe kleiner.
Wir sitzen einander gegenüber im Speisewagen des Zugs nach Rostock. Kalle besteht darauf, meine Frau und mich zu ein, zwei, drei Wodkas einzuladen. Ja, er verdient gutes Geld; die Arbeit ist hart, ebenso wie das Leben in den Wohnbaracken, aber wenn er zum Urlaub in sein Heimatdort in Mecklenburg fährt, ist er ein großer Mann. Er hat seinem Vater einen kleinen Trabant gekauft und seinem jungen Neffen einen teuren sowjetischen Wolga – die zwei sind seine ganze Familie. »Wenn der Zug in den Bahnhof einläuft«, sagt er, »da wartet der Wolga auf mich, Sie werden's selber sehen.«
Sein Freund Bruno, berichtet er weiter, ist ein Dummkopf: Bruno hat gegeizt und gespart, um sich eine Wohnung in Hoyerswerda zu kaufen, und da wird er dann seine Frau und die Kinder aus Mecklenburg holen und mit ihnen dort einziehen; und in dem Augenblick, wo er den Rücken kehrt, werden die

Polen, die in der Schwarzen Pumpe arbeiten, vor seiner Wohnungstür Schlange stehen, und dann ist's aus mit dem Familienglück.
Bruno schüttelt den Kopf, lächelt: andere Frauen vielleicht, aber nicht seine. Er will abends nach Hause kommen und Wärme finden, Menschen, die er liebt.
Kalle zuckt die Achseln und beginnt von den Verbesserungen zu erzählen, die er an seinem Schaufelbagger gemacht hat, und von den Verbesserungen, die er für die Arbeit seiner Brigade vorgeschlagen hat – Verbesserungen, die allen Beteiligten mehr Geld bringen: ihm selber, den Mitgliedern seiner Brigade und der Schwarzen Pumpe. Bruno nickt zustimmend und fügt hinzu, daß Kalle Abendkurse besucht hat und daß er bald auf eine technische Hochschule geschickt werden wird, um sich für einen verantwortlichen Posten zu qualifizieren. Ich stoße meine Frau an: Hier ist einer von diesen positiven Helden aus der Arbeiterklasse, die zu gestalten die Schriftsteller des Landes ständig angehalten werden.
»Sie sind natürlich in der Partei, Kalle«, erkundige ich mich.
Er blickt mich an. »Nein«, sagt er.

Von Bismarck stammt das Wort: »Wenn das Ende der Welt kommt, ziehe ich nach Mecklenburg, dort kommt alles fünfzig Jahre später.« Mecklenburg ist, wie schon erwähnt, jener Teil der DDR, aus dem Kalle stammt. Ohne die Nachkriegsveränderungen, die dort von der Partei durchgesetzt wurden – ohne Landreform und Kollektivierung –, wäre Kalle immer noch Knecht auf dem Gut eines Herrn Baron von und zu.
Wieso dann aber der Widerspruch? Woher Kalles zwiespältige Gefühle der Partei gegenüber? Er arbeitet entsprechend den Losungen der Partei, er bildet sich weiter, wie sie es von ihm fordert, er zieht Nutzen aus ihrem Sozialprogramm – und doch hält er sich zurück. Er ist nicht ein Regelfall. Es gibt viele Arbeiter, die Parteimitglieder sind, wie auch Bauern, Angestellte, Beamte und andere zur Partei gehören; aber es gibt genügend Leute wie diesen Kalle, um die Frage berechtigt erscheinen zu lassen: Was ist die Partei wirklich, was ist ihre Rolle, ihre Funktion – und wie widerspiegelt sie sich in den Köpfen der Leute?
Im idealen Sinne ist die Partei eine Vereinigung von der Sache

ergebenen, sich selbst aufopfernden Revolutionären, die, ausgerüstet mit den Lehren von Marx und Engels, geschworen haben, die Welt zum Besseren zu verändern. Die DDR, die als Bruchteil eines vom Kriege verwüsteten Landes begann, ist heute einer der zehn größten Industriestaaten. Es gibt Stimmen im Westen, die behaupten, daß das trotz der Partei erreicht wurde, nur durch die berühmte deutsche Tüchtigkeit, ganz wie in Westdeutschland. Aber die Vertreter dieser Ansicht vergessen, daß in Ostdeutschland eine zweifache Arbeit geleistet wurde: neben der wirtschaftlichen Rekonstruktion mußte eine Revolution der Sozialstruktur durchgeführt werden.

Und sie wurde durchgeführt, und zwar von der Partei.
Ich habe ein paar von den Männern gekannt, die dabei mitgewirkt haben, integre, überzeugte Kommunisten, deren Namen dem Leser im Westen wenig sagen werden, die aber tiefere Spuren in der Geschichte hinterlassen haben als so mancher, desse Name auf jedermanns Zunge ist. Da war Erich Wendt, von Beruf Buchdrucker, Absolvent des Gulag, später einer der führenden Verleger in der DDR und Staatssekretär im Kulturministerium; Fritz Grosse, Textilarbeiter, Überlebender des Nazi-Konzentrationslagers Mauthausen, der nach dem Krieg eine erste Regierung in Sachsen schuf und einer der Architekten der Außenpolitik der DDR wurde; Richard Stahlmann, Landarbeiter, der den Guerilla-Trupp hinter den Franco-Linien führte, den Hemingway in seinem *Wem die Stunde schlägt* beschrieb – kürzlich haben sie ihn in der Uniform eines Ehrenobersten des Berliner Wachregiments begraben.
Ich kannte auch Walter Ulbricht, dessen Bild in der Geschichte so merkwürdig schillert. Ich erinnere mich an ein Tête-à-tête mit ihm, das er mit den Worten eröffnete: »Wissen Sie, auf dem Stuhl, auf dem Sie da sitzen, da hat vor paar Tagen der Wolfgang Harich gesessen.« Das war kurz nach den Budapester Ereignissen des Jahres 1956 gewesen, und Harich war gerade an dem Morgen verhaftet worden, angeblich, weil er Mitglied einer Gruppe war, die angeblich plante, Ulbricht zu stürzen. Ich war also neugierig. »Wußten Sie denn nicht, Genosse Ulbricht«, sagte ich, »daß Ihre Polizei den Harich schon beschattete, als Sie ihn einluden?«
Er blickte mich mit einem Lächeln an: »Ich habe nicht die

Gewohnheit, erst bei der Polizei anzufragen, bevor ich jemanden einlade, mit mir zu reden.« Ich gestehe, daß ich mich in dem Moment ein wenig schwach in den Knien fühlte, aber ich raffte mich zusammen und sagte: »Ich nehme an, Genosse Ulbricht, daß Sie damit die Vertrauensfrage gestellt haben. Dann reden wir mal offen: Es gibt in dieser Republik nur zwei Leute, die absolut und hundertprozentig zuverlässig sind.«
Er war sofort interessiert. »Ja, wer?«
»Nun, Sie und ich», antwortete ich. »Bei Ihnen wissen Sie's, und bei mir weiß ich's – bei den andern wissen wir's schon nicht mehr.« Worauf er sein sonderbar gequetschtes Lachen ausstieß und sagte: »Na, ganz so schlimm wird's vielleicht doch nicht sein ...«

Die Partei ist aber auch eine Institution, die in diesem Teil von Deutschland schon beinahe dreißig Jahre an der Macht ist, und nicht einmal Ulbricht hätte sagen können, wie viele ihrer fast zwei Millionen Mitglieder wahrhaft ergebene, aufopferungsvolle Revolutionäre sind. Immer wieder erlebe ich Sesselsitzer und Worthelden, Autokraten und Karrieristen mit dem Parteiabzeichen am Rockaufschlag; und ich befürchte, auch der Arbeiter Kalle ist ihnen begegnet. Geistiges Mittelmaß, kleinlich von Charakter, beten sie ihre Fibel des Marxismus-Leninismus mechanisch herunter und proklamieren lauthals ihre Treue zur gerade gültigen Parteilinie und zur gerade im Amt befindlichen Parteiführung. Vereint in der Überzeugung, daß mit der Deponierung ihres wertvollen Hinterteils in bequem gepolsterten Amtsstühlen die Revolution ihr vornehmstes Ziel erreicht habe, sind sie von da an jeglicher Veränderung des Status quo abhold.
Doch liegt der Sieg noch nicht endgültig bei ihnen. Jeder sensible und einigermaßen informierte Bürger der DDR spürt, daß unter der glatten Oberfläche Kämpfe im Gange sind, bei denen es um die Richtung geht, in der die Republik zu entwickeln sei: Soll der Sozialismus ein bürokratischer Homunkulus sein, dem Volk entfremdet, oder wieder eine lebendige Bewegung werden, erfüllt von Gedanken, die die Menschen im Lande freudig zu ihren eigenen machen möchten?
Ich wußte wenig vom Vorhandensein solcher Konflikte, als ich Anfang der fünfziger Jahre in die Deutsche Demokratische

Republik kam. Im Sozialismus, so nahm ich an, würde das Leben im Grunde harmonisch sein; nach der Abschaffung des Kapitalismus würden alle an einem Strang ziehen, und die Widersprüche, die jedermann ins Auge fielen, erwuchsen nach meiner Analyse aus den Schwierigkeiten des Wiederaufbaus nach dem Kriege, und mit den bewährten sozialistischen Methoden würde man sie schon lösen.
Aber im Juni 1953 streikten die Arbeiter hier gegen den Arbeiterstaat, und sie zogen durch die Straßen von Berlin in einer Demonstration gegen die Arbeiterregierung und zerstörten damit auch meine Illusionen. Ich begann zu begreifen, daß da neue, dem Sozialismus eigentümliche Konflikte entstanden waren, die sich grundlegend von denen in der kapitalistischen Welt unterschieden. Vieles von dem, was ich seither geschrieben habe, befaßt sich auf die eine oder andere Fasson mit diesem Aspekt.
Ich bezweifle, daß sich dieses doch weithin unerforschte Gebiet mir erschlossen hätte, wäre ich nicht in die DDR gekommen. Das Leben hier hat seine guten Seiten für den Schriftsteller, auch wenn er gelegentlich Streit hat mit den Machthabern des Landes.

Im ganzen gesehen gilt das Wort des Schriftstellers in sozialistischen Ländern mehr als das seines Kollegen im Westen. Ist der Schriftsteller brav, folgt er der politischen Linie oder vermeidet er wenigstens eine allzu deutliche Abweichung von ihr, so erfährt er Ehrungen und wird sogar verwöhnt; verletzt er jedoch die ungeschriebenen Verhaltensregeln, so wird er bestraft, wenn nötig, mit dem großen Bannfluch.
Die eminente Rolle des Schriftstellers läßt sich bis in die Anfänge der Arbeiterbewegung zurückverfolgen, deren im allgemeinen wenig redegewandte Mitglieder Sprecher brauchten, um ihre Bestrebungen zum Ausdruck zu bringen, und Theoretiker, um ihre politischen Ansprüche zu legitimieren. Sprecher und Theoretiker aber konnten nach Lage der Dinge nur aus der rebellischen Intelligenz kommen: daher die relativ große Anzahl von Schriftstellern in den führenden Stellen der Arbeiterverbände und revolutionären Bünde im Deutschland, Frankreich und Rußland des 19. Jahrhunderts.
In den sozialistischen Ländern von heute ist die Führung längst

aus den Händen der Visionäre in die von nüchtern denkenden, pragmatischen Politikern übergegangen; aber selbst diese haben noch den merkwürdigen Glauben an die Magie des richtigen Wortes, und sie sind zutiefst enttäuscht, wenn der Schriftsteller es ihnen nicht liefert. Sie fühlen sich sogar verletzt und werden zornig, wenn der Schriftsteller so weit geht, seine Wirklichkeit in Widerspruch zu setzen zu dem, was sie gern dargestellt sehen möchten.

Ich wüßte keinen Schriftsteller in der DDR, der nicht auf seiten des Sozialismus stünde, und ich kenne eine ganze Anzahl von ihnen durch jahrelange Freundschaft und weil ich erst kürzlich eine Anthologie von DDR-Prosa für einen westdeutschen Verlag zusammenstellte. Bei der Lektüre der insgesamt 35 Texte fiel mir auf, daß kaum einer der Autoren den Sozialismus besonders zu verteidigen für notwendig hielt; sie nahmen ihn als Tatsache des Lebens und beschäftigten sich auf eine sehr zum Nachdenken anregende Weise mit seinen verschiedenen Aspekten, seinen täglichen Konflikten.

Was aber, wenn die taktischen Notwendigkeiten der Tagespolitik nicht übereinstimmen wollen mit den Anforderungen der Kunst, wie es nicht nur mir, sondern auch anderen Autoren hier erging? Wonach soll sich der Schriftsteller nun richten? Neulich hat sich ein jüngerer Kollege an meiner Schulter ausgeweint. Er hatte einen neuen Roman geschrieben, genau nach den politischen Wünschen von oben. Dann kam eine Veränderung auf hoher Ebene, die Wünsche wurden fallengelassen, und das Buch, obwohl noch unveröffentlicht, war bereits ein Anachronismus.

Taktische Notwendigkeiten sind eines; Kunst, soll sie wirksam sein, etwas anderes. Natürlich haben Schriftsteller immer und in jeder Art von Gesellschaft Kompromisse gemacht. Aber es gibt einen Punkt, in dem der Schriftsteller im Sozialismus sich keine Kompromisse leisten kann, wenn er will, daß seine Arbeit den Tag überdauert: die Wahrheit.

10. Februar 1977

Je voller der Mund, desto leerer die Sprüche (Leben mit der Aktuellen Kamera)
Stern

Ich habe aufgehört zu rauchen – nicht wie Mark Twain, der dies zu wiederholten Malen tat, sondern permanent. Da werde ich es doch wohl fertigbringen, das Westgift aufzugeben, das mir Abend für Abend von Köpke und Konsorten ins Ohr geträufelt wird, so daß ich unter einem Dauerstreß stehe: Wie lange kann diese mit Ausnahme des Wetterberichts so hoffnungslos chaotische Welt überhaupt weiterbestehen? Ich werde umschalten. Auf unsere. Auf die Aktuelle Kamera. Nicht als Ausgleichssport, mal was von dort, mal was von hier, wie das so viele DDR-Bürger tun in dem kindlichen Glauben, nun hätten sie ein objektives Bild. Nein – nur noch. Totale Enthaltsamkeit üben wie die Strenggläubigen, die das längst schon machen, um Gewissenskonflikte zu vermeiden, oder wie die Bewohner von Dresden und Görlitz, die auch mit den stärksten Antennen den Westen nicht mehr heranholen können. Solches Wohlverhalten, täglich um 19.30 Uhr eine halbe Stunde lang, sollte sich doch heilsam auf den Seelenzustand auswirken.

Am 2. Oktober fange ich an. Der Zeitpunkt ist günstig, am nächsten Tag finden drüben in der BRD Wahlen statt – das weiß ich noch aus der falschen Röhre – Schmidt gegen Kohl, Freiheit statt/oder Sozialismus – das ganze Schattenboxen werde ich mir sparen, das Hickhack der Meinungsforschungsinstitute, die ersten Hochrechnungen; auch ein Schattenboxkampf kann unangenehm aufregend sein. Dann kommen unsere Wahlen, am 17., gleichfalls ein Höhepunkt, nur fällt die schädliche Spannung weg, wer da gewinnen wird. Und schließlich, am 2. November, die Wahlen in den USA, nach Nixon nun der ehrliche Ford gegen den ehrlichen Carter, so lange muß ich durchhalten, bis dahin sollte der Effekt sich zeigen, sollte sich die ewige Unruhe, die einen von einer Tagesschau zur andern zittern läßt, gelegt oder wenigstens spürbar vermindert haben.

Es ist ja auch ein perverser Zustand – man lebt, arbeitet, ißt, liebt im realen Sozialismus, bezieht aber den Großteil seiner Informationen von Leuten, denen ein Dreck liegt an der Verbesserung und dem Gedeihen dieses oder irgendeines Sozialismus. Der Zustand herrscht so extrem nur in der DDR; es gibt kein westtschechisches, kein westpolnisches oder gar westsowjetisches Fernsehen. Wenn die Satelliten kommen, mag sich das ändern, dann werden die anderen sozialistischen Fernsehanstalten auf die Erfahrungen der Freunde vom Fernsehen in Adlershof zurückgreifen können, die dem Problem mit Ruhe und Gleichmut begegnen.

Die Nachrichtensprecher: Ob Mann, ob Weib, sitzen sie sehr aufrecht, den Blick ernsthaft konzentriert, ja auf was eigentlich, und sprechen sorgfältig ihre Silben. Ich kann mich nicht entsinnen, daß einer gelächelt hätte, während der insgesamt dreiunddreißig halbstündigen Sendungen, die ich mir angesehen habe; auch bemerkte ich keinerlei Anteilnahme in den Stimmen, selbst bei den schockierendsten Nachrichten nicht, bei thailändischen Studentenmassakern, beim Untergang des Tankers *Böhlen*. Mit ähnlicher Leidenschaftslosigkeit las uns Studienrat Müller Zwo in der Quarta des Staatsgymnasiums zu Chemnitz aus Caesars bekanntem Generalstabsbericht die Zeilen beginnend mit *Gallia divisa est in partes tres*, und da ist, jetzt fällt es mir auf, auch bei diesen Sprechern der studienrätliche Ton, in dem unterschwellig die Warnung mitklingt: Hört gefälligst zu, ich sag's euch nur einmal. Ich glaube nicht, daß die Schuld bei ihnen liegt; es muß ihnen so beigebracht worden sein, und ihre Texte sind auch nicht der Art, daß sie zu dramatischer Emphase verführten oder gar zu einem heiteren Augenaufschlag. Man sieht den Sprechern an: sie verkörpern eine staatliche Institution, sie verkörpern Autorität, und zwar unter schwierigen Umständen, denn die Sprache, in der sie da reden müssen, ist nicht einfach.

Die Sprache ist Hoch-DDRsch, gepflegt bürokratisch, voll hochtönender Substantiva, die mit den entsprechenden Adjektiven verbrämt werden; die Sätze erfordern langen Atem von den Sprechern und Konzentration von den Hörern. Erleichtert wird das Verständnis allerdings durch die im Text reichlich

verstreuten Klischees: Codewörter eigentlich, die in den Köpfen eines durch Zeitungslektüre, Versammlungsbesuche, Schulungskurse wohltrainierten Publikums sofort gewisse Gedankenverbindungen auslösen. Hätte man den Kanal etwa versehentlich eingeschaltet, man würde den Sender sofort identifizieren: So redet man nur im Fernsehen der DDR.
Hier eine keineswegs vollständige Liste, alles aufgeschnappt während eines Monats und als Psychotest verwendbar:

Veränderung	ist immer	tiefgreifend
Verwirklichung	–	zielstrebig
Gedankenaustausch	–	umfassend
Atmosphäre	–	schöpferisch
Anliegen	–	vorrangig
Beratung	–	eingehend
Beschluß	–	weitreichend
Fundament	–	unerschütterlich
Vertrauensverhältnis	–	unzerstörbar
Bekenntnis	–	eindrucksvoll
Verwirklichung	–	vollinhaltlich
Stärkung	–	allseitig
Voraussetzung	–	grundlegend
Anerkennung	–	weltweit
Wachstum	–	dynamisch
Zustimmung	–	millionenfach

Es handelt sich also um Beschwörungsformeln, je voller der Mund, desto tiefer die Wirkung; es gemahnt, wie vieles andere bei der Aktuellen Kamera auch, an autogenes Training – Herz schlägt ganz ruhig, Sonnengeflecht strömend warm – und wird ergänzt durch weitere Redewendungen der gehobenen Sprache: So werden Personen zu Persönlichkeiten, und sie sind nicht irgendwo, sie weilen dort. Mitunter erreicht das dichterische Qualität, so am 14. Oktober, wo wir anläßlich der Verleihung des Karl-Marx-Ordens an die Akademie der Wissenschaften der DDR erfahren, der wissenschaftlich-technische Fortschritt sei *eine unerschöpfliche und ständig stärker fließende Quelle, um das Leben der Menschen, das materielle wie das geistige, umfassend zu bereichern.*

Die Struktur der Sendungen ist unkompliziert und gleichfalls von beruhigender Einförmigkeit.

Das beginnt nicht etwa mit aufregenden Hauptnachrichten, die den Zuschauer packen und an den Fernsehschirm fesseln könnten. Nein, zuerst kommen Staatstelegramme und Staatsempfänge, offizielle Reden und offizielle Begrüßungen, das ganze gravitätische Zeremoniell, zu dem eigentlich Allongeperücke und Seidenfrack gehören; darauf ein optimistisches Allerlei von kleinen, mit Statistiken und Kurzinterviews dekorierten Feuilletons aus dem Wirtschaftsleben der DDR – die Reihenfolge mag auch umgekehrt sein. Erst nach etwa fünfzehn Minuten dieser beschaulichen Bilder aus einem ordentlichen Land erfährt man, daß im Libanon geschossen, in Genf verhandelt, in Thailand gelitten, in Frankreich gestreikt, in Soweto verhaftet, in Chile gefoltert wird. Danach wieder Wirtschaftsmeldungen, diese nun negativ, weil aus dem Westen stammend: Arbeitslosigkeit, Inflation, Elend, Gewalttätigkeit, aber gesteigerte Profite für die Monopole. Man fühlt sich erleichtert, daß es so etwas bei uns nicht gibt. Gelegentlich dann etwas zum Launemachen: bei einem Unwetter entkommt eine Schar Kühe dem Transport zum Schlachthaus, amerikanische Polizisten müssen sie wieder einfangen. Zum Schluß dann eine Reportage aus unserm oder einem Bruderland: aus Betrieb, Schule, Restaurant, Bibliothek, Warenhaus, mit eingeblendeten Kurzinterviews, alles geht vorwärts, alle sind zufrieden, der Plan wird erfüllt, neue Initiativen werden entwickelt, die Welt des Sozialismus ist in Ordnung.

Natürlich wird das Ganze bei Haupt- und Staatsaktionen über den Haufen geworfen. Beim Empfang der Kosmonauten Bykowsky und Axjonow, die in ihrem Raumschiff eine bei Zeiss in Jena hergestellte Multispektralkamera mitführten, werden sämtliche Reden, deutsche und russische, in voller Länge abgespielt, die Sendung läuft über, braucht fünfundfünfzig Minuten statt dreißig, wir haben ja endlos Zeit; die gleiche liebevolle Ausführlichkeit bei der Wahlrede Honeckers in Karl-Marx-Stadt oder bei der Volkskammertagung. Das sind schon keine Nachrichtensendungen mehr, das grenzt ans Epische; was sonst noch in der Welt geschehen sein mag, wird zu einem Wurmfortsatz von hastig heruntergehaspelten Kurzmeldungen.

Auch sucht man den Zuschauer, wenn möglich, nicht durch optische Reize zu überfordern. Action Shots gibt es eigentlich

nur von den Kriegsschauplätzen oder den Unruhen in Südafrika und den von Israel besetzten arabischen Landesteilen; da stammen die Filme aber von westlichen Kamerateams. Sonst zeigt man Landschaften, Erntemaschinen dümpeln übers Feld, ein Kran bewegt sich auf einer Baustelle, oder Interieurs mit und ohne Maschinen, ein Mann mit Helm greift ein Stück Stahl, aber auch hier löst sich die Kamera bald vom Geschehen und konzentriert sich auf das Zwiegespann Reporter – Arbeiter; der Arbeiter steht da, er bemüht sich, das genau Richtige zu sagen, man sieht, wie er aufatmet, wenn der Spruch heraus ist. Und dann die schönen Stummfilme; da ist ein führender Genosse, man zeigt ihn im Gespräch mit einem führenden Genossen aus einem der Bruderländer, oder mit einem berühmten Wissenschaftler, oder einem Kumpel; der führende Genosse lächelt, vergeblich öffnet und schließt er den Mund, vergeblich bewegt er die Hände; das Reden besorgt der Nachrichtensprecher, er läßt uns wissen, was der führende Genosse gerade an Wichtigem sagt.
Den großen Teil der Zeit aber sitzt der Nachrichtensprecher ordentlich an seinem Tisch, im Hintergrund eingeblendet eine Landkarte, ein Foto, ein Text. Auch das besänftigt ungemein.

Ich frage mich, ist diese Struktur der Berichterstattung wirklich nur erfunden, um mich und andere, die nervös nach Neuigkeiten hungern, in einen angenehm komatösen Zustand zu versetzen, oder haben die Freunde bei der Aktuellen Kamera, die das Ganze zusammenstellen, eine andere Wertskala? Vielleicht sehe ich die Dinge mit kranken Augen, und sie sind es, die recht haben mit ihrer Betrachtungsweise, daß der Empfang des Genossen Vorsitzenden der Revisionskommission im Zentralkomitee einer Bruderpartei durch den Genossen Generalsekretär der hiesigen Partei ein so bemerkenswertes Ereignis ist, daß es an die Spitze der Sendung gehört, oder daß die Fertigstellung des 59. Waggons einer neuen Serie von Eisenbahnwagen solche Beweiskraft für die Überlegenheit des Sozialismus hat, daß sie an zweiter Stelle kommen muß?
Offensichtlich ist es so, denn es wird mit Methode verfahren. Fast scheint es, als arbeite man bei der Aktuellen Kamera sogar von Formblättern, in die nur die Namen eingetragen werden müssen. Wir hören wörtlich

am 21. Oktober

Der Generalsekretär des Zentralkomitees der SED, Erich Honecker, empfing heute das Mitglied des Politbüros und Sekretär des ZK der Kommunistischen Partei Kubas, Carlos Rafael Rodriguez, Stellvertreter des Ministerpräsidenten der Revolutionären Regierung der Republik Kuba.

Erich Honecker informierte über die erfolgreiche Durchführung der Beschlüsse des IX. Parteitags der SED.

Carlos Rafael Rodriguez berichtete über die großen Anstrengungen des kubanischen Volkes zur Verwirklichung der Beschlüsse des I. Parteitags der Kommunistischen Partei Kubas.

Carlos Rafael Rodriguez überbrachte die brüderlichen Grüße des I. Sekretärs des ZK der Kommunistischen Partei Kubas, Fidel Castro, die Erich Honecker auf das herzlichste erwiderte.

am 22. Oktober

Der Generalsekretär des Zentralkomitees der SED, Erich Honecker, empfing heute das Mitglied des Politbüros des ZK der Mongolischen Revolutionären Volkspartei und Vorsitzenden des Komitees für Parteikontrolle, Namsrain Luwsanrawdan, und den Vorsitzenden der Zentralen Revisionskommission der MRVP, Orsoogiin Njamaa.

Erich Honecker informierte über die schöpferische Arbeit, die das werktätige Volk in der DDR leistet, um die Beschlüsse des IX. Parteitags der SED in die Tat umzusetzen.

Die mongolischen Gäste berichteten über die Initiativen des mongolischen Volkes in Verwirklichung der vom XVIII. Parteitag der MRVP beschlossenen Politik.

Namsrain Luwsanrawdan überbrachte die brüderlichen Grüße des I. Sekretärs des ZK der Mongolischen Revolutionären Volkspartei, Jumshagin Zedenbal, die Erich Honekker auf das herzlichste erwiderte.

Man bemerkt das Gewicht, das Rang und Titeln bei solchen Hofnachrichten zugeordnet wird. Die Rekordleistung kam bei dem Bericht über die Ordensverleihung an die Kosmonauten Bykowsky und Axjonow in Berlin, als der Sprecher die Namen sämtlicher bei dem Festakt anwesenden Würdenträger verlas, sowjetischer wie deutscher, in summa 43 Namen mitsamt allen akademischen, Regierungs- und Parteititeln in genau 108 Sekunden, bei fünfmaligem Atemholen.

Ähnlich betäubend sind die Statistiken über die Wirtschaft der DDR, die einem an erster oder zweiter Stelle der Nachrichtensendung vorgesetzt werden. Da erfahre ich an einem gewöhnlichen Tag, daß heute am Leipziger Hauptbahnhof 180 000 Menschen abgefertigt wurden, daß die Rationalisatoren in Leuna 88 Millionen Mark eingebracht haben, daß bei der Textima in Gera der Jahresplan zwei Wochen vorfristig abgerechnet und das Gütezeichen Q bereits im November erworben werden soll, daß unsere Agrarflieger 82 000 Hektar Getreide und Zwischenfrüchte in diesem Herbst bestellt haben, daß in allen Zweigen der Volkswirtschaft die Woche des Brandschutzes und der Winterbereitschaft abgeschlossen wurde und daß im Wohnungsbauprojekt Fritz Heckert in Karl-Marx-Stadt die Fundamentierungsarbeiten vor Einbruch des Frosts abgeschlossen werden, Voraussetzung, daß 3000 Wohnungen noch dieses Jahr bezugsfertig werden.
Es geht also voran, und ich freue mich. Es stört mich nur, daß die Zahlen in der Luft hängen, da ich keine Vergleichswerte erhalte und nichts über die Kosten erfahre. Dafür aber höre ich auch nichts von irgendwelchen Schwierigkeiten, von Ausschuß, von Materialmangel, stets werden die Pläne erfüllt und übererfüllt, werden neue Initiativen und Wettbewerbsziele ins Auge gefaßt. Ein einziges Mal an dreiunddreißig Abenden sagt ein Arbeiter, es hätte nicht geklappt; da war eine Maschine ausgefallen, und der Fernsehreporter beeilte sich, von dem heiklen Thema wegzukommen. Kein Wort der Kritik in über vier Wochen, keine Beschwerden über irgendwelche Mängel; gewiß, »man muß ganz tüchtig ran«, bemerkt eine Arbeiterin, aber die Mühe lohne sich – solch tüchtige Menschen, die mit solcher Hingabe am Werk sind.
Das beruhigt, da fühlt man sich geborgen.

Mit welch journalistischer Selbstverleugnung werden Nachrichten kaschiert, die geeignet wären, den Zuschauer am Fernsehschirm in Erregung zu versetzen! Am 13. Oktober kündigt in einer Rede der Kosmonaut Bykowsky beiläufig die »baldige

Zusammenarbeit mit Ihren Landsleuten in einer Raumstation« an. Am Tag darauf wünscht Politbüromitglied Hager, *daß bald, noch in diesem Fünfjahrplan, der erste Kosmonaut der DDR an seiten von Kosmonauten wie Bykowsky und Axjonow in einem Raumschiff den Blauen Planeten umkreist,* und tags darauf bestätigt Honecker, *daß der Tag nicht mehr fern ist, an dem gemeinsam mit den sowjetischen Kosmonauten ein Bürger der DDR kosmische Bahnen befliegen wird.*

Das ist ja wohl eine Sensation – in den Medien anderer Länder, die ihr Publikum in Atem halten wollen, wäre das *die* Spitzenmeldung: Ein DDR-Bürger der erste Deutsche im Weltraum! Wer ist der Mann, wie heißt er, wo kommt er her, ist er verheiratet, hat er Kinder, wo trainiert er, ist er nur einer oder sind es gar mehrere? Aber nichts davon in der Aktuellen Kamera; die Reden sind verklungen, der DDR-Kosmonaut vergessen; vielleicht war er auch nur ein Trugbild meiner immer noch gereizten Nerven.

Oder die Umformung der Regierung. Man sitzt nichtsahnend vor dem Fernsehschirm, betrachtet die gediegene Täfelung des großen Saals im Palast der Republik – plötzlich sieht man, wie ein Mann zum Volkskammerpräsidenten gewählt wird, den man eben noch für den Ministerratsvorsitzenden hielt, der Generalsekretär der Partei wird zum Staatsratsvorsitzenden, der Staatsratsvorsitzende zum Vorsitzenden des Ministerrats – aber die sonst so titelfreudige Aktuelle Kamera verrät uns nicht, daß hier wichtige Veränderungen vorgenommen wurden, ganz zu schweigen von den Gründen.

Oder verläßt man sich doch darauf, daß die Leute sowieso den Westen sehen und das Notwendige schon von dort erfahren werden? Beinahe scheint es so, denn gewisse Meldungen bleiben ohne Zusatzinformationen von anderswoher einfach unverständlich. Da höre ich am 11. Oktober von einer groben Einmischung des Westberliner Bürgermeisters Schütz in die inneren Angelegenheiten der DDR und von gehässigen Angriffen seitens des Mannes; er solle, so heißt es in unserm Fernsehschirm, sich überlegen, wo er sitzt. Aber was hat er gesagt? Und wie hat er sich eingemischt? Keine Auskunft. Dann kommt aus dem heiteren Himmel des 20. Oktober ein Dementi, in dem von westlichen Behauptungen die Rede ist, 200 000 Bürger der DDR hätten Anträge gestellt, das Land zu verlassen, worauf

der Sprecher »von offizieller Seite« erklärt, das wäre eine glatte Erfindung. Ach, hätte er geschwiegen, denn sofort werde ich unruhig, sofort stellt sich, da ich hier zum erstenmal von solchen Anträgen erfahre, die quälende Frage: Wie viele waren es denn nun, zwei oder zwanzig oder zweihundert?
Den Schock des Monats aber versetzte mir die Aktuelle Kamera nach einer Meldung über einen Empfang des dänischen Außenministers beim Genossen Sindermann. Da hob der Sprecher den Kopf und zitierte den Londoner Daily Telegraph: In Peking seien nach zuverlässigen Quellen vier Mitglieder des Politbüros, darunter die Witwe Mao Tse-tungs, verhaftet worden: sie hätten einen Umsturzversuch unternommen. Und wieder packt mich Besorgnis: Wieso nichts von TASS, nichts von ADN? Dabei war es die ganze Zeit so still gewesen um China an unserm Fernsehen...
Aber, Gott sei Dank, Peking ist weit weg, und bei uns sind Bykowsky und Axjonow.

Und die Wahlen.
Am Abend des 2. Oktober noch hüllte sich die Aktuelle Kamera in wohltuendes Schweigen über die Bundestagswahlen, die am nächsten Tag im westlichen Nachbarland stattfinden sollten; auch um 19.30 Uhr am 3. Oktober, dem Wahltag, fand das Ereignis keine Erwähnung. Um 22.15 Uhr, mit den Spätnachrichten, kamen dann die Hochrechnungsresultate, um am nächsten Tag die Analyse eines Kommentators: Die Wahlen in der Bundesrepublik widerspiegelten die tiefgehende und breite Unzufriedenheit der Wähler, dennoch hätten Sorgen über den Weg, den eine CDU/CSU-Regierung außenpolitisch nehmen würde, überwogen.
Unsere Wahlen wurden entgegen meiner Erwartung richtig spannend. Ein fast echtes Wahlfieber packte mich, als ich am Abend des 17. die Prozentzahlen am Fernsehschirm der Aktuellen Kamera verfolgte: Bischofswerda 98,2 %, Oschatz 98,92 %, Ilmenau 99,1 % und Stralsund gar 99,51 %. Und mit Genugtuung hörte ich, wie der Kommentator bei der Wahlanalyse am nächsten Abend uns noch einmal versicherte, daß bei uns *in der Wahlvorbereitung keine Show abgezogen, die Bürger nicht durch Reden und Versprechungen in die Irre geführt und hinterher auch noch verspottet wurden* – im Gegensatz zum Westen.

Der ehrliche Carter hat den ehrlichen Ford nun doch geschlagen. Die Aktuelle Kamera hat ruhig und sachlich über die Wahlen in den USA berichtet, hat selbstverständlich auch über die Diskriminierung und Wahlbehinderung der Kommunisten gesprochen, die 18000 Dollar für fünf Minuten landesweite Fernsehzeit zahlen mußten, während Ford und Carter ihre stundenlangen Debatten frei und umsonst bekamen; sie hat auch eine Kurzbiographie des künftigen Präsidenten gebracht, mit dem wir ja alle noch zu tun haben werden.
Mein Blutdruck ist heruntergegangen in diesen vier Wochen, mein Gewicht dagegen hinauf, ich betrachte die Welt mit dem gemächlichen Blick meiner Freunde von der Aktuellen Kamera: Was heute nicht gemeldet wird, ist morgen doch vergessen. Ich habe, auch das muß man sagen, durch ihre Interviews manch liebenswerten DDR-Bürger kennengelernt: einen Bildhauer aus Freiberg, der ein Eselchen aus Bronze gemacht hat, auf dem die Kinder im Park reiten, eine Köchin in einer Betriebskantine, die gesagt hat, es macht ihr Freude, wenn's den Kollegen schmeckt; einen Stahlarbeiter vorm Hochofen, der einen hohen Funktionär mit einem unbeschreiblichen Ausdruck ansah, als der ihn fragte: »Da geht die Hitze unter die Haut, ja?«
Und nun ist's genug. Man kann autogenes Training auch direkt betreiben: Mein rechter Arm schläft ein, mein linker Arm schläft ein, ich schlafe ein.

25. Juli 1977

Beschlagnahmtes Gespräch

Am 25. Juli 1977 führte Professor Wilhelm Johannes Schwarz von der Laval-Universität, Quebec City, Kanada, ein Gespräch mit Stefan Heym, das Teil einer als Buch geplanten Serie von Interviews mit Schriftstellern der Deutschen Demokratischen Republik werden sollte. Am Abend des Tages wurde die Tonbandaufnahme des Gesprächs am Checkpoint Charlie von Zollbeamten der DDR eingezogen.

Schwarz: Herr Heym, Sie haben Ihren Roman *Fünf Tage im Juni* durchaus in der Perspektive eines guten Kommunisten geschrieben. Wie erklären Sie die paradoxe Tatsache, daß Ihr Buch im Westen erscheinen durfte, aber nicht in der DDR?

Heym: Ich glaube, daß das Interesse an den Ereignissen des 17. Juni und meiner Interpretation dieser Ereignisse im Westen größer war als die Hemmungen, die dort vielleicht dadurch entstehen konnten, daß mein Buch eine sehr klare prosozialistische Position bezog. Zu der Nichtveröffentlichung hier könnte ich Ihnen nur Vermutungen äußern, denn ich bin nicht der Zensor und weiß nicht, was der sich gedacht hat. Ich habe neulich mit einem hiesigen Verleger gesprochen, der mir ganz offen sagte, daß in dem Buch einige Dinge behandelt werden, zu denen es noch keine offiziellen Stellungnahmen der entsprechenden Regierungsstellen gibt. Er nannte unter anderem die beiden Kapitel, in denen als Hauptagierende zwei sowjetische Offiziere auftreten und in denen die Frage auftaucht, wie weit die Ereignisse um Berija 1953 in Moskau einen Einfluß auf den 17. Juni in Berlin hatten. Als Romanautor kann ich mich nicht danach richten, ob zu einem Thema offizielle Verlautbarungen vorliegen oder nicht. Aber hier scheint mir einer der wirklichen Gründe für die Nichtveröffentlichung des Buches in der DDR zu liegen.

Schwarz: Wir bezweifeln nicht die historische Authentizität Ihres Romans *Fünf Tage im Juni.* Die verschiedensten Stimmungen und Strömungen kommen darin zum Ausdruck. Es werden wirkliche Probleme, Konflikte und Auseinandersetzungen gezeigt und keine scheinbaren. Das jedenfalls war mein Eindruck bei der Lektüre, der Eindruck also eines relativ Unbeteiligten. Natürlich ist Ihre Darstellung alles andere als objektiv, wenn es so etwas überhaupt gibt, sondern extrem parteilich, engagiert im Sinne Ihrer Hauptfigur Witte, die sich aufopfert für die gute Sache des Sozialismus und der Partei. Schließlich besteht kein Zweifel, welcher von den Gestalten Ihre Sympathien gelten, wer Ihr Sprachrohr ist. Darüber hinaus machen auch Sie mehrfach die Assoziation: Demonstranten – Gesindel – Nazis. Ist das auch heute noch Ihre Ansicht über diese Vorgänge oder haben Sie Ihre Ansicht revidiert?

Heym: Was Sie mir da über meine Parteilichkeit sagen, ist sehr schmeichelhaft. Einige Leute hier bemängeln an dem Buch gerade, daß es nicht parteilich genug sei. Was die angebliche Assoziation Demonstranten – Gesindel – Nazis angeht, so weiß ich nicht, wo Sie das in dem Buch gefunden haben. Es gibt in dem Buch sehr verschiedenartige Schilderungen von Demonstranten. Unter den Demonstranten befinden sich durchaus gutwillige Leute, die da aus den verschiedensten ideologischen, persönlichen und anderen Gründen hineingeraten sind. Es gibt unter ihnen allerdings auch einige frühere Nazis, Menschen, die 1953 immer noch Nazis waren. Das entspricht den Tatsachen. Sie dürfen nicht vergessen, daß die Sache erst acht Jahre nach dem Zweiten Weltkrieg stattfand, als der Nazismus in breiten Schichten der Bevölkerung noch recht lebendig war. Wie Sie wissen, haben die Deutschen weder im Westen noch im Osten eine Revolution gemacht; sie haben sich weder die amerikanische, westliche Form der Demokratie gewünscht, wie sie sie in der Bundesrepublik bekommen haben, noch unsere Form des Sozialismus hier; sie haben in beiden Teilen Deutschlands die Regierungsform des jeweiligen Besatzungsregimes erhalten. So liegen die Dinge leider.

Schwarz: Sie waren damals in Berlin?

Heym: Ich war 1945 in Berlin als amerikanischer Offizier, und kam dann wieder 1952 nach Berlin.

Schwarz: Waren Sie Augenzeuge der Vorgänge des 17. Juni?

Heym: Ich war Augenzeuge der Ereignisse. Ich war auch am 16. Juni in der Stadt. Ich habe einen Großteil der Dinge gesehen und miterlebt, habe mitdiskutiert, habe später dann mit vielen Augenzeugen gesprochen, von Leuten auf Regierungsebene bis hinunter zu Arbeitern in den Betrieben. Darum glaube ich, daß mein Buch eine gewisse Authentizität hat.

Schwarz: Ihr Witte meditiert am Ende Ihres Buches folgendermaßen: *Aber auch das Volk kann sich keine andere Regierung wählen, eine andere Regierung wäre keine Arbeiterregierung.* Ist das nicht etwas vereinfacht und tendenziös? Könnte sich das Volk nicht sehr wohl eine Arbeiterregierung im Sinne des Prager Frühlings oder im Sinne der Eurokommunisten wählen?

Heym: Sie vergessen, daß man damals das Jahr 1953 schrieb, und daß es tatsächlich nicht um eine andere Arbeiterregierung ging, sondern um den Sturz der vorhandenen Regierung. Das muß man klar sehen und klar sagen. Allerdings gab es in den Tagen vor dem 17. Juni innerhalb der Partei Auseinandersetzungen, die auch die Ereignisse mit herbeigeführt haben und in denen es um einen Personalwechsel an führenden Stellen ging. Wichtige Genossen in der Partei waren dafür, daß in einigen Funktionen andere Personen sitzen sollten; aber andere Personen bedeutet in diesem Zusammenhang immer noch eine Arbeiterregierung.

Schwarz: In Ihrem Roman ist immer wieder die Rede von Freiheit, Demokratie und freien Wahlen als Kampfparolen der Demonstranten. Glauben Sie, daß die Bevölkerung der DDR 1953 nicht reif war oder 1977 nicht reif ist für allgemeine freie und geheime Wahlen im westlichen Sinne der Begriffe? Wenn es 1953 zu diesen Wahlen gekommen wäre, wie wären sie Ihrer Meinung nach ausgegangen?

Heym: Wenn Sie 1953 Wahlen gehabt hätten nach dem Muster etwa der Wahlen in der Bundesrepublik, dann hätten Sie wahrscheinlich eine sozialdemokratische Mehrheit erhalten. Aber das sind Spekulationen, und ich glaube nicht, daß man sich auf solche Spekulationen einlassen sollte. Zur politischen Reife der Menschen hier: Wir erwarten von ihnen, daß sie den Sozialismus aufbauen; müssen wir da nicht auch von ihnen erwarten können, daß sie reif genug sind, selbst über ihr Schicksal zu entscheiden?

Schwarz: Die in Ihren Romanen, besonders in Ihren letzten Romanen, implizierten politischen Überzeugungen rücken Sie in weltanschaulicher Hinsicht in die Nähe des Eurokommunismus, in eine kommunistische Tradition, die nach dem Ersten Weltkrieg in Deutschland vor allem von Rosa Luxemburg und nach dem Zweiten von Robert Havemann vertreten wurde. Stimmen Sie mit dieser Feststellung überein?

Heym: Ich würde Rosa Luxemburg und Robert Havemann nicht in eine Reihe stellen, das ist kein fairer Vergleich. Dann möchte ich sagen, daß ich überhaupt gegen derartige Etikettierungen bin: Eurokommunismus, Sowjetkommunismus, asiatischer Kommunismus, Gott-weiß-was-für-Kommunismus. Ich bin der Meinung, daß es am Ende ebenso viele Arten von Sozialismus geben wird, wie es heute im Westen verschiedene Arten von Kapitalismus gibt. Einheitlich in all diesen Formen des Sozialismus wird nur eines sein: Die entscheidenden Produktionsmittel werden sich in irgendeiner Form in den Händen der Kommune befinden, also der Gesellschaft. Aber alles andere wird verschieden sein, wird sich nach den Gegebenheiten in den betreffenden Ländern richten, nach der Art, wie ihre Revolution zustande gekommen ist, nach den nationalen Traditionen; der Sozialismus in Quebec wird sich wahrscheinlich unterscheiden von dem Sozialismus in Ontario, und ich glaube, auch der Sozialismus in Deutschland wird sich dann unterscheiden von dem Sozialismus in einer zukünftigen Sowjetunion. Aber diese Zeit ist noch nicht gekommen. Im Augenblick befinden wir uns in einer Art Zwischenstadium.

Schwarz: Was hat Sie an der Figur des Ferdinand Lassalle so fasziniert, daß Sie nach vielen Quellenforschungen einen so umfangreichen, sorgfältig ausgearbeiteten informativen Roman über ihn geschrieben haben?

Heym: Ich hoffe, der Roman ist auch unterhaltsam.

Schwarz: Auf jeden Fall.

Heym: Lassalle ist eine interessante Figur, eine sehr zwiespältige Figur. Es ist schon oft versucht worden, etwa über Marx einen Roman zu schreiben. Das geht nicht. Sie können nicht über eine Denkmalsfigur einen Roman schreiben. Aber Lassalle ist der gefallene Engel des frühen Sozialismus; das ist schon eine ganz andere Sache, da macht es schon viel mehr Spaß. Und weiter hat mich interessiert, daß dieser Lassalle im Grund der Erfinder des Stalinismus ist. Wenn Sie die ganze Struktur des Führungsgremiums untersuchen, die Lassalle für seinen Allgemeinen Deutschen Arbeiterverein erfunden hat, werden Sie feststellen, daß da die Einmanndiktatur schon verankert ist. Einer seiner Mitstreiter, mit dem er nach der Gründungstagung in Leipzig sprach – das ist wörtlich, das habe ich nicht erfunden, das Zitat stammt aus dem Bericht dieses Mannes über die Leipziger Tagung –, dieser Mann also sagte während der Pause zu Lassalle, nachdem das Vereinsstatut akzeptziert worden war: »So, nun ist die Diktatur fertig.« Und auch Bismarck wußte ganz genau, was für Formen Lassalle in seinem Allgemeinen Arbeiterverein entwickelt hat. Bismarck war durchaus für eine Zusammenarbeit mit Lassalle, solange er ihn brauchte.

Schwarz: Anscheinend gibt es zwei Fassungen dieses Romans, wir kennen nur die zweite, im Verlag Neues Leben erschienen. Unterscheidet sie sich wesentlich von der ersten oder der im Westen erschienenen Fassung?

Heym: Nein, sie unterscheidet sich nicht wesentlich. Ich habe einen Nachtrag hinzugefügt, in dem ich Marx und Engels über Lassalle zu Wort kommen ließ. Aber im Inhalt gibt es so gut wie keine Unterschiede. Ich habe einige Längen eliminiert, weiter nichts.

Schwarz: Ich dachte, es hätte irgendwelche politischen Gründe.

Heym: Nein, ich mache keine inhaltlichen Konzessionen aus politischen Gründen.

Schwarz: Schreiben Sie Ihre Manuskripte immer noch auf englisch, um sie dann zu übersetzen oder übersetzen zu lassen?

Heym: Das hängt ab von meiner Stimmung, hängt ab von dem Sujet, mit dem ich mich beschäftige. Im Augenblick schreibe ich deutsch, aber ich kann mich entschließen, morgen wieder eine Sache auf englisch zu schreiben. Ich bin zweisprachig, das hat seine Vorteile und Nachteile.

Schwarz: Sie wurden aus SED und Schriftstellerverband ausgeschlossen. Dem Schriftsteller Reiner Kunze haben diese Ausschlüsse zusammen mit de-facto-Veröffentlichkeitsverbot und allerlei persönlichen Schikanen den Aufenthalt in der DDR verleidet. Er ging nach dem Westen, obwohl er vorher immer wieder beteuert hatte, das käme für ihn nicht in Frage, er wolle in der DDR bleiben. Ihnen scheinen die Ausschlüsse bis heute nichts ausgemacht zu haben. Oder wollen Sie sich nur nichts anmerken lassen?

Heym: Falsche Information: Ich bin nie in der SED gewesen, also konnte ich aus der SED nicht ausgeschlossen werden. Aus dem Schriftstellerverband bin ich nicht ausgeschlossen worden, ich bin immer noch Mitglied. Vor Jahren schon wurde ich nicht wieder in den Vorstand des Schriftstellerverbandes gewählt. Da dieser Verein nichts Weltbewegendes ist, empfand ich das nicht als überaus schmerzlich. Die Mitgliedschaft im Schriftstellerverband besagt auch nichts darüber, ob Sie hier gedruckt werden oder nicht. In der Sowjetunion ist es anders. Wenn Sie dort nicht Mitglied eines der Künstlerverbände sind, werden Sie Schwierigkeiten haben bei der Veröffentlichung oder Ausstellung oder Aufführung Ihrer Werke. Hier können Sie durchaus veröffentlichen, ohne Mitglied des Verbandes zu sein. Jurek Becker ist vor einigen Monaten aus dem Verband ausgetreten, seine Bücher erscheinen weiter. Was nun die Frage betrifft, wie man sich unter dem Druck verhält, unter dem man natürlich steht: Wenn man etwas unternimmt, was den Boys oben nicht in den Kram paßt, wenn man einem Establishment den Fehdehandschuh hinwirft, dann kann man sich nicht darüber wundern, wenn die Leute, die zu dem Establishment gehören und da ihre Privilegien genießen, darüber sauer werden. Wenn Sie also Ihre eigene Meinung vertreten wollen, dann müssen Sie stark genug dazu sein, Ihre Haut muß dick genug sein, die Nervendecke muß gut genug sein; sonst können Sie das nicht machen. Als Schriftsteller habe ich eine Meinung, die ich vertrete, und wenn ich dafür in Schwierigkeiten komme, muß ich das in Kauf nehmen, muß es auch in Kauf nehmen können.

Schwarz: Als Sie 1952 hier in die DDR übersiedelten, verloren Sie da mit Ihrer amerikanischen Staatsbürgerschaft alle Rechte, in die USA zurückzukehren?

Heym: Ich glaube, ich könnte heute durchaus ein amerikanisches Visum bekommen und in die USA fahren, und ich werde auch dorthin fahren, wenn ich eingeladen werde und wenn ich Zeit habe. Ich bin aber nicht eingeladen worden.

Schwarz: Es gibt heute eine ganze Reihe von DDR-Schriftstellern, die im Westen leben. Verantwortliche in der DDR sorgen dafür, daß die Zahl immer größer wird. Nun ist dies nach dem Aderlaß 1933 schon der zweite Schriftsteller-Exodus innerhalb einer Generation. Sehen Sie, bei allen historischen Unterschieden, nicht doch eine traurige Parallele zwischen den beiden Auswandererwellen?

Heym: Der Unterschied ist: Damals sind wir aus Deutschland herausgegangen und die Leute, die jetzt die DDR verlassen, gehen aus einem Teil Deutschlands gewöhnlich in einen anderen Teil Deutschlands. Was ich bedaure, ist, daß talentierte Schriftsteller der DDR den Rücken kehren, denn damit geht uns Talent verloren, und es gehen auch Mitstreiter verloren, die sich vielleicht für Veränderungen hier hätten einsetzen können. Die ganze Literatur und Kunst wird entsprechend ärmer. Andererseits weiß ich, daß neue Talente nachwachsen, und auch neue Streiter wachsen nach.

Schwarz: Heute morgen erschien unter der Überschrift: *People Must Feel Free* ein ziemlich offenes Interview mit Ihnen in der amerikanischen Zeitschrift *NEWSWEEK*. Sie sind ein Bürger der DDR, könnten Ihnen wegen eines solchen Interviews nicht ziemliche Schwierigkeiten entstehen?

Heym: Was für Schwierigkeiten können mir eigentlich noch entstehen? Ich sitze in keinem staatlichen Gremium, ich bekomme keine Gelder von irgendwelchen Akademien, aus denen ich ausgeschlossen werden könnte. Wenn man meine Bücher nicht veröffentlichen will, kann ich sowieso nichts dagegen unternehmen, mir gehören die Verlage nicht. Der Parteisekretär von Köpenick wird nicht mit mir reden oder? Natürlich gibt es einen gewissen Ostrazismus. Ich werde nicht eingeladen zu irgendwelchen offiziellen Empfängen unserer Regierung wie andere Schriftsteller, bekomme also da nicht auf Kosten der Öffentlichkeit zu essen und trinken; das ist ein Verlust, den ich mit Würde zu tragen weiß.

Schwarz: Haben Sie je die Übersiedlung in den Staat Israel erwogen?

Heym: Nie. Das heißt nicht, daß ich nicht gerne mal nach Israel fahren würde und mir das Land ansehen würde. Ich war auch schon mal dort, 1949, kurz nach dem Krieg.

Schwarz: Viele Werke, die seit 1945 in der DDR geschrieben wurden, sind nur im Westen erschienen; ohne diese Ausweichmöglichkeit lägen sie wahrscheinlich heute noch in der Schublade. Für manchen Schriftsteller in der DDR bedeutet das Leserpotential der Bundesrepublik das persönliche Überleben als Schriftsteller. Ist die Existenz eines kapitalistischen deutschen Teilstaates, so ärgerlich sie für einen Marxisten auch sein mag, für viele Schriftsteller der DDR unter den gegebenen Zuständen nicht doch tröstlich?

Heym: Wir sollten das Problem nicht nur vom Standpunkt des Schriftstellers betrachten. Der Effekt, den die Existenz eines zweiten deutschen Staates auf den jeweils anderen deutschen Staat immer hat, wirkt sich nicht nur für Schriftsteller aus, sondern auf das gesamte Leben. Die Existenz der DDR wirkt sich aus auf Denk- und Verhaltensweisen in der Bundesrepublik, umgekehrt wirkt die Existenz der Bundesrepublik auch auf Denken und Verhalten in der DDR. Wie erklären Sie sich sonst, daß die beiden Deutschlands innerhalb ihres jeweiligen ökonomischen Systems die am besten funktionierende Wirtschaft haben mit dem höchsten Lebensstandard? Das erklärt sich nur durch die Existenz der Konkurrenz, nämlich des anderen deutschen Staates. Ähnliches gilt für die geistigen Einflüsse, künstlerische und ideologische auch. Das Publikum in der DDR wird außerordentlich beeinflußt vom Westfernsehen. Aber auch die DDR-Literatur, der DDR-Film wirken auf die Bundesrepublik. Im Augenblick erleben wir sogar einen Boom von DDR-Literatur in der Bundesrepublik. Ich glaube überhaupt, daß die Teilung der Welt in zwei Lager mit verschiedenen gesellschaftlichen Strukturen den allgemeinen Fortschritt fördert. Ich beobachte das schon eine ganze Zeit, zum Teil mit großem Vergnügen.

Schwarz: Mir ist diese Meinung noch nicht begegnet.

Heym: Na, sehen Sie, haben Sie mal was Neues gehört.

Schwarz: Der sogenannte reale Sozialismus der DDR hat kaum Anziehungskraft auf die Arbeiter der BRD oder anderer westlicher Länder. Jeder westliche Besucher der DDR kann sich ja überzeugen von den Unterschieden im täglichen Leben in den beiden Teilstaaten, Zensur, Mauer, Reiseverbot. Der niedrigere Lebensstandard, die allgemeine Farblosigkeit wirken meist deprimierend, sogar auf Gastarbeiter, die nun wirklich nicht verwöhnt sind. Jeder Besuch der DDR endet ja mit in der westlichen Welt unvorstellbaren Polizeikontrollen unter Einsatz von Polizeihunden, deren Hauptzweck ja wohl der ist, Bürgern der DDR das Verlassen ihres Staates unmöglich zu machen. Glauben Sie nicht, daß der hier praktizierte Sozialismus den historischen Prozeß der Transformation vom Kapitalismus zum Sozialismus eher aufhält als beschleunigt?

Heym: Was Sie eben geredet haben, ist keine Frage, sondern ein Leitartikel, und zwar ein Leitartikel, der einige beträchtliche

Vorurteile enthält, die ich nur dadurch erklären kann, daß Sie bisher von der DDR nur Ost-Berlin gesehen haben, und auch das nur wenige Tage. Ich habe hier nicht die Zeit, die verschiedenen Mißkonzeptionen, auf denen Ihre Frage basiert, zu widerlegen; ich bin auch nicht dazu da, den Großverteidiger der DDR zu spielen. Aber ich könnte Ihnen natürlich erwidern, daß wir hier keine Arbeitslosigkeit haben, auch keine Jugendarbeitslosigkeit, die bei Ihnen drüben ein ungeheures Problem ist. Ich könnte Ihnen erwidern, gehen Sie mal ins Zentrum von Frankfurt und sehen Sie sich die Rauschgiftsüchtigen an, die da herumliegen. Und suchen Sie so was bei uns. Ich könnte Ihnen auch sagen, daß die DDR, was das Sozialprodukt pro Kopf betrifft, bereits England überflügelt hat – und das mit diesem realen Sozialismus. Ich bin sehr froh, daß jemand diesen schönen Begriff erfunden hat. Denn realer Sozialismus bedeutet doch, daß dieser real vorhandene nicht der perfekte, nicht der ideale Sozialismus ist. Und damit ist schon zugegeben, daß der reale Sozialismus verändert zu werden verdient. Ich möchte gerne etwas dazu tun, aus diesem realen Sozialismus einen etwas perfekteren zu machen mit meinen zugegebenermaßen bescheidenen Mitteln als Schriftsteller. Natürlich werde ich da in Konflikt kommen mit jenen Leuten, die glauben, der reale Sozialismus sei der vollkommene. Leute, die das annehmen, sind keine Marxisten, keine Dialektiker: Sie glauben, die Dialektik höre mit der DDR des Jahres 1977 auf zu funktionieren und von jetzt an müsse alles schön statisch bleiben; für sie ist der Kommunismus bereits ausgebrochen. Der Meinung bin ich keineswegs. Ich meine, daß wir vieles verändern müssen, unter anderem auch die Mauer. Aber ich könnte Ihnen auch erklären, wieso die Mauer zustande gekommen ist; man muß die Dinge historisch sehen, man kann sich nicht moralisch über Mißstände entrüsten, ohne die wirklichen Gründe dafür zu kennen.

Schwarz: Von den heutigen Sozialdemokraten, wie sie von Brandt, Wehner und Schmidt vertreten werden, erhoffen Sie wohl keine entscheidenden Initiativen mehr zur Verwirklichung des Sozialismus?

Heym: Dazu kann ich Ihnen nicht viel sagen. Ich sitze hier in Ost-Berlin, nicht in der Bundesrepublik, und ich erklärte Ihnen vorhin schon, daß es viele verschiedene Arten von Sozialismus geben kann und geben wird, und ich könnte mir vorstellen, wenn die Leute in Westdeutschland irgendwann entscheidende Veränderungen in der sozialen Struktur vornehmen, daß dort ein Sozialismus entstehen wird, bei dem die Gedanken von Brandt und Wehner eine Rolle spielen.

Schwarz: In Ihrem König-David-Bericht zeigen Sie das traurige Schicksal des Geschichtenerzählers Ethan, der bei der Suche nach der historischen Wahrheit an den politischen Erfordernissen des Tages scheitert. Die Parallele zu den Gegebenheiten unserer Zeit liegt auf der Hand, allerdings, wo der Erzähler Ethan gescheitert ist, da hat der Erzähler Stefan Heym anscheinend Erfolg. Gerade in der Darstellung des Scheiterns wird klar, *was wirklich in jenen Jahren geschah,* also in unseren Jahren; trotz einer recht pessimistischen Geschichte setzt sich die Wahrheit schließlich durch, das Endergebnis ist durchaus positiv, der Fall Ethan wird durch den Fall Heym widerlegt. Würden Sie sagen, daß der Endeffekt dieses Buches dann doch optimistisch ist?

Heym: Ach, Gott, mir hat es großen Spaß gemacht, das Buch zu schreiben. Ich finde, das Buch ist durchaus optimistisch. Es schließt doch wohl mit den Worten: *Ich wollte die Stadt verfluchen, aber ich konnte es nicht, denn ein großer Glanz des Herrn lag über Jerusholayim im Lichte des Morgens.*

Schwarz: Ihr Hauptanliegen in diesem Buch ist wohl die Darstellung von Problemen der Gegenwart. Trotzdem scheint es manchmal, daß Sie den alten jüdischen Legenden und Geschichten fast ebenso viel Interesse schenken wie der aktuellen Bedeutung Ihres Werks. Die jüdische Tradition scheint für Sie doch sehr lebendig zu sein.

Heym: Natürlich ist die jüdische Tradition sehr lebendig für mich, die Bibel ist ein lebendiges Buch. Und ich habe die David-Geschichte – der wirkliche David-Bericht ist ein Teil der Bibel, Samuel I, Kapitel 6, bis Könige I, Kapitel 2 inklusive – mit den Augen des Marxisten gelesen, mit den Augen des Dialektikers. Ich habe gesehen, daß hier die Geschichte einer

Revolution vorliegt, der Revolution vom primitiven Stammeskommunismus hin zum orientalischen Despotismus, also gesellschaftlich gesehen ein Fortschritt. Revolutionen haben mich immer interessiert. Daß ich mir nun in dem Buche doch den Spaß gemacht habe, einige Zwischenbemerkungen für heute zu machen, möge man mir verzeihen – aber sie passen doch auch in die Zeit von vor dreitausend Jahren, nicht?

Schwarz: Das Problem der Anpassung und Rücksichtnahme auf die politischen Erfordernisse des Tages ist eines der zentralen Themen in Ihrem Buch. Ethan ist alles andere als ein heroischer Wahrheitsfanatiker, der sein Leben und seine Existenz hingibt; sein sehr bescheidener Ehrgeiz besteht vielmehr darin, *ein Wörtchen hier und eine Zeile dort in den König-David-Bericht einzufügen, aus denen spätere Generationen ersehen würden, was wirklich in diesen Jahren geschah.* Diese Haltung scheint sein geistiger Vater Stefan Heym gutzuheißen als die bestmögliche Überlebenschance.

Heym: Was sollte der Mann machen, sich umbringen lassen?

Schwarz: Das wäre so eine Brecht-Haltung, angewandt auf unsere Tage.

Heym: Was Brecht geschrieben und was er getan hat, sind zwei verschiedene Dinge. Und wenn Sie mich so fragen, muß ich Ihnen sagen, Sie erliegen demselben Mißverständnis der Literatur, dem viele unserer führenden Genossen unterliegen. Diese glauben, die Autoren schrieben Vorbildfiguren: Schreibe einen guten Arbeiter, und die Arbeiter, die das Buch lesen, werden auch gut sein – ungefähr nach diesem Muster. Ich habe den Ethan nicht als Vorbild konzipiert. Der Ethan hat mir eben Spaß gemacht mit seiner Haltung, und unter den Umständen, unter denen er lebte und arbeitete, konnte er sich wahrscheinlich gar nicht anders verhalten. Er hat schon sehr viel getan, indem er tat, was er tat, und er hat ja auch Kopf und Kragen riskiert. Also, was wollen Sie noch von ihm? Ich selber muß mich ja nicht immer verhalten wie Ethan. Ich kann weniger tun als er, mitunter kann ich auch mehr tun als er; aber vor allem muß ich ihn verstehen, wenn ich über ihn schreiben will, und ihn lieben, denn er ist ja meine Figur, obwohl es ihn in der Bibel gibt; ich habe ihn nicht erfunden. Er ist der Autor des 89. Psalms, der auch im Roman zitiert wird. Ethan selbst wird auch erwähnt im Buch der Könige; da ist die Rede von ihm als von einem der gescheitesten Männer in Israel, nur der König Salomo soll noch klüger gewesen sein als er.

Schwarz: Mehrfach äußert sich Ihr Sprachrohr Ethan etwas ironisch über die *behördlich zugelassenen Erzähler von Geschichten und Legenden*, die ganz im Sinn der jeweils Herrschenden arbeiten. Fühlten sich nach der Veröffentlichung Ihres Buches bestimmte Schriftsteller persönlich betroffen und angesprochen?

Heym: Das ist schwer zu sagen. Leute, die sich getroffen fühlen sollten, glauben meistens, sie sind nicht gemeint. Aber natürlich gibt es in der DDR und anderswo solche behördlich anerkannte Kapazitäten. Ich denke, die Nachwelt wird mir verzeihen, wenn ich mich über diese Typen ein wenig lustig gemacht habe.

Antwort an Konrad Naumann*

Rede nach der Ausbürgerung Wolf Biermanns vor der Plenarsitzung des Berliner Schriftstellerverbandes am 31. März 1977.

Liebe Kollegen, Freunde –
Ich hatte eigentlich nicht die Absicht, heute hier zu sprechen, weil ich mir ganz ähnlich wie der Kollege Kant gedacht habe: Nun ist ein bißchen Ruhe eingetreten, die Menschen haben Gelegenheit gehabt, die verschiedenen Fragen, die in den letzten Monaten aufgetaucht sind, sich durch den Kopf gehen zu lassen, und es ist vielleicht sogar ganz gut, daß der Kollege Görlich ein Referat gehalten hat, das fast allen wirklich tiefergehenden Fragen ausgewichen ist.

Aber dann sind doch von einigen Rednern Bemerkungen gemacht worden, die mich veranlassen, hier – und ich verspreche Ihnen, kurz – zu sprechen.

Eine dieser Bemerkungen stammt leider vom Genossen Naumann. Und sie war eigentlich positiv gemeint und erfordert eigentlich Respekt; aber was dahintersteckt, ist ein Denkfehler. Er sagte: »Wir, die Partei« – und er spricht da sicher nicht nur für sich allein – »werden immer unterscheiden zwischen Feinden und jenen, die sich in gewissen Fragen nicht zurechtfinden.«

Wir wissen, worauf er Bezug genommen hat, und da muß ich ihn doch korrigieren. Die Kollegen, die damals in der sehr prekären Situation ihre von einer Entscheidung der Behörden abweichende Meinung zum Ausdruck brachten, sind weder Feinde noch Dummköpfe.

Sie haben vielmehr in ihrem Leben, zum Teil in einem sehr langen Leben, und in ihren Werken, zum Teil sehr bekannten Werken, die Ihnen allen zur Verfügung stehen, wenn sie gerade mal im Buchladen vorhanden sind, bewiesen, wo sie in den Fragen Sozialismus, Kampf um die Zukunft, und in all diesen Dingen stehen. Und man tut ihnen unrecht, Genosse Naumann,

* Naumann war zu der Zeit Sekretär des Bezirks der SED und Mitglied des Politbüros.

wenn man sie so kategorisiert, wie Sie das hier getan haben. Ich wünsche nur, daß es Ihnen und den anderen führenden Genossen nicht eines Tages leid tun möge, sich so geäußert zu haben – wie es den Genossen, die sich auf dem 11. Plenum seinerzeit so unschön und voreilig geäußert haben, hinterher auch leid getan hat.

Natürlich muß es Meinungsverschiedenheiten geben, und ich freue mich, daß unsere Resolution wenigstens drei Zeilen Hinweis auf diese Meinungsverschiedenheiten enthält. Es steht da: *Wir werden alle Versuche des Gegners vereiteln, unterschiedliche Meinungen zur politischen Konfrontation auszunutzen* – das Deutsch ist etwas undeutlich, aber wir wissen, was die Autoren der Resolution im Grunde meinen. Auch hier dürfen unsere Meinungsverschiedenheiten nicht ausarten zu einem politischen Faustkampf, bei dem der organisatorisch Schwächere an die Wand geklatscht und ökonomisch bestraft wird.

Aber diese unterschiedlichen Meinungen, die es ja geben muß, die muß man auch ausdrücken können. Und da erhebt sich sofort die Frage: angesichts des Gegners? Sie haben natürlich recht: Wir leben in der Mitte Europas, wir leben im Zeitalter der Elektronik, und alles, was bei uns an Diskussion stattfindet, wird natürlich bekannt und wird kommentiert, und es gibt dann natürlich überall weise Leute, die sagen, ja, das sind Dissidenten, die sind gegen den Sozialismus oder gegen den realen Sozialismus. Aber wollen wir deshalb keine Meinungsverschiedenheiten äußern dürfen?

Und daraus ergibt sich bereits die zweite Frage: Wo und wie soll man sie äußern und kann man sie überhaupt äußern? Das ist leider eine große Schwierigkeit bei uns. Sie kennen Mark Twain sicher. Mark Twain hat einmal gesagt: Alle reden vom Wetter, aber keiner tut was dagegen. Und so war es auch mit dem Fernsehen bei uns. Alle haben sie bei uns über das Fernsehen und besonders über die Aktuelle Kamera geredet, und wie schön die sind, aber keiner hat was dagegen getan. Und da habe ich mich hingesetzt und habe vier Wochen lang nur die Aktuelle Kamera mir angesehen, und habe dann darüber eine ganz lustige Analyse geschrieben.

(Zwischenruf: Wo?)

Das werde ich Ihnen gleich sagen. Wo? Im *New Statesman* und im *Stern*.

(Zwischenrufe: Oho!)
Wo sollte ich sie veröffentlichen? Bei uns ging es nicht.
(Beifall.)
Und was ist geschehen? Die Aktuelle Kamera hat sich, Gott sei's gedankt, die Sache zu Herzen genommen und hat sich verbessert.
(Gelächter.)
Die Sprecher sind freundlich geworden, die ewigen Aufzählungen von Ehrentiteln der verschiedenen hohen Persönlichkeiten wurden beschnitten, und viele andere Dinge in dieser Sendung sind auch besser geworden. Und das freut mich. Aber es wäre mir lieber gewesen – und ich möchte das überhaupt sagen: Kritik muß man auch bei uns öffentlich äußern können!
(Lang anhaltender Beifall.)
Und nun zu einer Äußerung meines Freundes Görlich. Der sprach auch von Kritik in seinem Referat und forderte: konstruktive Kritik, keine negative. Ich weiß nicht, ob Görlich sich mal über die Definition von Kritik Gedanken gemacht hat. Kritik ist immer negativ.
(Zwischenruf: Nein!)
Kritik muß nein sagen, sie muß sagen: Dieser Zustand ist nicht gut, ist nicht richtig! – und sie wirkt gerade durch ihre Negation konstruktiv. Sie schafft Veränderungen und, wie wir hoffen und wie es in dem von mir berichteten Fall geschehen ist, Veränderungen zum Guten.
Und was für Meinungsverschiedenheiten sind denn das eigentlich, um die es geht? Sind das böswillige Sachen, die sich bei uns irgendwelche Gruppen oder Grüppchen ausdenken? Das Wort Dissidenten ist hier gefallen, und ich möchte dem Genossen Naumann sagen: Es gibt hier – wenigstens ich kenne sie nicht – keine Dissidenten. Es gibt hier nur ehrliche Sozialisten, die in der oder jener Frage gelegentlich eine andere Meinung haben, und ich möchte das Recht haben und für das Recht plädieren, daß wir diese andere Meinung auch äußern können.
Denn das sind ja die Meinungsverschiedenheiten, die es überhaupt im sozialistischen Lager gibt. Es sind nicht Meinungsverschiedenheiten, die irgend jemand künstlich geschaffen und aus der Hosentasche gezogen hat, um nun zu sagen: Hier, seht, wie gescheit wir sind. Sondern es sind die Meinungsverschiedenheiten, die sich aus dem Leben und aus dem Sozialismus und aus

unserer Entwicklung ergeben haben. Es sind wichtige Fragen, die wir diskutieren müssen und die wir nicht lösen werden, Genosse Naumann, durch administrative Maßnahmen, nicht dadurch, daß wir Schriftsteller, deren Begabung und deren Haltung bekannt sind, aus dem Vorstand mit einer knappen Zwei-Drittel-Mehrheit ausschließen, nicht dadurch, daß wir irgendwelche Mitglieder aus dem Schriftstellerverband ausschließen oder sie maßregeln, nicht dadurch, daß wir ihnen ihre Veröffentlichungsmöglichkeiten beschneiden, nicht dadurch, Genosse Naumann, daß man sie aus der Partei ausschließt.
(Zwischenruf Naumann: Die Partei befindet über sich selbst. Sie haben kein Recht, darüber zu sprechen, Sie haben kein Recht, über unser Statut zu sprechen, das ist das Parteistatut der SED!)
Genosse Naumann, ich sage Ihnen, ich habe auch ein Recht, über die Partei zu sprechen, die Partei gehört zur Deutschen Demokratischen Republik und ich bin ein Bürger dieser Republik! Und diese Partei regiert uns, und da werden wir wohl noch zu dieser Partei sprechen können – im Vertrauen zur Partei, Genosse Naumann, spreche ich zu Ihnen, und ich sage Ihnen: Sie werden die anstehenden Fragen nicht durch Ausschlüsse lösen können. Dadurch werden die Fragen nur auf eine falsche Ebene geschoben. Bitte, glauben Sie es mir, ich sage es Ihnen nach bestem Wissen und Gewissen, mit dem besten Gewissen, das man überhaupt haben kann.
Es gibt auf die Fragen, die sich in unserer Zeit ergeben haben, keine leichten Antworten. Aber Antworten muß man irgendwie finden. Und ich plädiere dafür – und ich bitte Sie, glauben Sie mir, daß ich jetzt von langer Jahre Erfahrung und vom Herzen her spreche –, daß wir diese Fragen gemeinsam besprechen und die Antworten auf diese Fragen gemeinsam finden, daß wir nicht diese Atmosphäre schaffen, wo einer dem andern Böses will, sondern daß wir –
(Zwischenrufe unverständlich.)
darf ich ausreden, ich bin gleich zu Ende – sondern daß wir gemeinsam in die Zukunft gehen, aber – wie Hermann Kant vorhin gesagt hat – offen und ehrlich unsere Meinungsverschiedenheiten aussprechend und diskutierend, im Sinne des Sozialismus.
(Lang anhaltender Beifall.)

23. Januar 1979

Über *Collin*

Interview mit ARD-Korrespondent Fritz Pleitgen

Pleitgen: Die Hauptfigur in Stefan Heyms Roman, der erfolgreiche Schriftsteller Collin, wird nicht mehr fertig mit einer Welt, in der er sich ständig anpassen muß. Er kann nicht mehr schreiben, er krankt an Zuständen des Systems. Heilung davon, so glaubt seine Ärztin Christine Roth, ist nur möglich durch die Erforschung der Ursachen. Collin, Spanienkämpfer, Westemigrant und in der DDR von Anfang an dabei, fühlt sich ermutigt, Memoiren zu schreiben, in denen nichts mehr verschwiegen wird, sondern so berichtet wird, wie es wirklich war. Die Wahrheit als Therapie, läßt Stefan Heym die Ärztin sagen, auch für all die anderen, auch die jungen, die unter dem Verschweigen bis heute leiden. Verdrängte Vergangenheit, die gleichwohl auch auf der Gegenwart lastet ... Herr Heym, in Ihrem Buch heißt es, *die Vergangenheit liegt wie ein erstickender Ring um die Gegenwart.* Bei dieser Art von Vergangenheitsbewältigung werden sich doch sicher einige Leute in diesem Staat fragen: Wem nützt das?

Heym: Das ist sehr gut möglich. Trotzdem bin ich der Meinung, daß wir die Probleme der Gegenwart, die ja nicht gering und sehr schwierig sind, wirklich nur bewältigen können, wenn wir auch die Vergangenheit bewältigt haben.

Pleitgen: Nun ist es auffallend, daß die Aufarbeitung der Vergangenheit offensichtlich immer mehr Autoren in der DDR beschäftigt, wenn auch auf verschiedene Weise – ich denke da zunächst an Christa Wolf mit ihrem *Kindheitsmuster*, an Jurek Becker, an Loest, an Heiduczek und Poche. Woher rührt das, was geht hier vor in diesem Staat?

Heym: Ja, es ist eine merkwürdige Sache, daß so viele Schriftsteller zu gleicher Zeit auf die gleiche Problematik gekommen sind. Meiner Meinung nach liegt das an der Entwicklung, die wir hier erleben und die uns einfach zwingt, Stellung zu nehmen.

Pleitgen: Ist das etwa auch ein Reflex auf die Biermann-Affäre?

Heym: Das würde ich nicht sagen. Aber die Biermann-Affäre war natürlich eine Art Wasserscheide. Von da an beginnt es – den *Collin* habe ich übrigens schon viel früher zu schreiben angefangen –, von da an beginnt es, daß die Leute offener werden, mehr sprechen, und auch mehr von diesen Problemen schreiben.

Pleitgen: Ist Ihr Buch ein Schlüsselroman?

Heym: Da wird es sicher Leute geben, die sich hinsetzen und festzustellen versuchen, wer ist der und wer ist der. In Wahrheit ist es so, daß in all meinen Romanen von Ereignissen ausgegangen wird, die tatsächlich stattgefunden haben. Aber das bedeutet noch lange nicht, daß die Menschen in diesen Romanen identisch sind mit denen, die wirklich mit den geschichtlichen Ereignissen zu tun hatten und in sie verwickelt waren. Die Figuren in meinen Büchern sind aus meinem Kopf gekommen.

Pleitgen: Vorhin haben Sie den Schriftsteller Collin erwähnt, der eine Hauptfigur ist. Er wird aufgefordert, eine Abrechnung zu machen mit seiner Zeit. Ist Ihr Buch eine Abrechnung?

Heym: Nein, eine Abrechnung ist es nicht. Da müßte ich ja Endgültiges sagen. Eher ist das Buch ein Versuch, sich mit gewissen menschlichen Konflikten zu beschäftigen, und ich glaube, es ist ein erster Versuch bei einer Anzahl von diesen Konflikten.

Pleitgen: Das, was Sie da sagen, hört sich sehr zahm an, aber Sie berühren in Ihrem Buch nicht nur ein paar Tabus, Sie setzen sich damit sehr intensiv auseinander. Ich denke da beispielsweise an die Prozesse, die in den fünfziger Jahren stattgefunden haben, und auch an den Staatssicherheitsdienst. Was hat Sie ermutigt, nun über diese vorher für Schriftsteller doch scheinbar unüberwindbare Hürde zu gehen?

Heym: Ich bin über fünfundsechzig Jahre alt, und ich finde den ewigen Rundlauf um den heißen Brei schon ermüdend. Und was die Staatssicherheit betrifft – die spielt bei uns im Lande eine ziemlich große Rolle und ist daher ein durchaus legitimes Thema für den Schriftsteller. Im übrigen sind die zwei Funktionäre dieser Organisation, die in meinem Buche vorkommen, durchaus keine bösen Leute. Es sind Menschen, die genauso in das Schicksal ihres Landes und ihrer Zeit verwickelt sind wie Collin oder die Ärztin Christine Roth oder irgendein anderer in dem Buch.

Pleitgen: Bemerkenswerterweise sind die Hauptfiguren in Ihrem Roman Kranke, und das Hauptgeschehen spielt sich im Krankenhaus ab. Was steckt dahinter?

Heym: Nur zwei von ihnen sind krank. Aber natürlich gibt es in unserer Gesellschaft und in unserer Zeit Dinge, die – wenn sie nicht zur Oberfläche kommen und analysiert und richtig behandelt werden – die Menschen krank machen: Diese ewige Schizophrenie, eines sagen und ein anderes denken, das ist nicht nur schädlich für den einzelnen, das ist schädlich für die ganze Gesellschaft.

Pleitgen: Ist Ihr *Collin* nun ein Anti-DDR-Buch?

Heym: Das ist völliger Unsinn. Natürlich mag es Leute geben, die behaupten, daß einer gegen die DDR wäre, wenn er auch an die unangenehmen Fakten in unserer Geschichte rührt – und wir haben eine dreißigjährige Geschichte, die sehr schwierig war. Aber eine solche Behauptung ist unrichtig. Ich bin der Überzeugung, dieses Buch wird sich *für* die DDR auswirken, vorausgesetzt, wir gehen den darin berührten Fragen nach und diskutieren sie und helfen zu beseitigen, was uns belastet.

Pleitgen: In Ordnung, wird man sagen. Aber von welcher Position aus ist das geschrieben?

Heym: Eine der Personen in meinem Buch, Havelka, sagt: Die Tatsache, daß die Revolution immer zur schwierigsten Zeit und im schwierigsten Lande kommt, ist doch kein Argument gegen die Richtigkeit der Mehrwerttheorie. Das ist auch mein Standpunkt.

Pleitgen: Nun ist dieses ein DDR-Buch. Warum lassen Sie es im Westen erscheinen?

Heym: Ich kenne doch die Verhältnisse hier. So lange mein – ziemlich harmloser – Roman *Fünf Tage im Juni* hier noch verboten ist, ist es klar, daß auch der Roman *Collin* in der DDR nicht veröffentlicht werden kann. Ich hatte nur die Wahl, entweder im Westen oder gar nicht. Und da ich glaubte, daß dieses Buch erscheinen muß, um wirken zu können, so ließ ich es denn auf diesem Weg publizieren.

Pleitgen: Haben Sie denn die Hoffnung, daß dieser Roman eines Tages auch hier in der DDR erscheinen kann?

Heym: Aber ganz bestimmt! Ich hoffe sogar, daß ich's noch erleben werde.

26. April 1979

Das Messer an der Kehle
Frankfurter Allgemeine Zeitung

Am Ende der Clara-Zetkin-Straße in Berlin, ein paar hundert Meter vom Reichstag entfernt, aber auf der DDR-Seite der Grenzbefestigungen, befindet sich in ein paar bescheidenen Räumen im zweiten Stock einer restaurierten Ruine das sogenannte Büro für Urheberrechte. Es hat etwa fünfzehn Mitarbeiter, ruhige, zum Teil sogar sympathische Menschen – und es ist das Messer an der Kehle der Schriftsteller der Republik.
Ursprünglich gegründet zur Abwicklung des Devisenverkehrs beim An- und Verkauf von Autorenrechten, entspricht es in diesem Punkt ganz ähnlichen Institutionen in anderen sozialistischen Ländern – der sowjetischen WAAP, der DILIA in Prag, dem Bureau Hongrois pour des Droits des Auteurs in Budapest zum Beispiel – aber auch nur in diesem Punkt. Das DDR-Büro hat nämlich außer der Erledigung dieser technischen Dinge noch das Recht und die Pflicht, die Verträge zu genehmigen oder zu verbieten, welche die Autoren der DDR oder deren Verleger mit ihren ausländischen Partnern über die Veröffentlichung ihrer Bücher oder anderen Werke im Ausland abschließen möchten. Dieses Recht erhielt das Büro durch eine Verordnung mit dem schönen Titel *Zur Wahrung der Urheberrechte*, die der damalige Kulturminister und jetzige Staatssekretär für Kirchenfragen, Klaus Gysi, in einer Stunde, die ihm sicher innere Heiterkeit bereitete, unterschrieb. Denn nicht einer der Mitarbeiter des Büros ist angestellt oder auch nur befähigt, die Bücher, über deren Wohl und Wehe er entscheidet, etwa zu beurteilen. Über die Frage, welche Bücher das Placet des Büros erhalten, entscheiden ganz andere Stellen, und nicht nach literarischen Gesichtspunkten. Verstößt nun aber ein Schriftsteller gegen diese Gysische Verordnung, unterschreibt er einen Vertrag mit einem ausländischen Verlag ohne Genehmigung oder gar gegen das ausdrückliche Verbot des Büros, so kann er entsprechend der Verordnung mit einer Ordnungsstrafe von dreihundert Mark belegt werden, gegen die es keine

Berufungsmöglichkeit gibt. Diese Strafe wird nun nicht etwa vom Büro selbst verhängt, sondern, man staune, vom stellvertretenden Kulturminister, und der Autor erhält die dreihundert Mark selbst dann nicht zurück, wenn das verbotene und gegen den Willen des Urheberrechtsbüros im Ausland veröffentlichte Buch, wie zum Beispiel mein Roman über den Arbeiterführer Lassalle, nach dem Tode eines Staatsratsvorsitzenden oder nach anderen behördlichen Sinnesänderungen endlich auch in unserm Staate, der DDR, erscheinen darf.
Dieser idyllische Zustand, bei dem man sich für dreihundert Mark ein Stückchen Freiheit kaufen konnte, dauerte eine ganze Anzahl von Jahren, bis die Literatur der DDR zu einem solchen Ärgernis wurde, daß einflußreiche Genossen in höheren Parteistellen lauthals nach Abhilfe riefen. Ein findiger Kopf – in welcher preußischen Amtsstube er saß, ist nicht mehr festzustellen – kam auf die Idee, die Gysische Verordnung *Zur Wahrung der Urheberrechte* mit dem Devisengesetz zu koppeln, denn wenn das Büro für oder eigentlich nun gegen die Urheberrechte den Vertrag mit dem ausländischen Verlag nicht billigt und der Autor läßt sein Buch ohne behördlichen Segen draußen drucken, dann registriert das Büro die durch den Vertrag entstehenden Forderungen an Devisen auch nicht und es ergibt sich technisch – und ich betone technisch – ein Verstoß gegen das Devisengesetz, das eine solche Registrierung verlangt. Auf Verstöße gegen das Devisengesetz aber folgt nicht ein einfaches Ordnungsstrafverfahren mit dreihundert Mark Geldbuße, nein, nun wird der Autor vor Gericht geschleppt und zu einer Geldstrafe bis zu zehntausend Mark und/oder Gefängnis bis zu zwei, in schwereren Fällen bis zu zehn Jahren verurteilt. Der verlängerte Arm der Zensur, denn nichts anderes ist das Büro in der Zetkinstraße, ist jetzt also mit beträchtlichen Muskeln versehen worden, und der Leiter der Institution, ein Herr Adolph, hat schon Ende 1978 einigen Autoren gedroht, daß ihnen ein Verfahren ins Haus stehen könnte, da sie *wissentlich und willentlich* gegen das Devisengesetz verstößen. Der Adolphschen Drohung folgte eine Ankündigung des jetzigen stellvertretenden Kulturministers Klaus Hoepcke vor der Parteigruppe des Schriftstellerverbandes, daß nun aber das Finanzministerium sich mit den Schriftstellern befassen würde, die ohne offizielle Genehmigung im Ausland veröffentlichten.

Man kann also erwarten, daß in nächster Zeit ein trauriges Schauspiel vor den Gerichten der DDR ablaufen wird – die Verurteilung und Bestrafung von Schriftstellern, nur weil sie sich weigerten, sich freiwillig knebeln zu lassen. Daß der Staatsanwalt dabei vom Devisengesetz sprechen wird, und nur vom Devisengesetz, ist selbstverständlich; man redet von Devisen, in Wirklichkeit aber geht es um die Freiheit des Wortes. Einen Menschen durch einen Paragraphentrick zu zwingen, Gesetze zu verletzen, wenn er seine demokratischen, nach der Verfassung garantierten Rechte wahrnehmen will, ist seit je ein probates Mittel. Auch im Amerika des berüchtigten Senators McCarthy wurden die Schriftsteller ja nicht etwa wegen ihrer Bücher oder Filme eingelocht, Gott bewahre, sondern wegen – Verächtlichmachung des Kongresses. Daß die Justiz der DDR vorhat, sich ausgerechnet an den Methoden der USA-Justiz in den fünfziger Jahren ein Beispiel zu nehmen, ist bedauerlich, aber es mag vielleicht dazu dienen, die ganze Frage der Zensur in der DDR endlich offen auf die Tagesordnung zu setzen.

Es geht um das Wort
Erklärung für das ZDF, 12. Mai 1979

Ich habe die ganze Zeit geschwiegen. Ich habe geschwiegen, als die Autos der Sicherheitsbehörde sich hier vor mein Haus gepflanzt haben. Ich habe bei anderer Gelegenheit geschwiegen, als sie mir *konspirativ*, mir und meiner Frau, nachgefahren sind, wochenlang. Ich habe sogar noch geschwiegen, als dieses tückische Devisenverfahren gegen mich schon eröffnet war. Aber jetzt hat der Staatsanwalt selbst die Nachricht an die Presse gegeben, und so muß ich schon etwas dazu sagen.
Sie reden von Devisen, es geht aber um das Wort, es geht um die Freiheit der Literatur, auch in diesem Lande, auch im Sozialismus. Man hat eine Verordnung, die eine reine Zensurverordnung ist und verwaltet wird vom Büro für Urheberrechte, mit dem Devisengesetz gekoppelt, und jeder Autor, der ein Buch veröffentlichen will, welches hier nicht gebilligt wird, muß automatisch mit dem Devisengesetz in Konflikt kommen und wird mit zehntausend Mark Geldstrafe oder mit zwei bis zehn Jahren Gefängnis bestraft. So ist die Lage.
Warum man das nun jetzt gerade macht und mit mir anfängt, das hängt wahrscheinlich mit meinem Roman *Collin* zusammen. Ich bin sehr traurig, daß das geschieht; so ein Verfahren nützt nichts, nützt der Republik nichts, und mich schreckt es auch nicht. Nun läuft es allerdings zusammen mit einer Kampagne, die jetzt begonnen hat und durch die man versucht, meine Kollegen und mich zu kriminalisieren. Ich würde viel lieber auf diese Anwürfe und das ganze Verfahren in unserer Presse antworten. Aber schon seit Jahren steht mir unsere Presse nicht mehr offen, unser Fernsehen nicht mehr, unser Rundfunk. Und so kann ich, wenn ich die Menschen in der DDR erreichen will, leider nur diesen Weg gehen.
Man wird versuchen, das ist auch der Zweck dieses Verfahrens, mich aus dem Lande zu graulen. Ich möchte sagen, daß ich diese Republik nicht freiwillig verlassen werde.

Nur Devisen – oder nicht doch Literatur?
Rede vor der Plenarsitzung des Berliner Schriftstellerverbandes am 7. Juni 1979

Eine Kopie dieser Rede übergebe ich dem Präsidium mit der Bitte, ihre Veröffentlichung im *Neuen Deutschland* und in unseren anderen Medien zu veranlassen.

Die Vorgänge der letzten Wochen und Monate haben nicht nur mich beunruhigt. Die Anwürfe gegen mich und einige andere Kollegen, die in unserer Presse erschienen sind, haben die Menschen erregt, und ich habe viele Durchschriften von Briefen erhalten, die an das *Neue Deutschland*, den *Sonntag* und an Herrn Noll gerichtet waren. Aber nichts davon wurde hier veröffentlicht. Man hat ja auch nicht gewagt, den Prozeß gegen mich wegen angeblichen Verstoßes gegen das Devisengesetz öffentlich stattfinden zu lassen, in einem öffentlichen Gerichtssaal, in Anwesenheit von Publikum und Presse. Statt dessen wurde mir in einer stillen Amtsstube in Köpenick mein Strafbefehl übergeben – neuntausend Mark.

Wo also kann man seine Meinung äußern? Wo kann man sich verteidigen – gegen den Versuch der Kriminalisierung, der verurteilte Bürger Heym steht da zwischen Verkehrsrowdys und Einbrechern im Blatte, gegen die Beschimpfungen, »kaputter Typ« seitens des Herrn Noll ist nur eine davon, gegen die Verleumdungen, der »ehemalige USA-Bürger«, der da *konspirative Treffs* veranstaltet, gegen die Verfälschung, der Roman *Collin* sei antikommunistisch. Die Medien der DDR, die das alles verbreitet haben, sind nicht bereit, die Fakten zu publizieren. Und da beschwert sich Hermann Kant, wenn Texte, die in erster Linie uns hier angehen, im Westen erscheinen – ob Erklärungen, Meinungen, offene Briefe oder ganze Bücher. Es ist leider so, daß gewisse Probleme, die uns hier betreffen, in unseren Medien nicht debattiert werden und daß gewisse Bücher von unseren Verlagen nicht veröffentlicht werden. Obwohl der Artikel 27 der Verfassung allen Bürgern, also auch Schriftstellern, das Recht auf freie Meinungsäußerung zusichert, gilt nur eine Meinung bei uns.

Ich habe in einer Erklärung, die hier zu veröffentlichen mir nicht möglich war, gesagt: *Man hat eine Verordnung, die eine reine Zensurverordnung ist und verwaltet wird vom Büro für Urheberrechte, mit dem Devisengesetz gekoppelt, und jeder Autor, der ein Buch veröffentlichen will, welches hier nicht gebilligt wird, muß automatisch mit dem Devisengesetz in Konflikt kommen.* Mir hat sich dieses Büro vor zehn Jahren schon vorgestellt, indem es mich mit gefälschten und unterschlagenen Dokumenten unter Druck zu setzen suchte. Das ist aktenkundig, die Akten befinden sich bei der Berliner Kriminalpolizei und bei der Staatsanwaltschaft in Köpenick.

Zensur. Hermann Kant meint, der Begriff sei längst »besetzt«. Welches Wort soll man dann aber an die Stelle des bereits besetzten setzen? Tatsächlich ist die Zensur bei uns auch anders als frühere Institutionen der Art. Die Zensurbehörde des Fürsten Metternich wurde wenigstens von dem Schriftsteller Gentz geleitet, einem sehr geistreichen und gescheiten Mann. Und die Zensur des russischen Zaren war immerhin bereit, Karl Marx in Rußland erscheinen zu lassen. Welch kritischer Denker darf hierzulande gedruckt werden?

Unsere Zensur hat mir nacheinander drei Bücher verboten – den Roman *Lassalle*, Zeit der Handlung 1864, *Die Schmähschrift*, Zeit der Handlung 1702, den *König David Bericht*, Zeit der Handlung das 8. Jahrhundert vor unserer Zeitrechnung. Dann, 1973, durften auf einmal alle drei Titel bei uns erscheinen. Mein Roman *Fünf Tage im Juni*, Zeit der Handlung 1953, sollte gleichzeitig bei einem unserer Verlage und bei einem Münchner Verlag herauskommen. Dann jedoch verlangte man unmögliche Änderungen von mir, und ich konnte das Buch nur im Westen erscheinen lassen. Zensur? Vielleicht kann man das Wort in der DDR wirklich nicht anwenden, und es wäre besser, von Willkür zu sprechen.

Kein Wunder also, daß Schriftsteller es für müßig halten, bei diesem Büro vorzusprechen, das eigentlich Büro für Beschränkung der Urheberrechte heißen müßte, und daß ich meinen Roman *Collin* ohne amtlichen Segen im Westen drucken ließ. Nun behauptet Kant, »Stefan Heym hat die Kollision mit dem Gesetz lauthals und keineswegs mundtot herbeigerufen«. Im gleichen Atemzug fügt er hinzu, daß die zuständigen staatlichen Organe sich hinsichtlich des Devisengebarens so manches

Kollegen durchaus kulant verhielten, und dies solle, wünscht er, auch so bleiben. Das ist mir eine merkwürdige Art sozialistischer Demokratie, bei der das gleiche Gesetz nicht gleich für alle Bürger gilt. Wer auf seiner Meinung beharrt und diese gar veröffentlicht, soll offensichtlich die Strenge des Devisengesetzes zu spüren bekommen; wer aber kulant schweigt, wird auch kulant behandelt.

Nicht ich habe diese Kollision mit dem Gesetz herbeigerufen. Nicht ich habe dieses Devisenverfahren eingeleitet. Das haben ganz andere Leute getan, und es fragt sich, zu welchem Zweck? Man braucht schließlich kein politisches Genie zu sein, um sich zu sagen, daß man in einer Zeit, wo die Großmächte Entspannung wünschen, keine Hexenjagd auf Schriftsteller veranstaltet.

Nicht ich habe den Konflikt heraufbeschworen. Ich habe vielmehr in mehreren Gesprächen davor gewarnt, mit solchen Verfolgungen zu beginnen, denn es war klar, daß die Sache eskalieren würde. Ich hatte sogar eine Verabredung mit Kant zu einer Aussprache deswegen, aber er ließ mir durch eine Sekretärin absagen und nannte auch keinen anderen Termin. Und statt mich lauthals zu den gegen mich anlaufenden Maßnahmen zu Worte zu melden, habe ich geschwiegen. Erst als die Generalstaatsanwaltschaft selber die westlichen Medien von dem *Verfahren gegen den Bürger Heym* informierte, habe ich Stellung genommen und in der Öffentlichkeit erklärt, wie sich die Dinge verhalten.

Daß darauf der ZDF-Korrespondent ausgewiesen wurde, weil er angeblich einen *konspirativen Treff* mit mir hatte, ist geradezu kafkaesk – was ist das für ein konspirativer Treff, der über ein von den zuständigen Stellen abgehörtes Telefon verabredet wird und bei dem vor meiner von den zuständigen Stellen überwachten Haustür ein Westwagen mit der auffälligen blauen Journalistennummer steht?

Im übrigen freue ich mich, aus Kants berufenem Munde zu erfahren, daß meine Verurteilung keinen Präzedenzfall darstellen soll. Danach wäre der Zweck der Übung also nicht gewesen, ein andere Schriftsteller abschreckendes Exempel zu statuieren. Gut, daß alle das nun wissen; ich bin gespannt, was man sich nun ausdenken wird, um zu verhindern, daß Autoren ihre hier unterdrückten Bücher anderswo drucken lassen. Oder wird man endlich gestatten, daß die Schriftsteller der DDR auch über Themen schreiben, die bisher oder schon wieder als tabu gelten; wird man, statt kritischen Autoren Devisenprozesse zu machen, sich lieber mit den kritisierten Zuständen befassen und versuchen, da Abhilfe zu schaffen?

Und nun reden wir mal von Fairneß. In aller Fairneß, so teilt Hermann Kant mit, verspüre er wenig Lust, sich von Leuten wie Poche oder Seyppel oder Jakobs oder Stefan Heym in Sachen Anstand und Moral unterweisen zu lassen. Ich kann mich zwar nicht erinnern, wann ich den Vorsitzenden des Verbandes je in Anstand und Moral zu unterweisen versucht hätte, aber in Sachen Fairneß ist Hermann Kant zweifellos ein Experte. Er bewies das im letzten Jahr schon, als er kurz vor dem Schriftstellerkongreß im *Neuen Deutschland* jenen offenen Brief an zwei amerikanische Verleger drucken ließ, in dem er behauptete, ich wäre nicht zum Kongreß delegiert worden, weil in der Mitgliederversammlung des Berliner Verbandes kein entsprechender Antrag gestellt worden sei; da wir aber, schrieb er weiter, in der DDR eine altmodische Demokratie hätten, könne er da leider nichts tun. Dabei wußte er natürlich, daß ein entsprechender Antrag sehr wohl gestellt worden war, aber in der Parteigruppe; dort erfuhren die Kollegen, daß ich nicht delegiert werden dürfe, und so machte sich niemand die Mühe, den Antrag im Plenum noch einmal zu stellen. Ich habe darüber auch mit Kant gesprochen, auf dem Parkplatz neben der Komischen Oper, er wird sich entsinnen – und mit dem charmanten Lächeln, das er bei solchen Gelegenheiten zeigt, stimmte er mir bei, jawohl, das sei Demagogie gewesen.

Und auch in seiner vom *Neuen Deutschland* jetzt veröffentlichten Rede erkennt man diese Fairneß. Da mokiert er sich über »die zwanzigjährige Verspätung, mit der Leute wie Poche und Loest entdeckt wurden;« dabei weiß er, wie viele Jahre von diesen zwanzig Klaus Poche hier Schreibverbot hatte und daß Erich Loest sieben Jahre von den zwanzig im Zuchthaus Bautzen saß, völlig unschuldig.

Die anderen von Kant in dieser Reihe genannten Kollegen werden ihm selber antworten können; ich will hier nur zu meiner Angelegenheit sprechen. Ich soll nicht nur als Devisenschieber hingestellt werden, sondern auch als Fragebogenfälscher. Mit einem demagogischen Trick aus dem Arsenal ge-

heimdienstlicher Methoden soll versucht werden, es so darzustellen, als hätte ich meine Gesinnung je nach Gelegenheit gewechselt. Ich brauche mich meiner Vergangenheit nicht zu schämen. Ich wurde nämlich nicht nur meiner jüdischen Nase wegen verfolgt. Hier sind die Dokumente, und zwar aus geheimdienstlichen Untersuchungen, in einer Sprache also, die Hermann Kant sehr gut verstehen wird.
Das eine ist ein Brief der Landeskommandantur Prag der tschechoslowakischen Armee, datiert vom 28. März 1935, in dem sich der Kommandant des Stabes, Brigadegeneral Josef Janicek, bei der Prager Polizeidirektion über neun Personen, deutsche Emigranten alle, wegen ihrer *verdächtigen Tätigkeit* erkundigt. Nummer 3 auf dieser Liste ist ein gewisser Stefan Heym, Schriftsteller, Nummer 7 – Walter Ulbricht.
Das andere Dokument stammt aus dem Geheimdossier der Armee der USA über den Soldaten Heym und trägt das Datum des 13. Mai 1943. Ich übersetze aus dem Bericht des Geheimagenten. *Heym ist der frühere Redakteur einer wahrscheinlich von den Kommunisten kontrollierten Zeitung mit Namen »Deutsches Volksecho«, die in New York erschien. Unsere Untersuchung zeigt, daß der Mann Kommunist ist und bis 1939 für die Partei aktiv war. Heym hat sich wiederholt zugunsten radikaler Bewegungen ausgesprochen, hat sich in offener Diskussion für den Kommunismus eingesetzt und Bücher und Broschüren zugunsten des kommunistischen Staates geschrieben.*
Fragebogen haben ihre Eigenheit, wie Kant weiß. Vor allem sind sie vertraulich, und Hermann Kant hätte sich umfassender informieren sollen, bevor er zu plaudern begann. Ich jedenfalls werde mich hüten, in den gleichen Fehler zu verfallen. Aber eines möchte ich doch sagen: Wer in der falschen Uniform und mit den falschen Abzeichen in ein falsches Lager geriet, sollte lieber nicht gegen die zu Felde ziehen, die damals in der richtigen Uniform auf der richtigen Seite für die richtige Sache kämpften.

Worum geht es? Nicht um Devisen oder ähnliches – es geht um die Literatur. Der Schriftstellerverband, dafür ist er eigentlich da, müßte sich auf die Seite derer stellen, die sich bemühen, unsere Welt in ihrer Widersprüchlichkeit darzustellen und

verständlich zu machen; statt dessen läßt er Resolutionen drucken, die dem Apparat bescheinigen, wie recht er hat, gerade diesen Teil der Literatur des Landes zu unterdrücken. Nun mögen gewisse Bücher, Stücke, Filme tatsächlich nicht zu den gerade aktuellen Zielen und Notwendigkeiten der Politiker passen. Genau da liegt ja das Problem. Literatur kann man nicht nach momentanen Gegebenheiten machen. Literatur muß auch in zwanzig oder fünfzig Jahren noch Gültiges über unsere Zeit aussagen. Wer das nicht sieht, wer die Kunst irgendwelchen taktischen Bedürfnissen unterwerfen will, vernichtet gerade die Kunst, die der Sozialismus braucht.
Die Mitglieder des Berliner Schriftstellerverbandes, soweit hier anwesend, werden heute abstimmen müssen über den Ausschluß einiger ihrer Kollegen.
Wir alle wissen, daß viele von Ihnen vor dieser Versammlung zusammengerufen und unter Disziplin genommen wurden. Wir alle wissen, was für den einzelnen von seinem Votum abhängen mag: Westreisen und Stipendien, Auflagen und Aufführungen, Verfilmungen und Preise aller Art.
Ich werde es keinem übelnehmen, wenn er in Erwägung solcher Vorteile für meinen und der anderen Kollegen Ausschluß stimmt. Aber ich gebe Ihnen auch zu bedenken: Neben denen, die dann das Abzählen besorgen werden, sieht noch einer zu, wie Sie heute abstimmen – die Öffentlichkeit. Man mag fragen, was ist das schon, der Herausschmiß von ein paar Leuten aus einer Organisation. Aber es gibt Momente in der Geschichte, wo auch etwas an sich Geringfügiges wichtig sein kann, und es wäre ja möglich, daß eines Tages Ihre Söhne und Töchter sich bei Ihnen erkundigen werden – und nicht nur Ihre Söhne und Töchter, auch die Bürger der Republik: Wie habt ihr euch damals verhalten, Meister des Wortes, als es darauf ankam, sich zählen zu lassen?

Unser Schweigen wird lauter sein
Interview mit Koos Koster vom holländischen Fernsehen, Ende Juni 1979

Koster: Nun hat sich die aktuelle Lage zugespitzt...

Heym: Ja, in ganz überraschend schneller Zeit sogar. Jetzt vor zwei Tagen hat die Volkskammer getagt und innerhalb von zwei Stunden, wie ich gehört habe, eine ganze Anzahl von Gesetzen ohne Debatte akzeptiert. Und das sind zum Teil Gesetze, die – ich lese Ihnen mal vor den Paragraphen 219, nicht ganz, aber das Wichtige: *Wer Schriften, Manuskripte oder andere Materialien, die geeignet sind, den Interessen der DDR zu schaden, unter Umgehung von Rechtsvorschriften an Organisationen, Einrichtungen oder Personen im Ausland übergibt oder übergeben läßt, wird mit Freiheitsstrafe bis zu fünf Jahren, auf Bewährung oder mit Geldstrafe bestraft.* Das ist der Paragraph 219. Das heißt also, wenn ich irgendein Manuskript, irgendeinen Artikel ins Ausland gebe zur Veröffentlichung, wandere ich fünf Jahre ins Gefängnis.

Koster: Was passiert da?

Heym: Das ist wahrscheinlich unvorstellbar in Holland, aber hier wird es ab 1. August, wenn dieses Gesetz in Kraft tritt, auf der Tagesordnung stehen.

Koster: Hat man Angst vor Ihren Ideen?

Heym: Ich weiß es nicht, also ein Sozialismus, der Angst hat vor Ideen, da stimmt was nicht, selbst wenn man sagt oder sich damit verteidigt, daß man sagt, die DDR ist an der Nahtstelle zwischen Ost und West. Denn die Nahtstellensache gilt ja auch für den Westen. Wieso hat denn der Westen keine Angst vor den östlichen Ideen? Ich meine, wenn unser Sozialismus, wie er hier praktiziert wird, so richtig und so attraktiv wäre, dann müßte doch der Westen Angst haben vor unseren Ideen. Der Westen müßte die Mauer gebaut haben. Das wäre richtig, meiner Meinung nach.

Koster: Für Sie gehört Sozialismus und freies Wort zusammen?

Heym: Genau. Für mich ist Sozialismus und Freiheit im Grunde nicht trennbar. Natürlich kann es Perioden geben, so wie etwa 1918 in der Sowjetunion, wo sehr scharfe Kämpfe kriegerischer Art stattfinden. Im Krieg kann man wahrscheinlich nicht anders verfahren. Aber genau damals, am Anfang der Sowjetunion, gab es dort eigentlich viel mehr Freiheiten als später, als der Bürgerkrieg vorbei war. Aber, wie gesagt, schon von Marx ausgehend und von Engels – auch für die war die Freiheit, auch die Freiheit der Kritik, im Sozialismus eine absolute Notwendigkeit. Ich glaube nicht, daß sich etwas Fruchtbares entwickeln wird, wenn man dauernd versucht, mit Verboten und mit Maßregelungen und mit Gesetzen und administrativen Maßnahmen die Schriftsteller zu unterdrücken.

Koster: Treten Sie noch auf bei Dichterlesungen?

Heym: Ich habe jetzt in der letzten Zeit nur noch die Gelegenheit gehabt, in Kirchen aufzutreten, in Kirchen zu lesen. Diese allerdings waren sehr, sehr voll. Und anschließend daran wurden Fragen an mich gestellt, die ich mich bemüht habe zu beantworten. Das waren sehr interessante Fragen, sehr interessante Diskussionen. Auch von Betrieben habe ich Einladungen bekommen, dort zu lesen, aber sobald die Sache ernsthaft wurde, mußten die mir mitteilen: Es geht leider doch nicht, Herr Heym, es ist uns verboten worden. Ich bin der Meinung, daß im Sozialismus gerade die Leute, die mit dem Wort arbeiten, an die Seite derer gehören, die mit ihren Köpfen und ihren Händen arbeiten. Also an die Seite der Arbeiter. Und dieses Verhältnis wird gestört durch die Bürokratie, die aus irgendwelchen Gründen, die ich hier nicht analysieren kann und die man auch noch nie richtig erforscht hat, Angst hat: vor wem eigentlich? Wenn sie, wie sie sagt, von der Arbeiterschaft getragen wird und die führende Rolle hat für die Arbeiter, warum muß sie dann Angst haben? Oder hat sie Angst vor zwei, drei oder einem Dutzend Schriftstellern? Das gibt's doch wohl nicht. Also, das Ganze wird irgendwie immer rätselhafter, und nur die Zukunft, nur die Geschichte wird uns einmal sagen, was die Antwort ist auf diese Frage.

Koster: Viele Leute sagen, daß die Schriftsteller zur privilegierten Schicht gehören. Warum lehnen Sie sich dann noch auf?

Heym: Ja, das ist eine merkwürdige Sache, die auch mehr aussagt über die Psychologie des Apparats als über die Schriftsteller. Es gibt in diesem Apparat tatsächlich Leute, die der Meinung sind, wenn sie uns viel Geld zahlen, wenn sie uns reisen lassen, auch außerhalb, auch in den Westen, wenn sie uns Stipendien geben und Häuser und was weiß ich alles, sogar Westautos, daß wir dann also ihnen nach dem Munde reden werden. Einen Schriftsteller kann man nur bestechen, indem man seine Bücher druckt, durch nichts anderes.

Koster: Und wenn Sie als Antisozialist oder Antikommunist bezeichnet werden...

Heym: Ja, jetzt geht man so weit, mich auf diese Art zu beschimpfen und zu diskriminieren, und das Schwierige daran ist, daß ich ja gar nicht antworten kann. Mir steht keines der hiesigen Medien offen, ich möchte gern die Fragen debattieren und mich damit auseinandersetzen, aber hier in unserem Lande, in der DDR, wo das hingehört. Doch man läßt mich nicht. Man muß sich doch irgendwo und irgendwie zur Wehr setzen können. Ich kann mich doch nicht beschimpfen lassen als Verräter. Hier in diesem Beschluß, den die Versammlung des Schriftstellerverbandes der DDR bei unserm Ausschluß gefaßt hat, steht, daß meine Kollegen und ich es für richtig und angebracht hielten, vom Ausland her gegen unseren sozialistischen Staat, gegen die Kulturpolitik von Partei und Regierung, gegen die sozialistische Rechtsordnung in verleumderischer Weise aufzutreten. Niemand hat irgend etwas verleumdet. Wir haben von Tatsachen gesprochen und nur von Tatsachen. Wir haben doch diese Tatsachen nicht geschaffen, die haben doch ganz andere Leute geschaffen.

Koster: Was passiert nun mit Ihnen nach unserm heutigen Gespräch?

Heym: Das weiß ich nicht. Ich hoffe, daß nichts passiert.

Koster: Und nach dem 1. August, welche Rolle...

Heym: Hören Sie zu, ich weiß nicht, was geschehen wird. Es kann sein, daß dann ein großes Schweigen ausbricht, das Schweigen entweder, das kommt, wenn man hinter dicken Mauern und festen Gittern sitzt – dann muß man schweigen – oder man schweigt, weil man nicht hinter Gitter gehen möchte. Aber dieses Schweigen, sage ich Ihnen, wird sehr, sehr beredt sein, wird lauter sein als das, was in unseren Medien dann gesagt und gedruckt werden wird. Dieses Schweigen wird ein großes Argument sein, das meine ich.

Die Dialektik im Schaffensprozeß des Schriftstellers

Festansprache auf der Jahrestagung des PEN-Clubs der Niederlande, 17. November 1979

Meine Damen und Herren, verehrte Kollegen!
Ich habe mich vor einiger Zeit mit Daniel Defoe beschäftigen müssen, dessen *Robinson Crusoe* und *Moll Flanders* zu den unvergänglichen Werken der Weltliteratur gehören. Eine Anzahl von Jahren, bevor er diese Bestseller veröffentlichte, stand Defoe in London am Pranger, dreimal, an drei aufeinanderfolgenden Tagen, einmal in Cornhill nahe der Börse, am zweiten Tag in Cheapside in der Nähe des dortigen Wasserbrunnens, den dritten Tag in Fleet Street vor Temple Bar, mit einem Papier über seinem Kopf, auf dem zu lesen stand: *Daniel Defoe, dafür, daß er ein aufrührerisches Pamphlet geschrieben hat mit dem Titel »Das kürzeste Verfahren mit den Abweichlern«*.
Die Zeit gestattet mir nicht, Ihnen den Hintergrund und Ursprung von Defoes faszinierender kleiner Schrift zu berichten, einer listigen Satire auf die offizielle Kirche und die Tory-Regierung jener Zeit, oder von den Einzelheiten der polizeilichen Jagd zu erzählen, in deren Verlauf Defoe schließlich festgenommen wurde, oder die juristischen Schikanen aufzuzählen, als deren Folge Defoe an den Pranger geriet, oder einen Mann genügend zu preisen, der genau wußte, daß der Pranger den Tod bedeuten mochte, und der sich dennoch weigerte, zu widerrufen. Ich beziehe mich auf den Fall nur deshalb, weil mir das Bild von Defoe vor meinem geistigen Auge erscheint, wenn ich über die Stellung des Schriftstellers in dieser Welt nachdenke: wie er dasteht, Kopf und Hände zwischen zwei Holzblöcke geklemmt, und auf die faulen Fische und Ziegelbrocken wartet, die gleich auf ihn zufliegen werden.

Das ist lange her, man schrieb das Jahr 1703. Vielleicht ist es heute nicht mehr ganz so schlimm.
Es gibt eine Menge Autoren, die nie in ihrem Leben auch nur in die Nähe einer Situation kommen, durch die sie an den Pranger geraten könnten. Und es mag durchaus sein, daß dieses auch die

für den Schriftsteller wünschenswerte Lebensweise ist. Als gesellschaftliches Wesen unterscheidet er sich nur durch die Art seiner Arbeit von dem Fleischer, dem Bäcker, dem Kerzenzieher. Schriftsteller sind keine Elite. Manche mögen sich etwas exzentrisch geben, aber das machen sie, weil ein bißchen Exzentrizität gut für das Geschäft ist.

Und dennoch, von den Propheten der Bibel bis zu den Philosophen des Marxismus, von den Dichtern der Antike bis zu den Liedermachern von heute, zu jeder Zeit und in jeder Gesellschaftsordnung haben Schriftsteller besondere Mißhelligkeiten gehabt. Gewiß erfreuten sie sich mitunter auch besonderer Gunst, vor allem bei den Göttern, aber Sokrates mußte Schierling trinken und Ovid mußte in die Verbannung. Auch wenn das extreme Fälle waren, Anlaß zu Kontroversen, zu Unruhe, ja Verdacht bieten die Literaten allemal – oder wenigstens viele von ihnen.

Ich habe mich oft gefragt, woher das kommen mag, und ich meine, es liegt an dem Material, mit dem der Schriftsteller arbeitet: Gedanken.

Sobald Gedanken über die Grenzen des allgemein Akzeptierten hinausgehen, schaffen sie Schwierigkeiten – gewöhnlich dem Autor.

Weder Grenzen, Zensur noch Polizei bieten Schutz gegen Gedanken. In seinem Gedicht *Ein Wintermärchen* schreibt Heinrich Heine an die Adresse der Zöllner, die ihn, da er von Frankreich kommt, an der deutschen Grenze kontrollieren:

Ihr Toren, die ihr im Koffer sucht!
Hier werdet ihr Nichts entdecken!
Die Konterbande, die mit mir reist,
die hab' ich im Kopfe stecken.

Heines Gedicht stammt aus den vierziger Jahren des 19. Jahrhunderts. In den Siebzigern des 20. Jahrhunderts, wo das Wort über Kurzwellensender und Fernsehsatelliten in die Welt hinausgeht, springen Gedanken über jede Barriere hinweg und verbreiten sich überallhin.

Gegen Gedanken gibt es nur eine wirksame Waffe: Gedanken.

Um im Kampf der Ideen bestehen zu können, muß man bessere Ideen haben als der andere und sie besser formulieren.
Das wiederum wertet den Schriftsteller auf. In dem dialektischen Prozeß, in dem Fakten und Worte sich miteinander verbinden und dadurch neue Fakten schaffen, spielt der Schriftsteller anscheinend doch eine Rolle; und diese Rolle wächst mit der Reichweite der Mittel der Massenkommunikation.

Der Fleischer, der Bäcker, der Kerzenzieher – sie alle haben ihre Bezugsquellen. Aber woher bezieht der Schriftsteller sein Material? Woher kommen die Gedanken, mit denen er arbeitet? Ideen sind abstrakt. Wovon sind sie ein Abstraktum?
Vom Leben.
Von der Wirklichkeit.
Wie verkehrt und verzerrt auch immer, widerspiegelt das Werk des Schriftstellers in irgendeiner Form – die Wirklichkeit. In einigen Ländern ist es heute Mode, sich von der Wirklichkeit abzuwenden, sich ins eigene Ich zurückzuziehen, ein sonderbares Durcheinander von Wörtern zu konzipieren, abstruse Metaphern zu verwenden, eine alptraumhafte Welt zu schaffen, nur um seine kühne Revolte gegen die Wirklichkeit und absolute Unabhängigkeit von dieser zu beweisen. Aber wie er sich auch drehen und winden mag, kein Schriftsteller kann sich der Funktion entziehen, die ihm das Schicksal an dem Tag, da er seine erste Zeile schrieb, zuwies: nämlich die Wirklichkeit zu widerspiegeln.
Eine konfuse Art zu schreiben, widerspiegelt nur die Konfusion im eigenen Leben des Autors.

Sie werden sich an die Königin in dem alten Märchen erinnern, die sich vor das Spieglein an der Wand hinstellte und es befragte, wer denn die Schönste im ganzen Land wäre. Unglücklicherweise war die Königin nicht die Schönste, und das Spieglein, welches ein sehr wahrheitsliebendes Spieglein war, teilte ihr diese Tatsache mit. Daraus ergab sich eine Unmenge Komplikationen für das arme Schneewittchen; aber dem Spieglein, soviel wir wissen, geschah nichts weiter.
Die Geschichte hat sich in unzähligen Königreichen wiederholt, und die eifersüchtigen Königinnen rächten sich nicht nur an

Schneewittchen; sie zerschlugen auch die Spiegel. Und die übriggebliebenen Spieglein zogen ihre Lehre daraus. Wenn entsprechend befragt, sagen sie nun gegen besseres Wissen: Madame Königin, Sie sind die Schönste. Die Schlaueren unter den Spiegeln versuchen, ihr Gewissen zu salvieren, indem sie erklären: Nun ja, Ew. Majestät, die Schönste... Aber ganz sicher die Interessanteste, die Charmanteste, die Faszinierendste, und so großzügig dazu!
Derart Spieglein sind von unschätzbarem Wert für die Königin und ihre Hofleute. Aber für uns andere – wer legt schon Wert auf Spiegel, die ein verzerrtes Bild geben?

Der Schriftsteller, der sowieso schon unter Verdacht steht, weil er mit dem Material der Gedanken arbeitet, wird zum wahren Ärgernis, wenn er darauf besteht, eine Wirklichkeit zu beschreiben, die einflußreichere Leute als er verhüllt sehen möchten.
Und doch haben alle irgendwie bedeutenden Schriftsteller es vorgezogen, sich an die Wirklichkeit zu halten, wobei sie oftmals ziemliche Risiken auf sich nahmen. Sie haben ihre Zeit und deren Konflikte dargestellt. Ihr Abbild der Wirklichkeit war nie eine genaue Kopie. Die literarische Wirklichkeit ist immer selektiv. Aus dem Gewirr von Menschen und Ereignissen versucht der Schriftsteller, das Wesentliche auszuwählen und dieses Wesentliche in den Konflikt einiger weniger Charaktere hineinzuprojizieren, in die Spanne von nur wenigen Worten. Drama, Roman, Erzählung, Gedicht werden zu Modellen, an denen die ungeheuren, verwirrenden Konflikte der Welt um uns herum und die Kräfte, die das Ganze bewegen, sich entschlüsseln lassen.
Bis hierhin ist es immer noch nur ein unterhaltsames Spiel. Das Teuflische ist aber, daß der Prozeß, durch den der Mensch sich bewußt wird, was die Welt im Innersten bewegt, ihn zugleich auch verlockt, selbst zu versuchen, diese Welt zu bewegen. So kann eine einigermaßen korrekt widergespiegelte Wirklichkeit zu einer Veränderung dieser Wirklichkeit führen.
Am Anfang also wollte der Schriftsteller nichts anderes als eine hübsche Geschichte erzählen. Er geriet in Verdacht, weil er bei dieser Tätigkeit Gedanken benutzte; er erregte Ressentiments,

weil seine Geschichte widerspiegelte, was ist; und jetzt, siehe da, ist ein ganz gefährlicher Kerl aus ihm geworden, ein Veränderer bestehender Zustände.

Nur selten ist ein Werk der Literatur erwiesenermaßen die direkte Ursache von Aktionen. Bei der Bibel war dies der Fall, und nicht ganz so weit zurückliegend, bei *Onkel Toms Hütte.* Und doch möchte ich vor dem Schema warnen: Autor Soundso schrieb dies und dies, und daher ereignete sich das und das.
Der Prozeß, durch den ein Werk der Literatur das Denken anderer beeinflußt, ist selten so direkt; vielmehr geht das sehr kompliziert vor sich, oftmals kaum bemerkbar, und es kann eine lange Zeit dauern, bevor Literatur sich auswirkt. Brecht hat den Weg abkürzen wollen. Er nahm sein Publikum bei der Hand und suchte es zu belehren. Dennoch sind seine besten und wirkungsvollsten Stücke die, in denen er am wenigsten didaktisch vorgeht.
Aber liefern denn Reklame und politische Propaganda nicht den Beweis für den direkten Einfluß des Wortes auf den Geist? Wenn ein paar geschickte, häufig wiederholte Sätze die Menschen veranlassen können, Geld für unnötige und manchmal sogar schädliche Dinge auszugeben, oder hinzugehen, um zu töten oder getötet zu werden, zeigt das nicht eine genügend direkte Verbindung zwischen dem Wort des einen und dem Handeln des anderen?
Tatsächlich besteht eine solche Verbindung. Es ist dies die Verbindung, die jede Ratte in jedem Laboratorium zwischen gewissen Reizen und gewissen Verhaltensweisen herzustellen weiß und die jeder Hundetrainer benutzt, wenn er erreichen will, daß sein Tier auf das Kommando *Fuß!* neben ihm hertrottet und bei *Faß!* auf den Mann geht. Aber *Fuß!* und *Faß!* ist eben keine Literatur, und was Dressur aus Menschen machen kann, das haben wir ja erlebt.

No man is an Island, intire of itselfe, schrieb John Donne – *Kein Mensch ist ein Eiland, vollständig in sich selbst.*
Das trifft auch auf den Schriftsteller zu. Er hat eine Frau, geht in die Kneipe, gehört zu einem Verein oder einer Partei, liest

Zeitungen, hört Radio, sieht fern, bezieht Informationen aus tausend Quellen, unterliegt tausend Einflüssen: auf der Straße, im Büro, in der Schule, von Eltern, Kindern, Freunden, Feinden. Sein Hirn, mit dessen Hilfe er die Welt um sich herum widerspiegelt, ist angefüllt mit nicht nur eigenen Eindrücken und Gedanken, sondern auch mit denen anderer Leute.
Dennoch sitzt er einsam an seinem Schreibtisch. Was er auswählt an Eindrücken und Informationen, welche Einfälle er hat und wie er sie benutzt, was er verarbeitet und wie er das tut, all dies obliegt ihm allein, hängt ab von seinen Erfahrungen, seinem Charakter, seinem Talent, vielleicht sogar von dem Wein, den er vergangene Nacht getrunken hat.
Es wäre sicher reizvoll, einmal nachzuspüren, wieviel an einem Stück Literatur im eigentlichen Sinn vom Autor selber stammt und wieviel andere dazu beigetragen haben, direkt oder indirekt, und wie sich das vermengt, bevor es endgültig gestaltet ist. Doch kann diese Detektivarbeit im Grunde nur der Autor selbst tun, und was weiß einer schon von derart Vorgängen in seinem Gehirn, und wie weit lassen ihre Ursprünge sich verfolgen?

Und wie läßt sich erklären, daß ein Buch oder ein Theaterstück die Menschen zu einer gewissen Zeit so stark beeindruckt und sie in anderen Zeiten völlig kalt läßt? Daß eine Erzählung in dem einen Teil der Welt Dynamit sein kann und zugleich anderswo gar nicht verstanden wird?
Der Schriftsteller und sein Werk sind Teil der Zeit und der Gesellschaft, in denen er lebt. Daher hängt die Wirkung seines Werkes von dieser Zeit und dieser Gesellschaft ab. Es gibt Schriftsteller, wenige, die überdauern ihre Zeit. Die unmittelbare Wirkung ihrer Worte auf ihre Zeitgenossen wird von uns nicht mehr empfunden; ihre Bücher, Stücke, Gedichte bewegen uns aber immer noch, weil diese Dichter, obwohl sie die eigene Zeit und die eigene Gesellschaft widerspiegelten, auf für immer gültige Weise von menschlichen Gefühlen handeln und Gestalten und Situationen schufen, die heute noch glaubhaft sind.
Also muß die Zeit reif sein, damit das Werk des Schriftstellers die Herzen bewegen und Veränderungen schaffen kann; die in

der Gesellschaft vorhandenen Widersprüche müssen ein gewisses Stadium erreicht haben; die Menschen müssen bereit sein zu hören. Dann, und nur dann, kann das Wort des Dichters zur materiellen Gewalt werden.

Was aber geschah mit Daniel Defoe, der da in London am Pranger stand und auf die faulen Fische und Ziegelbrocken wartete, die auf ihn zufliegen sollten?
Dreimal, an drei aufeinanderfolgenden Tagen, geschah das gleiche. Das Volk kam aus seinen Werkstätten und Kneipen geströmt, denn es war um die Mittagszeit, und die Leute erhoben ihre Krüge voll Bier oder Wein und ließen den Schriftsteller hochleben; Weiber, darunter auch recht lose, umkränzten den Pranger mit Blumen, und statt mit Ziegelbrokken bewarf man den Verurteilten mit Bouquets von Blüten; und am Fuß des Prangers verkauften die Druckerlehrlinge und Zeitungsjungen die neue Ausgabe des beschlagnahmten Pamphlets von Defoe und Exemplare eines neuen Gedichts, das er im Gefängnis geschrieben hatte und in dem er die Männer in England aufzählte, die eigentlich an seiner Statt an den Pranger gehörten, und das so endete:

Sag ihnen, daß er da erhöhet steht,
Weil er verkündete, was wir nicht hören wollten!...
Und so ward als Exempel statuiert,
Damit Angst herrscht vor jedem offnen Wort...
Sag ihnen: die ihn aufs Schafott gestellt,
Sind eine Schmach für unsre Zeit!
Unfähig, Schuld an ihm zu finden,
Sind sie noch weniger imstand zu tun, was er getan!